O PROBLEMA MORAL
NA FILOSOFIA DE SPINOZA
E NA HISTÓRIA DO SPINOZISMO

VICTOR DELBOS

O PROBLEMA MORAL
NA FILOSOFIA DE SPINOZA
E NA HISTÓRIA DO SPINOZISMO

Copyright © 2016 Editora FGV

Direitos desta edição reservados à
EDITORA FGV
Rua Jornalista Orlando Dantas, 37
22231-010 | Rio de Janeiro, RJ | Brasil
Tels.: 0800-021-7777 | (21) 3799-4427
Fax: (21) 3799-4430
editora@fgv.br | pedidoseditora@fgv.br
www.fgv.br/editora

Impresso no Brasil | *Printed in Brazil*

Todos os direitos reservados. A reprodução não autorizada desta publicação, no todo ou em parte, constitui violação do copyright (Lei nº 9.610/98).

Os conceitos emitidos neste livro são de inteira responsabilidade do autor.

1ª edição: 2016

Coordenação editorial e copidesque: Ronald Polito
Tradução: Martha de Aratanha
Revisão técnica: Emanuel Angelo da Rocha Fragoso
Revisão: Marco Antonio Corrêa e Sandro Gomes dos Santos
Imagem da capa: Martha de Aratanha
Projeto gráfico de miolo, capa e diagramação: Estúdio 513

Ficha catalográfica elaborada pela
Biblioteca Mario Henrique Simonsen

Delbos, Victor, 1862-1916
O problema moral na filosofia de Spinoza / Victor Delbos. – Rio de Janeiro : FGV Editora, 2016.

516 p.

Tradução de: Le problème moral dans la philosophie de Spinoza et dans l'histoire du spinozisme.

Inclui bibliografia.

ISBN: 978-85-225-1896-8

1. Spinoza, Benedictus de, 1632-1677 – Ética. 2. Spinoza, Benedictus de, 1632-1677 – Influência. 3. Ética. 4. Filosofia. I. Fundação Getulio Vargas. II. Título.

CDD – 199.492

Ao senhor Léon Ollé-Laprune

Docente na Escola Normal Superior

Homenagem de reconhecimento, devoção e respeito

SUMÁRIO

BREVE APRESENTAÇÃO   9
Martha de Aratanha e Emanuel Angelo da Rocha Fragoso

INTRODUÇÃO   15

PRIMEIRA PARTE | O PROBLEMA MORAL NA FILOSOFIA DE SPINOZA   25

CAPÍTULO I | Os dados e o sentido do problema moral   27

CAPÍTULO II | Os princípios metafísicos da moral de Spinoza. O método e a doutrina   43

CAPÍTULO III | A distinção entre o bem e o mal, do verdadeiro e do falso   65

CAPÍTULO IV | A natureza humana   85

CAPÍTULO V | A vida moral do homem — 1. A servidão   111

CAPÍTULO VI | A vida moral do homem — 2. A libertação   137

CAPÍTULO VII | A vida social do homem — 1. O Estado sob o regime da coerção   161

CAPÍTULO VIII | A vida social do homem — 2. O Estado sob o regime da liberdade   173

CAPÍTULO IX | A vida eterna   187

CAPÍTULO X | O problema moral na filosofia de Spinoza   201

SEGUNDA PARTE | O PROBLEMA MORAL NA HISTÓRIA DO SPINOZISMO   217

CAPÍTULO I | O spinozismo na Holanda no fim do século XVII   219

CAPÍTULO II | O spinozismo na Alemanha   225
1. A filosofia de Spinoza e o espírito filosófico da Alemanha   225
2. Leibniz   229
3. Lessing   233
4. A ética spinozista e a moral de Kant   238
5. A ética spinozista e a doutrina de Fichte   249
6. Fichte   259

CAPÍTULO III | Herder   265

CAPÍTULO IV | Schiller e Goethe   283

CAPÍTULO V | Novalis e a Escola Romântica   303

CAPÍTULO VI | Schleiermacher   317

CAPÍTULO VII | Schelling   339

CAPÍTULO VIII | Hegel   405

CAPÍTULO IX | O spinozismo na Inglaterra — A ética de Spinoza e a moral inglesa   445

CAPÍTULO X | O spinozismo na França   449
1. As concepções spinozistas do mundo e da vida no século XIX   449
2. Taine   458
3. A crítica imanente   477
4. O idealismo contemporâneo   482

CONCLUSÃO | O PROBLEMA MORAL E A SOLUÇÃO SPINOZISTA DESSE PROBLEMA   485

REFERÊNCIAS   513

BREVE APRESENTAÇÃO

Mas tudo o que é notável é tão difícil quanto raro.
BENEDICTUS DE SPINOZA

O AUTOR

Étienne Marie Justin Victor Delbos nasceu em 26 de setembro de 1862 na cidade de Figeac (França) e faleceu em Paris em 16 de junho de 1916. Foi nomeado professor na Université de Paris (Sorbonne) em 1902 e ali lecionou até o ano de sua morte em 1916. Delbos tornou-se célebre e bastante conhecido em França e no resto do mundo pelas suas obras sobre Immanuel Kant e Benedictus de Spinoza. Do primeiro traduziu o texto *Fondements de la métaphysique des mœurs* [*Fundamentos da metafísica dos costumes*] em 1907. Sobre Kant também publicou em 1903 o *Essai sur la formation de la philosophie pratique de Kant* [*Ensaio sobre a formação da filosofia prática de Kant*], no qual faz uma análise do desenvolvimento da doutrina moral kantiana. Por esse ensaio "exerceu alguma influência sobre os estudos kantianos na Itália" (Centro..., 1986:317).[1] Delbos inicia e termina sua bem-sucedida carreira de "historiador de grande valor e um teórico da ciência histórica" (Verhaeghe, 1933:555)[2] com

---

[1] Ver o original: *"ejerció alguna influencia sobre los estudios kantianos en Italia"*.
[2] Ver o original: *"historien de grande valeur et un théoricien de la science historique"*.

textos sobre Spinoza, publicando em 1893 seu primeiro texto: um artigo intitulado *Le problème moral dans la philosophie de Spinoza* [*O problema moral na filosofia de Spinoza*]. Esse artigo é uma parte destacada do seu primeiro livro a ser publicado neste mesmo ano: *Le problème moral dans la philosophie de Spinoza et dans l'histoire du spinozisme* [*O problema moral na filosofia de Spinoza e na história do spinozismo*].

E é também sobre Spinoza o último livro que publica em 1916: *Le spinozisme — cours professé en Sorbonne em 1912-1913* [*O espinosismo — curso proferido na Sorbonne em 1912-1913*][3]. E são justamente esses dois livros de Delbos que levarão Alexandre Matheron a escrever um artigo intitulado *Les deux Spinoza de Victor Delbos* [*Os dois Spinoza de Victor Delbos*], no qual afirma que o processo de análise da doutrina spinozista efetuado por Delbos sofreu uma transição, passando de um "*Spinoza* grasso *à un Spinoza* minuto" (Matheron, 2011:439, grifos do autor).

Enquanto no primeiro livro, *Le problème moral*, Delbos estuda a influência de Spinoza no pensamento filosófico posterior, em especial na filosofia alemã, acompanhando a "[...] interpretação alemã do espinosismo tendo como horizonte a filosofia prática kantiana [...]" (Chaui, 2002:9-10), no seu último livro, *Le spinozisme*, a análise de Spinoza efetuada por Delbos irá "[...] distanciá-lo definitiva e totalmente do pensamento alemão [...]" (Chaui, 2002:10), inaugurando "[...] na França, os estudos da filosofia de Espinosa enquanto obra autônoma, dotada de sentido em si mesma" (Chaui, 2002:7). E essa análise original que Delbos efetua, ou seja, analisar a doutrina de Spinoza a partir de sua *opus magna*, a *Ética — demonstrada em ordem geométrica*, vai também inaugurar o que viria posteriormente a ser denominado de "história estrutural da filosofia". Segundo Matheron,

> [...] o método assim constituído, com o desenvolvimento multiforme do que Delbos denomina de "uma crítica imanente", que ele caracteriza pelo foco exclusivo na

---

[3] Deste livro foi publicado em 2002 uma tradução em português realizada por Homero Santiago do Grupo de Estudos Espinosanos (GEE) (ver Referências).

compreensão das obras do espírito humano estudando-as nelas mesmas e por elas mesmas, restaurando a sua lógica interna e ligando-as às suas causas, sem as referir a normas exteriores a elas para julgá-las. [Matheron, 2011:440][4]

A OBRA

O livro *O problema moral na filosofia de Spinoza e na história do spinozismo* é composto por uma introdução, duas partes divididas em 10 capítulos cada e uma conclusão.

Na primeira parte, "O problema moral na filosofia de Spinoza", após a análise dos dados e do sentido do problema moral, Delbos faz uma exposição dos princípios metafísicos da moral, do método e da doutrina de Spinoza. A seguir, apresenta a distinção spinozana entre o bem e o mal, o verdadeiro e o falso e a definição de natureza humana.

Uma vez apresentados os pressupostos, Delbos inicia sua análise da vida moral do homem segundo Spinoza, tratando da servidão e da libertação, do ponto de vista do indivíduo. Nos dois capítulos seguintes trata do mesmo tema na perspectiva do Estado, ou melhor, do indivíduo em sociedade. A discussão prossegue com a afirmativa de que sua ética afirma uma moralidade humana que não se origina e nem se valoriza a partir de um princípio exterior à própria natureza humana, é por ela mesma que ela se produz e se justifica e se outorga sua plenitude e sua certeza; ou seja, a "vida eterna" não é o objetivo maior de Spinoza. A primeira parte se encerra com a análise do problema moral propriamente dito, concluindo que este, como concebido por Spinoza, só se resolve por um sistema. E esse sistema, conforme engendrado por Spinoza, consiste em colocar *a priori* a Razão ontológica como a medida de tudo.

---

[4] Ver o original: "[...] *la méthode ainsi constituée, avec le développement multiforme de ce Delbos appelle une 'critique immanent', qu'il caractérise par le souci exclusif de comprendre les oeuvres de l'esprit humaine en les étudiant en elles-mêmes et pour elles-mêmes, en restituant leur logique interne et en les rattachant à leurs causes, sans les référer às des normes extérieures à elles pour les juger*".

Na segunda parte, "O problema moral na história do spinozismo", Delbos analisa a influência de Spinoza na Holanda em fins do século XVII, sua relação com o "espírito filosófico da Alemanha", através de Leibniz e Lessing.

Analisa também a ética spinozista e a doutrina da autonomia da vontade, dialogando com Kant, depois com Fichte, Herder, Schiller e Goethe. No capítulo seguinte, Delbos apresenta Novalis e a Escola Romântica, afirmando que Novalis, o norueguês Henrik Steffens e Schleiermacher sofreram grande influência de Spinoza, finalizando com Schelling e Hegel.

Após a Alemanha, Delbos parte para a Inglaterra, onde estuda a recepção da ética spinozista dialogando com Hume, relacionando-a com a moral inglesa por meio de Coleridge, Carlyle e Wordsworth.

A seguir, analisa as concepções spinozistas da vida no século XIX na França, onde cita o combate que os teólogos e os filósofos cristãos, como Pierre-Daniel Huet, Nicolas Malebranche, François Lamy, Jean-Baptiste Massillon, François Fénelon, movem contra o "miserável Spinoza" e descreve as relações do spinozismo com outros pensadores franceses, como Comte e Taine.

Na conclusão, Delbos afirma a necessidade de salientar as ideias principais que são a própria base da *Ética* para discuti-las independentemente de suas aplicações particulares. O texto original se encontra no site <gallica.bnf.fr>.

A TRADUÇÃO

Esta tradução do livro de Victor Delbos *Le problème moral dans la philosophie de Spinoza et dans l'histoire du spinozisme* foi feita a partir do original francês, publicado em Paris no ano de 1893 por Félix Alcan.

Visando facilitar ao leitor contemporâneo o acesso às citações dos textos de Spinoza em língua portuguesa, optamos por citar diretamente de traduções de fácil acesso, seja por estarem disponíveis na Web, seja por serem traduções já consagradas. Utilizamos para as citações da *Ética*, a tradução de Tomaz Tadeu (2009); para as citações do *Breve tratado*, a tradução de

Emanuel A. R. Fragoso e Luis César Guimarães Oliva (2012); e para as citações dos *Princípios de filosofia cartesiana/pensamentos metafísicos*, a tradução de Homero Santiago e Luis César Guimarães Oliva (2015), publicados pela editora Autêntica. Para o *Tratado teológico-político* utilizamos a tradução de Diogo Pires Aurélio (3. ed., 2004), publicada pela Imprensa Nacional — Casa da Moeda (Portugal). Para o *Tratado político* utilizamos a tradução de Diogo Pires Aurélio (2009), publicado pela Martins Fontes. Para as cartas, utilizamos a tradução espanhola de Atilano Domínguez (*Spinoza: correspondencia*) publicada em 1988 pela Alianza Editorial (Madri). Para as citações das cartas XIX e XXI, utilizamos as traduções de Emanuel A. R. Fragoso e Marsana Kessy, publicadas na *Revista Conatus*, v. 5, n. 9 (jul. 2011) e v. 7, n. 14 (dez. 2013). Algumas citações das cartas (em particular a citação da Carta 8) foram cotejadas com a tradução das obras completas em quatro volumes, realizada por J. Guinsburg, Newton Cunha e Roberto Romano (2014), publicada pela editora Perspectiva. Não indicamos a numeração das páginas dos textos por nós utilizados em língua portuguesa, pois são de fácil localização na obra de Spinoza.

Devido ao fato de Delbos não utilizar o nome completo dos autores que cita, procuramos completar esses nomes, acrescentando as datas de nascimento e morte, para facilitar ao nosso leitor as pesquisas sobre as obras citadas.

MARTHA DE ARATANHA
EMANUEL ANGELO DA ROCHA FRAGOSO

INTRODUÇÃO

O grande interesse que suscitam atualmente os problemas da vida moral não pode deixar de estar relacionado, em parte, com as doutrinas que em outras épocas trataram deles ou tentaram resolvê-los. Sobretudo se essas doutrinas ultrapassaram ou o espírito de seu autor ou o espírito de seu tempo, sobretudo se elas foram capazes de sobreviver à forma original que as envolvia, e criar, na variedade de inteligências, formas novas e diversas, então nos parece que elas receberam desse contato com as consciências uma marca de humanidade; e elas conseguem nos interessar, talvez menos por serem teorias originais e vigorosas do que por terem tido esse dom da longevidade ou esse poder de ressurreição.

Com certeza, não é de surpreender que nossa personalidade moral se ligue vigorosamente a tudo aquilo que, no sentido e no destino dos sistemas, a excite ou a emocione; mas alguns dizem que tal curiosidade é bem perigosa para a verdade histórica. Nós somos geralmente muito ávidos em exigir das diversas doutrinas a solução de problemas que elas não levantaram e que impomos a elas: somos rápidos em acomodar as ideias aos nossos desejos, e as consequências aos nossos preconceitos, favoráveis ou desfavoráveis. E quando se trata de problemas morais, a tentação é bem poderosa: é difícil esquecê-los, mesmo temporariamente; eles são o "pensamento subliminar", que vem julgar tudo, que critica todos os pensamentos, os pensamentos hostis que com frequência ele imagina, os pensamentos indiferentes que quase sempre ele desvia. Existe aí uma tendência do espírito que, por ser muito forte, nem por isso é mais legítima; desconfiar disso é uma precaução necessária.

Estas observações gerais contêm, em primeiro lugar, uma verdade que nosso trabalho apenas confirma: a moral que por muito tempo atribuíram a Spinoza, portanto forçada, não tem nada em comum com a doutrina spinozista. Elas contêm, em seguida, uma espécie de crítica preventiva que foge, me parece, do objeto do nosso estudo. Não é de nossas preocupações atuais que a moral de Spinoza retira sua importância, ela foi a obra sobre a qual o próprio Spinoza quis melhorar sua vida; o sentido humano que ela tomou aos nossos olhos não lhe veio de fora, mas sim de dentro e nasceu no mais profundo âmago de uma alma; se ela apareceu como doutrina, essa é a prova de que ela foi julgada boa. Por outro lado, ela não tem, no conjunto das ideias spinozistas, um lugar onde a possamos arbitrariamente restringir ou aumentar; ela é, para Spinoza, toda a filosofia: tudo leva a ela, nada é fora dela.

Estamos, portanto, dispensados de colocar artificialmente em evidência um problema que, por si mesmo, está em primeiro plano, e sobretudo operar no sistema de Spinoza um trabalho desajeitado de discernimento e de separação. Nenhuma doutrina se presta menos a uma triagem de ideias. Existe nela uma potência de organização que nossas distinções usuais não devem tentar dividir. O que estaríamos tentados a perguntar a Spinoza, partindo do termo comum "moral", é precisamente o que ele nos recusa, ou seja, uma concepção fechada do dever que valha por si só e que se exprima em preceitos legais. Ao contrário, o que surge de seu pensamento é que existe, como que envolvido pela unidade absoluta que tudo abarca, uma unidade indivisível de todas as funções da vida espiritual; é que as abordagens da natureza em direção ao entendimento não têm necessidade de um motor externo, tendo nelas sua razão interna. O sistema é como a natureza que o justifica, e como o entendimento que o consagra: ele não admite que o problema moral venha de fora; ele o despoja sem piedade das formas vãs dadas pela consciência comum; ele coloca o problema moral em termos que lhe sejam expressamente adequados; de tal forma que o sistema, no seu desenvolvimento, é o problema em vias de se explicar, tendendo ele mesmo à sua solução.

Desconhecer essa identidade essencial entre o problema e o sistema seria abordar o estudo do spinozismo por um contrassenso. Trata-se de fazer um esforço não para quebrar a unidade natural da doutrina, mas para achá-la, ao contrário, engendrada e definida pela concepção moral à qual todo o resto se subordina. Não se trata de destacar um fragmento da obra, mas de reconstruir a obra, tanto quanto possível, no seu todo, segundo o pensamento mestre que a construiu. As relações que Spinoza estabeleceu entre sua filosofia geral e sua teoria da moralidade são tais que é necessário antes de tudo evitar destruí-las ou alterá-las. Devemos tentar compreendê-las.

Se é assim, admitiremos que o caráter deste trabalho deve seguir escrupulosamente a forma sistemática e mesmo a forma literal do spinozismo. Existiria a esse respeito alguma superstição? Seria verdade, considerando outras doutrinas parecidas, que perseguiremos fantasmas sem ter certeza de alcançar a viva realidade? No livro consagrado a Spinoza,[1] Frederick Pollock sustenta que em toda filosofia o sistema, como tal, responde simplesmente a uma necessidade de ordenamento artístico, ou, ainda, a uma tentação de imobilidade intelectual. Ele tem, para o filósofo que o compõe, apenas um valor acessório, o valor de um símbolo que o faz lembrar seu pensamento; mas simula nos discípulos que o reproduzem um valor absoluto, o valor do próprio pensamento: de discurso ativo e fecundo que era, se torna fórmula inerte e estéril. O espírito é retirado, permanece a letra morta. O que faz então a grandeza de uma filosofia é, segundo Pollock, o núcleo de ideias originais que ela contém: as ideias originais possuem uma força irresistível de difusão, e fazem explodir o envoltório estreito que o sistema lhes impõe.

Essas opiniões de Pollock são certamente sedutoras; elas parecem, além disso, confirmadas ao longo de toda a sua obra. Pollock, com efeito, se esfor-

---

[1] [Frederick] Pollock [1845-1937]: *Spinoza, his life and philosophy* [*Spinoza, sua vida e filosofia*] (Londres, 1880. p. 88-84, 407-408). Sobre o livro de Pollock, ver o artigo de Jules Lagneau [1851-94] (*Revue Philosophique*, mar. 1882) e os artigos de Charles Renouvier [1815-1903] (*Critique Philosophique*, n. 29, 30, 31, 34 e 35, 1881).

çou em decompor o spinozismo em suas ideias constitutivas. Retomando essas ideias em sua origem, ele quis marcar mais a significação intrínseca do que o encadeamento; ele até negou que elas pudessem se fundir em uma unidade verdadeiramente interna. Porém, não parece que o spinozismo esteja por inteiro nessa coleção de ideias justapostas. A obra de organização na qual o spinozismo se produziu está bem longe de ser estranha à sua essência. Se ela foi simplesmente uma obra de arte sem interesse intelectual, teria Spinoza a concebido tão vigorosamente e a perseguido tão pacientemente? Ao contrário, mais do que qualquer outra doutrina, o spinozismo teve de procurar uma forma adequada: destinada, na intenção de seu autor, a mostrar a veleidade de tantas opiniões fictícias e de teorias verbais, ele teve de trabalhar para criar a sua linguagem. Como o Deus que ele coloca na origem, e sem dúvida pelas mesmas razões, ele necessariamente se revelou sem sair de si mesmo; sua palavra é ainda sua natureza, com certeza natureza perecível, *natureza naturada*, mas não exterior, nem ilusória, já que ela exprime, à sua maneira, a ideia eterna que a fundamenta. Além disso, consideramos que, segundo o pensamento de Spinoza, a unidade substancial das coisas e a unidade inteligível da doutrina devem coincidir exatamente, não deve nem ter vazios na obra do filósofo nem na obra de Deus, que a razão filosófica deve participar da virtude da ação divina, ou seja, excluir do ser aquilo que ela não compreende: diríamos ainda que a unidade sintética do spinozismo se adiciona ou se impõe de fora aos elementos que ela domina?[2]

Além disso, mal conseguimos conceber, quando elas são levadas ao limite, estas distinções invocadas por Pollock entre o espírito e a letra, as ideias e o sistema. Por acaso, é crível que o espírito possa se separar da letra sem perder nada de seu sentido e de sua vida? A necessidade de signos expressivos constitui para

---

[2] Não só a forma sistemática foi o ideal sempre presente no pensamento de Spinoza, mas o conteúdo dessa forma não variou profundamente. As diferenças que constatamos nas obras sucessivas de Spinoza se reduzem a graus diferentes de clareza racional. Também não cabe admitir a tese de Richard Avenarius (*Über die beiden ersten Phasen des Spinozischen Pantheismus*, Leipzig, 1868), que distingue três fases do sistema: uma fase naturalista, uma fase teísta e uma fase substancialista (p. 11). Avenarius não consegue, de resto, determinar com precisão os três momentos que ele pretende distinguir.

o pensamento apenas uma servidão aparente: ela o impulsiona sobretudo a se libertar, a se desprender de suas tendências mais imediatas para se aprofundar e se criticar. Ela impede o filósofo, assim como o artista, de se deleitar em intuições confusas, de deixar sua alma flutuar em um vago sentimento de infinito; ela impõe às obras espontâneas da inteligência uma prova que, em muitos casos, decide o seu valor. É próprio dos pensamentos fecundos engendrar, antes de mais nada, sua própria fórmula, e essa fórmula tem um caráter singular, incomparável, o caráter daquilo que se diz uma primeira vez, muitas vezes até mesmo uma única vez. A letra é então mais do que um auxiliar do espírito, uma vez que é o primeiro produto vivo. Como também o sistema é mais do que um arranjo factício de ideias. As ideias não vêm ao mundo num estado de abstração e de solidão; é por suas relações recíprocas que elas se sustentam e se chamam; elas não são espécies de átomos intelectuais, independentes de toda lei, preexistindo a toda ordem; é sob a forma de síntese que elas aparecem e se desenvolvem. Elas já são, tomadas separadamente, unidades que se compõem, sistemas que se esboçam: de tal maneira que a unidade sistemática que as compreende, longe de deformá-las e de reduzi-las, tem sobretudo o efeito de levar ao ato e à verdade aquilo que elas contêm de potência latente e de razão imperfeita.

Porém, se a força interna de uma doutrina se mede pelo grau de organização que ela implica, diríamos, ao contrário, que sua influência histórica se mede pelo grau de desorganização que ela é capaz de sofrer sem ser desnaturada em seu âmago. O problema que ela supunha essencial não aparece mais doravante como o problema dominante; as relações que ela estabeleceu entre as ideias se quebram, ou se relaxam, ou se transformam; os elementos que a constituíam se dispersam, destinados quase sempre a não mais se juntarem. Não há mais uma vida única que absorve e retém tudo nela, existem germes de vida que se desprendem e se expandem como podem, que vão empregar de maneiras bem diversas sua energia secreta. É a sina de todas as grandes doutrinas; e foi particularmente a sina da doutrina de Spinoza. Podemos afirmar, com Pollock, que a história do spinozismo está intimamente misturada a toda história da cultura e do pensamento moderno, e devemos concordar com ele de que não há um único homem que tenha aceito o sistema da *Ética* em todos os pontos. Mas será isso razão para proceder à desarticulação antecipada da doutrina, para renunciar a fazer do sistema, considerado em sua plenitude, a origem e a condição de todo um movimento de ideias, enfim, para recusar procurar nas filosofias que parecem se inspirar no spinozismo a solução do problema que Spinoza colocou?

Primeiramente, a ação de um sistema, mesmo entendido num sentido vulgar, não é tão parcial quanto dizemos. Pode acontecer que, num dado momento, uma noção particular, há muito tempo obscura e velada, se revele com esplendor; mas provém do sistema sua luz e sua virtude. Então, mesmo que ela pareça se produzir por si mesma, ela guarda algo de suas relações primitivas, e a nova potência que ela conquista é com frequência a potência anterior de toda a doutrina, que se deslocou e como que se concentrou nela. Já não aconteceu que este ou aquele conceito pareceu, alternadamente, resumir mais plenamente que outros o pensamento íntimo e essencial de Spinoza? Eis, aliás, a prova de que não devemos nos enganar sobre o caráter da influência que retorna a uma filosofia: a própria palavra influência, que invocamos de bom grado, é aqui um símbolo cômodo, destinado a designar um conjunto complexo de relações sobretudo ideais e internas. A ação que exercem as doutrinas não é comparável a um impulso mecânico que produz seus efeitos cegamente e por toda parte, e a história das ideias não se resolve em uma representação banal de forças que se repelem ou se atraem, se desagregam ou se combinam: é necessário preservar as características da mente[3] livre, que só recebe aquilo que sente ser capaz, mais ou menos distintamente, de aceitar. Os pensamentos anteriores não poderiam penetrar, inteiramente do exterior, nas inteligências, nem pesar sobre elas com a brutalidade de um peso morto; mas eles podem se reconstituir lentamente nelas, formá-las e modelá-las do interior, por meio de um trabalho incessante que tem toda a leveza da arte e toda a fecundidade da

---

[3] Optamos por traduzir por "mente" o termo francês "*esprit*" (espírito) ou "*âme*" (alma), utilizados por Delbos para traduzir o termo em latim "*mentis*", sempre que o autor estiver se referindo de forma direta ao texto de Spinoza. (N. do T.)

vida; e é suscitando outros pensamentos que eles se ressuscitam. Porém, estas obras de regeneração espontânea e de nova geração não aparecem ao acaso, e não são processos pueris de aproximação que podem revelar seu sentido e alcance: é preciso reconhecer a existência de uma dialética que encadeie as ideias, não por acidente e capricho, mas pela razão e pela ordem.

Daí a necessidade, singular na aparência, de mostrar quase sempre nos filósofos que parecem se inspirar em Spinoza uma espécie de spinozismo virtual e prévio. Spinoza só pôde ser revivido nas mentes que, por natureza ou por cultura especial, tinham nelas ou adquiriram, pouco a pouco, a maioria de suas razões de ser. Ele foi para essas mentes um modelo, distintamente percebido ou confusamente vislumbrado, frequentemente retocado e transfigurado, no qual elas gostavam de se contemplar, ou segundo o qual elas se empenhavam em realizar suas potências mentais. Acrescentamos que ele nem sempre foi para elas o único e imutável modelo. Os maiores dentre eles dispuseram dele livremente, sem querer lhe ser infiel; eles já o tinham modificado profundamente quando tentaram reproduzi-lo; eles ainda acreditaram poder, tomando-o por inteiro, sustentá-lo e completá-lo com pensamentos que não eram dele. Mas Spinoza também se tornou, em certos momentos, tão íntimo das inteligências filosóficas que foi considerado o indispensável promotor de toda especulação e de toda verdade. Seria preciso, por esse motivo, limitar exatamente aquilo que vem dele na constituição das doutrinas modernas, apresentar dessas doutrinas apenas o que ele as influenciou, reduzido às justas proporções? Não vemos o que ganharia a verdade histórica com tal mutilação, já que as doutrinas seriam tendenciosamente deformadas. Vemos sobretudo aquilo que ela perderia, a vantagem de compreender o que o spinozismo teve de vitalidade, a ocasião de entender *in loco* a maravilhosa aptidão que ele teve em se transformar, em rejuvenescer, em se fundir com as novas ideias que ele não pôde prever, mesmo com as ideias contrárias que ele expressamente excluiu. Não é melhor deixar se espalhar livremente, em toda a sua extensão, a trama viva dos pensamentos que trouxeram através de doutrinas diversas o espírito do spinozismo, renovado sem cessar?

O que tentaremos então encontrar e destacar é a unidade flexível e forte de uma filosofia que soube, sem essencialmente se alterar, se adaptar às mais diferentes condições de existência. Contudo, essa filosofia, se prolongando assim, não terá perdido o significado, sobretudo prático, que tinha originalmente? Uma mesma filosofia pode se perpetuar no tempo sem que se perpetue o mesmo problema. Não será o caso aqui? Será que podemos dizer que as doutrinas modernas que se ligaram ao spinozismo se ligaram também à questão que Spinoza achava mais importante? E não será artificial submetê-las à autoridade em uma direção que não é a delas? A objeção seria grave se quiséssemos obrigar essas doutrinas a moralizar a despeito de elas não o fazerem; mas, como a maioria abertamente abordou o problema moral, podemos dizer que todas ficaram impregnadas dele em graus diversos e sob uma forma original. Sem dúvida, é necessário que um problema seja colocado absolutamente por si mesmo, quando o enunciado e a solução que damos geralmente aparecem como ininteligíveis ou inadequados; é isso o que aconteceu com Spinoza. Mas a necessidade dessa importância extrema desaparece à medida que o espírito no qual o problema foi colocado e resolvido é vitorioso sobre os seus primeiros obstáculos; essa lei se verifica aqui com um singular rigor. Spinoza mostrou que não existe moral fora da verdade, e, por outro lado, que a verdade compreendida é por si mesma, sem adição exterior, toda a moral. As doutrinas que procedem do spinozismo se constituem como doutrinas da vida porque elas eram apenas doutrinas. Elas acreditaram, como o spinozismo, que a solução do problema moral não estava nas fórmulas imediatas da consciência comum, e que a razão última do nosso destino não estava nas bases empíricas e puramente humanas de nossa conduta; elas afirmaram que a noção de moralidade devia se resolver em uma noção maior, mais abrangente, mais especulativa, que não fosse restrita e sufocada nos limites da nossa ação; elas incitaram o horror a todo o formalismo a ponto de considerar a moralidade propriamente dita, com suas distinções e seus mandamentos, como a forma inferior ou ilusória da existência absoluta; elas ensinaram que nosso papel é de nos libertar de todas as oposições que dividem nossa alma, seja pelo conhecimento intelectual que as exclui ou as domina, seja pela arte que as ignora ou se desconecta; elas são forçadas a reconstituir o sentido da vida verdadeira para além das categorias nas quais foi dispersa, para além do dualismo no qual ela foi cindida. Elas despiram a moral de tudo o que ela parecia ter de limitante, de imperativo, de jurídico; elas a reconduziram pelo seu princípio a uma metafísica da vida, a uma dialética do ser, a uma intuição racional, a uma inspiração livre. Concebemos então que exista uma comunicação direta entre o pensamento mestre do spinozismo e o pensamento mestre dessas doutrinas, que a ideia de imanência, logicamente desenvolvida e aplicada, faça cada vez mais entrar a verdade prática na verdade da vida e a verdade da vida na verdade universal. E nosso objeto se determina assim. Nós vamos demonstrar primeiramente, nas filosofias que evoluíram de Spinoza, como a concepção que elas se fizeram da verdade universal engendra sua concepção da vida e da atividade prática.

Estudando assim a evolução ao mesmo tempo lógica e real da ética spinozista, ganharemos talvez uma visão melhor de qual é a base sólida, quais são os elementos caducos, quais devem ser os limites; perceberemos melhor que o spinozismo não está essencialmente todo nas negações frequentemente violentas que pareceram originalmente o caráter mais marcante, e poderemos conquistar o direito de tentar estabelecer o que nos parece incompleto. Tivemos como preocupação principal entender e restituir o sentido, estimando que com essa condição podemos tentar julgá-lo. Se nos permitimos declarar essa intenção, é unicamente para que nos sirva de desculpa se por acaso esta obra a trair muito. O respeito que devemos a uma grande filosofia seria muito superficial se não engendrasse, quando acreditamos entendê-la, todos os tipos de reservas e escrúpulos. Aqui sobretudo não podemos alegar que não fomos alertados. Segundo o testemunho de Jacobi,[4] todo leitor ao qual uma só linha da *Ética* de Spinoza continuou obscura deve duvidar que tenha entendido Spinoza. Nós temos que reiterar essa dúvida, pois sabemos do nosso esforço para entender Spinoza. De bom grado diríamos de Spinoza aquilo que, no *Teeteto*, Sócrates diz

---

[4] Friedrich Heinrich Jacobi (1743-1819).

de Parmênides:[5] "Parmênides me parece, parafraseando Homero, ao mesmo tempo venerável e temível..., e me pareceu que ele tinha uma profundidade muito singular. Também tenho medo de não entendermos suas palavras, e mais ainda de não deixarmos o pensamento aflorar dos seus discursos".

---

[5] Platão, diálogo *Teeteto*, 183e.

PRIMEIRA PARTE

O PROBLEMA MORAL NA FILOSOFIA DE SPINOZA

CAPÍTULO I

OS DADOS E O SENTIDO DO PROBLEMA MORAL

Não é sem razão que Spinoza deu o título de *Ética* à sua principal obra: esse título indica a preocupação mestre de seu espírito e a intenção dominante de seu sistema. Uma infinidade de coisas, diz ele no começo da segunda parte, resulta necessariamente da essência de Deus e vai se modificando ao infinito. Ele não tem a intenção de explicá-las todas, mas "apenas aquelas que possam nos conduzir, como que pela mão, ao conhecimento da mente humana e de sua beatitude suprema".[1] "Eu quero", diz ele alhures,

> levar todas as ciências a um mesmo fim, um mesmo objetivo, para que possamos chegar a esta soberana perfeição do homem da qual falamos; e, então, tudo que nas ciências não nos levar a esse fim deve ser rejeitado como inútil; quer dizer, em uma palavra, que todas as nossas ações e todos os nossos pensamentos devem ser dirigidos para este fim.[2]

---

[1] *Benedicti de Spinoza opera*. Edição de Van Vloten e Land, La Haye, 1882-1883. 2 v. t. I, p. 76 [*Ética*, Prefácio da Parte II]. As citações se referem a essa edição. Para o *Court traité* [*Breve tratado*] somente, nós citaremos a tradução de Paul Janet [1823-99] intitulada: *Dieu, l'homme et la beatitude* [*Deus, o homem e a beatitude*]. Paris, 1878.
Mantivemos nas notas a indicação original das obras utilizadas por Delbos. (N. do T.)

[2] *De intellectus emendatione* [*Tratado da emenda do intelecto*], t. I, p. 6.

Spinoza declara em diversas ocasiões: o conhecimento do verdadeiro o interessa mais por suas consequências práticas do que por seus procedimentos e seus resultados teóricos; ele até afirma que é o problema da beatitude humana que deve impor sua unidade às diversas ciências. Assim podemos dizer como Schleiermacher[3] que a doutrina moral de Spinoza é como o centro onde se unem todas as ideias.[4]

De onde vem então que Spinoza tenha colocado antes de tudo o problema moral? Em que termos ele o colocou e sob quais influências?

"Spinoza", nos ensina Colerus, "deliberou longamente sobre a escolha que ele devia fazer de um mestre...; mas enfim as obras de Descartes tendo chegado em suas mãos, ele as leu com avidez e, em seguida, frequentemente declarou que foi lá que ele aprendeu tudo o que sabia de Filosofia."[5] Não se poderia concluir dessa passagem que o sistema de Descartes tenha sido o primeiro motor do pensamento filosófico de Spinoza. Spinoza leu Descartes numa época em que ele já havia tomado consciência de suas disposições pessoais. Desde os 15 anos ele travou, talvez não uma luta, mas certamente discussões com os rabinos e, insatisfeito com suas respostas, ele resolveu, segundo Lucas, "só consultar a si mesmo".[6] Então, se ele foi "atraído pela máxima de Descartes que diz que só devemos tomar como verdade o que antes passou pelo crivo de boas e sólidas razões",[7] é porque ele achou nessa máxima a fórmula rigorosa da resolução que já tinha tomado e do princípio que tinha suscitado suas objeções

---

[3] Friedrich Daniel Ernst Schleiermacher (1768-1834). (N. do T.)

[4] "*Es vereinigen sich in der That auch in Spinoza's sittlicher Theorie alle seine Ideen wie in einem Brennpunkte.*" [De fato, também na teoria moral de Spinoza todas as suas ideias unem-se como em um foco.].

[5] *La vie de Benoît de Spinoza* [*A vida de Spinoza*], por Jean Colerus, no início do tomo II das *Oeuvres de Spinoza* [*Obras de Spinoza*], por Émile Saisset; nova edição [1861], p. IV.
De nossa parte, remetemos à tradução portuguesa de Emanuel A. R. Fragoso, disponível em: <http://benedictusdespinoza.pro.br/biografias-de-spinoza-colerus.html>. (N. do T.)

[6] *La vie de M. Benoît de Spinoza* [*A Vida e o espírito do senhor Benoit de Spinoza*], por Lucas, em Saisset, t. II, p. XLII.
Remetemos à tradução portuguesa de Emanuel A. R. Fragoso, disponível em <http://benedictusdespinoza.pro.br/biografias-de-spinoza-lucas.html>. (N. do T.)

[7] Colerus, [*A vida de Spinoza*], p. IV.

contra seus mestres judeus. Sem dúvida, essa máxima, traduzindo numa linguagem precisa as tendências de Spinoza, nelas imprimia uma nova força; mas o problema moral para o qual ela trazia a solução era o mesmo que a filosofia cartesiana tinha negligenciado ou mesmo, no final das contas, eliminado.

Porém, não é como se não pudéssemos encontrar na filosofia de Descartes um conjunto de teorias morais; diria mesmo que Descartes imaginou desde o começo completar seu sistema teórico com um sistema prático. Lemos, com efeito, no *Discurso do método*: "Eu sempre tive um extremo desejo de aprender a distinguir o verdadeiro do falso para poder ver claramente minhas ações e caminhar nesta vida com segurança".[8] E não é, ao que me parece, uma visão momentânea. Na carta que serve de prefácio ao *Principes de la philosophie*, Descartes repete que o interesse supremo do conhecimento é a sabedoria na vida.

> Toda filosofia é como uma árvore cujas raízes são a Metafísica, o tronco a Física, e os galhos que saem deste tronco são todas as outras ciências que se reduzem às três principais, a saber a Medicina, a Mecânica e a Moral: me refiro à mais alta e mais perfeita Moral que, pressupondo um completo conhecimento das outras ciências, é o último grau da sabedoria.

É até possível discernir em Descartes três graus de concepções morais que parecem em perfeito acordo com três momentos distintos de seu sistema. À ideia do mecanicismo corresponde a ideia de uma moral fisiológica[9] cujo obje-

---

[8] Descartes, *Discours de la méthode* [*Discurso do método*], Primeira parte.
[9] "*L'esprit dépend si fort du tempérament et de la disposition des organes du corps que, s'il est possible de trouver quelque moyen qui rende communément les hommes plus sages et plus habiles qu'ils n'ont été jusqu'ici, je crois que c'est dans la médecine qu'on doit le chercher.*" [O espírito depende tanto do temperamento e da disposição dos órgãos do corpo que, se é possível encontrar algum meio que torne comumente os homens mais sábios e mais hábeis do que foram até aqui, eu creio que é na Medicina que se deve procurá-lo], *Disc. de la méth.* [*Discurso do método*], VIª partie. "*Je vous dirai en confidence que la notion telle quelle de la physique que j'ai tâché d'acquérir m'a grandement servi pour établir des fondements certains en la morale, et que je me suis plus également satisfait en ce point qu'en plusieurs autres touchant la médecine auxquels j'ai néanmoins employé beaucoup plus de temps.*" [Eu vos direi em confidência que uma noção tal como a da física que procurei adquirir serviu-me grandemente para estabelecer os fundamentos certos da moral, e o que me deixa mais facilmente satisfeito sobre este ponto do que muitos outros

to é a higiene do corpo e o governo das paixões; à ideia do entendimento claro e distinto corresponde uma moral intelectualista cujo objeto é a sabedoria pela ciência, a subordinação dos desejos à ordem universal, o contentamento da alma pela razão;[10] enfim, à ideia da liberdade infinita corresponde uma moral da vontade cujo objeto é a firmeza da resolução interior, a fé na virtude interna do livre-arbítrio.[11] Não será então necessário admitir que exista em Descartes uma filosofia moral e que essa filosofia moral pode contribuir a engendrar a ética de Spinoza?

Estas considerações estão longe de serem decisivas. Qualquer que seja o papel do cartesianismo na formação de doutrina spinozista, não se pode derivar dele a noção do problema moral como colocado por Spinoza. O que não está em Descartes e que Spinoza concebeu é a ideia de uma síntese racional das coisas unicamente constituída para descobrir o sentido e as leis do destino humano. Certamente Descartes acreditava na utilidade material e na potência efetiva da ciência; mas ele só concebia a ciência, em relação aos fins práticos do homem, como um meio extrínseco e, por assim dizer, independente. É deduzindo de seus princípios consequências mais ou menos distantes que a razão conseguirá governar a vida; não é diretamente que ela se aplica. Também Descartes está longe de ter tratado os problemas morais como tratou os problemas especulativos; ele os encontrou pelo caminho, talvez contra a sua vontade; em todo caso, ele não os solicitou e nunca os abordou de frente; podemos mesmo afirmar que só os abordou com relutância.[12] Convidado a dar sua opinião

---

no tocante à medicina aos quais empreguei muito mais tempo.], *Lettre à Chanut, Egmont, 15 juin 1646* [Carta a Chanut], *Oeuvres de Descartes* [Obras de Descartes], 1824-1826, por Victor Cousin [1792-1867], t. IX, p. 412.

[10] Veja sobretudo a terceira parte do *Discours de la méthode* [Discurso do método] e as *Lettres à la princesse Elisabeth* [Cartas à princesa Elisabeth]. Em uma bela carta a Chanut (t. X, p. 3 e seg.), Descartes mostra como o amor de Deus pode advir da luz natural da razão.

[11] "Além de o livre-arbítrio ser a coisa mais nobre que existe em nós, especialmente porque nos faz, de algum modo, parecidos com Deus e parece nos livrar de ser seus súditos, e que consequentemente, seu bom uso é o maior de nossos bens, ele também é aquilo que é mais nosso e o que nos importa mais", *Lettres à la reine de Suède* [Cartas à rainha da Suécia], X, p. 64.

[12] "É disto (da moral) que não devo me meter a escrever", *Lettre à Chanut, 1º nov. 1646* [Carta a Chanut], IX, p. 416.

sobre questões dessa natureza, ele se remetia principalmente aos estoicos e em particular a Sêneca. O motivo dessa preferência é que sem dúvida o estoicismo correspondia à elevação natural de seus pensamentos; também porque a literatura moral dos estoicos estava cheia de máximas gerais cujo valor lhe parecia independente dos sistemas. Então, enquanto na filosofia teórica ele se mostrava um inovador ousado e se gabava de impor ao conjunto dos conhecimentos humanos a unidade rigorosa de seu método, na filosofia moral ele retorna sobretudo a uma escola da Antiguidade e, pouco preocupado com a unidade metódica, ele se contenta em propor preceitos ao invés de princípios, de máximas ao invés de razões.

Seu caráter e suas crenças explicam suficientemente essa reserva. Descartes talvez suspeitasse que a aplicação de sua dúvida às questões práticas oferecia perigo; ele temia as ideias morais tanto quanto as instituições políticas, "esses humores confusos e inquietos" que estão sempre à procura de "alguma nova reforma";[13] ele tomava cuidado em afirmar que a indecisão metódica do julgamento não pode levar à indecisão na conduta, e ele formou para si uma moral provisória que colocava de lado, junto com as verdades de fé.[14] Ora, eram exatamente as verdades de fé que garantiam essa moral, aos olhos de Descartes; ele se sentia não apenas impedido, mas ainda e sobretudo dispensado de usar o esforço de sua mente no problema moral. Crente sincero, ele achava nos ensinamentos da religião regras suficientes para a orientação da vida. Assim, as verdades morais, inseparáveis das verdades religiosas, revelavam no fundo apenas a própria vontade,[15] que conferia a elas uma certeza à parte e as protegia dos ataques da crítica, até mesmo das "curiosidades do entendimento".[16]

A situação de Spinoza era bem diferente. Excomungado pela sinagoga de Amsterdã, ele foi "forçado a criar uma morada espiritual fora da casa que o

---

[13] *Discours de la méthode* [Discurso do método], 2ª parte — "Eu não temo que me acusem de não ter mudado em nada a moral", *Lettres à la princesse Elisabeth* [Cartas à princesa Elisabeth], IX, p. 186.

[14] *Discours de la méthode* [Discurso do método], 3ª parte.

[15] *Règles pour la direction de l'esprit* [Regras para a direção do espírito], regra III.

[16] Ver Louis Liard (1846-1917), *Descartes* [1911], p. 245.

rejeitava"[17]; ele não tinha aquele abrigo que a religião oferecia a Descartes, enquanto trabalhava para "reconstruir a morada".[18] Contudo, ele não acreditava que a última palavra da razão pudesse ser a negação ou a dúvida; ele estava por demasiado persuadido de que o valor essencial do entendimento está na sua potência de afirmação. Ele também não queria retomar, mesmo que parcialmente, doutrinas já rejeitadas por sua mente; ele considerava que os atos praticados não devem suscitar depois nem arrependimentos nem escrúpulos. Com tanta tranquilidade quanto audácia, ele demanda ao pensamento substituir nele o que o pensamento tinha destruído. É através de uma transição natural que ele passa da crítica à pesquisa, e ele foi sem dúvida o primeiro nos tempos modernos a colocar de uma forma radical esse princípio, que a mente pode encontrar somente em si e por si mesma toda a verdade necessária à vida. Mas se a vida encontra na mente a maneira de se iluminar e de se governar, a mente que se subtraísse da vida perderia simultaneamente toda a força e toda a clareza. De qualquer maneira, é impossível que a existência humana seja um sonho vazio ou um drama ruim, que a experiência que resulta disso seja desprovida de sentido, que as convicções que a sustentam sejam mentirosas. Eis por que Spinoza, tão duramente desdenhoso das crenças comuns quando elas tinham a pretensão de se tornarem especulativas, teve sempre respeito por essas mesmas especulações quando elas lhe pareciam apenas uma maneira de ordenar a conduta dos homens no sentido do bem; eis por que ele ainda deixa sua razão se aplicar inicialmente à fé religiosa, portanto irracional em sua essência, a fim de descobrir e extrair o que era mais conforme à sua própria natureza, antes de construir um sistema que fosse absolutamente, tanto em seu conteúdo quanto em sua forma, a expressão adequada de suas tendências; eis por que enfim ele trabalhou para realizar a unidade do pensamento e da ação na sua pessoa, em sua vida.

Sua vida foi realmente uma obra que ele compôs com tanto cuidado quanto sua *Ética*. Ela se constituiu como uma organização vigorosa e metódica,

---

[17] Ernest Renan (1823-1892), *Nouvelles études d'histoire religieuse: Spinoza* [*Novos estudos de história religiosa: Spinoza*], p. 507.
[18] *Discourse de la méthode* [*Discurso do método*], 3ª parte.

que elimina, como causas possíveis do mal, todos os elementos estranhos que atravessam as circunstâncias ao invés de serem atravessados por elas, que se desenvolve pelo seu princípio interno sem se deixar enredar pelas lutas e contradições do meio. A vida de Spinoza foi primeiramente, segundo o próprio lema que o inspirava,[19] um ato de perpétua precaução contra acidentes exteriores que poderiam surpreendê-la e desviá-la de sua via; ela se exprimia sempre, em reação a tudo que era obscuro e instável, por meio de uma permanente atitude de desconfiança; ela só confiava com conhecimento de causa; como ela temia de fora as surpresas das coisas, ela temia dentro dela as surpresas da sensibilidade. O contraste pode parecer grande entre a simplicidade prudente do homem que leva a vida mais modesta, que parece querer se fazer pequeno perante o grande universo, que se despoja obstinadamente de honras, de riquezas, de glória, e a ousadia planejada do filósofo que proclama a potência infalível da razão, que pretende fazer o mundo entrar em seu pensamento, que ousa afirmar que encontrou por si mesmo, com a certeza da verdade, a alegria imperturbável. Porém, em Spinoza, mais do que em qualquer outro, o filósofo e o homem são um só. O homem não quer repudiar os atrativos e o charme da existência; ele afasta de si todo o sentimento de amargura assim como toda a ideia de sacrifício; ele não quer imolar suas potências, seus desejos, sua vida; ele aspira ser tudo o que ele pode ser; ele procura a medida do bem verdadeiro no bem sentido e provado; mas, como ele percebeu que existem seduções enganosas e perigosas para a alma, ele se põe em guarda contra elas; simplesmente e pacientemente ele persegue a felicidade no que o garante, não naquilo que promete traiçoeiramente e o destrói. Ele não teme nem a si mesmo nem as coisas; ele teme todas as ficções e vaidades que alteram as relações entre o seu ser e os outros seres. Ora, as ficções e as vaidades não são nada a partir do momento que são reconhecidas como tais; temer só a elas já é se elevar acima do temor; elas não têm nada de real para nos assustar, também nada de real para nos prender. Spinoza também acreditava viver sabiamente sem falar de morti-

---

[19] *"Caute"* [Cautelosamente].

ficação ou de renúncia. Que mortificação existe em se evitar o que é perecível? Que renúncia existe em abandonar o nada? A mentira acaba sempre caindo por si só: a virtude consiste em jamais se deixar atingir. Aspirar com todas as nossas forças à felicidade, eis aí a nossa natureza e a forma imediata da nossa salvação; a grande falha, a única falha, é de organizar mal as nossas forças, é de nos enganar sobre os meios quando o fim é bom; para nós, não existe outro mal do que o erro. É então naturalmente que Spinoza procurou na razão a arte certeira de organizar a vida. Aos olhos desse judeu cartesiano, o esforço especulativo só deve acontecer para satisfazer as exigências positivas. O governo do homem pelo entendimento é legítimo porque ele é a suprema habilidade. A árvore da ciência só vale pelos seus frutos, que são a certeza na conduta, a tranquila posse de si, a felicidade. É ao seu bem-estar prático que a mente deve sua soberania. Se Spinoza não se sentisse feliz, ele duvidaria da razão. A propósito, ele não pensou nem por um instante que a verdade pudesse ser triste e que a ciência não tivesse direito ao sucesso, mesmo em assuntos terrenos.

Portanto, para ele a razão participa da potência inviolável e dos interesses sagrados da vida; ele proclama rigorosamente sua autoridade contra aqueles que a tratam de inimiga, a limitam ou a humilham: suas maiores eloquências de linguagem foram para defendê-la. Spinoza se empenha tanto em cultivar a razão em si, quanto tem de cuidado em não a comprometer com polêmicas inúteis ou tentativas vãs de persuasão. Mais ainda, não existem processos humanos capazes de transmiti-la ou expandi-la; somente ela pode se revelar: ela é sua própria força e sua própria luz. Pretender impô-la seria desconhecê-la: sua ação só é eficaz na condição de ser interior. É por uma fé plena na predestinação, ou melhor, nos destinos singulares do homem que Spinoza foi levado à maior parte das virtudes pelas quais gostavam de louvá-lo. Ele considerava que todo homem era como uma afirmação individual dessa Razão, presente no fundo do Ser, a única capaz de se comunicar; e por sua moderação, por seu espírito de benevolência e de tolerância, Spinoza se aplicava, por assim dizer, a colocar em seu ser o que a Razão tinha colocado no Ser. Pelos mesmos motivos, ele evitava um contato muito íntimo com aqueles que sentia ser muito diferentes de sua própria natureza. Não podendo fazer nada por eles, teria que suportá-los, e ele sempre repelia o que poderia restringir sua liberdade, impedir seus passos ou perturbar o repouso de seu pensamento.[20] Sua circunspecção foi mais um cálculo do que um desdém. Contudo, ele não acreditava que a virtude fosse simplesmente um egoísmo superior; ele tinha a profunda convicção de que a própria razão estabeleceria entre os homens um verdadeiro parentesco, o parentesco pela mente, que ela tinha uma potência ilimitada de união assim como a vida tinha uma potência ilimitada de expansão; ele tinha o sentido muito vivo desse tipo de amizade sonhada pelos antigos, a amizade dos sábios, indissoluvelmente ligados pela própria sabedoria,[21] e ele incansavelmente provoca às alegrias do pensamento todos aqueles que acreditava ser capaz de amar deste jeito.[22] Além do mais, ele jamais pensou em se privar das afecções que são a doçura da vida: ele pretendia somente retirá-las de uma fonte mais alta de onde elas pudessem jorrar mais puras. Tanto ele era enérgico a repelir a maior parte das opiniões humanas quanto ele estava pronto a proclamar como boas as inspirações da humanidade. Ele desconfiava da virtude exterior, que se constrói por artifício, que se compraz com as aparências, para melhor afirmar a virtude interior, imediatamente produzida pela Razão e imediatamente presente nas obras. Ele só admitia como sinal da verdadeira moralidade a alegria que ela dá, o acordo que ela estabelece, os atos de justiça e de caridade que ela engendra. Pois ele negava todo valor aos julgamentos humanos, julgamentos de capricho, de ódio ou de orgulho, e ele reconhecia sem reservas o valor sagrado do julgamento que a vida pronuncia sobre os que vivem. Esse julgamento ele não recusava jamais; de sua parte, ele o aceitava sempre e, quando foi atacado, ele se contentou em invocar a autoridade incorruptível com uma confiança absoluta de uma alma simples e orgulhosa.[23]

---

[20] Ep. XXX [*Carta 30*], t. II, p. 124.
[21] Ep. II [*Carta 2*], t. II, p. 5; Ep. XIX [*Carta 19*], t. II, p. 65.
[22] Ep. XXVIII [*Carta 28*], t. II, p. 120.
[23] Ep. XLIII [*Carta 43*], t. II, p. 170.

Esta sabedoria parece feita para temperamentos naturalmente felizes que por si próprios são levados à serenidade, que ignoram a luta e o sofrimento, que bastam se sentir vivos para estarem de acordo consigo mesmos e com as coisas. Ela não foi para Spinoza um dom espontâneo e gracioso; é por meio de um esforço contínuo que ele conseguiu conquistá-la e fomentá-la. Jogado violentamente em uma solidão que ele poderia por orgulho justificar como o estado por excelência, ele não hesita em dizer que o homem só se realiza plenamente na companhia de seus semelhantes; retirado dolorosamente da vida pelo mal que o minava e que o levou tão jovem, ele não quis desistir e repousar antes da morte: ele a distanciava de seu pensamento, que era para ele o pensamento do nada. Assim como decidiu não se queixar, também não admitia ser consolado. Ele conduzia até o fim, sem fraquejo e com pureza, a despeito de todas as ameaças exteriores, a sua vida. Ele não só usou de toda a sua prudência como também usou de toda a sua firmeza e energia interior. No seu curioso romance sobre Spinoza,[24] Berthold Auerbach disse eloquentemente o quanto essa existência, tão calma e tão simplesmente ordenada, tinha necessitado de uma força quase heroica e uma razão forte.

> Olhar a morte de frente, dizer adeus ao mundo da contemplação e do sentimento, quando estamos saciados da vida é difícil, mas pelo menos podemos nos consolar pensando ter percorrido o espaço ordinário de uma vida. Mas na flor da idade, antes mesmo dos anos maduros, sentir em si o germe da morte, lutar diariamente contra ele, velar sobre cada emoção, ter perdido o tranquilo hábito de sentir a própria vida se conservar, ter constantemente diante dos olhos, como um objeto de preocupação, o dever de manter o seu ser, e com isso se regozijar, sem amargura e em plena luz do dia, trabalhar firmemente sem se deixar desviar por nenhum apelo externo, achar em seu pensamento o santuário de sua vida e de suas alegrias: é o que poderia somente um homem para quem a liberdade e a necessidade, a eternidade e o tempo são uma e a mesma coisa... Esse homem era Spinoza. O mundo,

---

[24] Berthold Auerbach (1812-1882), *Spinoza, Ein Denkerleben* [1837].

com as mil oposições, as mil contradições que apresentam os fenômenos particulares, teve que, pelo seu espírito, se deixar reduzir à unidade. Ele tinha se desfeito de todo egoísmo, ele tinha recusado ver a medida das coisas nas impressões que elas fazem sobre os indivíduos; era no Todo que ele substituía sua vida com todas as suas dificuldades; e, na alegria de conhecer a verdade divina, ele viveu a vida eterna. Ele era verdadeiramente o *homem livre* podendo dizer: "Eu evito o mal, ou procuro evitá-lo porque ele está em contradição absoluta com a minha natureza e ele me afastaria do amor e do conhecimento de Deus, que são o bem supremo". É nesta constante igualdade — à maneira como a lenda nos retrata os deuses, como nossos olhos veem a imutável natureza — que viveu Benedito Spinoza. A ciência conquistada se tornou, para ele, um hábito de felicidade, e como a vida o tinha anteriormente conduzido ao pensamento, agora o pensamento dava-lhe a vida.[25]

Podemos dizer que nesta existência a razão pura é totalmente expressa e glorificada. Em Spinoza, a razão mostrou, sem dúvida, tudo o que ela pode produzir e também o que ela é incapaz de alcançar. A despeito do nobre esforço que ela fez para se ampliar, para dar acesso a ela ao maior número de homens e aos mais profundos sentimentos, ela concebeu como ideal muito mais a liberdade de espírito do que a caridade da alma. Precisamente porque ela é inalterável, a intangível Razão, ela só se reconhece plenamente no que é razão como ela; ela não poderia, sob pena de se contradizer, esquecer a si mesma, se sacrificar ao vão absurdo da falta e da miséria. Ela não pode admitir que exista no sofrimento uma expressão de Deus e um princípio de redenção. Ela proclama que a alegria deve ir ao encontro da alegria, e com relação ao que nega ou ofende essa necessidade de felicidade, ela se mostra, apesar do seu desejo de ser apenas afirmação, agressiva e negativa. Antes de tudo, o que ela inspirou é uma incomparável força de caráter, uma maravilhosa unidade de conduta. Ela fez da vida de Spinoza um sistema, que bastou ser refletido na sua integridade para se tornar uma filosofia.

---

[25] Auerbach, op. cit., cap. 26.

Essa íntima aplicação da razão à existência prática já testemunha suficientemente que o espírito de Spinoza era estranho a toda ideia de verdade puramente especulativa, desprovida de um objeto concreto imediato. Sua inteligência repugnava profundamente a concepção dessas possibilidades abstratas que necessitam de uma arte ulterior e de uma potência suplementar para se tornarem realidades. O dogmatismo de sua doutrina não implica apenas que a razão afirme o ser, mais ainda e sobretudo que a razão realize a vida. Daí a forma humana e mesmo pessoal sob a qual ele coloca o problema essencial de sua filosofia:

> Após a experiência ter-me ensinado que tudo o que ocorre de mais frequente na vida ordinária é vão e fútil, vi que todas as coisas que eram para mim causa ou objeto de receio não contêm em si nada de bom ou mau, a não ser enquanto o ânimo se deixava por elas mover, e resolvi indagar se existia algum objeto que fosse um bem verdadeiro, capaz de se comunicar, e pelo qual a alma, renunciando a qualquer outro, pudesse ser unicamente afetada, um bem cuja descoberta e possessão tivessem por fruto uma eternidade de alegria contínua e suprema.[26]

Por conseguinte, é na sua própria experiência que Spinoza descobre os dados e o sentido do problema moral, e é por essa mesma experiência que ele procura definir exatamente os termos. Suscitado por uma necessidade de certeza, sua filosofia, como a filosofia de Descartes, começa pela dúvida. Apenas a dúvida de Descartes tinha um caráter especulativo; ela era deliberadamente empurrada a extremos por questões preconcebidas. A dúvida da qual Spinoza parte é uma dúvida prática, engendrada e fortificada por inquietudes, decepções e tristezas reais: daí a necessidade urgente de superá-la. Podemos passar sem a ciência, mas não sem a vida. Mas, por outro lado, fazer da vida um problema não é repudiar os benefícios? De que valerão, perto do que teríamos abandonado, as especulações talvez infrutíferas? E não seria perigoso sair das

---

[26] TIE [*Tratado da emenda do intelecto*], t. I, p. 8.

vias comuns para trilhar imprudentemente vias talvez sem saída? A razão, escolhida por Spinoza, razão ainda muito prática, é que não há nada a perder e tudo a ganhar. Quando desejamos o bem e devemos escolher, para obtê-lo, entre dois sistemas de meios cujo primeiro é necessariamente mau, devemos sem dúvida optar pelo segundo. É preciso renunciar a um mal certo por um bem simplesmente possível. Mesmo após tudo considerado, mais se renuncia ao mal certo, mais se procura o bem que primeiramente parecia possível, mais se sente que existe um bem certo.[27] A disposição de conquistar o bem supremo já nos faz provar as vantagens e a alegria.

> Eu via que meu espírito, ao se voltar para esses pensamentos, afastava-se das paixões e meditava seriamente uma nova regra. Isso foi para mim uma grande consolação; porque notava que esses males não são aqueles que resistem a todos os remédios. E embora inicialmente esses momentos fossem raros e de curta duração, na medida em que o verdadeiro bem me pareceu melhor, eles se tornaram mais frequentes e mais longos.[28]

É preciso, portanto, quando desejamos o supremo bem, fazer uma reflexão sobre si, e esse ato de reflexão, longe de parar a vida, marca o momento onde ela começa a se recuperar e se governar. Ele implica, no fundo, a afirmação de que esta necessidade de felicidade infinita que existe em nós é tão legítima quanto indestrutível; ele implica apenas a negação dos meios ordinários pelos quais os homens procuram em vão satisfazer essa necessidade. Existe para nós uma incontestável certeza: nós aspiramos ser infinitamente felizes. Como então essa tendência é em nós tão violentamente reprimida que acabamos por sentir dolorosamente a incerteza de todo o bem?

É que essa tendência se adapta mal; ela se deixa solicitar por objetos que a desencaminham e a dispersam. Entre esses objetos, os homens colocam em

---

[27] TIE, t. I, p. 4
[28] Ibid., t. I, p. 5.

primeiro lugar as riquezas, a glória, a volúpia. Ora, a atração que exercem sobre nós esses tipos de vantagens é infinitamente superior ao bem real que eles nos trazem, e as alegrias passageiras que nos dão se convertem rapidamente em decepções e misérias. O prazer que parece nos tomar por inteiro nos deixa logo, e nos abandona a nós mesmos, perturbados, desencantados; a procura das honras nos expõe a toda sorte de perseguições e nos coloca à mercê das circunstâncias das mais fortuitas, das opiniões das mais caprichosas; enfim, o gosto pelas riquezas não tarda a se exaltar desmesuradamente e degenera em uma ávida concupiscência, constantemente ameaçada e constantemente desconfiada. Todos esses bens são instáveis, e eles pretendem nos conter sem reservas; eles são exclusivos, e, contudo, eles nos escapam; eles prometem a felicidade, toda a felicidade, e eles nos afundam na tristeza.[29] Como então eles nos contentariam, já que eles são finitos e em nós a necessidade de beatitude é infinita? Também eles vão se amplificando em inúmeras mentiras para se igualar ao desejo ilimitado que nos constitui. Será então de surpreender que eles se combatam e se choquem, e que o homem conduzido por eles seja, à sua imagem, vaidade e contradição?

A unidade da tendência que está em nós só pode se reconstituir pela unidade de seu objeto; ou, melhor dizendo, é apenas na mediação, natural ou reconquistada, da tendência com o seu objeto que pode estar a suprema certeza da vida. Só existe, para nos contentar plenamente, o Infinito e o Eterno. "O amor que se une a algo infinito e eterno nutre a alma com uma alegria pura, isenta de qualquer tristeza, e é isso o que nós devemos energicamente querer e perseguir com todas as nossas forças."[30] O amor de Deus, como quer a verdadeira tradição religiosa, é a lei; e também a salvação.[31] Aquele que ama a Deus não poderia se enganar, se ele ama com um coração puro, sem outro pensamento que não esse amor. Mas como nos garantir desse amor? A fé, que o impõe como uma regra, não poderia nos garantir sua posse, porque a fé é, segundo Spinoza, um

---

[29] TIE, t. I, p. 8 e seg.
[30] Ibid., t. I, p. 5.
[31] TTP [*Tratado teológico-político*], t. I, cap. IV, p. 428.

dom gracioso que não se justifica diretamente por si mesmo. Não é então tão precário, tão incerto quanto todos estes outros bens que nos escapam?

O amor de Deus, certamente, não pode ser nosso estado se nós o perseguirmos da mesma maneira que os falsos bens. É igualmente errado querer o amor de Deus para nossos apetites sensíveis ou o querer como um apetite sensível. Não pode nos pertencer se nós o procurarmos com ardor supersticioso, sob o império de emoções instantâneas, mesmo se nós nos contentemos em esperá-lo; ele só pode nos pertencer se nós o possuirmos por um ato de intimidade absoluta. Ele deve ser liberto de todas as causas de inquietude e de medo que nos ameaçam constantemente na fruição dos falsos bens. Por que então os objetos comuns de nossos desejos nos enganam? Porque esses objetos são falsamente representados em nós por uma natureza que não é a sua. Existe uma desproporção singular entre a ideia que os exprime e a realidade que eles têm; então forçosamente eles também nos escapam. Quando eles vêm a nós, eles são apenas um bom acaso; aparecem sem razão, sem razão desaparecem. Só teríamos certeza deles se eles tivessem em nós seu princípio; então eles seriam nossos próprios desejos na plenitude de suas potências e na certeza de seus contentamentos. Donde se segue que o verdadeiro bem está na consciência exata da verdade das coisas, e que é necessário corrigir o intelecto de todos os seus vícios para fazê-lo produzir, segundo suas próprias leis, toda a sua virtude.[32]

Assim, a missão do homem consiste em se apropriar pela razão do que é a finalidade de seu amor, a saber, o Ser infinito e eterno. Da mesma forma que a razão é interior ao nosso ser, o objeto da razão é interior à própria razão. Existe então uma identidade essencial de nosso ser e do Ser divino no amor perfeito que se conhece e se possui como verdade. Portanto, podemos dizer que esse amor é a medida infalível do valor de nossos desejos. Nem tudo era falso nesses bens que atraíam irresistivelmente nossa alma; eles só eram vãos e perigosos porque se erigiam sobre fins últimos e completos; eles se tornaram sólidos e benéficos quando se tornam meios, cuja importância é determinada

---

[32] TTP, t. II, cap. IV, p. 422 e seg.

pelo que é a nossa única e verdadeira finalidade. Todos os nossos desejos são bons quando estão relacionados a Deus, e seus objetos são certos quando têm seus princípios em Deus. Deus é o Bem de nossos bens, a Alegria de nossas alegrias, porque ele é o Ser de nosso ser. O problema moral se resolve assim em uma metafísica que deve, segundo Spinoza, nos restituir pela razão a verdade da vida. Que é então exatamente essa metafísica que pretende fundir tudo o que nós somos neste que é o Ser? Em que consiste o que geralmente chamamos de o "panteísmo" de Spinoza?

CAPÍTULO II

OS PRINCÍPIOS METAFÍSICOS DA MORAL DE SPINOZA. O MÉTODO E A DOUTRINA

Toda doutrina panteísta é essencialmente um sistema de identidades nas quais devem pouco a pouco vir se resolver as distinções estabelecidas na ordem do entendimento, entre os conceitos e as diferenças percebidas na ordem do real entre as coisas. A intenção da doutrina normalmente não é negar essas distinções nem suprimir essas diferenças, mas compreendê-las sob uma forma de unidade imanente, de modo que ao pensamento filosófico elas apareçam como expressões diversas de um mesmo princípio ou como modos diversos de um ser único. Existe uma lógica própria ao panteísmo, cujas fórmulas sem dúvida variaram, mas cuja base permaneceu inalterada; e essa lógica pode se resumir assim: identidade das diferenças, identidade dos contrários, até o seu extremo: identidade dos contraditórios. A identidade é a lei necessária do espírito panteísta, já que esse espírito coloca na origem a radical identidade de dois gêneros de existência considerados às vezes opostos, mas sempre diferentes: a existência de Deus e a existência da natureza, do Infinito e do finito, do Perfeito e do imperfeito. Todavia, não é necessário que essa identidade absorva, até as aniquilar, as diferenças e as oposições geralmente admitidas, mas ela deve permitir-lhes algum grau de ser e de verdade. Também podemos dizer que a proposição fundamental do panteísmo "Deus sive natura" não é uma solução, mas apenas o enunciado de um problema: como Deus pode ser a natureza sem deixar de ser Deus? Como a natureza pode ser Deus sem deixar de ser a natureza?

O esforço por resolver esse problema marca a passagem do panteísmo de sentimento e tendência, do panteísmo espontâneo, ao panteísmo logicamente desenvolvido e claramente constituído, ao panteísmo refletido. E o traço de união entre essas duas formas, ou melhor, esses dois momentos do panteísmo, é o método, graças ao qual a unidade do Ser, vislumbrada e perseguida como verdade, se torna a própria verdade, reconhecida pelo espírito e objetivamente demonstrada.

Spinoza pega emprestado esse método de Descartes. Certamente, podemos crer que as fontes que alimentaram a filosofia spinozista remontam, para além de Descartes, às tradições e às doutrinas judaicas da Idade Média;[1] o que acabamos de chamar de panteísmo espontâneo foi para Spinoza um estado profundo, anterior a todo sistema, um estado de alma e de inteligência que o pensamento cartesiano não criou, ao qual ele veio se juntar e fortificar. Mas se o pensamento cartesiano não produziu o germe vivo de onde saiu a filosofia de Spinoza, ele ao menos lhe permitiu se tornar precisamente uma filosofia; e isso porque ele fornecia ou sugeria a Spinoza um método capaz de resolver o

---

[1] Sobre a questão das origens do spinozismo, ver sobretudo: [Heinrich Christoph Wilhelm] Sigwart (1789-1844): *Der Spinozismus historisch und philosophisch erläutert*; Tubingen, 1839. — [Manuel] Joël (1826-90): *Levi ben Gerson als Religionsphilosoph*; Breslau, 1862. — *Don Chasdai Creskas religionsphilosophische Lehren*; Breslau, 1866. — *Spinoza´s Theologisch-Politischer Traktat auf seine Quellen geprüft*; Breslau, 1870. — *Zur Genesis der Lehre Spinoza's*; Breslau, 1871. — [Ernest] Renan (1823-92): *Averroès et l'averroïsme*; Paris, 3. ed., 1866. "Que Spinoza, como disseram, tenha pegado seu sistema na leitura dos Rabinos e da Cabala, é dizer demais, certamente. Mas que exista em suas especulações cartesianas uma reminiscência de seus primeiros estudos, nada é tão evidente mesmo para um leitor pouco iniciado na história da filosofia rabínica na Idade Média. Pesquisar se Averroes pode reivindicar alguma coisa no sistema do pensador de Amsterdã seria ultrapassar o limite onde deve parar, nas questões da filiação dos sistemas, a curiosidade justa; seria querer achar o traço do riacho depois dele se perder na pradaria", p. 199. — [Adolphe] Franck (1809-93): *La Kabbale*; Paris, *nouvelle édition*, 1889, ver particularmente p. 19 em diante. — Kuno Fischer (1824-1907): *Geschichte der neuern Philosophie*; Munique, 3. ed., 1880. I, 2, p. 242-265. — [Frederick] Pollock (1845-1937): *Spinoza his life and philosophy*, p. 80-120. — [John] Caird (1820-98): *Spinoza*; Edinburgo e Londres, 1888, p. 36-112 etc. — Abraham Jacobus Servaas van Rooijen (1839-1925): *Inventaire des livres formant la bibliothèque de Benedict de Spinoza*, publicado por Martinus Nijhoff, La Haye e Paris, 1889. — A questão das origens judaicas do spinozismo já tinha sido levantada no final do século XVII por [John Georgio] Wachter (1673-1757): *Der Spinozismus in Judenthum*, Amsterdã, 1699, e retomada num outro sentido por ele alguns anos mais tarde: *Elucidarius cabbalisticus*; Roma, 1706.

problema colocado por todo panteísmo: reduzir, sem as destruir, as distinções e as oposições da realidade à unidade absoluta do ser.

Esse método, do qual Descartes já pensava em poder fazer um uso universal, era o método geométrico. Ora, é certo que o método geométrico, pela dedução que emprega e a intuição que ele supõe, envolve na unidade essencial de uma noção uma multiplicidade de propriedades distintas. A noção é imanente às suas propriedades, porque suas propriedades só a explicam, a apresentam sob uma forma particular e nova; por outro lado, as propriedades, por isso mesmo é que elas são particulares, se distinguem umas das outras e até mesmo se distinguem da noção tomada absolutamente, já que elas exprimem a noção em um certo momento de seu desenvolvimento lógico. Toda noção análoga à noção geométrica pode então se tornar o centro de um sistema no qual todas as suas partes dependem rigorosamente dela, pois o sistema assim construído resulta da irradiação da noção. E ainda, o sistema comporta uma certa hierarquia, já que a dedução pela qual as propriedades particulares se ligam à noção pode ser mais ou menos imediata.

No entanto, como se opera essa dedução? O entendimento que a realiza não se coloca fora dela; ele não vem, por uma ação transcendente, estabelecer uma ligação entre ideias que lhe são dadas *a priori*; ele é a própria ordem das ideias, enquanto essas ideias são clara e distintamente concebidas e procedem umas das outras. O próprio do entendimento não é conhecer as noções pelas suas relações, mas engendrar as noções por suas relações do princípio à consequência. "Então, a maneira segura de descobrir o verdadeiro é formar seus pensamentos partindo de uma definição dada, o que terá tanto mais sucesso quanto mais uma coisa for bem definida."[2] O método não é um instrumento externo ao entendimento; ele é o próprio ato do entendimento. Que o entendimento, na sua reflexão sobre si, produza e exprima a noção essencial que o constitui, e ele terá então o princípio de toda verdade.

Mas essa noção inicial e geratriz pode ser definida? Toda definição não tem como característica ser uma relação, a relação entre uma espécie e seu gênero?

---

[2] TIE, t. I, p. 31.

E, por conseguinte, não é contraditório admitir na origem do conhecimento uma definição absoluta? Em outras palavras, o gênero supremo, que está fora de toda a relação, não estaria, por isso mesmo, fora de toda definição?[3] Essa dificuldade vem da lógica antiga, que a lógica cartesiana definitivamente eliminou e substituiu. O que condena a lógica antiga é que ela repousa sobre um realismo de imaginação, é que ela confunde noções abstratas com noções verdadeiras, e que, operando sobre formas vazias e os seres de razão, ela não pode nunca compreender o particular e o concreto.[4] Ao contrário, a lógica cartesiana, constituída sobre modelos matemáticos, tem o privilégio de atravessar o domínio das noções fictícias e dos universos abstratos; ela substitui a relação indeterminada do gênero e do indivíduo pela relação plenamente inteligível da essência e da existência, a existência está para a essência assim como as propriedades particulares estão para a noção.

A questão de saber se o espírito humano pode ter a posse de uma noção primeira para desenvolver as consequências retorna então ao seguinte: existe um Ser cuja essência seja concebida como envolvendo a existência, um Ser que possa ser chamado de "causa de si"? Aquilo que é causa de si é, pela própria definição, a substância; pois a substância é "aquilo que é em si e por si é concebida, quer dizer, aquilo cujo conceito pode ser formado sem ter necessidade do conceito de uma outra coisa."[5] A aproximação dessas duas ideias "causa de si" e "substância" permite compreender a noção e o ser como unidos em uma

---

[3] *Dieu, l'homme, etc.*, [*Breve tratado de Deus, do homem e do seu bem-estar*], parte I, cap. VII, p. 40. Delbos cita o *Breve tratado de Deus, do homem e do seu bem-estar* como *Dieu, l'homme, etc.* Utilizaremos a abreviatura KV, correspondente ao início do nome da obra em holandês: *Korte Verhandeling*. (N. do T.)

[4] "Eles dizem (os platônicos e os aristotélicos) que Deus não tem ciência das coisas particulares e perecíveis, mas apenas das coisas gerais, que na opinião deles são imutáveis: o que atesta a ignorância deles; pois são precisamente as coisas particulares que têm uma causa, e não as gerais, porque estas não são nada." KV, parte I, cap. VI, p. 38. — Ver TIE, t. I, p. 33.

[5] EI, def. 3 [*Ética*, Parte 1, definição 3], t. I, p. 39.
Citaremos a *Ética* indicando as partes da obra em algarismo romano (EI, EII, EIII, EIV e EV) e as referências internas como segue: definições (def.), axiomas (ax.), proposições (prop.), demonstração (dem.), lemas (lem.), prefácios (pref.), corolários (cor.), escólios (esc.), capítulo (cap.) e apêndice (ap.), mantendo a indicação do tomo (I ou II) e da página da edição de *Van Vloten et Land* utilizada por Delbos. (N. do T.)

verdade e em uma realidade indissolúveis. O que é absolutamente real é aquilo que se produz por si mesmo; o que se produz por si mesmo é aquilo que se explica por si mesmo; o que se explica por si mesmo é aquilo que é absolutamente verdadeiro. Se agora entendemos por Deus "um ser absolutamente infinito, quer dizer, uma substância constituída por uma infinidade de atributos onde cada um exprime uma essência eterna e infinita",[6] poderemos dizer que Deus existe necessariamente, já que sendo substância ele é concebido por si, e sob esse título ele envolve em sua eterna essência a sua eterna existência. O princípio absoluto de onde tudo deriva tem uma tripla característica: lógica, ontológica, teológica.

De que servem então, no sistema de Spinoza, as provas da existência de Deus? Servem para estabelecer mais estreitamente o laço de identidade que existe entre estes três conceitos: "causa de si", "substância", "Deus". Que a substância existe em si é o que não há necessidade de ser demonstrado. A filosofia de Spinoza é essencialmente dogmática para admitir por um instante, mesmo como hipótese, que o Ser claramente concebido como existente não exista: "a existência da substância deve ser inferida da sua própria definição".[7] Sobretudo, o que importa demonstrar é que a substância que existe em si, existe também por si; é que a substância não pode ser produzida por outra substância. A argumentação bastante escolástica de Spinoza quer dizer que uma coisa só pode produzir uma outra através de um atributo comum às duas, e que se duas substâncias têm um mesmo atributo, pela comunhão desse atributo, elas se confundiriam em uma única substância. Mais ainda, se uma substância pudesse ser produzida, o conhecimento dessa substância deveria depender do conhecimento de sua causa supostamente externa a ela, e então a substância não seria mais aquilo que é concebido por si.[8] Nesse desvio lógico que vai da afirmação da substância à afirmação de sua causalidade absoluta, Spinoza estabelece a proposição essencial de seu sistema, a saber, que a substância é

---

[6] EI, def. 6, t. I, p. 39.
[7] Ibid., prop. 8, t. I, p. 44.
[8] Ibid., prop. 5-6, t. I, p. 41-42.

uma. Por outro lado, as razões que provam que a substância é causa de si provam também que a substância é Deus, quer dizer, que Deus existe realmente; porque se a substância é causa de si, é que ela não pode ser produzida por nenhuma outra substância externa a ela, é que ela não é limitada por nada: ela é, pois, infinita.[9] Ora, essa é a definição de Deus: Deus é concebido como a substância infinita. Em realidade, é na noção de infinito que se opera a síntese dos três conceitos. O infinito é o que existe em si, pois ele é "a absoluta afirmação da existência";[10] é aquilo que é concebido por si, pois se tornaria finito se sua razão estivesse fora dele; é enfim aquilo que, estando em si e sendo concebido por si, manifesta eternamente sua existência. Então, ele contém em si todo o ser, toda razão de ser e toda potência. Assim, se deduz, para Spinoza, a identidade, suposta por todo panteísmo, entre Deus e natureza. Se a dedução foi possível é porque Spinoza dobrou uma em direção à outra, de modo a aproximá-las, duas concepções de infinito normalmente distintas, a concepção naturalista que faz do infinito a totalidade do ser fora do qual não há nada, e a concepção teológica que faz do infinito a potência absoluta de onde tudo deriva: Deus pode tudo porque ele é tudo; Deus é tudo porque ele pode tudo: as duas proposições se tornam perfeitamente intercambiáveis; e elas acham sua expressão inteligível nesta outra proposição: Deus sendo para si mesmo a razão de seu ser é a razão de todo ser.

Contudo, no próprio cerne dessa identidade é necessário manter, sob uma forma eminente e ideal, a distinção entre causa e efeitos. É apenas como totalidade ou como unidade que a natureza é idêntica a Deus. Mas se Deus não se distingue da natureza considerada no seu conjunto ou no seu princípio, todavia, ele se distingue da natureza considerada na simples multiplicidade de suas manifestações. Igualmente, nós vimos, a noção geométrica é, na sua unidade essencial, distinta das propriedades que engendra. Spinoza concebe então que a natureza possa se apresentar sob uma dupla face: levada ao seu princípio e à

---

[9] EI, prop. 5-6, t. I, p. 46.
[10] Ibid., prop. 8, t. I, p. 43.

sua causa, quer dizer a Deus, ela é *natura naturante*; dispersa nas formas móveis das existências singulares, ela é *natura naturada*.[11]

A relação entre a natureza naturante e a natureza naturada se estabelece pela teoria dos atributos e dos modos. De que gênero deve ser essa relação? Nós já sabemos que todas as relações reais e verdadeiras devem, segundo Spinoza, ser estabelecidas segundo o modelo das relações geométricas. A natureza naturada deve ser uma consequência da natureza naturante; ainda, é necessário que a natureza naturante se exprima em noções definidas de onde se possam derivar consequências. Ora, embora a afirmação da substância seja extraída de uma definição categórica, não poderíamos dizer que a substância, pela característica de infinito a ela atribuída, se elevou acima de toda definição, se tornou transcendente em relação a toda ideia clara e distinta? A noção que a define não seria inadequada à substância que é infinita?

Spinoza se esforça por resolver a dificuldade afirmando que a característica da substância divina é de ser constituída por infinitos atributos; cada um desses atributos é uma essência eterna e infinita, por conseguinte é concebida por si e pode ser definida em si. De seus infinitos atributos conhecemos apenas dois: a extensão e o pensamento, que se manifestam por meio de modos: uns infinitos e eternos, como por um lado o repouso e o movimento, e, por outro, o entendimento infinito; outros finitos e perecíveis, como os objetos corpóreos e as ideias. Os atributos e seus modos se desenvolvem necessária e paralelamente, sem jamais se confundirem, sem entrar uns nos outros. O conjunto de atributos infinitos: eis a natureza naturante; o conjunto dos modos finitos ou infinitos: eis a natureza naturada. Todo atributo exprimindo, por uma noção definida, o ser da substância, em si infinito, sendo, além disso, a razão lógica e geratriz de seus modos, os seres finitos podem passo a passo se ligar ao Ser infinito que os explica e produz.[12]

Mas a dificuldade está bem resolvida? Podemos concordar que a relação entre atributos e modos seja plenamente inteligível. Mas e a relação entre atri-

---

[11] KV, parte I, cap. VIII, p. 44-45; EI, prop. 29, esc., t. I, p. 63.
[12] Ibid., parte I, cap. III, p. 29 e seg.; EI, def. IV, Prop. 10, 21, 22 e 23; EII, prop. 1, 2, 6, 7 etc., t. I, p. 45, 58, 59, 77, 78, 80 e 81; Ep. LXIII, t. II, p. 214-217.

butos e a substância? Se a substância é em si o Ser absolutamente indeterminado, *ens absolute indeterminatum*; se, além disso, toda determinação é uma negação, *omnis determinatio negatio est*, não estaríamos obrigados a admitir que o atributo, que torna possível a noção determinada, restringe e mutila o Ser infinito? Nossa ideia da substância, que supúnhamos a mais clara e a mais perfeita das ideias, não seria uma ideia confusa e truncada? Assim, se impõe um dilema cujos dois termos são, me parece, decisivos contra o sistema: ou bem a substância, para continuar realmente o Ser em si, só se traduz parcialmente e incorretamente por meio de seus atributos, e então ela está realmente fora de seus atributos e a ideia de imanência não está embasada: ou bem ela se traduz tal qual em seus atributos, e então os atributos que a determinam ao mesmo tempo a limitam, ela não é mais o ser infinito.

Para salvar a lógica do sistema, diríamos que os atributos são modos de pensar, formas pelas quais o entendimento humano determina para si o ser da substância, que eles são puramente relativos à nossa natureza intelectual?[13] Mas agora, além de interpretarmos o spinozismo num sentido subjetivista que não existe nele, nos colocamos diretamente em contradição com fórmulas bem precisas de Spinoza, como esta: "Tudo que existe, ou existe em si mesmo ou em outra coisa; isto é, não existe nada, fora do intelecto, além das substâncias e suas afecções. Não existe nada, pois, fora do intelecto, pelo qual se possam distinguir várias coisas entre si, a não ser as substâncias ou, o que é o mesmo, seus atributos e suas afecções".[14] Diríamos que, ao contrário, os atributos são as potências reais, existentes absolutamente em si, infinitas em quantidade e em qualidade, para manifestar o infinito da substância?[15] Essa interpretação parece mais conforme ao espírito e à letra do spinozismo; mas no entanto ela não dá suficientemente conta da relação reconhecida por Spinoza entre os atributos divinos e o entendi-

---

[13] É a interpretação de [Johann Eduard] Erdmann (1805-92): *Versuch einer wissenschaftlichen Darstellung der neuern Philosophie*, 1836, I, 2, p. 60; — *Grundriss der Geschichte der Philosophie*, 1878, t. II, p. 57-62.

[14] EI, prop. 4, t. I, p. 41.

[15] É a interpretação de Kuno Fischer: *Geschichte der neuern Philosophie*, 1880, I, 2, p. 366-369.

mento humano: "Entendo por atributo", diz Spinoza, "a mesma coisa que a substância, apenas que chamamos atributo em relação ao entendimento, que atribui à substância tal natureza determinada".[16]

Quão interessante que seja essa questão,[17] ela poderia ser aqui negligenciada ou truncada de uma palavra se ela não se vinculasse estreitamente à solução do problema moral. Mas a partir do momento que o objeto da natureza humana deve ser o Ser infinito, o importante é saber como o Ser infinito pode ficar ao alcance do homem. Se o Ser infinito é dado ao homem integralmente, diria quase no seu infinito total, nada mais distingue o homem de Deus; o modo se torna a substância; ora, isso é metafisicamente impossível, e Spinoza, nesse sentido, combateu com veemência o dogma cristão do Deus feito homem[18] para admitir a adequação substancial entre a natureza divina e a natureza humana. Mas, por outro lado, se nada de verdadeiro, de absolutamente verdadeiro, vem ao homem do infinito de Deus, o conhecimento que temos da substância permanece sempre inadequado, e a certeza da felicidade desmorona junto com a certeza da ciência. É necessário então procurar por qual meio o homem, modo da substância divina, pode entrar em relação com a substância sem pretender se igualar a ela, a entender como infinita sob uma forma compreensível, determinada como ele, porém verdadeira.

A concepção dos atributos se explica pelas dificuldades que ela está destinada a suscitar. O atributo se aproxima da substância, visto que, como a substância, ele é concebido por si; ele é infinito, mas somente no seu gênero,[19] enquanto a substância é infinitamente infinita; ele é um *infinito determinado*, infinito, porque ele exprime a essência da substância, determinado, porque ele a exprime numa forma compreensível ao entendimento humano.

Segue-se daí que nós podemos ter uma ideia adequada da substância, embora só conheçamos dois de seus atributos; porque a essência que exprime o

---

[16] Ep. IX [Carta 9], t. I, p. 35.
[17] Ver Ibid. LXIII, LXIV, LXV, LXVI, t. II, p. 215-220.
[18] Ver Ep. LXXIII, t. II, p. 240; TTP, cap. I, t. I, p. 383.
[19] EI, def. 6 (explicação), t. I, p. 39.

atributo é uma essência eterna, que envolve uma verdade eterna e uma realidade eterna; e apesar disso seria infundado afirmar que somos deuses ou que podemos nos tornar deuses, porque a infinidade dos atributos divinos ultrapassa infinitamente a potência do saber humano. Como então um entendimento determinado, que faz parte da natureza naturada, pode conhecer qualquer coisa de absolutamente verdadeira, enquanto as faces infinitamente múltiplas da Realidade escapam necessariamente à sua ação? É o que Spinoza explica com um exemplo emprestado da matemática:

> À sua pergunta, se acaso tenho de Deus uma *ideia* tão clara como a do triângulo, respondo afirmativamente; porém, se me pergunta se tenho de Deus uma *imagem* tão clara quanto a do triângulo, responderei negativamente: pois não podemos imaginar Deus sem entendê-lo. Assinalo, ademais, que eu não digo que conheço totalmente Deus, e sim que entendo alguns de seus atributos, mas não todos nem a maior parte, e é certo que ignorar a maior parte não me impede de conhecer algumas delas. Quando estava aprendendo os *Elementos* de Euclides, entendi primeiro que os três ângulos de um triângulo são iguais a dois retos e percebi claramente essa propriedade do triângulo, mesmo quando ainda ignorava muitas outras.[20]

A determinação de Deus seria uma negação se ela exprimisse a essência divina por modos singulares, por resoluções voluntárias ou movimentos corporais. Ela se torna uma afirmação uma vez que ela exprime essa essência pelo atributo infinito de onde resultam esses modos singulares.

> Na Natureza nada há de mais claro do que isto: que cada ente deve ser concebido sob algum atributo e que, quanto mais realidade ou ser ele tiver, tanto mais atributos, que exprimem a necessidade, ou seja, a eternidade e a infinitude, ele terá. Como consequência, nada é igualmente mais claro do que o fato de que um ente absolutamente

---
[20] Ep. LVI, t. II, p. 203.

infinito deve necessariamente ser definido como consistindo de infinitos atributos, cada um dos quais exprime uma essência precisa — eterna e infinita.[21]

Por outro lado, a relação estabelecida pelo atributo entre a substância e o entendimento humano de modo algum torna a substância relativa a esse entendimento. Tudo que exprime uma essência e não envolve nenhuma negação pertence à essência do Ser absolutamente infinito; ou seja, todos os nossos pensamentos exprimem Deus quando eles são verdadeiramente afirmativos, e tudo que o entendimento humano concebe como uma verdade universal é baseado no ser. Se os atributos constituem a verdade da substância, a substância constitui a realidade dos atributos. Existe aqui na filosofia de Spinoza uma demonstração análoga àquela que denunciamos na filosofia de Descartes sob o nome de "círculo cartesiano". É um círculo, mas um círculo necessário a todo dogmatismo reflexivo, que se esforça em ligar ao absoluto do ser os conhecimentos já certos para a razão. Segundo Spinoza, tudo que exprime, em relação ao nosso entendimento, uma essência eterna pertence ao Ser infinito, e, em troca, o Ser infinito é a causa das ideias pelas quais nós percebemos as essências eternas. A verdade, para nós, é idêntica à verdade em si. Portanto, nós participamos realmente do infinito, do momento que nós concebemos o infinito com uma verdade primitiva e eterna, e o desenvolvimento da potência divina idêntico ao desenvolvimento dessa verdade. A substância está presente com toda a sua verdade em cada um de seus atributos.

A substância pensante e a substância extensa são uma só e a mesma substância, compreendida ora sob um atributo, ora sob o outro. Assim, também um modo da extensão e a ideia desse modo são uma só e mesma coisa, que se exprime, entretanto, de duas maneiras. É o que alguns hebreus parecem ter visto como que através de uma neblina, ao afirmar que Deus, o intelecto de Deus e as coisas por ele compreendidas são uma única e mesma coisa.[22]

---

[21] EI, prop. 10, esc.; Ep. IX, t. II, p. 34; KV, parte I, cap. II, p. 14.
[22] EII, prop. 7, esc., t. I, p. 81.

A substância é então a unidade absoluta que se exprime em atributos diversos sem, portanto, se dividir. Eis por que nós podemos certamente compreendê-la, embora não consigamos conhecer todos os seus atributos. É suficiente, para nossa felicidade e para a nossa ciência, que percebamos clara e distintamente aqueles atributos que nos interessam, ou seja, que liguemos a esses atributos, considerados noções eternas, tudo o que somos, mente e corpo. E isso nos é possível porque nosso entendimento tem a faculdade de conceber as coisas sob a forma do eterno e porque o eterno é a expressão do Infinito no nosso entendimento. Nós somos modos finitos contidos na substância infinita; essa proposição pode se traduzir assim: Nós somos ideias singulares contidas na verdade eterna; e a tradução, embora ao serviço de nosso entendimento, é de uma exatidão absoluta. Quando nós nos referimos ao Eterno que nos explica, nós nos referimos ao mesmo tempo ao Infinito que nos produz,[23] e então nós podemos andar pela vida confiantemente: nós estamos certos de Deus tanto quanto de nós mesmos.

Nessa concepção da substância e de seus atributos parecem se encontrar as duas grandes influências que contribuíram para produzir a doutrina de Spinoza: a influência das doutrinas judaicas e a influência da doutrina cartesiana. Segundo alguns filósofos judeus e em particular Maimônides,[24] a indivisível simplicidade de Deus é incompatível com a afirmação de atributos positivos. Procurar determinar Deus seria introduzir nele uma multiplicidade essencial, seria transportar para ele qualidades puramente humanas. A Deus só convém, segundo Maimônides, atributos negativos, que o elevem infinitamente acima de nossos modos de sentir e de pensar; não existe medida comum entre o que nós somos e Aquilo que é o Ser. Essa crítica ao antropomorfismo se encontra em Spinoza. Para ele como para Maimônides, é verdade que toda determinação de Deus por nós mesmos é uma negação de Deus, que as formas empíricas de

---

[23] "Isto é, tudo o que se segue, formalmente, da natureza infinita de Deus segue-se, objetivamente, em Deus, na mesma ordem e segundo a mesma conexão, da ideia de Deus." EII, prop. 7, cor., t. I, p. 81.

[24] Ver Kaufmann, *Geschichte der Attributenlehre in der judischen Religionsphilosophie des Mittelalters*, Gotha, 1877, e em particular o capítulo consagrado a Maimônides, p. 363 e seg. — Joël, *Zur Genesis der Lehre Spinoza's*, p. 17 e seg.

nosso ser só são limites, inaplicáveis ao Infinito da substância. Porém, contra Maimônides, Chasdai Creskas mostrou que os atributos negativos podem todos receber uma significação positiva; que, por exemplo, negar em Deus toda irracionalidade e toda impotência, é afirmar nele toda razão e toda potência.[25] O intelectualismo de Descartes permite a Spinoza conciliar em uma doutrina sólida as visões de Maimônides e de Creskas. Implicava, na verdade, que o entendimento é, em relação à sensibilidade, uma faculdade impessoal, que coloca o verdadeiro absolutamente, que só o coloca pela sua clareza interior, não por sua conformidade às nossas disposições, que, enfim, exclui do ser toda qualidade empírica ou imaginária. Se, então, tudo é falso no que os sentidos pretendem determinar somente por eles mesmos, tudo é verdadeiro no que o entendimento puro determina por si. É só em relação aos sentidos que devemos proclamar a transcendência e a indeterminação da substância infinita. Mas entre o entendimento e a substância existe uma relação íntima, união imanente. O ato absoluto do entendimento é a afirmação da substância. E além de o entendimento, pelos atributos que ele concebe, introduzir a multiplicidade na substância, ele a eleva, pelas suas próprias determinações, acima de toda categoria de número; ele coloca a unidade do Ser não apenas sob a forma negativa que já foi indicada, na impossibilidade de admitir duas substâncias infinitas indiscerníveis, mas sobretudo sob uma forma positiva e eminente, pela inteligibilidade interna da substância infinita. Só podemos numerar as coisas considerando-as na existência e não na essência, reduzindo-as a gêneros que permitam compará-las. Ora, como a substância está acima de todo gênero, como nela a existência e a essência são um só, tudo que o entendimento afirma de Deus está envolvido nessa afirmação suprema que Deus, sendo a si mesmo toda a sua razão, excluiu de si, como imperfeição, como nada, toda pluralidade numérica.[26]

Assim, toda essa doutrina dos atributos se entende pela distinção que Spinoza supõe entre a determinação interna e a determinação externa. Só a deter-

---

[25] Joël, *Zur Genesis der Lehre Spinoza's*, p. 19 e seg.
[26] Ep. L, t. II, p. 184-185.

minação externa pode ser uma negação, porque a coisa determinada de fora é aquela que não é sua própria razão. A determinação interna é a mais positiva das afirmações, pois ela descobre a razão de ser no próprio ser. As existências individuais que são dadas no universo comportam essa dupla determinação: a realidade que elas têm e os efeitos que elas produzem dependem ao mesmo tempo das circunstâncias exteriores e de sua própria natureza; elas agem ao mesmo tempo pelas coisas e por elas mesmas. Ao mesmo tempo que elas se colocam em seu ser, elas são limitadas pelos outros seres. Porém, a negação que envolve a determinação externa se atenua e se apaga à medida que as influências exteriores aparecem, não mais como a força que engendra tudo, mas como a ocasião e o instrumento do desenvolvimento interno de cada ser. Por exemplo, na matemática, se tomamos uma verdade particular, só podemos demonstrá-la relacionando-a com outras verdades, ou seja, em determinando-a de fora; mas a definição que está na origem dessa verdade comporta uma determinação interna pois ela mesma se explica com as verdades que engendra. E o papel da demonstração geométrica é, de algum modo, de implicar uma propriedade particular, por meio da determinação externa, à verdade da determinação interna. A abordagem das coisas finitas, quando ela é normal, é análoga à abordagem da demonstração matemática: as coisas finitas só se determinam e se explicam entre si se trouxerem de volta ao seu conjunto o que é, para o entendimento, sua razão eterna, seu princípio de determinação interna.[27] Elas se ligam então a Deus por uma dupla ligação de causalidade, quando as consideramos em sua existência ou em sua essência. Primeiramente, como a sua essência não envolve a existência; como a natureza humana, por definição, não implica qualquer homem em particular, ou um grupo de homens, podemos dizer que a existência de todo indivíduo singular é produzida pela existência de outros indivíduos singulares. Assim, os seres finitos, para que sua existência seja explicada, devem entrar na série infinita das causas e dos efei-

---

[27] Qualquer que seja a alegação de Theodor Camerer [1833-1909], (*Die Lehre Spinoza's*, Stuttgart, 1877, p. 293 e seg.), não há então uma heterogeneidade radical entre a determinação do ser pelas causas exteriores e a determinação pela essência.

tos; eles se ligam a Deus, não diretamente, mas como os termos de uma série, que na sua totalidade resulta necessariamente de Deus. Em segundo lugar, os seres finitos têm cada um uma essência que está contida num atributo, que, por conseguinte, participa da eternidade desse atributo. Eles podem, então, se eles são providos de consciência e de razão, se reconhecer e se explicar em sua causa imediata e interna.

> Concebemos as coisas como atuais de duas maneiras: ou enquanto existem em relação com um tempo e um local determinados, ou enquanto estão contidas em Deus e se seguem da necessidade da natureza divina. Ora, as que são concebidas como verdadeiras ou reais dessa segunda maneira nós as concebemos na perspectiva da eternidade.[28]

O homem pode então se compreender de duas maneiras: pela sua existência no tempo e pela sua essência no eterno. Mas enquanto por sua existência no tempo ele é o ser que depende da natureza naturada, pela sua essência no eterno ele é o ser inserido na natureza naturante. Da totalidade das causas externas que na duração o fazem ser e o limitam enquanto o explicam, ele remonta — ao que está acima de toda duração — à razão interna, a verdadeira causa de seu ser. Mas Deus, que é o Ser cuja essência envolve a existência, não conhece essa dualidade de determinações: ele é por natureza determinado a ser o que ele é, a produzir o que ele produz, e essa determinação interior, absolutamente espontânea, é a expressão de sua onipotência.

Todavia, essa onipotência não seria diminuída se Deus não for livre, e Deus pode ser livre se tudo o que ele é e tudo o que ele produz resulta necessariamente de sua natureza? A necessidade que se opõe à liberdade não se opõe à Onipotência? A contradição que indicamos aqui só existe, segundo Spinoza, por causa de uma falsa concepção de necessidade e uma falsa concepção de

---

[28] EV, prop. 29, esc., t. I, p. 269.

liberdade. Confundimos a necessidade com uma fatalidade exterior ao ser, que seria tão mais invencível quanto mais desprovida de razão. Confundimos a liberdade com uma vontade indiferente a todo objeto, que seria tão mais forte quanto mais arbitrária. Tão opostas que sejam na aparência essas duas concepções, elas se originam de um mesmo erro, a representação antropológica de Deus. Nós negamos a necessidade em Deus, porque, frequentemente frustrados na expansão de nossos desejos, recusamos admitir que Deus possa padecer tais violências. Nós afirmamos a liberdade em Deus, porque, nos acreditando capazes de agir segundo a nossa fantasia, nós imaginamos que a ação fora da ordem manifesta mais poder que a ação conforme a ordem.[29] É verdade que Deus não está sujeito a nenhum constrangimento; é verdade que Deus é livre; mas a liberdade que admitimos em Deus e a necessidade que excluímos de sua natureza são quase sempre noções imaginárias nascidas da ignorância dos homens.

Vamos tentar compreender, com todo rigor, os conceitos pelos quais nos esforçamos em caracterizar a ação divina. A ação divina é necessária, pois a essência de Deus desenvolve racionalmente tudo o que ele encerra. Supor que Deus possa realizar alguma obra ou determinar algum decreto que não derive de sua natureza é concordar com esta ideia absurda de que Deus pode ser outra coisa que não ele mesmo. Dizemos geralmente que agir de tal ou qual maneira resulta da natureza de Deus, que Deus deve compreender a si mesmo, e com isso não cremos alterar nem diminuir a potência divina. Por que então negar que tudo o que é produzido por Deus se deduz, com uma inteira necessidade, de sua essência? E não é um *fatum* [fatalidade, destino] esta necessidade interna de desenvolvimento. Porque o que é a fatalidade senão uma força distinta do ser, que age sobre ele, sem que o ser possa se desviar ou entender as razões? Uma tal fatalidade é aqui rigorosamente inadmissível. Deus é todo o Ser; pois não há nada que o limite, não há nada que o constranja. O Infinito exclui toda fatalidade.[30]

---

[29] EI, prop. 32-33, t. I, p. 64-68; EII, prop. 3, t. I, p. 78-79; TTP, cap. VI, t. I, p. 443 e seg.
[30] Ep. XLIII, t. II, p. 171; KV, parte I, cap. IV, p. 32.

Mas se podemos admitir em Deus uma necessidade que não seja fatal, podemos admitir uma necessidade que seja livre? Sim, com a condição de distinguir a liberdade do livre-arbítrio como distinguimos a necessidade da fatalidade. Reservemos a questão de saber se pode existir no homem um livre-arbítrio. Constatemos somente este fato, que o homem se atribui um livre-arbítrio sob a forma de uma vontade que age após uma deliberação, com uma independência absoluta. Transportar para Deus um tal modo de ação é impor a ele uma vontade e um entendimento semelhantes à vontade e ao entendimento humano, é confundir os atributos da natureza naturante com os estados da natureza naturada. Deus é mais pensamento que entendimento, mais potência que vontade; e se insistimos, apesar de tudo, em falar de entendimento e de vontade quando se trata de Deus, é necessário imediatamente ressaltar que não há semelhança, por um lado, entre o entendimento e a vontade humana e, por outro lado, o entendimento e a vontade divina do que o Cão, constelação celeste, e o cão, animal que late.[31] É necessário relembrar que o entendimento em Deus é causa de seus objetos, enquanto o entendimento humano se aplica aos objetos que lhe são dados e que o determinam. Conceber a liberdade sob a forma da resolução voluntária é concebê-la sob uma forma diretamente contrária à sua natureza; pois a vontade é um efeito, ligado a uma série infinita de efeitos. Essencialmente a liberdade é causa; e é como causa, não como vontade, que devemos compreendê-la. "Diz-se livre a coisa que existe exclusivamente pela necessidade de sua natureza e que por si só é determinada a agir",[32] quer dizer, quando ela é causa de seu ser e de suas maneiras de ser. Daí a doutrina da imanência, mais do que todas as outras, pode afirmar a liberdade compreendida em Deus.[33] Deus, seguindo essa doutrina, é a causa imanente, não transitiva nem transitória, de todas as coisas; o ato pelo qual ele é e pelo qual ele se manifesta é um ato eterno

---

[31] EI, prop. 17, esc.; t. I, p. 54 e seguinte; prop. 32, cor., t. I, p. 65; Ep. LXIV, t. II, p. 218.
[32] EI, def. 7, t. I, p. 40.
[33] "A causa mais livre e a que melhor se conforma com Deus é a causa imanente, pois o efeito produzido por essa causa depende dela de tal maneira que sem ela não pode existir nem ser entendido e também não está submetido a nenhuma outra causa. Ademais, está unido a ela de tal maneira que faz com ela um todo." KV, parte II, cap. XXVI, p. 123.

porque nele a essência envolve a existência, enquanto os atos pelos quais aparecem os seres finitos são atos temporais nos quais a existência está vindo de fora se juntar à essência. Deus é então livre, porque ele é a *res eterna*, razão absoluta de todo o ser finito e de toda verdade determinada, superior, por conseguinte, a tudo que limita, a tudo que nega. Existe uma afirmação eterna de Deus que é em si absolutamente livre. O Eterno envolve toda liberdade.[34]

Então, assim como as duas falsas concepções de liberdade e de necessidade se explicam pela crença absurda em uma ação irracional do Destino ou do homem, as concepções verdadeiras da necessidade e da liberdade se relacionam igualmente a uma ideia plenamente racional, à ideia de uma causa absoluta que se produz livremente com todos os seus efeitos, pois sua essência envolve necessariamente seu ser e suas maneiras de ser. "Aos meus olhos", pode escrever Spinoza, "a liberdade não está no livre decreto, mas em uma livre necessidade."[35] A ação divina é então o desenvolvimento lógico da essência divina; e se compreendemos bem a natureza dessa ação, não teremos problema em descartar uma outra concepção antropomórfica de Deus, que está implícita na teoria das causas finais. Seguindo essa teoria, Deus age sob a razão do bem, *sub ratione boni*; ele age quer para um bem universal, quer para seu próprio bem, quer para o bem dos homens. Nós achamos na natureza uma multiplicidade de objetos que nos servem ou nos apetecem, e pensamos que Deus os colocou lá especialmente para a nossa utilidade ou aprovação. Partindo disso, nós imaginamos que Deus se deixa dominar e se dobrar por considerações que nos tocam, a nós homens; que trabalhando pela nossa felicidade ele quis ser credor de direitos ao nosso reconhecimento, que ele quis ser honrado por um culto e por preces, e pensamos que em respondendo às suas intenções nós obteremos um mais fácil e mais completo contentamento para os nossos desejos.[36] Enfim, dando a essas

---

[34] "Diz-se livre a coisa que existe exclusivamente pela necessidade de sua natureza e que por si só é determinada a agir... Por eternidade compreendo a própria existência, enquanto concebida como se seguindo, necessariamente, apenas da definição de uma coisa eterna." EI, def. 7-8, t. I, p. 40.
[35] Ep. LVIII, t. II, p. 218; Ep. LXXV, t. II, p. 242.
[36] Ver TTP, prefácio, t. I, p. 369.

ficções uma forma mais geral, filósofos sustentaram que Deus era dirigido em sua ação pela ideia de certos fins a serem perseguidos, que ele trabalhava segundo um plano, o entendimento obcecado por um Exemplar eterno; e segundo o mundo lhes pareça contrário ou conforme a esse exemplar, eles encontram o que acusar ou louvar na obra de Deus. Eles estabeleceram, fora mesmo da potência divina subordinada por eles a suas visões pessoais, distinções absolutas entre o Bem e o Mal, o Belo e o Feio, o Mérito e o Pecado.

Essa doutrina da finalidade, grosseira ou refinada, insiste em um primeiro erro sobre as características da atividade humana. Existe em cada homem, pelo fato de existir, um desejo de procurar aquilo que lhe é útil. Que esse desejo seja satisfeito, ou seja, que a tendência do ser em se conservar e crescer se desenvolva plenamente, daí então imaginamos que o objeto desejado, sendo o fim do ato, foi a causa do desejo. Existe uma alegria no sucesso, que é intensificada pela lembrança da tendência antes ativa e não satisfeita. Reconstruímos, no sentido inverso, a série de momentos atravessados pelo desejo, e estabelecemos uma nova relação de causalidade completamente contrária à verdadeira relação: a causa se torna efeito, o efeito se torna a causa. Então nasce a ilusão da finalidade na consciência humana.

Pouco a pouco essa ilusão se espalha e se fortifica. Ela penetra em nossas crenças práticas e até em nossas crenças científicas. Os objetos que nos rodeiam nos interessam pelo bem ou pelo mal que eles podem nos fazer. Também, perpetuamente nós nos perguntamos o que são ou o que serão para nós, ou seja, para a nossa sensibilidade ou desejos. Serão bons? Serão maus? Existe uma razão que faz com que eles pareçam sobretudo bons: a tendência a viver é em nós tão forte que ela não se furta a meter, pela imaginação, o mundo a nosso serviço. Nós consideramos então os seres da natureza como meios para nosso uso; e como nós temos consciência de ter encontrado, não produzido, esses meios, nós afirmamos que existe um Ser soberano que os dispôs assim a nosso favor. Deus se torna assim o supremo organizador de nosso bem-estar, a Providência que satisfaz nossos desejos e nossas necessidades; e se às vezes a natureza nos parece má, se ela nos incomoda e nos machuca, imaginamos que

Deus tem ciúmes ou está irritado, que ele quis nos advertir ou punir. Sendo capaz de bondade como o homem, por que Deus, como o homem, não seria capaz de maldade?

É verdade que os filósofos deduzem Deus a partir de considerações em aparência menos egoístas. Existe no mundo uma ordem maravilhosa que supõe um agenciamento premeditado entre as partes e o conjunto, uma beleza magnífica que supõe uma arte soberana e perfeita; dizemos até dos movimentos celestes que eles compõem uma harmonia. Foi Deus que quis essa ordem, que criou essa beleza, que se encanta e nos encanta com essa harmonia. Na realidade, o que significam todas essas palavras? Todas as vezes que os objetos apresentados pelos sentidos dominam nossa imaginação de modo a ocupá-la sem dificuldades e serem facilmente tomados por ela, dizemos que esses objetos estão bem ordenados; se o contrário acontece, os julgamos mal ordenados e em estado de confusão. Que preferimos a ordem à confusão não é surpreendente, pois os objetos que podemos facilmente imaginar são mais agradáveis. Assim como são belos os objetos que atingindo os nossos olhos contribuem à saúde do corpo; são harmoniosos os sons que permitem à orelha de se exercitar com toda liberdade e plenitude. É então sempre de acordo com nossas impressões sensíveis que afirmamos a ordem ou a desordem, a harmonia ou a desarmonia, o belo ou o feio; é de acordo com nossas conveniências pessoais que reconhecemos Deus e que o julgamos; pois sempre o julgamos, a ordem não existindo sem a desordem, a harmonia sem a desarmonia, o belo sem a feiura deste mundo travestido que compõe a nossa imaginação.

Permanece a afirmação capital sobre a qual se apoia toda a doutrina da finalidade: Deus agiria para e em nome do bem. Mas o que entendemos com isso? Queremos dizer que existe um tipo de verdade e de bondade segundo o qual Deus determinaria sua ação? Mas então Deus não seria mais o Ser infinito; ele dependeria desse tipo, preexistente ao seu modo de ser, portanto superior à sua potência. Diremos que esse tipo de verdade e de bondade é interior ao próprio Deus? Mas então isso não passa de um conceito sem significado, já que reconhecemos que o que é iminentemente verdadeiro e bom resulta da essência e da potência divinas, que, por conseguinte, a essência e a potência divinas, não admitindo medida, são radicalmente a medida de tudo. Enfim, esta teoria geral de Deus escolhendo o bem se apoia sobre um duplo erro: primeiro, é que o ser é possível antes de ser, já que Deus deve se reger pelo bem para agir e antes de agir; segundo, é que o possível não se esgota pelo ser, já que a necessidade de um modelo supõe a possibilidade de obras defeituosas ou irregulares. Só pode ser possível aquilo que é, já que um possível sem existência atestaria a impotência de Deus; tudo aquilo que é é necessário, já que tudo aquilo que é resulta da natureza da substância, e que as coisas para serem outras deveriam se ligar a uma outra natureza de Deus, o que é absurdo.[37]

A concepção de um desenvolvimento geométrico do Ser e da livre necessidade descarta todas as falsas teorias da ação divina. Essa ação não é nem fatal, nem arbitrária, nem intencional. Se devêssemos mesmo escolher entre a doutrina que faz Deus agir por finalidades e a doutrina que faz Deus agir por vontade indeterminada, a segunda deveria definitivamente suplantar a primeira;[38] pois o que mais importa afirmar, segundo Spinoza, é a potência infinita de Deus, independente de todas as condições às quais está sujeita a atividade humana. Se o entendimento do homem tem o direito de perceber essa potência sob a forma do eterno, é que o eterno é isento de todas as determinações do tempo, é que ele é existência absoluta que tem em si toda a razão e que manifesta toda a sua virtude, é que ele se exprime em uma afirmação primeira e incondicional. Quanto às coisas finitas, elas não poderiam ser explicadas por esta relação subjetiva e imaginária de meio ao fim, que termina sempre por fazer tudo depender de acontecimentos sem causas e de vontades

---

[37] EI, prop. 33; EI, ap., t. I, p. 65-75; Ep. XXXII, t. II, p. 127; Ep. LIV, t. II, p. 194.
[38] EI, prop. 33, t. I, p. 68. Segundo Leibniz, a teoria cartesiana da liberdade divina estabelecia diretamente a base da teoria spinozista da indiferença do Ser em relação ao bem e à perfeição. "O Deus ou o Ser perfeito de Descartes não é um Deus como imaginamos ou como desejamos, quer dizer justo e sábio, fazendo tanto quanto possível pelo bem das criaturas, mas sim algo próximo do Deus de Spinoza, saber o princípio das coisas e uma certa potência soberana ou Natureza primitiva que coloca tudo em ação e faz tudo aquilo que é factível. O Deus de Descartes não tem nem vontade nem entendimento, pois, segundo Descartes, ele não tem o bem como objeto da vontade, nem a verdade como objeto do entendimento." Ed. Gebhardt, t. IV, p. 299.

sem razões; mas elas devem ser concebidas como fazendo parte de um sistema que tem em si mesmo todo o seu princípio e que se desenvolve com o mesmo rigor, a mesma verdade que a noção geométrica. Ora, um sistema geométrico se eleva acima de todas as considerações exteriores, de todas as denominações especiais que nos sugerem nossa sensibilidade; ele é o que deve ser, porque ele é necessariamente, e ele não poderia admitir — sem se perverter — outras distinções que aquelas que se estabelecem logicamente, segundo a relação de propriedade particular a propriedade particular, ou de consequência a princípio. Deus é a Noção geométrica absoluta, superior infinitamente às distinções que nossos desejos e nossas afecções instituem entre perfeito e imperfeito, o mérito e a falta, entre o que deve ser e o que é.

É dito no *More Nebuchim*, de Moïse Maimônides,[39] que a suprema inteligência não admite os conceitos do bem e do mal. Spinoza retoma ou encontra esse conceito e o apresenta com uma severidade inflexível. A Potência infinita, que produz ela mesma tudo, é alheia a todas as diferenças e a todas as qualificações que o homem introduziu, porque ela domina com sua impessoalidade soberana todas as obras pessoais. Ela é, a respeito dessas diferenças e dessas qualificações, o que chamaremos mais tarde de indiferença ou identidade dos contrários. Porém, com uma indeterminação moral tão expressamente colocada na origem do ser, como a moralidade humana poderia surgir?

---

[39] Traduzido para o francês por Munck com o título: *Le guide des égarés*, 1856-66. — Traduzido para o latim por Jean Buxtorf com o título: *Doctor perplexorum*, Basileia, 1629. "*Turpe vero, sive deforme, et Pulchrum dicuntur de rebus manifestis in sensum incurrentibus, non vero de Intellectualibus*, etc.", Pars I, cap. II, p. 4-5. — É, aliás, a consequência da doutrina segundo a qual Deus só pode ser determinado por atributos negativos. "*Sciendum tibi, Deum nullam habere formam externam substantialem, vel nullum attributum essentiale.*" Pars I, cap. L, p. 75. "*Attributa quae Deo per negationem attribuuntur sunt attributa vera*, etc." Pars I, cap. LVIII e seg., p. 95 e seg. — Ver Joël: *Zur Genesis der Lehre Spinoza's*, p. 44-45. — David Rosin: *Die Ethik des Maimonides*, Breslau, 1876, p. 36.

CAPÍTULO 3

A DISTINÇÃO ENTRE O BEM E O MAL, DO VERDADEIRO E DO FALSO

A moral só parece possível por uma distinção entre o bem e o mal, assim como a ciência só é possível por uma distinção entre o verdadeiro e o falso. Se essa dupla distinção não é fundada no absoluto, qual será o princípio e qual será o valor do conhecimento e da moralidade humanos?

O mal se opõe ao bem, assim como o falso se opõe ao verdadeiro: uma tal afirmação é incontestável; mas vejamos como na maior parte do tempo ela foi interpretada e desenvolvida: nós julgamos o verdadeiro e o bem segundo exemplos imutáveis sobre os quais devem se regular nosso entendimento e nossa vontade. Nossas maneiras de pensar e nossas maneiras de agir têm seus valores determinados pela sua relação com tipos eternos. Nós temos como guia de nossos processos intelectuais e morais modelos completos aos quais basta contemplar e imitar se quisermos conquistar a certeza e a beatitude. Uma ordem absoluta se impõe, do alto e de longe, às nossas almas: quando nossas almas a conhecem e a respeitam, elas trilham os caminhos de Deus; quando, ao contrário, elas a desconhecem e a violam, elas introduzem no mundo, com escândalo, um princípio positivo de revolta e de corrupção. A vida humana é entregue à luta entre duas potências contrárias: a potência das luzes e a potência das trevas. Significa, para nós, resistir à tentação para ir à salvação, dominar o mal para fazer triunfar o bem.

Sob esses enunciados diversos, filosóficos ou teológicos, nós encontramos um dualismo radical estreitamente unido à afirmação de uma Razão e de uma Realidade transcendentes. Uma doutrina da imanência, como a de Spinoza, deve jogar fora esse dualismo. Afastemos primeiramente esta crença popular que consiste em colocar, no mundo, uma oposição entre a potência divina e a potência diabólica. A potência divina sendo infinita envolve toda a existência; ela não poderia então admitir uma existência distinta de sua natureza, e menos ainda uma existência oposta à sua natureza. Além disso, afirmar uma existência essencialmente má é levar uma negação ao absoluto.[1]

O dualismo teológico de Deus e do demônio pode muito bem ser eliminado; mas os preconceitos que, segundo Spinoza, lhe deram origem subsistem, mais fortes e mais sutis, no dualismo filosófico. Existe, dizem, uma perfeição atual e suprema, contra a qual tudo se mede, na qual se estabelece a hierarquia dos seres, dos atos e das ideias. Ora, o que então chamamos a perfeição atual e suprema é um termo abstrato de comparação ao qual impõem, por uma dupla ilusão, a forma do absoluto e da realidade; a noção do perfeito é o resíduo das operações intelectuais pelas quais colocamos em relação esta ou aquela coisa, este ou aquele indivíduo. Vamos supor que acabamos de ver uma casa inacabada e que soubéssemos que o arquiteto tinha a intenção de construir uma casa completa: que diríamos? Que a casa é imperfeita, porque tal como está não corresponde à intenção do arquiteto. Se não tivéssemos sabido ou suspeitado dessa intenção, nós não teríamos podido, inicialmente pelo menos, afirmar que a obra está acabada ou inacabada, perfeita ou imperfeita. Mais ainda, à medida que formamos noções universais, nós concebemos pela imaginação e por analogia tipos diversos de casas, de edifícios, de obras, nós construímos como que uma escala desses tipos, e é assim que nós temos cânones disponíveis para apreciar todos os objetos. A origem da ilusão indica bem o caráter: nós imputamos à natureza as intenções, e se a natureza não as executa ou só as

---

[1] KV, parte II, cap. XXV, p. 119.

executa em parte, muito facilmente e com muito bom grado nós a acusamos de impotência.[2]

Somos nós sobretudo que devíamos nos acusar de ignorância. A natureza jamais falha em sua obra, porque ela não tem jamais uma obra em vista; a natureza não tem diante dela modelos sobre os quais ela dirige seu olhar e sua ação, porque a natureza jamais age para um determinado fim. Todos os erros pelos quais nós desfiguramos o sentido das coisas se provocam e se acumulam; nós não podemos conceber estes exemplares sobrenaturais e sobre-humanos destinados a julgar a natureza e o homem sem cair imediatamente na doutrina das causas finais. É sempre o mesmo antropomorfismo, radicalmente incurável, tanto que a razão não consegue frear em nós o delírio da sensibilidade e da imaginação. Ora, devemos saber que o perfeito e o imperfeito são apenas maneiras de pensar, de comparar entre si os objetos e os indivíduos de um mesmo gênero. Nós dizemos e temos o direito de dizer que um indivíduo é menos perfeito que outro, comparado a tal outro, tem menos potência, ou realidade. Nós erramos quando, considerando esse indivíduo separadamente, pedimos explicação, a ele ou à sua natureza, pelas suas faltas e seus vícios. Nada do que está compreendido em sua natureza falta a esse indivíduo, porque absolutamente nada falta à sua natureza. Usando a mesma linguagem dos partidários da finalidade, não podemos dizer que existe uma estranha contradição pedir a um indivíduo um estado ou um ato para o qual ele não é feito? Retomemos a linguagem da verdadeira ciência: "tudo o que resulta necessariamente da natureza de uma causa eficiente se produz necessariamente".[3] Então, em si todo indivíduo tem toda a perfeição que sua natureza comporta, e quando atribuímos a ele uma imperfeição positiva e essencial, nós o julgamos de fora dele, nós exigimos dele que ele seja o que ele não pode ser.

A distinção entre o Bem e o Mal não tem mais um valor absoluto, como também não tem mais um valor absoluto a distinção entre o Perfeito e o Imperfeito;

---

[2] EIV, pref., t. I, p. 187-189.
[3] Ibid., pref., t. I, p. 189.

tendo a mesma origem, ela tem o mesmo alcance. Os termos bem e mal têm apenas um sentido relativo e individual. É bom aquilo que é útil ou agradável; é mau aquilo que é prejudicial ou desagradável. "Com efeito, uma única e mesma coisa pode ser boa e má ao mesmo tempo e ainda indiferente. Por exemplo, a música é boa para o melancólico; má para o aflito; nem boa, nem má, para o surdo."[4] "E, assim, quando alguém diz que um homem é mau, não o diz senão em relação a um outro que é melhor; ou também, que uma maçã é má, senão em relação a outra que é boa ou melhor."[5] Pouco a pouco agrupamos em classes graduadas, de um lado, as coisas úteis, de outro lado, as coisas prejudiciais, e chegamos a imaginar sob a forma de um Bem perfeito aquilo que é o gênero supremo de todos os objetos úteis. De novo aqui nós somos duplamente tolos, primeiro porque nós convertemos em realidade o que é apenas uma denominação extrínseca, e depois porque elevamos ao absoluto aquilo que é apenas uma denominação relativa.

Porém, se a distinção entre Perfeito e Imperfeito, entre o Bem e o Mal apenas resume experiências e conveniências individuais, qual autoridade pode ter a distinção análoga entre o Verdadeiro e o Falso? O Verdadeiro, de fato, cessaria de ser o verdadeiro se ele só exprimisse observações variáveis e relações contingentes. E a constituição de um sistema que consideramos certo implica, evidentemente, me parece, uma afirmação de uma verdade perfeita à qual as inteligências podem participar. Mas aí novamente, segundo Spinoza, se introduz um erro. A doutrina da imanência não poderia reconhecer, sob forma nenhuma, um objeto transcendente ao pensamento humano: o verdadeiro é imanente à razão, ou seja, o verdadeiro está em certas operações racionais, ou, mais ainda, certas operações racionais são verdadeiras. Pois a verdade, não mais que a perfeição ou o bem, não é um exemplar independente que comunicaria do alto sua virtude; a verdade é ainda uma noção abstrata pela qual designamos as ideias verdadeiras. "Ademais, se indagas o que é a verdade além da ideia verdadeira,

---

[4] EIV, pref., t. I, p. 189.
[5] KV, parte I, cap. X, p. 47, Ep. XIX, t. II, p. 66; TIE, t. I, p. 5-6.

que indagues também o que é a brancura além do corpo branco; com efeito, um está para o outro da mesma maneira."⁶

Que supõe toda esta crítica? É que as distinções humanas que se estabelecem por termos genéricos e abstratos não repousam sobre distinções substanciais correspondentes. E essa crítica se fortalece em outro sentido, quando ela se aplica, não apenas aos objetos de nossa atividade, falsos ou verdadeiros, maus ou bons, imperfeitos ou perfeitos, mas às próprias faculdades pelas quais nos reconhecemos. Dizemos que o entendimento tem por objeto a verdade, que a vontade tem por objeto o bem, e isso parece supor primeiro que o entendimento e a vontade são duas potências reais, e depois que são duas potências distintas entre si, e, por fim, que são duas potências distintas de seus objetos. Que valem essas suposições e essas distinções?

Quando atribuímos à mente uma potência real de compreender e uma potência real de querer, parecemos indicar que a mente pode, por uma iniciativa radical, se outorgar suas maneiras de ser, se dar de alguma maneira sua atitude. Mas se nos recordarmos, segundo os princípios do sistema, que a mente é um modo determinado do pensamento, que cada um de seus estados tem sua causa determinante, seja, por um lado, na série de estados anteriores, seja, por outro lado, no pensamento divino, vemos facilmente que o recurso às potências reais é inútil para explicar o que se passa dentro da mente. Essas potências são seres ocultos, pelas quais a imaginação substitui as explicações francas e claras.

> Demonstra-se, da mesma maneira, que não existe, na mente, nenhuma faculdade absoluta de compreender, de desejar, de amar etc. Segue-se disso que essas faculdades e outras similares ou são absolutamente fictícias ou não passam de entes metafísicos ou universais, os quais costumamos formar a partir das coisas particulares. Assim, o intelecto e a vontade estão, com esta e aquela ideia, ou com esta e aquela volição, na mesma relação que a *pedridade* com esta e aquela pedra, ou o homem com Pedro e com Paulo.⁷

---

⁶ CM [*Pensamentos metafísicos*], I, 6, t. II, p. 474. Ver Ep. II, t. II, p. 7.
⁷ EII, prop. 48, esc., t. I, p. 116.

Além disso, quando imaginamos faculdades de compreender e de querer, distintas de nossas ideias e nossas vontades, transportamos, por assim dizer, a mente para fora dela, pois a fazemos depender de poderes que, por definição, não se deduzem logicamente de sua natureza.[8]

Se para comodidade de linguagem nós conservamos esse termo de faculdades, saibamos ao menos que ele não tem nenhuma realidade própria, que ele apenas traduz para nós o que tem de comum a todos os nossos atos intelectuais e voluntários. Isto posto, podemos desdobrar a mente em duas faculdades? As razões sobre as quais se estabelece essa distinção entre a vontade e o entendimento são fornecidas pela filosofia cartesiana. Segundo essa filosofia, é o entendimento que percebe e a vontade que julga; ora, nossa potência de julgar é sempre livre para se exercer, mesmo acerca de objetos pouco conhecidos ou desconhecidos, enquanto nossa potência de perceber é sempre atualmente limitada. Mais ainda, nós podemos duvidar, ou seja, suspender voluntariamente nossa adesão aos objetos que nos apresenta o entendimento. Enfim, existem graus na vivacidade e na clareza de nossas percepções, enquanto o ato de afirmar não comporta graus: aplicado a percepções falsas, ele é tão inteiro como quando aplicado a percepções verdadeiras. A distinção entre vontade e entendimento nos leva então à distinção entre julgamento e ideia, e a distinção entre julgamento e ideia se explica pelo fato de o julgamento ser uma ação indivisível em sua forma, infinito por consequência, e livre em relação à ideia, que é só um modo finito do pensamento. Spinoza adere, sem dúvida, à definição cartesiana da vontade; para ele, assim como para Descartes, querer é essencialmente julgar; mesmo assim, todo ato realizado por nós, irrefletido ou refletido, afeta na mente pensante a figura de um julgamento, implícito ou explícito; mas toda percepção envolve uma afirmação, assim como toda afirmação envolve uma percepção. Certamente, poderíamos conceder que a vontade se estende além dos limites do entendimento, se por entendimento queríamos designar apenas as ideias claras e distintas; mas se por entendimento queremos designar todas

---

[8] CM, II, 12, t. II, p. 504.

as ideias que ocupam a nossa alma, claras ou obscuras, distintas ou confusas, então podemos sustentar contra Descartes que a potência de perceber e a potência de afirmar são em nós coextensivas. Dizem que existe uma infinidade de coisas que não podemos perceber e que nós podemos afirmar; mas se não podemos percebê-las, como podemos fazê-las entrar nos nossos julgamentos? O erro aqui vem de um singular defeito de lógica: empurram para o entendimento, e com razão, este realismo de imaginação que transforma em seres reais as noções universais; reconhecem que o entendimento consiste inteiramente no encadeamento de suas próprias ideias; mas restauram esse realismo em favor da vontade; e como é o caráter de todas as noções universais ser um ser indeterminado, concebem que a potência da vontade exceda todas as determinações do entendimento. Dão a dúvida como prova dessa transcendência da vontade; mas a dúvida prova simplesmente que nós não percebemos com inteira clareza o objeto de nossa intuição. No sonho, nos acontece, quase sempre, afirmar imediatamente a realidade dos objetos percebidos, às vezes de duvidar dessa realidade, por exemplo, quando nós sonhamos que sonhamos: dirão que nos dois casos existe uma ação da nossa vontade distinta de nossas percepções? Enfim, é ainda um erro alegar que podemos afirmar o falso com tanta intensidade quanto o verdadeiro; a força de nossas afirmações depende da clareza de nossas ideias. Nós afirmamos tão mais energicamente quanto mais estivermos certos; nós somos tão mais certos quanto mais percebemos claramente. A potência de perceber e a potência de afirmar são em nós cointensivas. A série de ideias que constituem o entendimento e a série de julgamentos que constituem a vontade não são duas séries distintas que se desenvolvem separadamente no curso da vida mental: elas são uma única série onde cada termo é, ao mesmo tempo, percepção e afirmação, representação e vontade.[9]

Mas o que confere a esses termos um inegável valor? Não será o inegável valor dos objetos aos quais eles correspondem? E não é necessário reconhecer que são os objetos que nos moldam? Certamente existe uma íntima conexão

---

[9] EII, prop. 49, t. I, p. 117-121.

entre toda ideia e seu objeto. Mas essa conexão não significa que o objeto produz a ideia, como uma coisa produz sua imagem. As ideias não são "figuras mudas traçadas sobre um quadro";[10] elas são estados pelos quais a mente se manifesta como coisa pensante;[11] em sua sequência cronológica, elas se explicam umas pelas outras; em sua razão primitiva, elas se explicam pelo atributo do qual elas são os modos. E nós sabemos que entre os diversos atributos e seus modos respectivos existe, não penetração física, mas harmonia lógica; além disso, a pluralidade dos atributos contém nela, por assim dizer, a unidade da substância. O objeto não é então exterior à ideia; ele é a própria ideia, considerada em seu conteúdo, na sua realidade intrínseca. Do mesmo modo, o objeto não é exterior ao ato; ele é o ato considerado em sua realidade e em sua determinação efetivas. Assim, se apaga, depois da dualidade de nossas faculdades, a dualidade entre nossas faculdades e seus objetos. Existem na mente humana ideias — verdadeiras ou falsas — e atos, bons ou maus. Eis tudo o que a crítica de Spinoza deixa subsistir nos seres de razão acumulados pelo realismo ingênuo do vulgar e o realismo refletido dos filósofos, sempre sob a forma de Realidades antiéticas, de potências opostas, de conceitos irredutíveis.

É então o triunfo da doutrina da imanência. Mas será que o dualismo foi mesmo aniquilado? A distinção entre a verdade e o erro, entre o bem e o mal, para ser resolvida com uma simples diferença de caracteres em acontecimentos particulares, parece ainda cheia de perigos para o sistema. O dualismo tem muitas chances de se recuperar com esta simples afirmação, inevitável a despeito de tudo, de que a ideia verdadeira difere da ideia falsa, o ato bom do ato mau. Se a unidade reclamada e perseguida pela doutrina de Spinoza só pode se estabelecer pela destruição dessa última diferença, tudo se torna aos olhos do filósofo indiferente e indistinto: ciência e ignorância, virtude e vício, tudo se confunde na mais tenebrosa das sínteses. Mas se a intenção do spinozismo

---

[10] EII, prop. 49, esc., t. I, p. 119.
[11] Ibid., def. 3, t. I, p. 76: "Por ideia compreendo um conceito da mente, que a mente forma porque é uma coisa pensante. — *Explicação*: Digo conceito e não percepção, porque a palavra percepção parece indicar que a mente é passiva relativamente ao objeto, enquanto conceito parece exprimir uma ação da mente".

é oposta a essas consequências, como por outro lado a dualidade, que sozinha exclui a confusão, pode se conciliar com a ideia de imanência?

Vamos buscar ajuda na filosofia geral de Spinoza. Segundo essa filosofia, a *natureza naturada* é um sistema de *modos finitos*, que, por intermédio dos modos infinitos, resultam dos atributos divinos. Cada corpo, na Extensão, é limitado por outro corpo: cada ideia, no Pensamento, é limitada por outras ideias, e esse gênero de limitação indica o gênero de explicação que comportam as coisas dadas. Todo modo de Pensamento ou de Extensão é uma parte que se sustenta e se explica pelas suas relações com o todo: apenas o todo pode dar conta de suas partes.[12] O que dizer, exceto que as diferentes partes se supõem, se encadeiam, se adaptam umas às outras, que a multiplicidade dos modos envolve em si uma unidade profunda de coesão natural e de coerência intelectual? Também podemos dizer que nada em si é contingente; a existência de cada coisa é determinada pelo seu lugar no conjunto. Contudo, todo modo tem uma realidade particular, que lhe pertence, mas que é envolvida na realidade do todo; contribuindo para essa realidade universal segundo sua própria essência, ele tem toda a existência que pode ter, ele tem sua plenitude de ser e de atividade.

Eis o que concebe o entendimento quando ele se estabelece no centro do sistema para entender a razão e a unidade: vistas desse centro, os limites nos quais são contidos os seres particulares não passam de linhas de demarcação ideais, pois cada ser se completa exatamente pelo conjunto dos outros seres.[13] Mas não é de pronto que o entendimento concebe essa compenetração das partes no todo; ele percebe a multiplicidade esparsa e irregular antes de conceber a multiplicidade regular e concentrada. E isso é possível porque existe uma multiplicidade. Que o ser particular se ponha à parte, se isole; ele não possui em si toda sua verdade, já que ele depende do resto da natureza; ele

---

[12] Ep. XXXIX, t. II, p. 128-130.
[13] A concepção clara da natureza infinita exclui toda oposição ou toda distinção do todo e das partes. "Que parte e todo não são entes verdadeiros ou reais, mas somente entes de razão e, por conseguinte, na *natureza* [extensão substancial] não existe nem todo nem partes." KV, parte I, cap. II, p. 15.

não tem em si todo seu princípio de vida, já que sua vida está em comunhão com a vida universal.

Existem então graus na busca da verdade e também, em virtude de uma rigorosa correspondência, na busca do bem. Spinoza, na *Ética*, reduz a três os graus do conhecimento.[14] Existe, primeiramente, o conhecimento de primeiro gênero que depende inteiramente das sugestões dos sentidos e da imaginação. Nosso corpo é afetado de uma certa maneira pelos corpos estranhos, e essa afecção que ele percebe é representada na mente por uma ideia: ora, a ideia tem a mesma natureza que a afecção corporal; assim como a afecção corporal não se explica por ela mesma já que foi produzida por uma causa distinta dela, também a ideia não se explica completamente por ela mesma, ela é simplesmente parcial, inadequada. Além disso, nós representamos nossas percepções anteriores por meio de signos sensíveis e de noções universais; ora, esses signos e essas noções só representam resíduos dessas percepções, partes que se tornam parecidas por força de serem abstratas, que não têm, portanto, nada de real. Porém, como vimos, todas as nossas ideias envolvem afirmações; nossas ideias parciais se afirmam então da mesma maneira que ideias com-

---

[14] Nós seguimos a distinção que está indicada na *Ética*. Spinoza descreveu os graus de conhecimento de formas um pouco diferente no *Breve tratado de Deus, do homem e do seu bem-estar* (KV) e no *Tratado da emenda do intelecto* (TIE). No primeiro desses tratados, ele distingue: (1) a opinião, que é o conhecimento por ouvir dizer e por experiência, sujeito ao erro; (2) a verdadeira crença ou o raciocínio, que compreende as coisas, não em si mesmas, mas por razões gerais; (3) intelecção clara e distinta, que é "um sentir e gozar a própria coisa". KV, parte II, cap. I e II, p. 53-56). No *Tratado da emenda do intelecto*, ele distingue: (1) a percepção das coisas pelo ouvir dizer ou outro qualquer sinal que chamam "convencional" (*ad placitum*: arbitrário); (2) a percepção das coisas por experiência vaga, isto é, da experiência não determinada pelo intelecto, só se dizendo tal porque ocorre por acaso e não vemos nenhuma outra experiência que a contradiga, e por isso fica como irrecusável entre nós; (3) a percepção das coisas na qual a essência de uma coisa é tirada de outra, mas não adequadamente, o que acontece quando induzimos de algum efeito a causa ou quando se conclui de um universal que sempre é acompanhado de certa propriedade; (4) a percepção das coisas unicamente por sua causa imediata ou por sua essência. Os dois primeiros modos de conhecimento são essencialmente incertos; o terceiro é certo, mas insuficiente; somente o quarto modo "compreende a essência adequada da coisa e sem perigo de errar". TIE, t. I, p. 7-10. O que, a despeito dessas diferenças de exposição, permanece constante no pensamento de Spinoza é a preocupação de elevar acima de tudo o conhecimento das coisas singulares, a percepção do que chama no TIE de as "essências particulares afirmativas". TIE, t. I, p. 32-33. Sobre as diferentes exposições da teoria do conhecimento de Spinoza, ver [Friedrich Adolf] Trendelenburg (1802-72), *Historische Beitrage zur Philosophie*, Berlim, 1867, t. III, p. 376 e seg.

pletas. Como elas são necessariamente o que são, elas não são por si mesmas verdadeiras ou falsas; mas elas se tornam falsas quando afirmam ser suficientes, quando, sendo inadequadas, elas se consideram adequadas. A ideia falsa é então a ideia que, não sendo primeira e absoluta, se liberta de toda relação, de toda dependência, a ideia que quer ser verdadeira em si apesar de só poder ser verdadeira por sua coerência lógica com outras ideias; é a consequência que se separa das premissas. Ora, não é surpreendente que uma tal ideia seja sempre confusa; ela faz aquilo que é necessário parecer como contingente, aquilo que é resultado se erige em princípio. Que imaginemos o mundo segundo um encadeamento acidental de ideias inadequadas: é, no lugar do mundo que é por si mesmo, cujas múltiplas partes se encaixam exatamente umas nas outras, um mundo que vai por pedaços, que procura fora dele um ponto de apoio que o sustente, deixando passar pelas aberturas que o deslocam toda a nuvem das ficções humanas, arquétipos eternos, termos transcendentais, seres metafísicos, fins da natureza, vontades de Deus etc...[15]

Nesse primeiro gênero de conhecimento só há lugar para o erro: onde a sensibilidade e a imaginação reinam soberanas, não pode se introduzir a verdade. Mas a verdade é nosso objeto? Ela pode num dado momento penetrar no entendimento? E não é uma doença de nossa razão, original e incurável, perceber o universo na dispersão de seus estados sem jamais poder capturar a unidade? Evidentemente a fatalidade do erro seria invencível se não houvesse na ideia falsa um elemento verdadeiro. Mas os fragmentos do universo que exprimem em nós as ideias inadequadas não são, por assim dizer, fragmentos absolutos; são fragmentos que podem se rejuntar e se recompor; a parte e o todo não são realidades heterogêneas e irredutíveis; entre a parte e o todo existe uma relação inteligível que o entendimento pode determinar. Essa relação é diferente das relações imaginadas pela antiga lógica entre o indivíduo e a espécie, entre a espécie e o gênero; ela se define, não por noções universais, *notiones universalis*, mas pelas noções comuns, *notiones communes*. Já que existem no

---

[15] EII, prop. 40, esc.; EII, prop. 41, t. I, p. 109-110.

mundo elementos comuns pelos quais os objetos se unem, existem elementos comuns pelos quais eles se compreendem. Por exemplo, as mentes têm isso em comum pois são fundadas sobre a natureza do pensamento, os corpos têm isso em comum pois são fundados sobre a natureza da extensão. Portanto, nós podemos perceber o que é comum ao nosso corpo e aos corpos exteriores que o afetam, e então nossa percepção é completa em seu gênero pois ela exprime numa unidade doravante indissolúvel a causa e o efeito, o princípio e a consequência. É então um conhecimento adequado, esse conhecimento racional pelas noções comuns, pois o que é comum a todas as coisas, o que se acha igualmente em tudo e na parte deve ser percebido por todos clara e distintamente.[16] Spinoza estabelece entre ideia confusa ou obscura e ideia distinta ou clara a mesma relação que entre ideia parcial e ideia total. E enquanto a ideia parcial, isolada e insuficiente, nada pode explicar nem compreender, a ideia total não é assim porque, por um lado, ela é explicada e compreendida por ideias de mesma natureza e, por outro lado, ela pode explicar e compreender as semelhantes. "Todas as ideias que, na mente, se seguem de ideias que nela são adequadas, são igualmente adequadas."[17] Então, o nosso conhecimento é verdadeiramente um sistema, como o mundo que ele representa. Obra da razão, ele percebe as coisas, não como contingentes, mas como necessárias, não mais sob a forma temporal, mas sob uma certa forma de eternidade.[18] Porque as noções comuns, sobre as quais ele se baseia, por elas conterem o que é comum a todas as coisas, não se referem a nada em particular, ou seja, a nada que possa parecer como isolado e independente, a nada que possa nascer ou perecer num dado momento da duração.

Esse conhecimento do segundo gênero, já inteiramente certo, não esgota, porém, nosso poder de conhecer. Ele nos permite descobrir as leis, mas não compreender as essências das coisas. Ora, todo ser não é apenas uma ordem de propriedades que podemos compreender pelas noções comuns da razão;

---

[16] EII, prop. 37-38-39, t. I, p. 106-107.
[17] Ibid., prop. 40, t. I, p. 107.
[18] Ibid., prop. 44, t. I, p. 112-113.

ele é também uma definição individual, uma "essência particular afirmativa",[19] capaz de ser percebida no Pensamento divino por um ato de intuição imediata. Existe então um terceiro grau de saber, que "[...] parte da ideia adequada da essência formal de certos atributos de Deus para chegar ao conhecimento adequado da essência das coisas".[20] O entendimento das relações racionais que existem entre os seres deve nos conduzir ao entendimento do que são os próprios seres, e o mais alto uso que podemos fazer das regras comuns é de percebê-las realizadas e como inscritas nos indivíduos.[21] Se então é preciso primeiro, para explicar as existências singulares, reduzi-las às propriedades que as determinam, é preciso não esquecer que o Pensamento divino constitui nelas eminentemente indivíduos[22] e, portanto, a operação absoluta da mente consiste em se unir às essências individuais. Nesse estado supremo, a mente humana não é mais obrigada a procurar fora dela a verdade de seu ser; ele apreende diretamente a razão interna, ela se afirma absolutamente tal como ela é em seu princípio imediato. E não serve de nada dizer que essa afirmação é infalível, porque ela é inteiramente liberta de todas as distinções empíricas entre verdadeiro e falso; ela é a própria verdade que se coloca em um ser singular, que exclui então rigorosamente todas as denominações genéricas e convencionais; ela nem mesmo tem relação com o que é dado na duração, e não é apenas sob uma determinada forma, é sob a forma absoluta da eternidade que ela se produz e se ilumina. Então, à medida que a mente humana se eleva em direção a este terceiro gênero do saber, ela tem dela mesma e de Deus uma consciência mais pura, e ela se experimenta então menos como objeto e mais como causa adequada de seu conhecimento.[23]

---

[19] TIE, t. I, p. 31.
[20] EII, prop. 40, esc. 2, t. I, p. 110.
[21] "A melhor conclusão há de ser tirada de alguma essência particular afirmativa, pois quanto mais especial for a ideia, mais distinta será e, portanto, mais clara. Logo, o que acima de tudo devemos procurar é o conhecimento das coisas particulares." TIE, t. I, p. 32; EV, prop. 24, t. I, p. 267.
[22] "Nós, pelo contrário, atribuímos a Deus o conhecimento dos singulares e negamos o dos universais, a não ser enquanto ele entende as mentes humanas." CM, II, 7, t. II, 61, p. 489.
[23] EV, prop. 31, t. I, p. 270.

Assim desaparece não apenas a realidade, mas também a possibilidade de erro; o erro se elimina dele mesmo uma vez que percebemos o verdadeiro. Mas como podemos distinguir o verdadeiro? O que nos dará a certeza? A própria ideia verdadeira. "Quem tem uma ideia verdadeira sabe, ao mesmo tempo, que tem uma ideia verdadeira, e não pode duvidar da verdade da coisa."[24] Se pedimos um critério do verdadeiro, não seria necessário pedir um critério desse critério, e assim por diante ao infinito? E qual critério pode ser mais claro e certo do que a ideia verdadeira? Além disso, essa procura de um critério do verdadeiro está em contradição direta com a filosofia da imanência. Ela supõe sempre que existe uma regra do conhecimento, exterior e transcendente, um modelo sobre o qual o entendimento deve se modelar. Na realidade, "Exatamente da mesma maneira que a luz revela a si própria e as trevas, assim também a verdade é norma de si própria e do falso".[25] A clareza da ideia é a certeza do entendimento: *Verum index sui*.

Os estados que o homem deve passar para chegar ao verdadeiro são os mesmos que ele deve passar para chegar ao bem, e a distinção entre o bem e o mal se estabelece, no sistema de Spinoza, como a distinção entre o verdadeiro e o falso; a clareza da ideia está na razão direta da potência da ação, e vice-versa. Ou melhor, a ação e a ideia constituem um mesmo estado. Se a mente está no erro é porque ela se deixa determinar exteriormente, pelo curso fortuito das coisas, a perceber isto ou aquilo, é porque ela está disposta a aceitar tudo, seguindo as indicações dos sentidos e da imaginação. Do mesmo modo, se ela está no mal é porque ela se deixa determinar de fora, pelo curso fortuito dos acontecimentos, a fazer isto ou aquilo, é porque ela cede sem resistência aos atrativos puramente sensíveis e imaginários. As ações que ela realiza, não tendo nela sua razão completa, são então ações inadequadas; elas são más, não por elas mesmas, mas porque elas pretendem possuir a mente inteira e a contentar. Assim como as ideias falsas, as ações más deixam o homem em

---

[24] EII, prop. 43, t. I, p. 111.
[25] Ibid., prop. 43, esc., t. I, p. 111-112.

desacordo com a natureza, em desacordo consigo mesmo e com seus desejos, à mercê de todas as circunstâncias, e a felicidade que elas prometiam se transformam rapidamente em tristeza e miséria. Nascidas do acaso, elas criam no homem uma espécie de fatalidade da qual ele se queixa e a qual ele acusa, e como elas lhe retiram os meios de se conhecer claramente, elas o inspiram uma fé absurda em todos os tipos de potências sobrenaturais, Fortuna caprichosa, Destino irrevogável etc...

Contudo, o homem pode retornar à verdade prática da mesma maneira que à verdade científica se ele concebe que sua própria ação é uma parte da ação universal. Com efeito, só pode haver ação universal pelas ações comuns, graças às quais os objetos e os indivíduos se modificam reciprocamente. Ora, o que é comum à parte e ao todo constitui uma ação completa em seu gênero, ou seja, adequada; porque está aí a condição imediata e suficiente dessa ação.[26] E, enquanto a ação inadequada fica isolada, sem pontos de fixação lógicos com outros acontecimentos naturais e humanos, ela é, por esse motivo, anormal e estéril, a ação adequada, ao contrário, produzida por ações da mesma espécie, pode produzir, por sua vez, semelhantes. Então, nossa vida é verdadeiramente uma obra onde nós somos os autores, ordenada como o universo do qual ela participa; ao invés de ser atirada em todas as direções por acontecimentos acidentais e passageiros, ela se apoia em relações imutáveis da natureza; as razões que a governam são tão sólidas quanto a necessidade, tão duráveis quanto a eternidade.

Enfim, a ação do homem pode procurar seu princípio, não mais na sua relação racional com o universo, mas no mais profundo de si, em sua própria causalidade. O que é mais real que a lei segundo a qual age o indivíduo, é o indivíduo agindo pela virtude interna de seu ser. Se então o homem deve se despojar primeiramente de sua individualidade fictícia e se associar à natureza para emancipar sua potência da potência das causas exteriores, ele só pode, por outro lado, conquistar a plenitude de sua vida se redescobrindo e se afirmando ele próprio como sujeito de seus atos. Bem como o conhecimento

---

[26] "Nenhuma coisa pode ser má por aquilo que tem de comum com a nossa natureza." EIV, prop. 30, t. I, p. 208.

mais claro é um entendimento intuitivo da Verdade que se exprime em nós, também a ação mais virtuosa é uma posse espontânea da Realidade que se produz em nós. E não serve de nada dizer que essa ação é impecável, pois ela é inteiramente liberta de todas as distinções empíricas do bem e do mal; ela é, para o ser singular que ela constitui, a medida do que lhe é bom; ela é a operação suprema na qual o Ser de Deus e seu ser se unem eternamente. Enquanto a mente humana se eleva a essa forma superior de atividade, ela se sente mais perfeita e mais feliz,[27] e ela experimenta nela menos a necessidade que a determina e mais a liberdade que se determina.

Assim desaparece não apenas a realidade como também a possibilidade do mal; o próprio mal se elimina uma vez que sentimos o bem. Mas como podemos distinguir o bem? O que nos garante a beatitude? A própria boa ação. É inútil e impossível procurar alhures um critério para a moralidade; nem a moralidade nem o conhecimento poderiam ter uma regra externa e transcendente. A ação boa se manifesta pela alegria que ela comunica, assim como a ideia verdadeira se manifesta pela sua clareza. A clareza é a alegria da mente que conhece, a alegria é a clareza da mente que age: *Bonum index sui*.

Existe então, segundo Spinoza, uma identidade essencial em nossas maneiras de ser, em nossas maneiras de agir e de pensar. Aquilo que nós somos por natureza se exprime igualmente em nós sob forma de existência, de ação ou de conhecimento. Se Spinoza reduz a distinção entre o bem e o mal à distinção entre o verdadeiro e o falso, é primeiramente para elevar essa distinção, pelo entendimento imparcial, acima das impressões e das qualificações empíricas que a estabelecem, é para mostrar depois que uma tal distinção, apenas relativa à nossa sensibilidade, não poderia ser realmente fundada. Toda a sua doutrina, definitivamente, tende a suprimir o dualismo primitivo entre o bem e o mal, entre o erro e a verdade; mas será que ela pode transformar esse dualismo sem destruí-lo? Afinal, é certo que no universo existem dois grupos opostos de ideias e de ações, de um lado as ideias e as ações inadequadas, por outro

---

[27] EV, prop. 31, t. I, p. 270.

lado, as ideias e as ações adequadas. Não é esse o princípio de um dualismo irredutível? A objeção só teria valor se houvesse, nesses grupos opostos, ideias e ações radicalmente diferentes. Pelo contrário, o que é preciso entender é que são as mesmas ideias e as mesmas ações que são ditas adequadas ou inadequadas, conforme elas se integrem ou não em um sistema racional. Nossas ideias e nossas ações não mudam absolutamente de conteúdo ao mudar de caráter; fadadas a serem falsas e más, enquanto só se sucedem em nós por relações empíricas e acidentais, elas se tornam verdadeiras e boas quando se constituem por relações imutáveis e inteligíveis. As noções confusas e obscuras decorrem do pensamento divino com a mesma necessidade que as noções claras e distintas;[28] elas têm a mesma origem, elas têm o mesmo fundamento: elas envolvem assim uma tendência essencial a se explicar elas mesmas, ou seja, a se tornarem adequadas.

Portanto, não há nada de positivo no falso ou no mal; o erro é uma privação de conhecimento, o mal é uma privação de potência. Quando contemplamos o sol, nós imaginamos que ele esteja distante de nós uns 60 metros; ora, o erro não consiste no fato de imaginar uma tal distância; o erro consiste em que, no momento que imaginamos, nós ignoramos a verdadeira distância, assim como as causas que suscitam em nós a ideia da distância imaginada. Mas essa ideia da distância imaginada, tal como ela se produz, contém em si alguma coisa de positivo e de verdadeiro, já que ela exprime o gênero de afecção que o sol suscita em nosso corpo. Assim, o erro não é uma ignorância pura e simples, ele é a ignorância da verdade absoluta, que faz com que nós tomemos como absoluta uma verdade relativa.[29] Do mesmo modo, quando o homem realiza uma ação má, o mal não consiste no fato de realizar essa ação, já que essa ação resulta de uma necessidade de sua natureza incluída na necessidade universal; o mal consiste em que, no momento em que ele realiza a ação, o homem a considera como só partindo de si, enquanto ela é determinada muito mais

---

[28] EII, prop. 36, t. I, p. 105.
[29] EIV, prop. 1, t. I, p. 191-192.

pelas coisas externas do que por ele. Assim, o mal não é uma impotência pura e simples, é a impotência da ação absolutamente espontânea, que faz com que nós tomemos por absolutamente espontânea a ação produzida sobretudo por constrangimentos. O verdadeiro e o bem suprimem do falso e do mal somente as negações e as privações, ou seja, os elementos ilusórios e imaginários, não as afirmações e as propriedades efetivas, ou seja, os elementos reais e positivos. O erro e o mal são sombras que envolvem e às vezes dissimulam até parecer apagar uma menos viva e menos clara luz: que a luz surja mais abrangente e mais brilhante, e então as sombras em se dissipando mostrarão até que ponto elas eram vãs. Não existe no homem nem impotência nem ignorância absolutas, mas potências menores e conhecimentos menores que podem indefinidamente recuar e mesmo no final destruir seus limites primeiros.

É necessário dizer que a afirmação do falso e do mal é uma afirmação falsa e má; o falso e o mal não podem se constituir no ser. Certamente, já que as ideias e as ações inadequadas decorrem de Deus com a mesma necessidade que as ideias e as ações adequadas, podemos bem sustentar que toda ideia ou toda ação, em si, é, como a potência infinita de Deus, indiferença ou identidade de contrários; ela pode ser verdadeira ou falsa, boa ou má. Mas os dois contrários só podem coexistir no mundo se eles têm um sentido relativo, se eles exprimem uma verdade imperfeitamente alcançada e um bem imperfeitamente conquistado. Por outro lado, se eles têm um sentido absoluto, um dos contrários deve absolutamente excluir o outro; é então o falso, o mal que deve ser negado, porque o falso e o mal não podem se realizar. Uma coisa só pode ser com a condição de se produzir segundo uma forma sistemática. Se Deus é o Ser infinito é porque ele é a forma sistemática eminente na qual tudo é contido. Ora, o falso e o mal são a ausência de ordem racional, são o desacordo entre as ideias e os atos: o falso e o mal não podem reivindicar a existência. Crer que o falso e o mal podem realmente ser é acreditar que um nada pode se tornar alguma coisa, é aceitar, sob a forma mais inaceitável, a teoria da criação *ex nihilo*. Se o falso e o mal pudessem se realizar é porque eles se tornaram unidades, sistemas, ou seja, eles cessariam de ser o que são. Em troca, podemos sustentar que existe uma verdade e um bem, não no sentido em que existiria um mundo transcendente onde a Verdade e o Bem seriam fixos como exemplos, mas porque existe um encadeamento dialético de ideias e de atos tendo sua origem e sua razão na essência eterna e na ação infinita de Deus. A verdade e o bem podem ser alcançados pelo entendimento humano, e eles são corretamente então nossa verdade e nosso bem.

Definitivamente, o conhecimento e a moralidade, idênticos em conteúdo e forma, supõem, não a distinção absoluta entre o verdadeiro e o falso, o bem e o mal, já que um dos termos dessa antítese lógica é uma simples negação, mas uma passagem do relativo ao absoluto, do menor conhecimento e da menor potência ao conhecimento e à potência completos. Isto bem posto, podemos reutilizar estas palavras cômodas e costumeiras de perfeição e imperfeição; elas significarão doravante o grau de realidade e de espontaneidade que possuem os diversos seres da natureza. E especialmente para o homem elas significarão o que ele é, num dado momento, em relação a esta "natureza humana superior"[30] que é o tipo imanente que ele aspira atingir. De dizer que essa natureza humana superior não parece em nada com um exemplar sobrenatural, que ela é simplesmente o homem elevado pelo mais alto conhecimento à mais inteira potência, isso certamente não é mais necessário. Mas é necessário mostrar como essa natureza humana superior se produz, tanto como modelo quanto como realidade, no seio na natureza humana, tal como ela existe verdadeiramente, não como frequentemente imaginaram os filósofos.

---

[30] TIE, t. I, p. 6.

CAPÍTULO 4

A NATUREZA HUMANA

O método que Spinoza aplica ao estudo da natureza humana é um protesto contra os procedimentos comuns dos filósofos que se dizem moralistas. Estudar o homem é para esses filósofos apenas um meio de confundi-lo, uma ocasião de lutar contra ele. Eles lhe atribuem uma potência independente e absoluta para usurpar o direito de ele prestar contas. Eles lhe dizem: Tu és livre, a fim de poder gritar: Tu és um criminoso. Eles forjam um ídolo para se dar o prazer de quebrá-lo. À humanidade travestida eles opõem uma humanidade quimérica; eles exigem que o homem se molde segundo suas concepções, esquecendo que suas concepções estão longe de ser formadas segundo a verdade. O homem pode aquilo que ele quer: por que então ele não quer aquilo que eles querem? E também tudo serve para humilhá-lo; eles o humilham pelas suas injúrias, por sua ironia, por sua compaixão, até mesmo o odeiam pela sua virtude. É inacreditável até que ponto o desprezo pelo homem pode entrar em um estudo do homem; não é mais uma ciência, é uma caricatura; não é mais uma moral, é uma sátira.[1]

---

[1] EIII, pref., t. I, p. 124; TP [*Tratado político*], cap. 1, t. I, p. 281.

Essa malícia filosófica a respeito da humanidade é o produto de um erro já denunciado. Imaginam que o homem possa ser superior à sua essência, e o universo superior à sua natureza. Nos colocamos fora do real para descrever um ideal pelo qual afirmamos julgar o real. Pura ilusão, esse ideal. Quando saímos do real é para entrar no sonho. O ser só se mede pelo ser e não pelo possível. O possível é uma simples ficção, se ele já não é um certo grau de ser. Não existe nada possível fora daquilo que é necessário, e tudo aquilo que é necessário é real. É necessário, então, para constituir uma moral, não opor perpetuamente aquilo que deve ser ao que é, mas explicar aquilo que é; não impor com autoridade regras mais ou menos arbitrárias, mas conhecer imparcialmente as leis fixas do mundo; não moralizar, mas compreender. Nada é mais impressionante do que o tom de orgulho arrogante e certeza intelectual com o qual Spinoza coloca sua nova concepção da moral em oposição à antiga concepção. A maioria dos filósofos, diz Spinoza,

> parecem conceber o homem na natureza como um império num império. Pois acreditam que, em vez de seguir a ordem da natureza, o homem a perturba, [...] A esses parecerá, sem dúvida, surpreendente que eu me disponha a tratar dos defeitos e das tolices dos homens segundo o método geométrico, e que queira demonstrar, por um procedimento exato, aquilo que eles não param de proclamar como algo que, além de vão, absurdo e horrendo, opõe-se à razão. Mas eis aqui o meu raciocínio. Nada se produz na natureza que se possa atribuir a um defeito próprio dela, pois a natureza é sempre a mesma, e uma só e a mesma, em toda parte, sua virtude e potência de agir. Isto é, as leis e as regras da natureza, de acordo com as quais todas as coisas se produzem e mudam de forma, são sempre as mesmas em toda parte. Consequentemente, não deve, igualmente, haver mais do que uma só e mesma maneira de compreender a natureza das coisas, quaisquer que sejam elas: por meio das leis e regras universais da natureza. [...] E considerarei as ações e os apetites humanos exatamente como se fossem uma questão de linhas, de superfícies ou de corpos.[2]

---

[2] EIII, pref., t. I, p. 125.

Contudo, a natureza humana não seria deformada pela aplicação de tal método? Mais ainda, o método não seria abalado em seu conteúdo pelos fatos imprevistos que a experiência trará? Não haveria oposição entre a ordem dedutiva e a ordem concreta de nossos estados, de tal maneira que se torne necessário escolher entre a verdade de fato e a verdade do sistema? Ou então, não se estabeleceria um compromisso ilógico entre as exigências da doutrina e os dados da observação? Isso seria interpretar mal o pensamento de Spinoza, acreditar que o método geométrico, rigorosamente aplicado, exclui todo elemento oriundo da experiência. O método geométrico não pode evidentemente produzir estados que antes de tudo devem ser sentidos, constatados.[3] Mas se ele não pode criá-los, ele serve para compreendê-los; ele é um instrumento, não de descoberta, mas de determinação científica. A experiência é, ao mesmo tempo, necessária e insuficiente para constituir a verdade. O que a experiência fornece à mente são as ideias que se sucedem sem se explicarem, que se encontram sem se ligarem. O papel da dedução geométrica é precisamente introduzir, nesses dados experimentais, explicações e ligações. Ora, segundo a doutrina geral de Spinoza, a transição da realidade percebida à verdade deduzida pode regularmente e legitimamente se realizar, pois a ideia inadequada, que exprime o fato puro e simples, tende ela mesma à ideia adequada, que exprime a razão do fato, já que assim o fato acha a sua razão quando está coordenado com os outros fatos. É indispensável observar a natureza humana para compreendê-la; mas aqueles que apreciam essa natureza com uma observação imediata e uma descrição superficial só podem ver nela flutuações incoerentes, bizarrices caprichosas, contradições desconcertantes. Eles a condenam como irracional, porque não procuram saber até que ponto ela é racional: sua moral volta-se para a maldição e o anátema. Ao contrário, o filósofo que tenta descobrir segundo qual ordem os elementos da natureza humana se determinam ou são chamados, discerne ao mesmo tempo a parte de acidente ou de contingência que se mistura à composição dessa ordem; e como o acidental e o contingente, não procedendo do absoluto, só podem ser

---

[3] Não podemos, diz Spinoza, dispensar a experiência quando se trata de objetos cuja existência não está implicada em sua definição, e este é o caso de todos os modos finitos. Ver Ep. X, t. II, p. 35.

ilusões, ele os suprime explicando-os. Para separar a verdade das aparências, ele deve destruir as negações que se interpunham, como realidades, entre os diversos modos da natureza humana e que chegavam assim a rompê-los; ou melhor ainda, ele mostra como essas negações se suprimem elas mesmas para só deixar lugar às verdades que se compreendem sem hiato, e às realidades que se unem sem intervalo. Seu esforço consiste então em estudar como o sistema geométrico da natureza se realiza cada vez mais e rejeita gradualmente fora de si, quer dizer o nada, tudo aquilo que pode parar ou entravar a marcha regular de sua dedução. E como o sistema é a expressão adequada da ação divina, que não pode deixar incompreendido nenhum modo da existência, o filósofo não teme que a natureza humana seja irredutível à explicação geométrica; por outro lado, quando ele tenta essa explicação, ele não se pergunta o que vale o homem, ele não tem por que julgá-lo nem condená-lo; ele só tem que segui-lo em seu desenvolvimento para conhecê-lo em seu destino; para constituir uma ética, basta ele se apoiar sobre a eterna identidade que serve de base às modificações de todos os seres e consequentemente do homem. Seria então falso conceber que o método geométrico venha se impor de fora, por habilidade ou por violência, ao estudo do homem. O homem é um teorema que se realiza em relação à geometria universal, e que se demonstra se realizando. Vejamos então como se definem e se coordenam, por exclusão gradual de todas as noções vagas e imaginárias, os elementos dessa demonstração viva, dos quais deve proceder a moralidade.

Primeiramente, já que na ordem da natureza pode acontecer que este ou aquele homem não exista, devemos admitir que o ser da substância não pertence à essência do homem. Essa consequência resulta aliás de uma proposição já estabelecida, a saber, que não podem existir duas substâncias de mesma natureza; ora, como de fato muitos homens podem existir, não é o ser da substância que constitui a forma ou a essência do homem. A essência do homem é então alguma coisa que é em Deus e não pode ser sem Deus, ou seja, uma afecção ou um modo que exprime a natureza de Deus de uma maneira determinada.[4]

---

[4] EIII, prop. 10-11, t. I, p. 83-84.

Mas como o homem, por sua mente, tem a faculdade de pensar, a mente humana é uma parte do entendimento infinito de Deus; ela é um modo do pensamento, ou seja, uma ideia; e já que essa ideia existe atualmente, ela deve ser a ideia de uma coisa atualmente existente. Contudo, essa coisa atualmente existente não poderia ser infinita, senão ela seria necessária por ela mesma, e a essência do homem, como vimos, não envolve necessariamente sua existência. Assim, a mente humana é a ideia de uma coisa ao mesmo tempo atual e singular.

O que é esta coisa? É o corpo — em outras palavras — um certo modo da extensão. Se de fato o corpo não fosse o objeto da mente, as ideias das afecções do corpo não ocorreriam na nossa mente como elas ocorrem; e se o corpo não fosse o único objeto da mente, a ideia de um outro objeto ocorreria em nossa mente, e ela não ocorre[5] em absoluto.

Desse modo, nós compreendemos em que consiste a união da mente e do corpo. As ideias diferem entre si, assim como os próprios objetos. À medida que um corpo é mais apto a agir ou a sofrer simultaneamente de muitas maneiras, ele está unido a uma mente mais apta a perceber simultaneamente muitas coisas; quanto mais as ações de um corpo dependerem só de si, mais a mente unida a ele é capaz de conhecimento distinto. Ora, o corpo humano se compõe de muitos indivíduos de natureza diversa, onde cada um é também um composto. Por conseguinte, a ideia que constitui o ser formal da mente humana, longe de ser simples, é complicada como o corpo e as afecções do corpo, e se compõe, no final, de uma pluralidade de ideias. Como o corpo humano sustenta com os corpos externos relações extremamente numerosas, e que ele sofre a todo instante e de toda parte numerosas impressões, concebemos a grande complexidade das ideias que formam a mente humana.[6]

É necessário então admitir dois tipos de encadeamento entre as nossas ideias. Existe primeiramente esse encadeamento de ideias que se produz na

---

[5] EII, prop. 12-13, esc., t. I, p. 87.
[6] Ibid., prop. 13, esc., t. I, p. 87.

mente seguindo a ordem e o encadeamento das afecções dos corpos, que varia com os diversos homens, os diversos temperamentos, as diversas memórias; existe, em seguida, esse encadeamento das ideias que se produz seguindo a ordem racional do entendimento, que é invariável para todos os homens e que a todos permite igualmente perceber as coisas em suas causas.[7] Essa distinção, claramente estabelecida por Spinoza, marca os dois termos extremos entre os quais deve se realizar o desenvolvimento moral do homem.

Ora, esse desenvolvimento moral do homem parece estar subordinado a uma dupla condição: a primeira condição, que é realizada de fato, é a consciência de si; a segunda condição, que é universalmente suposta e aceita, é a potência de agir com total iniciativa. Essa dupla condição, admitida ou constatada, justifica, parece, a afirmação de um eu independente, causa voluntária de seus atos. E tal é, de fato, a crença natural.

O problema consiste em examinar o que vale essa crença. Spinoza não a contesta como crença; ele se pergunta se existem razões que a demonstrem. Seria errado pensar que Spinoza opõe simplesmente uma negação a uma afirmação. O procedimento que ele emprega para resolver o problema é um procedimento eminentemente filosófico; e é particularmente conforme com o espírito de sua filosofia. Uma crença é, no universo, um fato que deve ser explicado como todos os fatos do universo. Portanto, o filósofo deve partir dessa crença; ele deve interpretá-la, reduzi-la pela análise aos elementos que a constituem, ver se esses elementos para produzi-la se associaram como deviam. Uma crença só é simples na superfície da consciência; indo mais fundo, descobrimos que ela é singularmente complexa. Ela é uma combinação de dados simples que, tomados à parte, são todos naturais, ou seja, justos. Retornar a esses dados é explicar a crença; mostrar que esses dados se dispuseram e se fundiram seguindo a ordem da razão é justificar a crença; estabelecer, ao contrário, que esses dados se reuniram em um amálgama ilógico é, depois de ter explicado a crença, fazer destacar a vaidade; e a tarefa do filósofo consiste

---

[7] EII, prop. 18, esc., t. I, p. 96.

então em remeter os dados naturais para o lugar deles, a fim de substituir uma interpretação falsa por uma interpretação verdadeira da realidade.

É esse o caminho que Spinoza segue. Eles, partindo do fato de que o homem é capaz de se conhecer, tiram imediatamente esta consequência, que o conhecimento de si só é possível em um indivíduo independente. O fato é mal compreendido e a consequência mal fundada. Por uma abstração verbal, operam uma duplicação entre o conhecimento e seu objeto, admitem uma espécie de reflexão da mente sobre si mesma. Embora a mente seja um modo, ou seja, uma simples afecção da substância, eles imaginam um fundo substancial distinto destinado a sustentar a série de suas ideias; e então opõem ao sistema esta dificuldade artificial: como a mente pode ter consciência de si se ela não passa de um modo do Ser infinito? Vamos investigar o que acontece. Quando dizem: a mente se conhece a si mesma, reunimos nessa frase duas observações diferentes: a primeira é que a mente humana envolve um objeto de conhecimento; a segunda é que existe uma ideia desse conhecimento. Ora, qual é o objeto de conhecimento naturalmente dado à mente? É o conjunto das ideias que representam as afecções do corpo. A mente é a ideia do corpo, e antes que ela possa apreender a si em um ser separado, ela só conhece a si mesma na medida em que percebe as ideias das afecções do corpo.[8] Contudo, a mente sabe que ela conhece. Será que essa consciência de seu conhecimento não vai libertá-la e separá-la do Ser infinito? Existe nessa conclusão o erro tantas vezes assinalado por Spinoza. Acreditam que para saber é necessário ter certeza que sabemos, como se o conhecimento verdadeiro não engendrasse diretamente a certeza. A mente sabe que ela conhece porque existe em Deus a ideia do pensamento e de todas suas afecções, portanto, a ideia da mente humana. Essa ideia de mente está unida à mente da mesma maneira que a mente, ou seja, a ideia do corpo está unida ao corpo. Repetindo, aqui não existe uma duplicação da ideia em uma outra ideia, ou um reflexo do fato num espelho distinto dela. A mente e o corpo são um só indivíduo, concebido seja pelo atributo do pensamento, seja pelo atributo da extensão; é por isso que a

---

[8] EII, prop. 23, t. I, p. 98.

ideia da mente e a própria mente, que estão em Deus pela mesma necessidade, que resultam da mesma potência de pensar, são uma única e mesma coisa, concebida sob um único e mesmo atributo, a saber, o pensamento. A ideia da mente, que é a ideia de uma ideia, não exprime então uma mente substancial que se apreende em si por uma visão imediata; ela é apenas a forma da ideia, ou melhor, ela é simplesmente a ideia considerada como modo do pensamento, independentemente de seu objeto.[9] Assim, quando afirmamos que o homem é capaz de se conhecer, essa afirmação, na sua verdade, compreende as duas proposições seguintes: existe na mente a ideia das afecções do corpo; a ideia, enquanto ideia, pode ser referida ao atributo do pensamento sem que se considere seu objeto, que se refere ao atributo da extensão.

Essa explicação, segundo Spinoza, descreve os elementos positivos da consciência; ela isola o sentimento imaginário de uma potência de reflexão indeterminada para afirmar a identidade do sujeito e do objeto. O indivíduo humano não se compõe de duas realidades separadas, ele é uma única e mesma realidade que se exprime por meio de dois atributos distintos. A doutrina spinozista supera o dualismo estabelecido por Descartes entre o pensamento livre e a extensão determinada: o pensamento é tão estritamente determinado quanto a extensão. O *Cogito* de Descartes tem por demasiado, aos olhos de Spinoza, a forma de uma existência abstrata; ele compromete assim sua existência efetiva, separando-a de toda realidade dada. A mente humana só pode se conhecer determinando-se; ela só pode ser mente com a condição de estar envolvida em uma natureza, ser ela mesma uma natureza. Ela vive primeiro pelo seu objeto; e quando dizem que ela pode pensar absolutamente, sem objeto real, sustentam que ela pode pensar sem pensar em nada, o que é absurdo. Assim como o conhecimento é inseparável do objeto conhecido, também a mente é inseparável do corpo que ela representa. Afirmar que a mente pode se perceber fora de tudo é esquecer que a mente não é assim tão independente, e que uma tal percepção, se ela existe, é necessariamente inadequada. Mas, por outro lado,

---

[9] EII, prop. 20-21, t. I, p. 97-98.

não poderia afirmar com precisão que a consciência é uma reprodução inerte das coisas externas. Uma vez que toda ideia resulta do Pensamento e apenas do Pensamento, ela pode explicar pela sua virtude interna a realidade do objeto que ela percebe. Aquilo que constitui então a originalidade da consciência não é que a mente humana se apreenda imediatamente ela mesma como um ser uno e independente, mas sim que ela possa estabelecer a unidade em si pela coesão inteligível de suas ideias, que ela possa em seguida se conceber em sua essência eterna sem levar em conta sua existência no tempo. Após ter percebido a verdade em si mesmo, o homem pode se afirmar como uma verdade individual imediatamente unida ao Pensamento divino, e se compreender assim na livre necessidade que produz tudo e que explica tudo.

Como então poderia o homem reclamar um livre-arbítrio, independente de toda determinação positiva? Nada é mais claro, dizem, do que a realidade do livre-arbítrio. Diríamos, ao invés, que nada é mais obscuro. Nós não pensaríamos geralmente em todas as condições que implicariam o livre-arbítrio se ele efetivamente existisse. De um certo ponto de vista, em certos momentos, para alguns atos, nós nos atribuímos uma vontade livre, e evitamos refletir sobre tudo o que supõe uma atribuição tão sem fundamento. Nós nos contentamos com as mais simples e tênues razões. Não queremos que a crítica venha inquietar a nossa crença. Variável em seus motivos e formas, nossa convicção parece tão contingente quanto seu objeto. É necessário, porém, para examinar se ela tem fundamento, reconstituí-la em sua integridade, ao mesmo tempo discernir e unir os elementos que a compõem.

Primeiro, quando se reivindica para o homem um livre-arbítrio, entendem com isso que ele possui um poder capaz de produzir indiferentemente, seguindo unicamente a sua vontade, uma determinada ação. Concebem que ele tem a faculdade de criar alguns de seus estados, de criá-los verdadeiramente *ex nihilo*, sem que eles resultem de uma causa determinada. Fazem apelo à experiência para justificar essa concepção. Afirmam que sentimos em nós uma força tal que ela pode suspender ou modificar o curso de nossos julgamentos e atos. A representação dos possíveis antes da ação não é aliás a prova de que a nossa escolha pode se exercer totalmente? E também não é verdade que o ato realizado está longe de esgotar todo o possível, e que nos deixa, no próprio instante em que ele se realiza, o sentimento de outros atos que poderiam ter sido? E na luta entre os diversos motivos da nossa conduta, não percebemos claramente uma faculdade afiada e categórica, cuja intervenção é decisiva, que pode parar o ímpeto de nossos desejos e reprimir o ardor de nossas paixões?

Se é assim, o governo da nossa vida nos pertence. Mas esse governo não pode se limitar à vida puramente interior da mente, ele deve se estender até a vida do corpo. O livre-arbítrio seria apenas uma potência ilusória se não chegasse a determinar por si mesmo a ordem e a direção dos movimentos corporais. A propósito, nós sentimos de fato que, na maior parte dos casos, as operações do corpo são efeitos do pensamento; nós sabemos por experiência que, se a mente humana não estivesse predisposta a pensar, nosso corpo ficaria inerte. Nós somos então, em grande parte, os autores da nossa individualidade viva e pensante, e nossa real independência em relação às coisas se revela por inteiro na espontaneidade com a qual nós agimos.

Enfim, é nosso livre-arbítrio que faz de nós pessoas morais. Tendo a potência de ir, por uma iniciativa radical, ao bem ou ao mal, nós somos responsáveis pela nossa conduta: a distinção entre virtude e pecado, entre mérito e demérito está baseada nessa potência dos contrários que envolve nossa vontade. Se nós fôssemos forçados a fazer exatamente o que nós fazemos, nenhuma sanção moral seria possível, nem moral, nem social, nem religiosa. Onde existe necessidade, existe motivo suficiente de desculpa; a restrição absolve tudo o que ela impõe. E quando escondem sob o nome de Deus essa potência absoluta de determinação que o fatalismo faz pesar sobre o homem, o homem pode se voltar para Deus para lhe dizer: Vossa potência é insuperável; só fiz o que você me permitiu, o que você quis, minha ação, seja qual for, é boa, pois ela depende de seu decreto e resulta de sua ordem.[10] Tal linguagem, aqui plenamente justificada, não seria uma reversão dos bons costumes e da piedade?

---

[10] Ep. LXXVII (*Carta de Oldenburg*), t. II, p. 250.

A esses argumentos diversos em favor do livre-arbítrio não é por esta ou aquela razão em especial que se opõe Spinoza, é o seu sistema inteiro. Embora, diz Spinoza, a minha opinião sobre a necessidade das coisas não possa ser entendida sem as demonstrações da *Ética*; estas aqui, ao contrário, só podem ser entendidas se aquela opinião tenha sido previamente compreendida.[11] Se concebemos, de fato, o mundo em seu ser e na sua verdade, veremos que não poderia haver lugar para o livre-arbítrio. O próprio termo independência, pelo qual se exprime o caráter essencial atribuído à nossa vontade, mostra bem que essa ideia do livre-arbítrio é a mais inadequada de todas. Aquilo que na natureza naturada se apresenta como independente não poderia ter realidade; é aquilo que está fora de todo ser, portanto, aquilo que não é. A independência do indivíduo é a mais incompreensível abstração. Não pode haver existência que não esteja contida no Ser infinito: a potência de Deus envolve, abraça tudo, portanto predestina tudo. Ora, como a potência de Deus é sua essência atual, e sua essência desenvolve logicamente tudo aquilo que ela implica, a ideia científica da necessidade universal se torna a consequência legítima da ideia teológica da onipotência divina. O desenrolar dos acontecimentos é uma dedução concreta, cujos momentos, estreitamente ligados entre si, formam um todo sistemático. Que a dedução, por um capricho do livre-arbítrio, venha a se interromper em algum ponto, é um fato do mundo, é um fato de Deus. A unidade do Ser é dissolvida. Um fio que se quebra na rede da natureza é a trama toda que se rasga. Devemos dizer ainda que nada de real subsiste, pois nada é verdadeiro. A crença no livre-arbítrio é a glorificação do nada.[12]

Elas são certamente falsas, todas as razões pelas quais acreditam demonstrar essa crença. O que significaria a indiferença da vontade, senão que existências

---

[11] Ep. XXVII, t. II, p. 118.
[12] Joël encontra já em Creskas toda a doutrina determinística de Spinoza, que considera como ficção o puro possível, que faz depender intimamente a ação humana da ação divina, que afirma que as mesmas circunstâncias físicas e morais engendram forçosamente os mesmos atos, que considera, enfim, a resolução voluntária ao mesmo tempo como livre e como necessária. Livre, pois está isenta de constrangimento, e necessária, pois depende sempre de uma causa. *Don Chasdai Creskas' religionsphilosophische Lehren*, p. 46 e seg.

podem ser, que não estão implicadas em nenhuma essência? E o que significaria esta possibilidade dos contrários, senão que a mente pode afirmar uma ideia que não é produzida nela pelo pensamento divino? O testemunho da consciência é interpretado ao contrário pelos partidários do livre-arbítrio. O homem hesita, delibera antes de agir: é porque ele pode, dizem eles, escolher um determinado ato; na realidade, é porque ele não pode realmente realizar determinado ato. A oscilação da mente que vai de uma ideia a outra sem se fixar é o sinal, não de um poder sobrenatural, mas de uma impotência de nossa natureza; ela é um estado inferior como a dúvida, e ela resulta do fato de que a imaginação e a sensibilidade nos dominam, que nossas ideias se sucedem sem se unir, se justapõem sem se compor. Daí nasce a ilusão do contingente em nossa consciência. As relações que a experiência nos mostra entre os objetos variam segundo o caso e segundo os momentos. Nós vimos várias vezes tal objeto suceder outro, nós acreditamos que essa ordem de sucessão será sempre respeitada; ora, como essa ordem é uma ordem de encontro, não uma ordem de razão, a experiência que a afirmou frequentemente a nega; nós somos então frustrados em nossas previsões, e nós imaginamos facilmente que o futuro não é determinado, que existe uma contingência dos futuros.[13] Nós aplicamos a mesma falsa concepção à natureza universal e à natureza humana; nós acreditamos que aquilo que será é indeterminado em relação àquilo que é, e nós consideramos a vontade como a potência destinada a produzir, na existência indeterminada do futuro, determinações efetivas. Nós fazemos do acaso um benefício. Do mesmo modo, nós usamos a nosso favor uns torpores passageiros da mente. Persuadidos de que a nossa vontade tem mais poder quanto mais os nossos desejos sejam atenuados, nós nos julgamos plenamente senhores de nós mesmos todas as vezes que a nossa mente nos parece vazia de todo desejo. O livre-arbítrio que se resolve, do ponto de vista teórico, na indiferença do entendimento, se resolve, do ponto de vista prático, na inércia da atividade. Quanto menos existe de ser em nós e de perfeição, mais nós nos exaltamos acima daquilo que somos, colocando de reserva, em uma

---

[13] EII, prop. 44, esc., t. I, p. 113.

potência superior, tudo aquilo que nos falta. Nossos desejos, longe de limitar nosso poder, pelo contrário, o exprimem, e o manifestam. Às vezes, sem dúvida, eles parecem nos enfraquecer, quando tornados paixões, eles nos empurram e nos rasgam em todas as direções. Mas não são os desejos como tais, são os desejos mal coordenados que nos afligem com essas doenças morais, inspirados mais pelas coisas do que por nós. Bela oportunidade, aliás, para o livre-arbítrio! Que ele seja posto à prova! Que, de um só golpe, ele traga calma ao espírito perturbado, a alegria para a mente inquieta! Mas então, de que adianta esta arte tão delicada, tão sutil, tão complicada de dominar as paixões, essa arte que nos ensinam os moralistas, e que seria bem inútil se nós pudéssemos restabelecer a ação sobrenatural do livre-arbítrio? Além disso, nossos desejos não são potências que se deixam comprimir ou destruir;[14] nós não temos nem a capacidade de anulá-los nem de criá-los. Eles se substituem e se sucedem sem se suprimirem, pois não há nada que pela sua natureza aspire à própria morte. Eles mudam como mudam os objetos da nossa ação; mas essa mudança, seja ela determinada em nós pelos sentidos, pela imaginação ou pela razão, não é jamais arbitrária; essa mudança se realiza segundo uma lei de necessidade que constitui o nosso ser e que faz de nós "autômatos espirituais".[15] Nossa crença no livre-arbítrio está então em completa contradição com a nossa natureza real, e é possível indicar as razões que a suscitam em nossa mente. Como nossas existências individuais estão contidas na existência do universo, como nós somos apenas parte do todo, as tendências que nos levam a agir são determinadas em nós não apenas pela nossa própria potência, mas também pela potência das coisas externas. Como nós realizamos o ato conforme essas tendências, somos levados a nos atribuir toda honra, porque de um lado nós sentimos que íamos em direção a ele, e, por outro lado, pela cegueira da ignorância ou do orgulho, nós não reconhecemos a influência que nos apresentou toda a natureza. Todas as vezes que ela alcança o seu objeto, a tendência consciente de si mesma se considera como causa total,

---

[14] KV, parte II, cap. XVII, p. 93-94.
[15] TIE, t. I, p. 29.

enquanto ela só é causa parcial; se considera como causa absoluta, como causa *causante*, enquanto não passa de causa relativa, causa *causada*. E todo ser que tem no universo uma parte qualquer de existência e de ação estaria sujeito ao mesmo erro, se ele percebesse imediatamente a inclinação que o move sem perceber as causas externas de sua conduta.

> Por exemplo, uma pedra recebe de uma causa externa, que a empurra, certa quantidade de movimento com a qual, depois de haver cessado o impulso da causa externa, continuará necessariamente se movendo. Assim pois, essa permanência dessa pedra em movimento é uma coação, não por ser necessária, mas sim porque deve ser definida pelo impulso da causa externa. E o que aqui se diz da pedra, há de ser aplicado a qualquer coisa singular, ainda que a concebamos composta e apta para muitas coisas; isto é, que toda coisa é determinada necessariamente por uma causa externa a existir e a operar de certa e determinada maneira. Ainda mais, conceba agora, se quiser, que a pedra, enquanto prossegue seu movimento, pensa e saiba que ela se esforça, o quanto pode, para seguir movendo-se. Sem dúvida essa pedra, como é somente consciente de seu esforço e não é de modo algum indiferente a ele, acreditará que é totalmente livre e que a causa de perseverar no seu movimento é apenas o seu querer. E essa é a famosa liberdade humana, que todos se jactam de possuir e que consiste somente em que os homens são conscientes de seus apetites e ignorantes das causas que os determinam. Assim, a criança acredita apetecer livremente o leite, o jovem irritado quer a vingança e o tímido, a fuga. Por sua parte, o bêbado acredita dizer por livre decisão de sua alma o que depois, já sóbrio, quisera não ter dito. Igualmente, o delirante, o charlatão e outros do mesmo naipe creem agir por livre decreto de sua alma e não que são levados pelo impulso. E como esse prejuízo é inato a todos os homens, não se libertam tão facilmente dele. E, ainda quando a experiência ensine, mais do que suficiente, que os homens nada podem menos do que dominar seus apetites, e que muitas vezes, enquanto sofrem no combate de afetos contrários, veem o melhor e seguem o pior, acreditando que são livres, [...].[16]

---

[16] Ep. LVIII, t. II, p. 208. Ver EIII, prop. 2, t. I, p. 129.

Nossa fé no livre-arbítrio se mantém então por duas razões principais: a consciência de nossos desejos, e a ignorância das causas externas que os produzem e os permitem se realizar. Nós cindimos então a explicação total de nossos atos, ou seja, nós nos contentamos com uma explicação parcial; e então, para nos satisfazermos mais completamente, para nos assegurarmos que a nossa ação é bem nossa, nós imaginamos que a preponderância e o sucesso de um determinado desejo, devido em realidade às causas externas que ignoramos, provêm de uma influência decisiva de nossa livre vontade; nós sobrepomos a vontade à tendência consciente, assim como o poder gerador à força que o move. Ora, essa faculdade que nós inventamos expressamente para nos darmos a nós mesmos como razão de nossa conduta não passa de um ser imaginário; é uma abstração, a abstração de elementos comuns aos nossos atos e aos nossos julgamentos, falsamente convertida em realidade; nós esquecemos que essa noção universal de vontade não é de modo algum a essência de nossas ideias e de nossos atos, nós esquecemos que nossas ideias e nossos atos são coisas singulares, diferindo de uma ideia a outra, de um ato a outro.[17] Nós podemos certamente dizer de uma tal ficção que ela seja um livre-arbítrio, de tanto que ela é arbitrariamente concebida, de tanto que ela é livre de toda razão, de tanto que ela é despojada de toda realidade.

Já que o livre-arbítrio não passa de uma ilusão, a mais enganosa de todas, nós não poderíamos mais admitir que os movimentos do nosso corpo sejam livremente produzidos. Contra essa conclusão, afirmam que nós sentimos imediatamente a influência exercida pela nossa vontade sobre o organismo; mas a experiência que invocam é mal interpretada. É impossível, na verdade, que o corpo possa determinar a mente ao pensamento, e que a mente possa determinar o corpo ao movimento; as ideias têm Deus como causa, considerado coisa pensante; os movimentos têm Deus como causa, considerado coisa extensa: donde se segue que as ideias só podem ser explicadas por ideias, e os movimentos por movimentos. Quando acreditamos agir diretamente sobre

---

[17] EII, prop. 49, esc., t. I, p. 118-120.

nosso corpo, nossa crença vem de que existe entre os movimentos corporais e as ideias da mente uma perfeita correlação. Assim, a clareza e a complicação das ideias traduzem exatamente em nós a potência e a complicação dos movimentos; nossa faculdade de pensar aumenta ou diminui na mesma proporção que nossa atividade orgânica. Mas como conseguimos transformar uma relação de correlação em uma relação de influência? É ainda aqui que ignoramos o conjunto e as funções do corpo humano. A arte maravilhosamente flexível pela qual o organismo se adapta às circunstâncias as mais variadas e complexas escapa de todo conhecimento preciso; e convencidos de que não pode haver ordem sem um ajuste premeditado dos meios aos fins, nós fazemos da nossa vontade a Providência do nosso corpo. Mas, na verdade, essa ilusão desaparecerá como as outras, se nós soubermos do que o nosso próprio corpo é capaz. Já no funcionamento do organismo animal se observam maravilhas que excedem singularmente a sagacidade dos homens; da mesma forma, as ações dos sonâmbulos, que agem sem qualquer pensamento consciente, e das quais não podem reproduzir no estado de vigília nem a audácia nem a precisão, testemunham que o corpo, unicamente pelas leis da natureza, pode realizar uma série de operações que são para a mente, ligada a esse corpo, um objeto de assombro. O mecanismo do corpo humano resulta de uma indústria infinitamente mais hábil e mais rica que a nossa; para cada ordem de seus modos a natureza tem recursos infinitos que não poderiam se comparar à debilidade de nossos meios. E assim, quando acreditamos produzir livremente uma operação corporal, nós resumimos nessa crença um duplo erro que vem de uma dupla ignorância: nós imaginamos que a ideia que essa operação exprime em nossa mente seja autossuficiente, embora ela se relacione com um conjunto de outras ideias; nós imaginamos que a operação se realiza por si, embora ela se relacione a um conjunto de outras operações. Entre esses dois estados, arbitrariamente isolados de tudo aquilo que os faz ser, nós estabelecemos uma relação fictícia: a indeterminação que vem da nossa ignorância se torna a indeterminação do nosso querer; a realidade que manifestam esses estados se torna a realidade do nosso livre-arbítrio. É verdade que a decisão da mente e o movimento do corpo são coisas naturalmente simultâneas ou, melhor dizendo, uma única e mesma coisa, chamada decisão quando considerada sob o atributo do pensamento, chamada movimento quando considerada sob o atributo da extensão; mas isso implica que nossas decisões mentais e nossos movimentos orgânicos fazem parte da mesma natureza e se produzem pela mesma necessidade.[18]

Protestam, enfim, a favor do livre-arbítrio em nome da moral e da religião. Se o homem não tem uma vontade livre, o mal que ele joga no mundo deve forçosamente ficar impune. Que direito teria a justiça humana, que direito teria a justiça divina de castigar aquele que não pôde agir de outra maneira? Sem dúvida, um sistema moral e religioso que repousa sobre o livre-arbítrio deve recorrer às sanções que exprimem uma potência sobrenatural e sobre-humana, às sanções cuja autoridade é transcendente; mas resta saber se não reclamam uma falsa liberdade por uma falsa moral e uma falsa religião. Primeiramente, acreditam na realidade do mal no mundo, consideram que o pecado perverte a natureza, e imploram, para alívio da consciência, vinganças e expiações externas ao ato. Ora, nós sabemos que o mal não tem nada de positivo, que ele se reduz a uma menor potência, que o ato mau não pode ser chamado assim porque ele desconhece seus limites e suas causas. De qualquer maneira, diriam, existem atos que podem ser tratados como maus e, como tais, merecem uma punição. Mas esquecem que essa punição está implícita neles, que, segundo Salomão, "o suplício dos espíritos cegos é sua própria cegueira".[19] É na doutrina do livre-arbítrio que a sanção, distinta em alguns aspectos e independente do ato, não é jamais garantida. A doutrina da necessidade, pelo contrário, une no mesmo estado o ato e a sanção; ela mostra, melhor do que qualquer outra, que se não existe mal absoluto na natureza, o mal relativo que resulta de nossa impotência individual contém nele próprio o seu castigo. Nesse sentido, o mal chama o mal como o erro chama o erro. O ato mau se reconhece a si próprio e a seus frutos,

---

[18] EIII, prop. 2, esc., t. I, p. 127-130.
[19] Ver TTP, cap. IV, t. I, p. 428-431.

que são sempre amargos. Na vida individual, ele provoca o sofrimento, na vida social, a repressão jurídica. Em carta a Oldenburg, Spinoza escreve:

> [...] que não compete à natureza de cada homem ser forte de espírito, e que não está mais em nosso poder possuir um corpo são do que possuir uma mente sã; isso ninguém pode negar, a menos que se queira negar tanto a experiência como a razão. Porém, argumentas que se os homens pecam por necessidade da natureza, eles estão então isentos de culpa. O que não explicas é o que pretende deduzir disso: que ou Deus não pode irritar-se com eles ou que eles são dignos da felicidade, ou seja, do conhecimento e do amor de Deus. Se pensas o primeiro, concedo totalmente que Deus não se irrita, e tudo ocorre segundo seu decreto; porém nego que se siga daí que todos devam ser felizes, já que os homens podem ser escusáveis, e, no entanto, carecer da felicidade e serem atormentados de muitas maneiras. Assim, o cavalo é escusável de ser cavalo e não homem, e, portanto, deve ser cavalo e não homem. Quem fica furioso pela mordida de um cachorro, deve desculpá-lo, não obstante, e com todo direito, estrangulá-lo. Finalmente, quem não é capaz de governar suas paixões e dominá-las pelo medo da lei, ainda que também seja digno de excusa por sua debilidade, não pode gozar da tranquilidade de espírito e nem do conhecimento do amor de Deus, e sim necessariamente perecer.[20]

A doutrina da necessidade não destrói a diferença entre os bons e os maus, tal como ela deve ser razoavelmente compreendida.

É verdade que os ímpios exprimem a seu modo a vontade de Deus; mas não devem por isso de forma alguma serem comparados com os pios, pois quanto mais perfeição tem uma coisa, mais participa também da deidade, mais exprime a perfeição

---

[20] Ep. LXXVIII, t. II, p. 251-252. — "Perguntarás novamente: por que, então, os ímpios são punidos, visto que agem segundo sua natureza e segundo o decreto divino? Respondo que é também por um decreto divino que são punidos, e se forem punidos apenas aqueles que imaginamos pecar em virtude de sua liberdade, por que, então, os homens se esforçam para exterminar as serpentes venenosas, se estas pecam por causa de sua natureza própria e não podem fazer de outra maneira?" CM, II, 8, t. II, p. 491.

de Deus. Posto que os pios têm incomparavelmente mais perfeição que os ímpios, não se pode comparar sua virtude com a virtude dos ímpios, que carecem do amor divino que flui do conhecimento de Deus, e pelo qual somente, conforme nosso entendimento humano, nos chamamos servos de Deus. E ainda, como não conhecem Deus, não são nas mãos do artesão mais do que um utensílio, que não sabe que serve e se consome pelo uso; os pios, ao contrário, servem sabendo que servem, e servindo se aperfeiçoam.[21]

Aliás, todas as considerações, pelas quais na doutrina do livre-arbítrio tentam incitar o homem à virtude, acham seu lugar, com mais razão ainda, na doutrina da necessidade.

Ademais, essa inevitável necessidade das coisas não suprime nem as leis divinas nem as leis humanas. Porque os ensinamentos morais, recebendo ou não de Deus a forma de leis, não são menos divinos e saudáveis, e o bem que se segue da virtude do amor divino não é mais ou menos desejável porque o recebemos de Deus como juiz ou porque emane da necessidade da natureza divina; como tampouco os males, que se seguem das más obras, são menos temíveis porque se seguem necessariamente delas. E finalmente, quando agimos, seja necessariamente, seja livremente, sempre somos guiados pela esperança ou pelo medo. Portanto, estás equivocado ao afirmar que *eu sustento que não há nenhum lugar para os preceitos e os mandatos [...]*.[22]

Enfim, como podemos tratar como irreligiosa a doutrina que afirma a dependência necessária do homem em relação a Deus? A Blyenbergh, Spinoza escreve:

Mas o seu comentário, segundo o qual eu faço os homens tão dependentes de Deus que os reduzo a algo similar aos elementos, às ervas e às pedras, é suficiente para

---

[21] Ep. XIX, t. II, p. 69.
[22] Ep. XLIII, t. II, p. 171-172.

mostrar que você não entende a minha opinião, e que confunde as coisas que dizem respeito ao entendimento com as coisas que dizem respeito à imaginação. Pois se você houvesse percebido pelo entendimento puro o que significa depender de Deus, certamente não pensaria que as coisas, na medida em que dependem de Deus, são mortas, corpóreas, e imperfeitas (quem alguma vez ousou falar tão vilmente do ser sumamente perfeito?). Ao contrário, perceberia então que, justamente por causa disso, enquanto dependem de Deus, as coisas são perfeitas.[23]

Que ousem então afirmar que a negação do livre-arbítrio é a inversão da moral e da piedade. Pois é precisamente a afirmação do livre-arbítrio que faz com que haja no mundo uma causa permanente de mal e de irreligião. Quando supomos que nossos semelhantes são livres, nós estamos sempre prontos a exigir deles uma prestação de contas de suas ações, prontos a responsabilizá-los pelo que nos acontece, prontos a tratá-los com ódio, desprezo, ironia, cólera. Esquecendo que somos partes diferentes do universo, nós pretendemos reduzi-los a nós mesmos, aos nossos desejos, aos nossos caprichos. Daí essas discórdias, essas injúrias, essas violências que tornam a vida quotidiana, a duras penas, tolerável. Se, ao contrário, nós nos considerássemos, junto com nossos semelhantes, como expressões diversas de uma mesma natureza, como modos diversos de um mesmo Deus, não pensaríamos mais em criticá-los por serem o que são; nós sentiremos o nosso orgulho diminuir à medida que crescerá nosso espírito de tolerância e de benevolência; não julgaríamos nosso próximo; nós iremos a ele, não por uma inclinação instável e passageira, "por uma piedade de mulher", mas por um ato decisivo de união com a natureza e com Deus.[24] E tem mais: o livre-arbítrio, longe de ser o apoio da piedade, é o seu principal destruidor. Quando nós nos atribuímos um livre-arbítrio é para modificar a natureza, é para refazer a obra divina! Nós nos imaginamos carregar em nós os possíveis que Deus não pôde ou não quis realizar! Não poderia

---

[23] Ep. XXI, t. I, p. 95-96; KV, parte II, cap. XVIII, p. 91-97.
[24] EII, prop. 49, esc., t. I, p. 122-123.

existir maior sacrilégio. Será que a argila tem o direito de chegar ao oleiro e dizer: por que é que tu fizeste de mim um reles pote ao invés de me destinar a um nobre uso? Será que ele pode sobretudo se criar um uso para o qual não foi destinado?[25] O homem que se outorga um livre-arbítrio usurpa o papel de Deus: ele se diviniza. Mas suas pretensões orgulhosas só fazem trair sua perversidade. O Ser infinito está na natureza, não fora dela; ele a produz e não pode tender a destruí-la. O homem que se crê livre só pode justificar esse poder usando-o para transtornar a realidade, para moldá-la de acordo com seus caprichos; ele tende necessariamente a destruir a natureza em favor de um fantasma tolo que ele chama de seu eu; e eis por que no fundo de sua alma só existe, junto com um imenso orgulho, um imenso egoísmo. Se o mal e a blasfêmia pudessem ser alguma coisa além de vaidades, se jamais eles pudessem tomar corpo no mundo, seria pelo livre-arbítrio.

Quer dizer que a noção de liberdade não faz sentido quando aplicada à natureza humana? De jeito nenhum. Mas essa noção é desfigurada quando ela exprime uma potência indeterminada e ambígua, uma indiferença essencial a uma determinada ação. A liberdade é exatamente o oposto do livre-arbítrio. Ela implica, para o homem, no seu mais alto grau, a mais completa determinação unida à mais completa espontaneidade. Por conseguinte, a liberdade exclui todas estas simulações de possíveis que parece fazer surgir em torno dela uma ação incompleta e faltosa. Porém, não seria uma ideia contraditória falar de uma espontaneidade plenamente determinada, e não seria necessário reconhecer que toda a determinação pesa sobre a atividade, e a endurece e engessa? É claro que as determinações da nossa atividade pelas causas externas diminuem a nossa faculdade de agir; mas não existem para nós apenas as determinações externas, existem também as determinações internas.[26] Ora, quando nós somos determinados por nós mesmos, nós somos livres; e esse gênero de determinação supõe, não que nossa ação seja sem razão, mas que

---

[25] Ep. LXXV, t. II, p. 243; Ep. LXXVIII, t. II, p. 251.
[26] Ver supra, Primeira Parte, capítulo II (Os princípios metafísicos da moral de Spinoza. O método e a doutrina).

nós possuímos em nós todas as razões de nossa ação. Quando nós percebemos claramente que segundo a natureza do triângulo a soma dos ângulos internos é igual à soma de dois ângulos retos, nós afirmamos essa verdade por um ato totalmente livre.[27] Por quê? Porque essa afirmação depende de razões que estão todas contidas no nosso entendimento. A determinação interna que nos coloca e nos fixa na nossa natureza, longe de ser a negação da liberdade, é ao contrário o princípio: nós seremos tão mais livres quanto mais reduzirmos a potência das determinações externas à potência das determinações internas.

Portanto, a origem da liberdade está no próprio ato pelo qual todo ser constitui sua própria existência. No ser que existe não pode haver privação absoluta de liberdade, como também não pode haver privação absoluta de conhecimento no ser que percebe. A servidão é como o erro, uma perfeição menor satisfeita consigo mesma. Todo ser envolve em si, simplesmente porque existe, um certo grau de liberdade que não é outra coisa que o seu grau de existência. Diriam que a liberdade é aqui uma falsa denominação, que não poderia haver liberdade onde não existe inteligência? Isso só é verdade num certo sentido. Porque se o surgimento da inteligência na natureza marca o momento em que a liberdade se conhece e se fortifica, ela não poderia marcar o momento em que a liberdade se produz; a inteligência continua, sem rompê-lo, o desenvolvimento normal da natureza. É a relação entre sua existência e sua essência que mede, para todo ser, a extensão e a força de sua liberdade. Se Deus é o ser absolutamente livre é porque ele é o Ser infinito, ou seja, o Ser cuja essência implica eternamente a existência. O homem pode ser ao mesmo tempo livre e escravo, porque ele é, por um lado, uma essência determinada, e, por outro lado, ele tem uma existência que não deriva só de sua essência. Sua liberdade crescerá conforme ele conseguir fazer entrar em si as razões que explicam e as causas que engendram seu ser e suas maneiras de ser. Em todo caso, pela sua própria natureza, ela já tem uma liberdade inicial, que é a sua tendência a perseverar no ser. Por isso mesmo um indivíduo existe no universo, ele se

---

[27] Ep. XXI, t. II, p. 94-95.

esforça, o tanto quanto pode, em se conservar e aumentar a sua existência, e o esforço pelo qual ele se mantém assim e se reafirma nada mais é do que a sua essência atual.[28] Em outras palavras, no imenso equilíbrio de forças que constitui o universo, cada indivíduo é uma força particular que pode estar limitada pelo conjunto das outras forças, mas que, como tal, não tem menos sua razão e seu valor próprios, pois ela concorre, por sua vez, para o estabelecimento do equilíbrio. Ela própria não pode se negar e nem se destruir;[29] deve ser dito ainda que dentro dos limites de sua natureza ela se coloca absolutamente, pois ela tem na substância infinita uma razão de ser eterna. Ela tem então em si um princípio de duração indefinida,[30] e se a potência das causas externas pode anular a sua existência, ela não pode, porém, anular aquilo que é, no pensamento divino, sua ideia.[31] Assim, todo indivíduo participa tanto na liberdade quanto no próprio ser da substância, e essa participação se exprime pela sua tendência a perseverar no ser. E essa tendência é a expressão inteligível daquilo que chamam comumente de Providência.[32] A antiga oposição entre Providência divina e liberdade humana se resolve então em unidade; quando despojamos esses dois termos de seu significado imaginário e negativo, cessamos de considerar a Providência divina uma potência exterior ao ser, e a liberdade humana como uma potência independente do ser. O ato pelo qual Deus nos coloca em nossa natureza é interior à nossa ação, e nossa ação tem nela, portanto,

---

[28] EIII, prop. 6-7, t. I, p. 132.
[29] Ibid., prop. 4, t. I, p. 131.
[30] Ibid., prop. 8 t. I, p. 132.
[31] CM, II, 12, t. II, p. 503.
[32] No *Tratado de Deus, do homem e da beatitude* (KV), Spinoza interpreta, dentro de sua filosofia, esta noção de Providência, que desaparecerá da *Ética*, sem dúvida por causa dos equívocos que pode suscitar. "O segundo atributo, que nós chamamos próprio (ou *proprium*), é a *providência*, a qual para nós não é outra coisa que o *conatus*, que encontramos na Natureza inteira e nas coisas particulares, e que tende a manter e conservar seu próprio ser. Pois é evidente que nenhuma coisa poderia tender, por sua própria natureza, à aniquilação de si mesma, ao contrário, cada coisa tem em si mesma um *conatus* para se conservar em seu próprio estado e para melhorá-lo. De acordo, pois, com esta nossa definição, estabelecemos uma *providência universal* e *uma particular*. A *universal* é aquela pela qual cada coisa é produzida e mantida enquanto parte da Natureza inteira. A *providência particular* é o *conatus* que tem cada coisa particular para conservar seu ser enquanto é considerada não uma parte da natureza, mas um todo." KV, parte I, cap. V, p. 31-35. — Ver TTP, cap. III, t. I, p. 408-409.

a característica do ato do qual ela depende: nós queremos Deus na medida em que nós queremos a nós mesmos, e reciprocamente nós queremos a nós mesmos na medida em que queremos a Deus. A operação humana e a operação divina não se excluem: elas estão, ao contrário, implicadas uma na outra, explicáveis uma pela outra. A virtude da operação divina não sai dela mesma para se impor, por coação, à operação humana; mas é permanecendo nela que ela se comunica e se transmite por um tipo de geração interna, ao mesmo tempo natural e racional. Deus na natureza não se opõe a si mesmo: ele se manifesta nela, ele a produz, de tal forma que a natureza é para ele aquilo que ele é em si, verdadeiro em sua verdade, forte em sua força, livre em sua liberdade. Existe então uma liberdade imanente à natureza; e essa liberdade, precisamente por ser imanente, constitui por graus e por pedaços as existências dos indivíduos. Assim, não poderia haver oposição entre a liberdade concebida como potência total e a liberdade concebida como potência individual. Porque é característica da natureza universal ser resolvida em uma infinidade de indivíduos, onde cada um, individualmente, se esforça por se conservar e crescer; de modo que a vida, longe de estar concentrada somente em certos pontos do mundo, está, ao contrário, presente por toda parte, difusa por toda parte: *Omnia, quamvis diversis gradibus, animata tamem sunt*.[33] Por outro lado, nós podemos conceber que a natureza é um indivíduo único cujas partes variam de maneiras infinitas, mas que se mantêm na sua unidade sem sofrer alterações.[34]

É então com razão que sempre reconheceram alguma relação entre a noção de individualidade e a noção de liberdade. Mas seria destruir essa relação se substituíssemos a liberdade pelo livre-arbítrio, e o indivíduo por um ser sem essência. O livre-arbítrio, tal como eles imaginam, é externo ao indivíduo, já que ele é por definição um poder superior a toda natureza; ele é estranho a toda vida, já que ele é considerado independente de tudo aquilo que é. Ao contrário, a verdadeira liberdade é originalmente a potência natural do indi-

---

[33] [os quais, embora em graus diversos, são entretanto todos animados]. EII, prop. 13, esc., t. I, p. 87-92.
[34] Ibid., prop. 13, lem. 7, t. I, p. 91-92.

víduo, compreendida na potência total do universo; e como a potência do indivíduo é sua essência atual, o desenvolvimento real dessa potência é idêntico ao desenvolvimento geométrico dessa essência, podemos dizer que para todo o indivíduo, como para Deus, a liberdade é no fundo a necessidade de agir segundo aquilo que é. Só que a liberdade dos indivíduos no universo é uma liberdade *naturada*, enquanto a liberdade de Deus é uma liberdade *naturante*. Entre esses dois termos extremos, mas solidários, a liberdade da coisa produzida e a liberdade do Ser que produz, o homem pode, em relação a essas duas formas de liberdade, desenvolver sua própria liberdade. A liberdade inerente a todo ser natural pode na consciência humana ou se alienar ou crescer ao infinito. Ela se aliena, se ela se ignora sob o pretexto de ser *natural*, se ela continua nos símbolos equivocados do livre-arbítrio; ela cresce ao infinito, se pelo entendimento ela se une à natureza universal, se, sobretudo pela intuição, ela se compreende, não mais sob as formas limitadas de sua existência empírica, mas na razão eterna e na causa absoluta de sua potência.

Mas então, não seria necessário reconhecer que a aparição da consciência marca no desenvolvimento do mundo um momento de indeterminação radical? Não seria o instante de uma escolha decisiva entre a vida verdadeira e a vida mentirosa? Nos seres desprovidos de razão não poderia haver indiferença: eles não precisam optar entre a verdade e a mentira, já que eles mesmos permanecem em sua própria realidade. Mas a consciência humana, que introduziu essa distinção entre erro e verdade, entre o mal e o bem, não foi ela ao mesmo tempo fundada por si mesma? Admitamos que o erro seja positivamente apenas uma verdade menor, e o mal apenas um bem menor: a mente que pode comparar os termos extremos na verdade e no bem não possuirá, pelo simples fato dessa comparação, uma plena faculdade de escolha? Não vamos ver retornar triunfante o livre-arbítrio que acreditávamos excluído para sempre? Essas dificuldades seriam certamente insolúveis se houvesse no homem uma ciência original do bem e do mal, ou ainda, se essa ciência se fixasse como um ideal transcendente em relação à sua natureza; mas o homem não começa por uma tomada de posse da verdade, ele só é levado de um grau menor a um grau superior de perfeição, e de conhecimento, pelo jogo interno de suas afecções. Sua inteligência não se desenvolve fora de uma natureza, mas no seio de uma natureza que a determina pelas afecções. Dizer que o homem pode, num dado momento, se decidir por um ato radical pelo falso ou pelo verdadeiro, pelo mal ou pelo bem, significa dizer que o homem pode escolher ao bel-prazer a infelicidade ou a felicidade, a tristeza ou a alegria.[35] Ora, a ninguém ocorreu sustentar que o homem pudesse, por si próprio, se sentir num dado momento alegre ou triste, feliz ou infeliz. O estado de nossas afecções expressa para nós exatamente o estado do nosso conhecimento. O erro, o mal, o sofrimento só são ilusões para o homem que, pelo mecanismo paralelo de suas ideias, de seus sentimentos e de seus atos, chegou à completa verdade, à completa felicidade, à completa liberdade.

Estudar o desenvolvimento desse mecanismo é estudar as vicissitudes pelas quais passa a atividade humana e o termo no qual ela resulta. O supremo bem não é um dom imediato e gratuito, é uma lenta e laboriosa conquista. É por meio das paixões e da tristeza que a humanidade o persegue e se esforça para atingi-lo. O modo como a paixão se converte em ação e a tristeza em alegria estabelecerá uma certeza constante, e já que ela não teme os abusos de um livre-arbítrio milagroso, será sempre o mesmo método apoiado sobre a mesma ideia, o método geométrico apoiado sobre a ideia da necessidade.

---

[35] "O conhecimento do bem e do mal nada mais é do que o afeto de alegria ou de tristeza, à medida que dele estamos conscientes." EIV, prop. 8, t. I, p. 195. — "O conhecimento do mal é um conhecimento inadequado", EIV, prop. 64, t. I, p. 235.

CAPÍTULO V

A VIDA MORAL DO HOMEM
1. A SERVIDÃO

A história do primeiro homem que a Escritura nos transmitiu contém sob a forma de um símbolo uma profunda verdade. O primeiro homem caiu por ter, apesar da proibição de Deus, comido o fruto da árvore da ciência do bem e do mal, e por ter assim deixado entrar na sua alma o medo da morte mais do que o desejo da vida. Tendo achado uma esposa que convinha perfeitamente à sua natureza, ele reconheceu que não podia ter no mundo nada que lhe fosse mais útil; mas acreditando que os animais também eram seres semelhantes a ele, ele começou a imitar suas paixões e perdeu a sua liberdade. Mais tarde, essa liberdade perdida que guiava o espírito de Cristo, ou seja, a ideia de Deus, foi reconquistada pelos patriarcas. Só a ideia de Deus, presente no homem, pode torná-lo livre, pressioná-lo a desejar para outros o bem que ele deseja a si mesmo; ela é a graça eficaz que o destina e o conduz à salvação.[1]

Diríamos que o homem se compraz na queda, uma vez que agrava a miséria, uma vez que ignora a razão. Ele se deixa fascinar por esta distinção absoluta entre o bem e o mal que é obra de sua fantasia e com a qual ele rompeu a unidade da natureza. Ele perpetua seu capricho efêmero, e o universo se dei-

---
[1] EIV, prop. 68, t. I, p. 238; Ver TTP, cap. IV, t. I, p. 426.

xa cindir por ele em potências hostis, irreconciliáveis: a matéria e o pensamento, a necessidade e a liberdade, a carne e o espírito. A fim de restabelecer uma unidade além e acima dessas potências separadas, ele imagina uma lei transcendente, arbitrária e violenta, em virtude da qual algumas dessas potências, pretensamente inferiores, devem se subordinar a outras potências, pretensamente superiores. Assim, pouco a pouco, o sentido da vida desaparece e mesmo se perverte. As coisas perdem seu verdadeiro nome. O sofrimento se torna um mérito, a alegria se torna uma falta. O homem sente no prazer uma ameaça porque ele vê ali uma tentação. Ele faz glória de sua tristeza, de sua impotência; ele desafia perpetuamente a si mesmo, aos outros, o mundo; ele não ousa mais gozar a vida, porque acredita que está envenenada na origem. Como se estivesse à mercê de uma divindade invejosa e má, ele mata em si a calma com a inquietude, a razão com a credulidade, a ação com o escrúpulo. Todas as franquias da natureza são hipocritamente violadas. O temor supersticioso de Deus é o começo e o fim desta falsa sabedoria. É com desdém e cólera que Spinoza se levanta contra todos os pensamentos de ascese, de mortificação, de sacrifício: a natureza que se destrói, a vida que se nega, a inteligência que se rejeita, a ação que se reserva, tudo isto é para ele mentira, erro, absurdo.

> Pelo contrário, quanto maior é a alegria de que somos afetados, tanto maior é a perfeição a que passamos, isto é, tanto mais necessariamente participamos da natureza divina. Assim, servir-se das coisas, e com elas deleitar-se o quanto possível (não, certamente, à exaustão, pois isso não é deleitar-se), é próprio do homem sábio. O que quero dizer é que é próprio do homem sábio recompor-se e reanimar-se moderadamente com bebidas e refeições agradáveis, assim como todos podem se servir, sem nenhum prejuízo alheio, dos perfumes, do atrativo das plantas verdejantes, das roupas, da música, dos jogos esportivos, do teatro, e coisas do gênero. Pois o corpo humano é composto de muitas partes, de naturezas diferentes, que precisam, continuamente, de novo e variado reforço, para que o corpo inteiro seja, uniformemente, capaz de tudo o que possa se seguir de sua natureza e, como con-

sequência, para que a mente também seja, uniformemente, capaz de compreender, simultaneamente, muitas coisas.[2]

A Razão então não pode nos comandar nada que seja contrário à Natureza; ela não tem a qualidade de ordenar ao homem de se depreender de si, de renunciar à alegria de viver; ela lhe prescreve de se amar, ou melhor, ela não tem necessidade de prescrever nada: ela deixa o homem se amar.[3] Não se deve considerar a virtude como um bem exterior ao ser; a virtude é a potência de que o ser dispõe: a virtude se define pela essência do ser e não por fórmulas gerais; ela é necessariamente individual. O esforço em direção à virtude, que é apenas o esforço em direção à maior potência, tem então em si seu princípio e sua finalidade; podemos até mesmo dizer que a virtude já está nesse próprio esforço e no desenvolvimento indefinido que ele implica, já que no indivíduo nada é anterior nem superior, e tudo é relativo a esse esforço.[4] Nesse esforço se resumem todas as tendências do nosso ser, não importa como as chamamos, apetites, inclinações ou vontade, sejam elas inconscientes ou conscientes; porque é bem compreendido que a consciência não cria um novo modo de atividade: é o esforço do indivíduo em ser que é o seu primeiro e continua sendo seu objeto essencial.[5] O verdadeiro e único motor de nossa vida é o desejo. Segundo a força mais ou menos completa que ele é capaz de manifestar, o desejo contém em si mais ou menos virtude; ou, se queremos reservar esse termo de virtude a um estado acabado e perfeito, a virtude é o desejo que só age por si e que impõe soberanamente sua forma à sua matéria. A relação entre vício e a virtude é a relação entre o desejo disperso e incoerente e o desejo concentrado e firme, entre o desejo desorganizado pelas coisas e o desejo que se organiza por si. Mas de qualquer maneira é sempre o desejo que está em nós a única regra e a única medida da vida; ele não admite lei que seja exterior a ele;

---

[2] EIV, prop. 45, esc. 2, t. I, p. 222.
[3] Ibid., prop. 18, esc., t. I, p. 201.
[4] "Não se pode conceber nenhuma virtude que seja primeira relativamente a esta (quer dizer, ao esforço [*conatus*] por se conservar)." Ibid., prop. XXII, t. I, p. 204.
[5] EIII, prop. 9, t. I, p. 133.

somente ele pode se conduzir: ele é autônomo. E a prova dessa autonomia é que ele é a origem de todas as qualificações pelas quais denominamos as coisas. É bom aquilo que lhe convém, é ruim aquilo que lhe repugna. Nós acreditamos procurar um objeto porque ele é bom: pura ilusão; o objeto é bom porque nós o procuramos.[6] Só existe uma lei da moralidade, e essa lei não é uma lei moral, mas uma lei ao mesmo tempo natural e racional: o homem só pode seguir seu desejo, que é o seu próprio ser, e que todo objeto do desejo, seja qual for, é sempre imaginado ou concebido como bom.

Portanto, o esforço em direção à virtude é o esforço pelo qual o desejo se eleva daquilo que lhe parece bom àquilo que é verdadeiramente bom. Mas essa conversão da aparência à verdade não se realiza por meio de um mecanismo abstrato: a noção do mal está na tristeza que acompanha o desejo contrariado; a noção do bem está na alegria que acompanha o desejo satisfeito.[7] É pelos sentimentos que ele suscita que o desejo se ajusta, se fixando às coisas que o favoriza, se separando das coisas que o deprimem, sempre e por todo lado trabalhando para se contentar e se expandir. É a experiência da vida que faz, gradualmente, nossa ciência. Pela alegria, nós sentimos que passamos de uma menor potência a uma maior potência; pela tristeza, nós sentimos que passamos de uma maior potência a uma menor potência.[8] Então, se existe em nós um princípio imutável de nosso ser, que é o desejo, existem também para o desenvolvimento do desejo fases sucessivas e muitas vicissitudes; existem em nós perpétuas mudanças de estado, e são a alegria e a tristeza que diretamente nos informam da qualidade dessas mudanças. Já que admitimos que o bem e o mal são relativos ao desejo de cada ser, o bem está então naquilo que nos causa alegria, o mal naquilo que nos causa tristeza, e toda a lei da nossa vida está na tendência invencível pela qual nós aspiramos a nos afastar da tristeza e conquistar a alegria.[9]

---

[6] EIII, prop. 9, esc., t. I, p. 133.
[7] EIV, prop. 8, t. I, p. 195.
[8] EIII, prop. 11, t. I, p. 134.
[9] Ibid., prop. 12, t. I, p. 135.

Essa tendência só implica nela o positivo e o real; ela exclui dela toda causa interna de destruição ou de passividade. A essência que ela exprime, dentro dos limites onde ela se coloca, se coloca absolutamente.[10] Mas nós sabemos que a essência do homem não envolve a sua existência; é sob influência das causas exteriores que o homem passa a ser, e essa virtude das coisas parece diminuir igualmente sua virtude. Se o homem tem no universo seu lugar determinado e seu papel irredutível, é também o conjunto das circunstâncias naturais que determina o seu lugar e lhe atribui o seu papel. Supondo que ele queira viver só, ele não pode viver por si; para manter e sustentar o seu ser, ele é forçado a sustentar relações com outros seres. "[...] que é totalmente impossível que não precisemos de nada que nos seja exterior para conservar o nosso ser, e que vivamos de maneira que não tenhamos nenhuma troca com as coisas que estão fora de nós".[11]

Essa necessidade de entrar em relação com os seres que o rodeiam se torna no homem (que tem essa consciência) o sentimento do útil: a procura do útil é a consequência do esforço por perseverar no ser. "Quanto mais cada um busca o que lhe é útil, isto é, quanto mais se esforça por conservar o seu ser, e é capaz disso, tanto mais é dotado de virtude; e, inversamente, à medida que cada um se descuida do que lhe é útil, isto é, à medida que se descuida de conservar o seu ser, é impotente."[12] Assim parece que a *Ética* de Spinoza é, em seu princípio, utilitária e naturalista. Ela vai além, porém, do puro utilitarismo e do puro naturalismo por uma afirmação *a priori* que é a afirmação racional do indivíduo. O indivíduo, segundo Spinoza, é verdadeiramente fundado a ser aquilo que ele é, a fazer aquilo que ele faz, a procurar aquilo que ele procura. A tendência pela qual ele se manifesta exprime uma Razão que só precisa se apreender e se compreender para se justificar inteiramente; dessa maneira, ele tem o direito de perseguir fora dele aquilo que pode servi-lo e, na medida de sua potência, fazer com que tudo dependa dele. É por ele mesmo que ele define

---

[10] EIII, prop. 4, 5, 6, 7 e 8, t. I, p. 131-132.
[11] EIV, prop. 18, esc, t. I, p. 202.
[12] Ibid., prop. 20, t. I, p. 203.

o útil; mas comparando essa definição com aquilo que é mais ele mesmo, ele a transpõe da sensibilidade ao entendimento, de maneira que as relações úteis se tornam idênticas às relações verdadeiras; é na verdade de seu ser que ele acha seu maior interesse.[13] Assim, a natureza não é uma força específica que equilibra, numa evolução impessoal e sem fim, as forças individuais; a natureza está totalmente envolvida no desejo que constitui cada indivíduo, ou melhor dizendo, só existem naturezas individuais, que podem, quando providas de inteligência, compreender a lei da sua união e sentir a força. Não são então impulsos cegos, nem cálculos incoerentes que podem nos assegurar sobre o útil e sobre o agradável; nós só podemos ter fé em nossas inclinações se sabemos que elas fazem parte, com seus objetos, de uma mesma realidade, que é um todo racional. Uma ideia encontra sua verdade na ideia que a completa; assim procurando aquilo que lhe é útil, o ser procura aquilo que o aperfeiçoa. É pelas noções comuns que se constitui o conhecimento válido para todas as inteligências; é também pelas afecções comuns que se constitui o bem sensível a todos os indivíduos semelhantes. "Se, além disso, levamos em consideração a nossa mente, certamente o nosso intelecto seria mais imperfeito se a mente existisse sozinha e não compreendesse nada além dela própria."[14] Da mesma forma, nós seríamos singularmente diminuídos se só tivéssemos a intenção de viver em nós mesmos e, por uma abstração aliás impossível, nos libertar de toda relação com seres exteriores.

Mas então, já que a natureza que nos limita está tão destinada a nos escravizar quanto a nos servir, já que ela é o Infinito que nos abraça, como é que na vida humana não existe uma fonte inesgotável de alegria? Nossos desejos, que exprimem ao mesmo tempo nossa natureza e a natureza universal, deveriam, me parece, achar espontaneamente sua satisfação em nós e nas coisas. Como é que eles são tão frequentemente decepcionados? Não existe na realidade, nem para ameaçar nossa beatitude nem para ameaçar a nossa ciência, um gênio do

---

[13] Ibid., prop. 23, 24, 26, 27, t. I, p. 205-206.
[14] EIV, prop. 18, esc., t. I, p. 202.

mal que se compraz em nos enganar. Então somos nós que enganamos a nós mesmos. Nós nos enganamos sobre a verdadeira utilidade das coisas. Nós concebemos como desejáveis objetos que se esquivam inexoravelmente de nós ou que não podem nos contentar. Nossos erros são humilhantes e dolorosos para nós. Ao invés de desenvolver nossa potência de agir, nós a sentimos limitada e desorganizada; ao invés de nos perceber na plenitude de nosso ato, nós temos o sentimento de restrições que pesam sobre nós. A paixão, que é uma diminuição do nosso ser, que exprime uma perfeição menor da nossa atividade, se confunde então com o erro; a paixão e o erro têm a mesma origem, os mesmos caracteres. O erro vem quando uma ideia inadequada é levada ao absoluto; a paixão vem quando um determinado desejo, cuja principal causa está fora de nós, pretende remeter tudo a ele. Se a ideia inadequada é levada ao absoluto, é por falta de ser colocada em relação com as ideias que a explicam; se um determinado desejo pretende remeter tudo a si, é também por falta de ser colocado em relação com os outros desejos que o envolvem. Toda ideia, enquanto ideia, é verdadeira; todo desejo, enquanto desejo, é bom. O que é falso e mau é a ideia que aspira ir além do seu sentido, é o desejo que aspira ir além de sua potência. A paixão é a mente fora de sintonia, que não sabe unir nem as forças de sua atividade, nem as noções de sua inteligência.

Quando somos submetidos à paixão e ao erro, nós marchamos num mundo dividido cuja consistência é puramente imaginária; nós saltamos aleatoriamente de ideia em ideia, de um ato a outro. Existe então uma dualidade radical entre o verdadeiro universo, real, sólido, e o universo falso, ilusório, vão. É verdade que frequentemente a vida do homem inteira se desenvolve em sentido contrário, que ela sempre ao menos desvia de sua direção normal. Assim, aquilo que é imaginário tem então uma espécie de existência; aquilo que é mentiroso, uma espécie de verdade. O contingente e o possível puro se realizam. Não seria uma objeção decisiva contra o sistema?

O sistema trabalha mais para eliminar a objeção do que para superá-la. Ele se esforça em estabelecer que, se a paixão e o erro não podem levar a nada de real, eles têm, porém, como estados da mente, causas inteligíveis. Esse tipo de reversão pela qual a natureza, que é em si verdade e razão, se projeta em imagens inadequadas e em atos truncados resulta, não de uma operação arbitrária, mas de uma inclinação necessária. Porém, a necessidade pela qual nós aspiramos àquilo que é vão, não seria, portanto, uma força independente e cega que se opõe a toda dedução absoluta? Seria necessário admitir que a natureza é o lugar do mal? É o mesmo que dizer que existe uma matéria metafísica que é no próprio ser uma negação positiva do ser; e essa última consequência é tão diretamente oposta aos princípios do sistema que Spinoza nem procura excluí-la. Sua doutrina é um esforço para mostrar que existe razão mesmo naquilo que parece contradizer a razão, existe necessidade mesmo naquilo que parece negar a necessidade: as impressões sensíveis e imaginárias que estão na raiz da paixão e do erro contêm elementos de verdade que tendem a se compor e se unir, ou seja, a afirmar e a realizar o ser, não pelos seus limites, mas pelas suas propriedades internas. Na origem de toda ideia, como de toda existência, existe Deus; e a ideia e a existência só são faltosas num primeiro momento quando elas imaginam exprimir Deus por completo. É bem humano exprimir o absoluto; mas existe nessa expressão graus diversos e contínuos. É dizer que Spinoza admite, sem talvez deduzi-la, e coloca no Ser, sem explicá-la, a necessidade de um desenvolvimento. Ele se apoia sobre essa ideia que será retomada com um novo sentido pela filosofia alemã, que para os seres a maior virtude não pode ser imediatamente dada, que o homem em particular atravessa um período de servidão antes de chegar ao período de liberdade. Ele afirma o movimento como um modo infinito e eterno da substância, e ele concebe que o movimento é, não uma alteração, mas um deslocamento em direção ao ato, uma passagem, em si racional, do inteligível relativo, que se acredita se completar pela ilusão, ao inteligível absoluto, que faz cair toda ilusão; mas ele considera que existe na própria ilusão algum fundamento, já que é sempre nela, e apesar de tudo, a verdade de Deus que procuramos. Não é então sem razão que o homem faz essa experiência moral, que é analisada no começo do *Tratado da reforma do intelecto*. As vãs inquietudes e as procuras infrutíferas do bem, os medos e as esperanças confirmadas e desmentidas, as alegrias momentâneas e as tristezas duráveis, tudo isso só é contingente na superfície: essas agitações da mente se produzem em virtude de causas profundas, segundo leis inflexíveis.

Trata-se, então, de mostrar por que o homem se engana imediatamente no conhecimento que ele faz dos objetos exteriores e na utilidade que lhes atribui, de explicar as razões naturais desse *pecado original*. Primeiro, a mente só percebe os objetos pelas impressões que eles produzem sobre o corpo: são então primitivamente os estados do corpo que ela sente. Mas o corpo precisa, para a sua conservação, de muitos outros corpos pelos quais ele se regenera; ele então é constantemente modificado por esses corpos externos, e essas afecções exprimem a natureza deles tanto quanto a sua própria natureza. Essa pluralidade de afecções se multiplica ainda pela pluralidade de suas partes, porque o corpo é uma composição no qual cada elemento é afetado à sua maneira. Todo estado que se produz tem então uma série infinita de contragolpes. Como os elementos que compõem o corpo humano são infinitos, é impossível que sejam realmente distinguíveis. A mente, de fato, não conhece diretamente o corpo humano; ela só conhece o corpo pelas ideias que tem de suas afecções. Ora, as afecções do corpo resultam das relações que ele tem com outros objetos materiais; portanto, as ideias pelas quais a mente percebe o corpo são relativas à constituição que ele tem, e às influências que sofre. A natureza exterior só chega a ser sentida através da individualidade do corpo, e, por outro lado, a individualidade do corpo não tem nada de absoluto, já que ela se sustenta por uma perpétua dependência em relação às coisas. Então, "A mente não conhece a si mesma senão enquanto percebe as ideias das afecções do corpo.[15] A mente humana não envolve o conhecimento adequado das partes que compõem o corpo humano[16] A ideia de uma afecção qualquer do corpo humano não envolve o conhecimento adequado do corpo exterior".[17] Todos esses teoremas estabelecem que primeiramente a mente não percebe nada que não seja do ponto de vista do corpo, e que o ponto de vista do corpo não é o verdadeiro

---

[15] EII, prop. 23, t. I, p. 98.
[16] Ibid., prop. 24, t. I, p. 99.
[17] Ibid., prop. 25, t. I, p. 100.

ponto de vista. Mas por que o ponto de vista do corpo não é o verdadeiro ponto de vista? É que "A força pela qual o homem persevera no existir é limitada e é superada, infinitamente, pela potência das causas exteriores".[18] É impossível que não sejamos uma parte da natureza; e, por outro lado, como o esforço pelo qual aspiramos a viver envolve o infinito,[19] nós pretendemos fazer da nossa ínfima individualidade a medida do ser e da verdade. Nós nos consideramos necessariamente como o centro ao qual devem chegar os raios da natureza; nós os entortamos, se for preciso, para fazê-los chegar a nós. Que surpresa se o movimento da natureza nos desconcerta e nos oprime?

Nós somos então escravos, porque no começo de nossa vida nós percebemos e sentimos as coisas, não segundo relações verdadeiras, mas segundo sequências empíricas e imaginárias. A mente associa os objetos entre si, e os objetos aos seus desejos na ordem apresentada pelo corpo. Ela pode então perceber, uma vez que o corpo humano tenha sido afetado, os corpos exteriores como estando presentes, mesmo que não existam ou que não estejam presentes. "Se o corpo humano foi, uma vez, afetado, simultaneamente, por dois ou mais corpos, sempre que, mais tarde, a mente imaginar um desses corpos, imediatamente se recordará também dos outros."[20] Da mesma forma, o desejo, que o corpo suscita, se ligará aos objetos; ele se deixará determinar por eles, quer eles estejam presentes, lembrados ou imaginados. Se, em se deixando determinar por eles, o corpo experimenta alegria, essa alegria multiplicará a força deles; se, ao contrário, ele experimenta tristeza, essa tristeza enfraquecerá a influência deles. O estado de servidão não é então um estado absolutamente mau, porque o homem, a menos que deixe de ser, possui sempre um certo grau de potência e de atividade, porque assim, atravessando situações, essa potência e essa atividade encontram ocasiões alegres. O estado de servidão é sobretudo um estado de acaso onde tem lugar para a boa e para a má fortuna; é uma falta de certeza que faz com que as nossas alegrias sejam comprometidas, que

---

[18] EIV, prop. 3, t. I, p. 192.
[19] Ibid., prop. 4, t. I, p. 193.
[20] EII, prop. 18, t. I, p. 95.

nossas tristezas durem; a beatitude que nós perseguimos com toda força do nosso ser não passa de um sonho, que a realidade às vezes confirma, às vezes desmente; e é precisamente nossa maior miséria considerar a beatitude apenas um sonho, embora a vida a prometa e a verdade a contenha.

Sigamos então o homem no desenvolvimento irracional de suas afecções, e mostremos como suas afecções são tanto ativas quanto passivas, tanto alegres quanto tristes, segundo as circunstâncias frequentemente complexas que as determinam. É óbvio que o homem sempre procura a felicidade, e mesmo que ele se engane com algum desejo particular, ele não se engana com o que é o objeto comum de todos os seus desejos. Se alguma coisa aumenta ou diminui, favorece ou impede a potência de agir de nosso corpo, a ideia dessa coisa aumenta ou diminui, favorece ou impede a potência de pensar de nossa mente.[21] Portanto, a mente se representa, tanto quanto pode, as coisas que aumentam ou favorecem a potência de agir do corpo.[22] Se ela às vezes se representa objetos que limitam sua ação, ela se esforça então de recordar outros objetos que excluam a existência dos primeiros.[23] Os objetos que concorrem à satisfação de seu desejo lhe parecem bons porque eles lhe causam alegria; aqueles que contrariam seu desejo lhe parecem maus porque lhe causam tristeza. Segundo o efeito que eles produziram, os objetos são então amados ou odiados; e eles são amados ou odiados também pelo efeito que, segundo a imaginação, eles devem produzir. É como se eles agissem com benevolência ou malevolência, e obtivessem o prêmio ou a punição por suas intenções. O amor e o ódio são apenas a alegria e a tristeza acompanhadas da ideia de uma causa exterior.[24] No estado de servidão, nós somos a tal ponto enganados pelas aparências, que projetamos para fora de nós os nossos estados internos. Fazemos corresponder aos estados tristes causas exteriores de tristeza, aos estados alegres causas exteriores de alegria; e como os nossos desejos se associaram a objetos, acre-

---

[21] EIII, prop. 11, t. I, p. 134.
[22] Ibid., prop. 12, t. I, p. 135.
[23] Ibid., prop. 13, t. I, p. 136.
[24] Ibid., prop. 13, esc., t. I, p. 136.

ditamos que esses objetos engendram o próprio âmago de nossos desejos, ao passo que eles se impõem aos nossos desejos apenas de forma transitória. Nós alienamos nossos sentimentos de nós mesmos para explicá-los pelas coisas que nos cercam. Vindas daí, nossas ilusões se combinam gradualmente e se embaralham. Pode acontecer que num dado momento, sobre um mesmo objeto, duas afecções contrárias nos solicitem e nos dividam. Como, de fato, o corpo humano se compõe de uma multiplicidade de indivíduos de naturezas diversas, e que assim ele pode ser modificado por um corpo externo de várias maneiras diferentes; como ainda um corpo qualquer pode ser modificado de várias maneiras diferentes, e que ele pode transmitir ao corpo humano as modificações diversas que ele sofreu, é fácil de conceber que um único e mesmo objeto possa determinar no corpo, e, portanto, na mente, uma multiplicidade de afecções contrárias. Daí estas nuances infinitas que podem revestir um sentimento aparentemente único; daí estas incertezas na alegria e na tristeza; daí todas estas flutuações que são para a mente o que a dúvida é para a inteligência.[25] E dado que um mesmo homem já pode ser, num momento preciso de sua vida, tão pouco seguro de si, tão pouco constante consigo mesmo, com mais razão ainda ele pode mudar de uma época à outra, com mais razão ainda vários homens podem, ao mesmo tempo e pelo mesmo objeto, ter afecções divididas. Daí esta divergência de impressões que contribui tão poderosamente para a divergência de ideias e que engendra, por contragolpe, o ceticismo intelectual e moral.[26] Como se espantar, aliás, que a mente, que parece ter se despojado voluntariamente de suas próprias faculdades, que enriqueceu a natureza exterior de todos os elementos positivos de sua ação, se sinta em determinados momentos inerte, vazia, indigente? É verdade que ela pode também, por um retorno singular, transportar a um eu imaginário a razão de seus fracassos e de seus sucessos. Como frequentemente ela tem consciência de se engajar, sem suficientes cálculos, na incerteza das coisas, ela se congratula de ter sido

---

[25] EIII, prop. 50, esc., t. I, p. 161.
[26] Ibid., prop. 51, t. I, p. 162.

audaciosa se tiver sucesso; ela se culpa de ter sido aventureira se tiver falhado. Ela generaliza de bom grado, e a todo momento, esse tipo de julgamento que ela faz de si, e assim nascem a paz interior e o arrependimento. O arrependimento e a paz interior são uma tristeza e uma alegria que acompanham a ideia de si mesmo a título de causa.[27] Assim, por toda parte, explode a falsa crença de individualidades independentes, não tendo outras relações que aquelas que estabelecem arbitrariamente suas vontades livres.

Daí se segue que as coisas que parecem ser ou que são realmente externas à nossa natureza podem, por acidente, causar na mente a alegria, a tristeza ou o desejo.[28] Se nós tivéssemos sido afetados ao mesmo tempo por dois estados, onde um nos deixou tristes ou alegres, e o outro nos deixou indiferentes, o segundo desses estados poderá, em se reproduzindo, reproduzir o tipo de impressão que tinha feito nascer em nós o primeiro. Nós podemos, dessa forma, amar ou detestar alguns objetos e algumas pessoas sem nenhuma causa conhecida, pelo efeito de uma simpatia ou antipatia voluntariosas. Não é que a simpatia ou a antipatia se desenvolvam sem motivo, que elas sejam, como às vezes diziam, qualidades misteriosas: elas nascem dos encontros fortuitos entre sentimentos e ideias.[29] Frequentemente, é suficiente que uma coisa pareça, de algum modo, com um objeto que normalmente nos afeta de alegria ou de tristeza para que nós passemos para essa coisa, inicialmente externa e indiferente aos nossos estados d'alma, uma parte de nosso amor ou de nosso ódio.[30] Quando um objeto que nos afeta normalmente de alegria se associa a um objeto que nos afeta normalmente de tristeza, e vice-versa: nossos sentimentos de amor e de ódio, ao invés de ficarem separados como seus objetos, se unem sobre cada um dos objetos.[31] Além disso, como as relações acidentais entre os seres e as coisas podem ser, num único e mesmo momento, muito

---

[27] EIII, prop. 51, esc., t. I, p. 163.
[28] Ibid., prop. 15, t. I, p. 137.
[29] Ibid., prop. 15, esc., t. I, p. 137-138.
[30] Ibid., prop. 16, t. I, p. 138.
[31] Ibid., prop. 17, t. I, p. 138.

complexas, então, as flutuações, as incertezas e as variações de sentimento, das quais já falamos, se complicam de mil maneiras. Acrescente-se que nós trocamos a ordem do tempo, pois ao invés de viver estritamente no presente nós nos projetamos para a frente ou para trás, no futuro ou no passado, e mais ainda, nós transformamos esse passado e nós compomos esse futuro segundo nossas impressões e necessidades atuais. Ora, as imagens que nos afetam não mudam de natureza, qualquer que seja o lugar de seus objetos na duração. De fato, seus objetos só estão presentes em nós porque elas nos afetam; eles só estão presentes em nós pelos sentimentos que elas nos suscitam. Assim se produzem a esperança e o medo. A alegria que está na esperança e a tristeza que está no medo são ambas instáveis, porque elas se relacionam com a representação de coisas futuras cujo acontecimento nos deixa dúvida, de modo que não existe esperança sem medo, nem medo sem esperança. Se a incerteza desaparece, a esperança se torna segurança, o medo se torna desespero. Se, enfim, a ideia de nossa individualidade se associa, sob a forma de um eu livre, a essas afecções doravante duráveis, então a segurança se torna contentamento, e o desespero se torna remorso.[32]

Vemos, assim, o que nós nos tornamos por nós mesmos na paixão. Quanto mais nos sentimos dominados pelas coisas, mais as sentimos dominadas por nós. Incapazes de ficar no nosso lugar e de ocupá-lo, de nos limitar ao nosso papel e preenchê-lo, nós nos deixamos levar pelas alegrias e tristezas do acaso, a nos apreciar ou depreciar bem mais do que seria conveniente. O orgulho é um tipo de delírio no qual nós sonhamos de olhos abertos; nós acreditamos contemplar em nós todas as perfeições possíveis, e esquecemos de tudo aquilo que exclui precisamente a existência delas, tudo aquilo que limita nossa potência de agir.[33] Se sobretudo nós descobrimos em nós alguma qualidade singular que nos distingue dos outros, nós nos esforçamos em mostrá-la, sem nos preocupar com as vaidades que vamos atingir, com os amores próprios que

---

[32] EIII, prop. 18, t. I, p. 140.
[33] Ibid., prop. 26, esc., t. I, p. 144.

vamos ferir, com as invejas que vamos provocar. Além disso, quando os louvores dos outros, sinceros ou hipócritas, parecem nos dar razão, nosso orgulho, encorajado por essa aprovação exterior, se estende e aumenta indefinidamente: ele se transforma em adoração a nós mesmos. A humildade, ao contrário, surge primeiramente da consciência de nossas debilidades. Frequentemente, é na frente de um homem orgulhoso, e por comparação com ele, que nós nos sentimos pequenos e impotentes; em outros momentos, é sob a impressão de uma tristeza e de uma miséria presentes que nós nos imaginamos infelizes para sempre; nos dizemos, então, que é impossível continuar no caminho de verdade e do bem, nós gememos miseravelmente sob o peso de uma fatalidade que nos oprime.[34] Humildes ou orgulhosos, ignoramos sempre a nossa verdadeira natureza; desconhecemos também aquilo que a sustenta e aquilo que a limita. E o que mostra bem que essas duas paixões, tão facilmente opostas, derivam de uma mesma causa, é o fato de que frequentemente elas se penetram, se inspiram uma na outra. De resto, não é o orgulho que tende à humildade, pois a humildade é um sentimento de tristeza do qual procuramos nos livrar; é a humildade que tende ao orgulho, pois o orgulho é um sentimento de alegria ao qual sempre aspiramos, mesmo sem nos darmos conta. O humilde não se contenta em se humilhar; de bom grado ele humilha também os outros; ele sente em relação a si mesmo um desprezo que, se é justificado, vai cair ainda mais pesadamente sobre os seus semelhantes, vai confundi-los mais cruelmente na franqueza de sua vaidade ou na hipocrisia de seu orgulho. Como ele sabe as razões pelas quais ele deve se desprezar, ele se compraz secretamente na consciência de uma sagacidade tão clarividente e de uma sinceridade tão admirável. Não é apenas o orgulho de nosso semelhante que nos rebaixa, é também a sua humildade.[35]

Aliás, como os homens vivem juntos, eles se parecem em muitos pontos, e a forma mais natural desse contágio é o contágio do exemplo. Instintivamente

---

[34] EIII, Definições dos afetos, def. 28, t. I, p. 180.
[35] Ibid., prop. 54, 55, t. I, p. 165. — Definições dos afetos, def. 28-29, t. I, p. 180-181.

nós nos modelamos uns nos outros, e a sociedade humana é, ao mesmo tempo, a condição e o resultado dessa imitação inconsciente. É que as afecções de nosso corpo não exprimem apenas a sua natureza, mas também a natureza dos corpos que o afetam, de modo que há uma repercussão dos estados deles em nosso estado. A simpatia natural do homem pelo homem é na origem apenas essa difusão de mesmos sentimentos através de indivíduos que se parecem. Vejamos as crianças: pelos seus corpos serem menos estáveis, sua natureza é mais agitada; elas controlam menos seus impulsos espontâneos; elas se abandonam ao seu primeiro movimento. E o primeiro movimento é imitar aquilo que elas veem fazer: elas riem e choram pela única razão de que elas veem rir e chorar; elas gostam do que os outros gostam, elas rejeitam o que os outros rejeitam. Ora, é possível que essa simpatia primitiva aumente e se fortifique com a experiência.[36] Já que os sentimentos de alegria e de tristeza se comunicam assim de homem para homem, nós compartilhamos a alegria do homem alegre, a dor do homem infeliz; nós nos felicitamos de um, nós temos pena do outro, nós vemos favoravelmente aquilo que faz a felicidade de nosso semelhante, nós nos indignamos contra aquilo que o torna infeliz.[37] Contudo, a potência de afecção que temos de reserva se enfraqueceria se ela se dispersasse ao infinito; quando se concentra apenas sobre alguns objetos, às vezes sobre uma única pessoa, é a paixão do amor. O objeto amado, por meio de uma abstração extraordinária operada pelo nosso desejo, é colocado inteiramente à parte do resto do universo; ele se torna para nós a medida das nossas impressões e dos nossos julgamentos; ou melhor, é sempre nosso eu, exaltado pela paixão, que leva tudo a ele: o amor é sempre o amor-próprio que faz da outra pessoa seu cúmplice. Se nós imaginamos o objeto amado como tomado de tristeza ou de alegria, nós sentimos os mesmos sentimentos; e se imaginamos que outra pessoa provoca no nosso amado essa tristeza ou alegria, nós sentimos ódio ou amor por essa pessoa. É por meio do objeto amado que se

---

[36] EIII, prop. 32, esc., t. I, p. 149.
[37] Ibid., prop. 27, t. I, p. 144.

refletem para nós todas as impressões que nos atingem; nós perseguimos com ardor ou repelimos com violência tudo aquilo que aumenta ou diminui nossa potência de agir, aquilo que por contragolpe aumenta ou diminui nossa própria potência.[38] Mas para que a nossa potência seja favorecida ou aumentada, é preciso também que o nosso amor seja compartilhado. Nós fazemos então o esforço, tanto quanto podemos, para que o objeto amado nos ame de volta; nós procuramos fazer com que ele sinta a alegria que desejamos para ele, de forma que ele associe intimamente a ideia da nossa pessoa à alegria que ele sente.[39] Se nossos esforços parecem ter êxito, se o objeto amado parece predisposto à nossa paixão, nós não perdemos a oportunidade de nos vangloriar.[40] A paixão redobra de ardor e às vezes de violência. Mas o que mostra bem que somos nós mesmos que nos amamos em outro é o fato de não admitirmos que o objeto amado seja procurado por outro; nós só consideramos que o nosso afeto é retribuído se o objeto amado só ama unicamente a nós, e é aqui sobretudo que nós não consentimos ser despossuídos.[41] Daí vem que o amor raramente existe sem tristeza porque ele se mistura sempre com alguma inquietude ou ciúmes. Nós naturalmente detestamos o rival que venha perturbar a segurança de nossa paixão, e nossa paixão cresce na razão do esforço que fazemos para afastá-lo. Se, por outro lado, o objeto amado não coloca no seu amor todo o ardor de antes, se apenas para de expressar o seu amor por alguns detalhes insignificantes que nos encantavam,[42] então começa a nascer em nós o enfado, o arrependimento, o ressentimento. Se, enfim, nos sentimos abandonados, traídos, ficamos desconcertados por um instante; nossa paixão, que não morre de repente, é lentamente invadida e tomada pela tristeza; mesmo se ela parece se apagar, ela tem recaídas ardentes; em todo caso, nós começamos a detestar o objeto que tínhamos amado, e as causas dessa aversão se acumulam na mesma

---

[38] EIII, prop. 19, 21, 22, 25, t. I, p. 140-143.
[39] Ibid., prop. 33, t. I, p. 150.
[40] Ibid., prop. 34, t. I, p. 150.
[41] Ibid., prop. 35, t. I, p. 151.
[42] Ibid., prop. 36, t. I, p. 152.

medida das restrições ao nosso desejo. Rejeitados violentamente em nós e em nossa tristeza, nós não podemos mais fingir indiferença ao objeto que um dia amamos: quanto maior foi o amor, maior será o ódio.[43]

O ódio pode então despertar, amargo, violento, mortífero, entre seres que se aproximaram por terem uma natureza comum, mas que suas paixões dividiram. Todo homem apaixonado quer que os outros vivam de acordo com a sua vontade; como todos têm a mesma vontade, eles disputam entre si; e como todos pretendem ser elogiados e amados por todos, eles acabam por se detestar mutuamente.[44] O mesmo jogo de afetos que nos conduzia à compaixão por aqueles que sofrem determina em nós a inveja dos que são felizes.[45] Em virtude desse contágio de sentimentos que já foi explicado, nós tendemos a experimentar a mesma alegria que os nossos semelhantes, da mesma maneira e pelas mesmas causas. Ora, o objeto que faz a alegria do outro às vezes lhe pertence exclusivamente; não pode então, por ser possuído por outro, cair em nosso poder, e eis por que nós sofremos a alegria do outro com alguns arrependimentos e alguma impaciência. As mínimas ocasiões desenvolvem esse germe de maldade que envolve a paixão. A ingratidão nos machuca como uma perda que atinge nosso amor, nossa vaidade ou nosso interesse.[46] Assim, basta nos crer amados por um de nossos semelhantes para amá-lo de volta, e basta nos crer detestados por alguém para detestá-lo igualmente.[47] Olho por olho, dente por dente. Ora, assim como nos esforçamos em aumentar a felicidade do objeto amado, nós nos esforçamos em deixar infeliz o objeto odiado.[48] O ódio é um princípio de destruição radical. É necessário que o objeto odiado desapareça; e se nosso pensamento continua a imaginá-lo, é porque nossa atividade chama contra ele todos os seus recursos, o aniquila até o fim. Por que então raramente

---

[43] EIII, prop. 38, t. I, p. 153.
[44] Ibid., prop. 32, t. I, p. 149.
[45] Ibid., prop. 32, esc., t. I, p. 150.
[46] Ibid., prop. 42, t. I, p. 157.
[47] Ibid., prop. 40, t. I, p. 155.
[48] Ibid., prop. 39, t. I, p. 154.

na vida o ódio leva a tais extremos? É que a paixão não pode ser consequente. Os sentimentos que ela suscita não se desenvolvem reto numa direção inflexível; eles são atravessados por outros sentimentos e devem se compor com eles. É assim que os efeitos e os poderes do nosso ódio se acham duplamente limitados: primeiro nós podemos temer que o mal que nós faremos ao outro pode nos trazer grandes danos, e o cálculo mais ou menos inconsciente dessas consequências desastrosas paralisa em nós a necessidade de vingança;[49] em seguida, a alegria que pode nos causar a infelicidade da pessoa detestada não pode jamais ser isenta de qualquer escrúpulo; é um de nossos semelhantes que vamos atingir e que tentaremos destruir; ora, a imagem do nosso semelhante aflito, miserável, nos contrista necessariamente; nós podemos então experimentar certa compaixão dentro do nosso ódio,[50] tanto mais que a vingança e a comiseração resultam no fundo do mesmo mecanismo. Nos dois casos, nós nos substituímos imaginariamente ao nosso semelhante, seja para experimentar, a exemplo dele, uma paixão que ele nos impede de satisfazer, seja para sentir em nós um pouco da dor que almejamos causar a ele. O ódio absoluto é impossível, porque ele suporia uma ruptura completa de todos os vínculos que nos ligam ao mundo. O ódio envolve sempre alguma melancolia, algum arrependimento, algum remorso. Se nós percebemos que o nosso ódio é injusto, nós o sentimos, após alguns momentos de surpresa e de recuperação, diminuir e desaparecer;[51] ela se converte lentamente em simpatia, em benevolência, mesmo em amor. Nós não podemos ser indiferentes ao objeto que tínhamos odiado; quanto maior foi o ódio, maior será o amor.[52]

Todas essas vicissitudes de paixões contraditórias supõem que as relações verdadeiras dos seres são desconhecidas e substituídas por relações imaginárias. Os seres que compõem o universo estão sempre forçosamente em contato, e quando esse contato recíproco não se produz por pontos de fixação reais,

---

[49] EIII, prop. 39, esc., t. I, p. 154.
[50] Ibid., prop. 47, t. I, p. 159.
[51] Ibid., prop. 48, t. I, p. 160.
[52] Ibid., prop. 44, t. I, p. 158.

ele se produz por pontos de fixação fictícios. É a mesma ilusão que frequentemente faz com que os homens se atraiam ou se rejeitem. O homem que experimenta alguma paixão pelo seu semelhante está sempre disposto a ver no outro uma causa independente, dotada de livre-arbítrio, e quando ele pensa que seu semelhante age na plenitude de sua vontade, sua paixão se aviva ainda mais. Eis por que os homens, em sua fé no livre-arbítrio, sentem uns pelos outros mais amor e mais ódio do que pelos outros seres.[53] Assim, já que nós destruímos as solidariedades naturais, nós estabelecemos solidariedades artificiais: assombrados pelas noções vazias de espécie e de gênero, nós estendemos os sentimentos que experimentamos por um ser a todo o grupo da qual ele faz parte. É assim que o amante traído fala da inconstância das mulheres em geral.

> Se alguém foi afetado, de alegria ou de tristeza, por um outro, cujo grupo social ou nacional é diferente do seu, alegria ou tristeza que vem acompanhada, como causa, da ideia desse outro, associada à designação genérica desse grupo, ele não apenas amará ou odiará esse outro, mas também todos os que pertencem ao mesmo grupo.[54]

Mas se frequentemente a nossa paixão se desenvolve do indivíduo ao gênero, em outras ocasiões, ao contrário, o indivíduo se deixa absorver pelo gênero; a paixão vê algo de singular que a suscita e a arrebata.[55] Assim, nós passamos constantemente de uma tendência à outra. Esta unidade do nosso ser, que prontamente nós glorificamos e que nós até convertemos em uma unidade substancial, é singularmente atingida. A paixão produz em nós os mesmos estragos da doença.

> Pois ocorre que um homem passa, às vezes, por transformações tais que não seria fácil dizer que ele é o mesmo. Tal como ouvi contarem de um poeta espanhol, que

---

[53] EIII, prop. 49, t. I, p. 160.
[54] Ibid., prop. 46, t. I, p. 159.
[55] Ibid., prop. 52, esc., t. I, p. 163.

fora atingido por uma doença e que, embora dela tenha se curado, esqueceu-se, entretanto, de tal forma da sua vida passada que acreditava que não eram suas as comédias e tragédias que havia escrito; e, certamente, se tivesse esquecido também sua língua materna, se poderia julgá-lo uma criança adulta.[56]

Essas cisões da nossa individualidade produzidas pela doença são produzidas com uma enorme violência pela paixão. "Pelo que foi dito, fica evidente que somos agitados pelas causas exteriores de muitas maneiras e que, como ondas do mar agitadas por ventos contrários, somos jogados de um lado para o outro, ignorantes de nossa sorte e de nosso destino. Pelo que foi dito, fica evidente."[57]

Esta lamentável cegueira faz com que a nossa mente se curve a falsas regras e a falsas concepções morais. Muitos preceitos que tomamos como verdadeiros só nos possuem por estarmos acostumados a longos hábitos de servidão. Nós aderimos facilmente às doutrinas que nos ensinam que a natureza humana é má, e, contudo, essas doutrinas são as mais funestas; elas espalham por todo lado a desconfiança e a discórdia, elas desenvolvem este espírito de ironia e este gosto por indignações violentas às quais se lança tão facilmente uma sabedoria mentirosa. Elas estabelecem uma classificação de virtudes, irracional em seu princípio, irracional em seus efeitos, e toda a sua impotência se funda sobre a impotência real do homem. Elas apelam à paixão quando pretendem combatê-la, e é em nome de um bem imaginário que elas nos impõem a resignação aos males presentes. Repetindo, só se pode haver do bem um critério imanente e sensível: a alegria justifica a ação que a provoca. Mas é necessário entender por alegria não o prazer efêmero, o prazer de ocasião, mas o gozo permanente e certo da felicidade. Portanto, podemos dizer que existem alegrias más, no sentido de que elas podem provocar tristezas maiores: tais como as alegrias que se deixam absorver por um objeto particular e que só contentam uma parte do

---

[56] EIV, prop. 39, esc., t. I, p. 218.
[57] EIII, prop. 59, esc., t. I, p. 171.

nosso ser, o amor delirante com sua embriaguez, a ambição com seus sucessos etc... Elas nos expõem a decepções e a dores, ou ainda, elas nos privam de outras alegrias que pertencem à vida. Em revanche, tristezas podem ser boas, no sentido de que elas nos protegem das alegrias perigosas, contra a sedução das aventuras. Mas não podemos nunca esquecer que os estados de tristeza não são estados de graça ou de virtude. As paixões da estima são tão más quanto as paixões do desprezo, pois elas nos impedem de julgar nossos semelhantes segundo suas verdadeiras naturezas,[58] como também são maus os gestos de comiseração, de dolorosa compaixão.

> Quem compreendeu corretamente que tudo se segue da necessidade da natureza divina e se faz segundo as leis e regras eternas da natureza, não encontrará, certamente, nada que seja digno de ódio, de riso ou de desprezo, nem sentirá comiseração por ninguém, mas se esforçará, tanto quanto permita a virtude humana, por fazer, como comumente se diz, o bem, e por se alegrar. Além disso, quem é facilmente tocado pelo afeto da comiseração e se comove com a infelicidade ou as lágrimas alheias, faz, muitas vezes, algo de que, depois, se arrepende, tanto porque, pelo afeto, nada fazemos que saibamos, com certeza, ser bom quanto porque somos facilmente enganados por falsas lágrimas. Falo, aqui, expressamente, do homem que vive sob a condução da razão. Com efeito, quem não é levado nem pela razão, nem pela comiseração a ajudar os outros, é, apropriadamente, chamado de desumano, pois parece não ter semelhança com o homem.[59]

As virtudes que praticamos no estado de servidão são então virtudes do acaso; e a infelicidade dessa condição é que a alegria acidental que sentimos nos dispõe a achá-la boa. Nós justificamos o medo pelos males que ele nos poupa, a esperança pelo prazer que ela nos fornece; mas também em diferentes graus, o medo e a esperança implicam tristeza, o medo deprime e paralisa

---

[58] EIV, prop. 48, t. I, p. 124.
[59] Ibid., prop. 50, esc., t. I, p 225.

nossa atividade, a esperança a estimula e a exalta indevidamente. O homem que em sua vida se deixa determinar pelo medo e pela esperança se abandona, na realidade, ao acaso: ele age na incerteza e no vazio. Eis por que as doutrinas que se esforçam em conduzir o homem pela ideia de grandes males ou de grandes recompensas no futuro, que fazem da esperança e do medo as únicas causas imperativas da conduta, nos mergulham na nossa miséria, longe de nos consolar; aliás, elas nos deixam sempre uma dúvida sobre a eficácia das promessas ou das ameaças que elas fazem. Fundadas sobre paixões que empurram o homem para fora de seu ser, elas não podem nem entrar no homem nem o fazer entrar em si; elas não conseguem capturar totalmente sua mente; elas o pegam pela sua sensibilidade; elas não poderiam usar a razão sem se destruir. Elas também fingem uma extrema certeza exterior a fim de dissimular sua incerteza essencial; elas também colocam um alto preço em toda humildade, particularmente a humildade da inteligência.[60] Bem que tentam sustentar que o homem que se examina e se conhece se sente necessariamente humilde: a humildade é, ao contrário, como o medo, um rebaixamento de nós mesmos, e longe de ser mantida pelo conhecimento da nossa natureza, ela é apenas, em realidade, como o orgulho, a pior ignorância. Quando conseguimos nos conhecer inteiramente, esse conhecimento exato de nossa natureza produzirá em nós um sentimento legítimo de alegria e de orgulho. Além disso, nós bem sabemos que a humildade é um orgulho que se disfarça, que sob a forma reservada da modéstia, ela esconde a presunçosa pretensão de censurar perpetuamente o próximo.[61] Contudo, o homem que se deixa levar pelo mal não deveria se sentir humilhado? Não seria bom sentir algum remorso por isso? Não mais. O remorso e o arrependimento são paixões más; eles envolvem mais ou menos confusamente a ideia de que a ação acabada poderia ter sido diferente, que a livre vontade poderia ter se conduzido melhor. O homem que se arrepende tem o remorso absurdo de que a sua natureza foi num dado momento o que

---

[60] TTP, pref., cap. VII etc.
[61] EIV, prop. 53, 55, 56, 57, 58, t. I, p. 226-231.

ela foi efetivamente; ele nega a necessidade; ele reconstitui o passado segundo os seus desejos e suas necessidades do presente, e ele sofre, pois seus atos finalizados não foram conformes às suas tendências atuais. Supondo que nesse caso o homem constate a sua real impotência, não são nem as desolações, nem os escrúpulos que podem aliviá-lo de sua miséria: o arrependimento é uma nova tristeza que se junta a um ato de impotência e a um estado de enfermidade. "O arrependimento não é uma virtude, ou seja, não surge da razão; em vez disso, aquele que se arrepende do que fez é duplamente miserável ou impotente."[62] Em todo caso, assim como a esperança e o medo, a humildade e o arrependimento podem ter uma utilidade moral e social.

> Como os homens raramente vivem sob o ditame da razão, esses dois afetos, quer dizer, a humildade e o arrependimento, assim como a esperança e o medo, trazem mais vantagens que desvantagens. Portanto, se pecar for inevitável, é preferível que se peque por esse lado. Com efeito, se os homens de ânimo impotente fossem, todos, igualmente soberbos, se não se envergonhassem de nada, nem tivessem medo de coisa alguma, como poderiam ser unidos e estreitados por quaisquer vínculos? O vulgo, se não tem medo, é algo a ser temido. Não é de admirar, por isso, que os profetas, que visavam não a utilidade de uns poucos, mas a utilidade comum, tenham recomendado tanto a humildade, o arrependimento e a reverência. Na verdade, os que estão tomados desses afetos podem ser muito mais facilmente conduzidos que os demais a viver, finalmente, sob a condução da razão, isto é, a tornarem-se livres e a desfrutarem de uma vida de beatitude.[63]

Eis então a confusão que reina no estado de servidão, que afetos alegres podem ser maus, que afetos tristes podem ser bons. Isso mostra claramente que na paixão não existe nada de sólido sobre o qual se possa edificar a liberdade. Porém, não é verdade que a liberdade deve proceder geometricamente da

---

[62] EIV, prop. 54, t. I, p. 227.
[63] Ibid., prop. 54, esc., t. I, p. 227.

servidão? Não é ainda verdade que, segundo inúmeros teoremas de Spinoza, a alegria do homem terá mais vivacidade e apreço quando não for imediata, que ela deve primeiro triunfar sobre a tristeza? Então não é necessário reconhecer que a ideia do pecado, presente em nossas mentes, nos predestina, mais do que a inocência natural, à graça e à salvação? Com certeza a alegria conquistada, após longo tempo entravada ou impedida pela tristeza, nos é mais sensível; mas quando nós utilizamos assim nossa tristeza passada para nossa alegria presente é porque nossa alegria está longe de ser inteira. A pura alegria suprimiria todo sentimento ou toda ideia de tristeza possível, assim como a pura verdade suprimiria todo sentimento ou toda ideia de erro possível. Por outro lado, é um erro de cálculo perseguir a tristeza pela alegria maior que se seguiria. A nos comprimir assim, nós jamais ousaríamos nos aproximar da alegria; por força de permanecer na tristeza nós acabaríamos por endurecer.[64] Enfim, se a paixão comporta expedientes e transações, se ela autoriza os meios irracionais que combatem o mal pelo mal, a razão não poderia aceitar as fórmulas de restrição e de mortificação pelas quais pretendem nos controlar. "Não há nada em que o homem livre pense menos do que na morte, e sua sabedoria não consiste na meditação da morte, mas da vida."[65] Em outras palavras, não há sabedoria que resista à vida, que tenha o direito ou o poder de reprimir as tendências e quebrar o ímpeto. É absurdo maldizer a alegria: ela é boa; é absurdo bendizer o sofrimento: ele é mau.[66]

---

[64] EIII, prop. 44, esc., t. I., p. 158.
[65] EIV, prop. 67, t. I, p. 237.
[66] Ibid., prop. 41, t. I, p. 219.

CAPÍTULO VI

A VIDA MORAL DO HOMEM
2. A LIBERTAÇÃO

É em função de uma única e mesma tendência, a tendência a perseverar no ser, que se diz que o homem age ou padece.[1] Se acontece de o homem ser dominado pela paixão é porque a sua força pessoal é quase nada se comparada à força total do universo. Sob a influência de tantas causas que pesam sobre ele, ele sente sua potência de ação quase aniquilada. A paixão é a passividade padecida pelo corpo e afirmada pelo espírito como o estado absoluto e eterno. Como então o homem poderá se libertar disso?

Não poderia se produzir na mente humana uma conversão súbita e miraculosa; somente o livre-arbítrio, tal como o supomos, poderia determinar tais reversões, e o livre-arbítrio não existe. Que valeriam, além disso, modificações tão singularmente introduzidas em nós, fora de toda condição natural? Não procedendo da vida, elas não levariam à vida; elas seriam efêmeras como o capricho que as engendrou. Nenhuma maneira de ser pode se implantar solidamente em nós se ela não resultar de um desenvolvimento anterior. Contudo, dado que é necessário, num primeiro momento, que a natureza humana seja impotente e apaixonada, não parece evidente que a potência e a liberdade só podem ser con-

---
[1] EV, prop. 4, esc., t. I, p. 255.

quistadas pela destruição dessa necessidade? E então, não é certo que a necessidade é um obstáculo, e não um alívio, para o aperfeiçoamento do nosso ser?

Aqui também se introduz um erro devido ao abuso de abstrações filosóficas. Entre o estado de servidão e o estado de liberdade imaginamos uma espécie de intervalo vazio que, para estabelecer a transição de um a outro, a vontade humana, como potência independente, viria preencher. Apresentam-nos então, sob a forma de uma oposição, os dois termos entre os quais deve se desenvolver a moralidade. Esquecem que a necessidade que nos torna escravos é da mesma natureza que a necessidade que nos tornará livres, que, portanto, a tendência a nos libertar é, não uma negação, mas um reconhecimento da imutável necessidade. O aumento de virtude que desejamos não virá por uma adição sobrenatural às potências da natureza, mas por uma extensão normal dessas mesmas potências. Escravos, somos submissos a uma necessidade que nos constrange, porque ela não tem em nós seu princípio; livres, nós realizamos uma necessidade que é a nossa natureza, a nossa ação, a nossa vida, porque ela tem em nós a sua razão. A conversão da servidão à liberdade é uma transformação gradual pela qual a necessidade, que era força exterior, força deprimente, se torna força interna, força de expansão.

Mas é preciso que esse progresso moral se deduza do sistema, e Spinoza, de fato, se esforçou em explicar as causas. Primeiro, se é verdade que a ordem e a conexão das ideias são o mesmo que a ordem e a conexão das coisas, nós temos o direito de considerar a natureza tanto do ponto de vista da mente quanto do ponto de vista do corpo; nós temos o direito de reformular o conceito segundo o qual o encadeamento das ideias reproduz o encadeamento das afecções corporais, e dizer que o encadeamento das afecções corporais reproduz o encadeamento das ideias.[2] O rigoroso paralelismo dos dois atributos divinos conhecidos por nós se exprime por uma espécie de equilíbrio entre o corpo e a mente. Mostramos por que esse equilíbrio foi necessariamente rompido pois houve uma inflexão do homem em direção ao corpo; é possível mostrar como

---

[2] EV, prop. 1, t. I, p. 253.

se pode produzir agora uma inflexão em direção à mente. A causa primeira de toda servidão era que o homem só percebia a natureza através das impressões do seu corpo; ele arranjava assim suas ideias e seus atos numa ordem confusa, segundo ordenações empíricas ou imaginárias; ele se apresentava então sem defesa aos ataques das coisas, e quando ele tentava aumentar sua potência de agir; ele a sentia dominada, no entanto, pelas influências externas. Ora, a paixão se transforma em ação quando as causas que a engendram, compreendida por nós, se tornam em nós as razões que a explicam.[3] Nós somos passivos, porque as ideias das afecções corporais, e dos desejos associados a elas, são, na nossa vida, estados incompletos; mas se esses estados se unem a seus estados complementares, eles formarão um todo acabado, perfeito em seu gênero, que se traduzirá em uma maior ação: assim forças dispersas se tornam mais potentes quando são capazes de se agrupar em feixe. Por que, afinal, nossas primeiras impressões são confusas? É que as relações recíprocas das diversas partes do nosso corpo, as relações do nosso corpo com os corpos estranhos se estabelecem fora de toda noção comum, ou seja, de toda relação comum, pelo encontro fortuito de elementos singulares; arbitrariamente justapostos no tempo e no espaço; mas a própria realidade desses encontros irregulares envolve a possibilidade de encontros regulares que o entendimento pode reconhecer ou assegurar. Os objetos da natureza que se acompanham numa ordem contingente só podem, no entanto, se acompanhar porque eles têm esses elementos comuns; ora, quando esses elementos comuns transparecem por meio da confusão dos sentidos e da imaginação, uma nova ordem se constitui, fundada sobre a unidade lógica do entendimento. Assim, "Não há nenhuma afecção do corpo da qual não possamos formar algum conceito claro e distinto";[4] nós podemos pouco a pouco representar nossas afecções corporais por ideias adequadas e assim as unir num sistema. Dado que, de fato, a essência de nosso ser é uma ideia que constitui o Pensamento divino, não pode haver em nos-

---

[3] EV, prop. 3, t. I, p. 254.
[4] Ibid., prop. 4, t. I, p. 254.

sa mente nada que seja absolutamente irracional; e como a verdade de Deus existe inteiramente em cada um de seus atributos, portanto no Pensamento, nada podemos conceber que seja, em nós ou fora de nós, irredutível a um entendimento infinito. Tudo em si é então inteiramente inteligível; de onde segue que todo poder real e decisivo deve ser um poder de compreender. Nós somos tão mais potentes quanto mais agimos pela razão, porque assim nós só dependemos de nós mesmos. E assim também a potência das causas exteriores, que originalmente nos superava infinitamente, se reduz e diminui. Enquanto nossas ideias eram inadequadas, elas eram como que tiradas de nós pela força preponderante das coisas, e elas se subordinavam ao infinito movimento da natureza; tornadas adequadas, elas têm nelas alguma coisa de fixo, de absoluto, que faz com que a marcha do mundo dependa delas. Em outras palavras, a mente humana tem por objeto o universo, ou seja, um infinito real. Enquanto considerar esse objeto como uma realidade externa da qual ela é o espelho, ela se deixa ser oprimida e desorganizada por essa potência que ela tinha acreditado a princípio superar, e que se mostrou invencível. Quando, no entanto, ela concebe que é idêntica ao seu objeto, que esse objeto pode entrar nela sob a forma de um sistema coerente e racional, quando ela se torna entendimento, ela experimenta que seu objeto lhe pertence, depende dela; ela tem consciência de sua soberania, de sua autonomia. Nossa primeira maneira de conhecer e de agir é ruim, porque é *realista*, porque se debruça sobre uma natureza que supõe real, mesmo que ininteligível. Nosso conhecimento e nossa atividade se aperfeiçoam quando compreendem que o seu objeto depende deles, quando eles se esforçam em se apropriar desse objeto, em torná-lo interior, apesar do infinito que essa realidade parece envolver.

Todavia, não poderia haver nem intervenção milagrosa do entendimento nem do livre-arbítrio. "Um afeto não pode ser refreado nem anulado senão por um afeto contrário e mais forte do que o afeto a ser refreado."[5] Só a emoção pode comandar a emoção. É assim que Spinoza distingue sua dou-

---

[5] EIV, prop. 7, t. I, p. 257.

trina da doutrina dos estoicos e de Descartes: a educação e o esforço são indispensáveis para nos orientar no caminho correto; o império da razão não pode ser nem imediato nem absoluto.[6] Aliás, vamos considerar aquilo que é a razão para Spinoza. Não é um talento que cai do alto sobre as coisas para compreendê-las; é uma ordem sistemática que substitui uma ordem empírica de ideias; ora, essa substituição acontece gradualmente sob a própria pressão das coisas. A doutrina spinozista, que vista de fora parece uma construção puramente abstrata, se funda, efetivamente, sobre esse pensamento, que é necessário viver sua vida antes de compreendê-la; e a fim de compreendê-la, que a experiência tem lições que nos guiam no sentido da razão. É uma aplicação rigorosa da teoria da imanência. Nós não devemos nos colocar numa espécie de posição transcendente em relação à natureza: o homem que se retrai da vida se retrai da virtude. Nossa sabedoria se forma lentamente; ela necessita de tempo para nascer e se desenvolver;[7] e mesmo no progresso alcançado por ela, ela está sujeita a falhas. Ela começa a desabrochar no momento em que sentimos que as paixões nos enganaram, nos tornaram ao mesmo tempo infelizes e injustos. Nós nos entregamos a elas porque delas esperávamos uma alegria maior, uma plenitude maior. Ora, elas perturbaram profundamente nossa paz interior e também nossa paz exterior; elas nos colocaram em um estado de luta contra nossos semelhantes e nos oprimiram sob o peso da inquietude, da desconfiança, do medo perpétuo; elas nos colocaram em estado de luta contra nós mesmos, e elas drenaram nossas energias pela incoerência dos nossos desejos.[8] Nossa tendência a perseverar no ser reage naturalmente contra o estado de impotência e de miséria em que nós nos encontramos. Nós trabalhamos para nos recompor, nos reorganizar. Livramo-nos pouco a pouco da ilusão que nos induziu a paixões tão temerárias, a ilusão da finalidade. Nós experimentamos por nós mesmos que a ação dos seres naturais não tem por finalidade nos dar alegria, que a potência deles de agir não é regida pelos

---

[6] EV, pref., t. I, p. 250 e seg.
[7] Ibid., prop. 20, esc., t. I, p. 264.
[8] EIV, prop. 32-33, t. I, p. 209-210.

nossos interesses e necessidades,[9] que, portanto, nós devemos, tanto quanto possível, mensurar nossos desejos ao nosso poder. Donde se segue que a experiência da vida nos leva pouco a pouco a romper as relações acidentais que as nossas inclinações tinham com as causas exteriores; mudando o objeto, elas evitam as consequências às quais estavam ligadas.[10] Então, são as próprias paixões que se contrariando, se destruindo reciprocamente, nos fazem retornar a nós e nos forçam a refletir: o desejo de nos vingar é impedido pelo medo das represálias; o arrebatamento do amor é interrompido pelo pensamento dos obstáculos a vencer e as decepções a suportar. Como toda paixão engendra em nós uma tristeza imediata ou indireta, ela tende assim a se transformar, a eliminar dela o que a torna má. Mais ainda, como os objetos de nossas paixões nos afetam diferentemente segundo as circunstâncias de tempo e de lugar nas quais estão representados, se estabelece forçosamente entre as paixões uma concorrência que deve conduzir à preponderância de uma delas. Mas quais são as leis que governam essa concorrência? Quando um afeto é excitado por um grande número de causas exteriores que se unem, ele é mais forte do que se fosse excitado por causas que se dividem ou por uma única causa. E como ele tem mais potência, se é satisfeito, ele contém mais alegria. Porque, por um lado, ele deixa a mente mais livre em relação a cada causa isolada, e, por outro lado, ele dá à mente a consciência de um objeto mais complexo e mais coerente, por conseguinte, mais certo. Além disso, um afeto desse gênero tende a ocupar a mente cada vez mais; sendo associado a um grande número de coisas, ele volta frequentemente à mente; e quanto mais numerosas e unidas são as coisas que o sustentam ou o evocam, mais ele se constitui profundamente no ser.[11] Pelas mesmas razões, a parte de ilusão que entra no afeto tende a enfraquecer e a desaparecer. É, na verdade, próprio das ficções não poderem indefinidamente concordar entre si ou com a realidade; então, elas desaparecem na medida em que a experiência da vida desenvolve em nós o sentido do real

---

[9] EIV, ap., cap. XXX, t. I, p. 249.
[10] EV, prop. 2, t. I, p. 253.
[11] Ibid., prop. 11, 12 e 13, t. I, p. 260-261.

e do verdadeiro. Por outro lado, quanto mais nossos afetos são ligados a seus objetos, mais esses são permanentes, mais suscetíveis de serem representados. O afeto cuja causa parece presente é mais forte do que o afeto cuja causa parece ausente; o afeto cuja causa parece próxima é mais forte do que o afeto cuja causa parece longe; o afeto cuja causa parece necessária é mais forte do que o afeto cuja causa parece contingente.[12] Então, a mente faz o esforço de se assegurar do seu objeto, de modo que ele não lhe falte. Eis por que ela parece concordar com alguns sacrifícios. Se ela percebe que a satisfação imediata de um desejo particular lhe roubará prazeres mais longos e mais profundos, ela é capaz de resistir à fascinação, de rejeitar o prazer que a solicita no momento, de preferir um bem maior no futuro a um bem menor presente, ou ainda, de procurar um mal presente que seja a condição de um bem maior no futuro. É aqui que se opera na mente a conversão decisiva: é o momento em que as imagens incoerentes e inadequadas se transformam ou se suprimem para deixar as ideias coerentes e adequadas dominarem. De fato, enquanto vivemos uma vida puramente sensível e imaginária, a esperança, sempre um pouco incerta, de um bem futuro não poderia contrabalançar a certeza incontestável de um bem atual; nós chamamos em nosso auxílio o futuro e o passado para sustentar nossa paixão do momento. "O desejo que surge do conhecimento verdadeiro do bem e do mal pode ser extinto ou refreado por muitos outros desejos que provêm dos afetos pelos quais somos afligidos."[13] Ao contrário, nós somos libertados da tirania dos sentidos e da imaginação quando a força de um bem que é simplesmente concebido supera a força de um bem que pode ser imediatamente dado. É que no fundo a inteligência torna atual o bem que os sentidos e a imaginação representavam como futuro. Quando, com conhecimento de causa, ela o julga como ele é, ela o eleva acima dos intervalos e dos períodos de tempo: uma concepção verdadeira tem como característica dominar todas as vicissitudes da existência sensível. Portanto,

---

[12] EV, prop. 5-6, t. I, p. 256.
[13] EIV, prop. 15, t. I, p. 199.

enquanto os conceitos fictícios que suscitam e entretêm desejos contraditórios só podem se produzir em certos momentos e em certas ocasiões, as concepções verdadeiras formam sistemas completos que o tempo não pode nem romper nem atingir; e como elas envolvem todos os instantes da duração, elas podem a qualquer instante estar na mente e preenchê-la.[14] Segue daí que os afetos que se determinam por concepções verdadeiras devem pouco a pouco excluir os afetos que se determinam por concepções fictícias; porque esses últimos afetos se referem a causas exteriores que não são jamais certas, que frequentemente falham, que não podem prolongar sua ação indefinidamente na mesma direção; afetos que se referem a concepções fictícias devem cada vez mais se colocar de acordo com os afetos que se referem a concepções verdadeiras e, depois de tê-los combatido, fortificá-los. Ora, as concepções verdadeiras são as concepções das noções comuns, que sob a forma de um atributo eterno como o pensamento ou a extensão se explicam uns pelos outros; então os desejos que nascem dessas concepções só podem se referir aos objetos que têm uma natureza como a nossa, que são, portanto, úteis e bons.[15]

É assim que pouco a pouco a força inerente às paixões se organiza e se traduz, pelo entendimento, em uma ordem de ideias claras: a marcha que segue a doutrina, idêntica para Spinoza à marcha que segue a humanidade, é singularmente interessante de ser descrita. As filosofias utilitaristas e naturalistas se dedicaram a mostrar como o acúmulo das experiências permite separar imperceptivelmente certos princípios de conduta, que, por um lado, resumem nossas impressões de prazer e de dor, e, por outro lado, pelo seu caráter geral, nos desviam do egoísmo primitivo e imediato. Todo o trabalho de observação e análise que elas fizeram se acha substancialmente expresso nos teoremas de Spinoza. Para Spinoza, como também para os utilitaristas e os naturalistas, a razão moral não é um código abstrato que todo homem deve saber antes de qualquer experiência, que ele pode compreender e apli-

---

[14] EIV, prop. 65-66, t. I, p. 236.
[15] Ibid., prop. 31, t. I, p. 208.

car de um só golpe; aliás, todas as fórmulas são ineficazes quando não são engendradas e sustentadas pela potência da vida; então é preciso que atravessemos um período de confusão e desordem antes de chegar à clareza e à calma da certeza prática. Mas o utilitarismo e o naturalismo não explicam por que a experiência das coisas nos serve e nos guia; é apenas por acaso que algumas ideias gerais chegam algum dia a resumir na consciência as experiências humanas e os impulsos da natureza. Como não há nada de racional na necessidade tal como a concebem, não há nada de certo na vida tal como a explicam. Com o empirismo que eles professam, é impossível admitir que a experiência jamais possa fazer sentido. Ao contrário, para Spinoza existe uma lei que governa e que determina todas as nossas impressões, que as fazem resultar onde resultam: é a mesma necessidade que nos submete à paixão e que dela nos libera; ela permanece una, sob a oposição dos estados que ela suscita em nós; existe então uma passagem lógica, e não somente uma passagem empírica, da servidão à liberdade. Se os encadeamentos acidentais, a partir dos quais agimos primeiro, afetam pouco a pouco a forma do entendimento, é que o entendimento é imanente à experiência, é que a experiência é como um entendimento virtual que se realiza pela ligação lógica de seus elementos dispersos. O entendimento é o centro de gravidade da natureza: eis por que a natureza anseia, por si mesma, ao entendimento: o entendimento é a natureza concentrada. As paixões sofridas pelo homem na origem de seu desenvolvimento são egoístas, contraditórias entre si; elas se limitam e se combatem porque elas têm por objeto as coisas particulares; no seio da luta certos afetos acabam por surgir, mais fortes que os outros, porque são mais coerentes; acima da força desorganizada se estabelece pouco a pouco a força organizada, e a força organizada, na medida em que ela completa a sua organização, se fortifica com os elementos que escapam da força desorganizada. A paixão adquire então imperceptivelmente uma unidade, graças à qual ela se aproxima da razão, graças à qual ela se torna razão. Quando os afetos se agrupam sob uma forma comum e se deixam compreender em uma unidade dominante, eles perdem tudo aquilo que era causa de tristeza e de servidão; eles retêm, ao contrário, tudo aquilo que era causa de alegria e de liberdade para compor pouco a pouco a própria potência do entendimento.[16] Existem então afetos ativos que saem pouco a pouco de afetos passivos, e que se revelam por atos que o entendimento inspira e portanto une.

Todavia, nessa ascensão em direção à inteligência, nossa natureza encontra obstáculos que frequentemente a detêm e a fazem retornar à paixão. A causa dessas paradas e dessas quedas está neste fato profundamente estabelecido por Spinoza, que o conhecimento do bem não tem sobre nós uma ação decisiva enquanto permanecer no estado abstrato, tanto que ele não é um sentimento capaz de combater e de dominar nossos outros sentimentos.[17] "O desejo que surge do conhecimento verdadeiro do bem e do mal pode ser extinto ou refreado por muitos outros desejos que provêm dos afetos pelos quais somos afligidos."[18] Na luta que se trava entre a imaginação e a razão, a imaginação tem toda a força de nossos hábitos anteriores, e não tem dificuldade em abafar nossa razão nascente. É assim que, segundo os versos do poeta, nós podemos ver o melhor, aprová-lo e fazer o pior. Então, o verdadeiro bem, vislumbrado e concebido, apenas torna mais dolorosas as nossas impotências e falhas. Nesse sentido, as Escrituras têm razão: "Quem aumenta sua ciência, aumenta suas dores."[19] Não significa dizer que devamos renunciar à ciência porque os benefícios não são imediatos. É preciso nos orientar em direção a ela, mesmo quando nós não podemos possuí-la plenamente. O estado de ilusão no qual ainda estamos pode nos fornecer recursos; por exemplo, a memória, embora seja uma potência sensível, representa na sensibilidade uma forma de organização esboçada, uma unidade relativa. Chamemos então a memória em nosso auxílio. Se pegarmos o hábito de associar aos nossos atos e a nossos desejos o pensamento de certos preceitos conforme a razão, nós sentiríamos imper-

---

[16] EIV, prop. 59, t. I, p. 231.
[17] Eis por que, segundo o KV, a verdadeira fé ou o raciocínio não pode nos conduzir à salvação. Ver parte II, cap. IV, XXI e XXII.
[18] EIV, prop. 15, t. I, p. 199.
[19] Ibid., prop. 17, esc., t. I, p. 200-201.

ceptivelmente a influência de maneira a caminhar em direção à própria razão. Spinoza elegantemente analisou esse papel dos processos irracionais no estabelecimento da vida razoável.

Portanto, o melhor que podemos fazer, enquanto não temos um conhecimento perfeito de nossos afetos, é conceber um princípio correto de viver, ou seja, regras seguras de vida, confiá-las à memória, e aplicá-las continuamente aos casos particulares que, com frequência, se apresentam na vida, para que nossa imaginação seja, assim, profundamente afetada por elas, de maneira que estejam sempre à nossa disposição. Por exemplo, estabelecemos, entre as regras de vida, que o ódio deve ser combatido com o amor ou com a generosidade, em vez de ser retribuído com um ódio recíproco. Entretanto, para que esse preceito da razão esteja sempre à nossa disposição quando dele precisamos, deve-se pensar e refletir sobre as ofensas costumeiras dos homens, bem como sobre a maneira e a via pelas quais elas podem ser mais efetivamente rebatidas por meio da generosidade. Ligaremos, assim, a imagem da ofensa à imaginação dessa regra, e ela estará sempre à nossa disposição quando nos infligirem uma tal ofensa. Pois, se também tivermos à disposição o princípio de nossa verdadeira utilidade, assim como a do bem que se segue da amizade mútua e da sociedade comum; e se consideramos, além disso, que a suprema satisfação do ânimo provém do princípio correto de viver; e que os homens agem, como as outras coisas, em virtude da necessidade da natureza; então a ofensa — ou seja, o ódio que costuma dela provir — ocupará uma parte mínima da imaginação e será facilmente superada. Por outro lado, se a ira, que costuma provir das ofensas mais graves, não é, por esse motivo, facilmente superada, será, entretanto, também superada, embora não sem flutuações de ânimo, em um intervalo de tempo muito menor do que se não tivéssemos, previamente, assim refletido sobre essas coisas. Do mesmo modo, para acabar com o medo é preciso pensar com firmeza, quer dizer, é preciso enumerar e imaginar, com frequência, os perigos da vida e a melhor maneira de evitá-los e superá-los por meio da coragem e da fortaleza. Deve-se observar, entretanto, que ao ordenar nossos pensamentos e imaginações, devemos levar sempre em consideração aquilo que cada coisa tem de bom, para que sejamos, assim, sempre determinados a agir segundo o afeto da alegria.[20]

Então, somos forçados na vida a juntar à nossa fraqueza os meios que nos conduzirão à salvação: é a necessidade dessa apropriação que explica a revelação religiosa e que justifica a fé. A revelação religiosa acontece através de uma graça: ela não pode, na verdade, ser demonstrada, nem se impor à razão. Contudo, ela é benéfica a todos aqueles que não são conduzidos pela razão; ela estabelece entre eles e Deus uma espécie de união que os permite ser verdadeiramente homens.[21] Incompreensível ao entendimento pelo seu princípio e seus meios de ação, ela pode, contudo, orientar as almas em direção a uma vida análoga à vida do entendimento. Sem ela, a maioria dos homens não teria uma direção moral. "É que todos sem exceção podem obedecer e só um número muito reduzido, se o compararmos com a totalidade do gênero humano, adquire o hábito da virtude conduzido apenas pela razão. Assim, se não tivéssemos o testemunho da Escritura, seria caso para duvidar da salvação de quase todos."[22] Ora, só de pensar que a imensa maioria dos homens está predestinada à impotência e à dor seria suficiente para afetar a alegria do homem virtuoso. Eis por que a doutrina de Spinoza tem, em relação à fé, uma espécie de reconhecimento e respeito. Mas é importante que a fé retenha seu verdadeiro sentido, que ela não vá se corromper com pretensões alheias à sua natureza. Frequentemente ela é tentada a se transformar em ciência, se propor como medida de todo saber. Ela é obrigada então a tomar ao pé da letra as figuras com as quais se coloca ao alcance da ignorância; ela exalta a credulidade para satisfazê-la com superstições. As fórmulas com as quais ela se envolve são puramente relativas e só têm valor pelos efeitos que produzem. Variáveis segundo a época e as in-

---

[20] EV, prop. 10, esc., t. I, p. 259-260.
[21] "Um homem que não conhece as Escrituras, e que não sabe nada da luz natural, é, não digo um ímpio e um revoltado, mas alguma coisa que não tem nada de humano, quase um bruto, um ser abandonado por Deus", TTP, cap. V, t. I, p. 441.
[22] Ibid., cap. XV, t. I, p. 552.

teligências, elas são sobretudo uma "acomodação"; e se tentamos edificar sobre elas a ciência e a filosofia, logo descobrimos o que têm de inconsistente e de frágil. Assim como as ideias inadequadas são impotentes para formar sistemas por elas mesmas, embora elas tenham em si uma parte de verdade, assim as figuras da fé não poderiam constituir uma explicação, embora elas tenham em si um sentido real. E mais ainda, assim como as ideias inadequadas se tornam adequadas, desde que em vez de se contrariarem por suas particularidades elas se juntem pelos seus elementos comuns, também as figuras da fé se tornariam inúteis como figuras, ou melhor, se transformariam em verdades puras, se sua significação comum viesse a ser compreendida. Sem dúvida Spinoza, para marcar bem sua oposição ao princípio da Idade Média, segundo o qual existe uma unidade necessária entre a filosofia e a teologia, afirma tão categoricamente a independência da fé em relação à razão, e a independência da razão em relação à fé;[23] mas é para estabelecer que a fé, como tal, não tem nada de racional nem em seu princípio nem em seus meios, que ela se basta a si mesma pelo seu objeto, que é o amor de Deus *pela obediência*, e que ela não consegue subsistir como fé quando a razão compreende seu próprio objeto, que é o amor de Deus *pelo conhecimento*. Mas justamente porque a fé já liberta o homem da paixão bruta e o eleva a uma vida diferente da vida dos sentidos, ela o inclina à vida verdadeira que se ilumina e se explica por si.

Spinoza, no seu *Tratado teológico político*, conduz finalmente a esta ideia, de que a Religião tem como característica preparar o reino da razão e da moralidade puras; ele pressente a doutrina segundo a qual a tradição religiosa é como o contrapeso que impediu a natureza infinita de oprimir o homem com uma força invencível. A fé não está oposta à razão, porque num mundo longe de ser completamente racional, ela é o substituto ou o auxiliar da razão para a vida moral. Se ela toma a forma de um mandamento é porque as inteligências ingênuas e simples não conseguem conceber as relações de mútua dependência entre os nossos atos, estabelecidas pelo pensamento. O respeito pela lei divina

---

[23] TTP, cap. XV, t. I, p. 543 e seg.

é a tradução sensível da ordem dialética que constitui o entendimento; a fé é essencialmente uma inclinação da alma, suscitada por uma ideia religiosa, em direção à justiça e à caridade. Esse foi o papel dos profetas de inspirar, graças às figuras e às parábolas, sentimentos morais, onde apenas deixavam entrever as razões. Só Cristo teve uma consciência perfeita das verdades morais, e ele as transmitiu aos outros traduzindo essas verdades de uma forma conveniente à fraqueza humana. "Neste sentido, podemos também dizer que a sabedoria divina, isto é, a sabedoria que é superior a do homem, assumiu em Cristo a natureza humana e Cristo foi o caminho da salvação."[24] Reduzida ao seu verdadeiro princípio, despida de todas as fantasias que a desfiguram, a fé confere ao homem religioso uma "certeza moral",[25] e essa certeza, que não está fundada na razão, é porém, num certo sentido, infalível como a própria razão, enquanto ela não ultrapassar seu objeto. O homem que tem fé não se engana, mesmo que tenha falsas opiniões sobre as coisas, desde que com um coração puro ele pratique o que a sua fé comanda, ou seja, a justiça e a caridade. E a verdadeira fé se reconhece pelas suas obras, que são boas, e que se resumem no respeito e no amor ao próximo.[26] A fé tem então um significado sobretudo prático e um interesse sobretudo moral. Além disso, nos ensinando que o arrependimento apaga a falta, ela nos impede de nos desesperar, ela reaviva em nós a virtude de agir; ela limita as consequências deprimentes do remorso porque ela faz do remorso sincero e profundo o sinal sensível do perdão; ela arranca

---

[24] TTP, cap. I, t. I, p. 383.
[25] Ibid., Anotações, VIII, t. I, p. 614. — Cap. XV, t. I, p. 549.
[26] "Quanto a saber o que é Deus, quer dizer, o modelo da verdadeira vida, se ele é fogo, espírito, luz, pensamento etc., isso não tem nada a ver com a fé, tal como o saber por que é que ele é o modelo da verdadeira vida, se é porque tem o ânimo justo e misericordioso ou porque todas as coisas são e agem por ele e, consequentemente, é também por ele que nós compreendemos e vemos o que é verdadeiramente justo e bom. Seja o que for que cada um pense a respeito de tais questões, é indiferente. Também não interessa para a fé se uma pessoa acredita que Deus está em toda a parte segundo a essência ou a potência, se rege as coisas pela liberdade ou pela necessidade da natureza, se prescreve leis tal como faz um príncipe ou se as ensina como verdades eternas, se o homem obedece a Deus por livre-arbítrio ou pela necessidade do decreto divino, se, enfim, a recompensa dos bons e o castigo dos maus é natural ou sobrenatural. [...] Não é, portanto, quem apresenta os melhores argumentos que necessariamente demonstra maior fé, mas sim quem apresenta as melhores obras de justiça e caridade." Ibid., cap. XIV, t. I, p. 541-542.

nosso pensamento da danação eterna, que só aumentaria dolorosamente nossa impotência. "Aquele que acredita firmemente que Deus, pela misericórdia e graça com que dirige todas as coisas, perdoa os pecados dos homens, e que por esse motivo se inflama ainda mais de amor para com Deus, esse conhece verdadeiramente o Cristo segundo o Espírito, e o Cristo está nele."[27] A fé universal só compreende então "os dogmas que não podem dar lugar à controvérsia entre homens decentes".[28] Ela é o sentido intuitivo da verdade moral, que deve ser comum a todas as almas.

O desenvolvimento rigoroso do sistema spinozista então não exclui, ao contrário, ele inclui esse papel singular da fé. É um fato já reconhecido que as forças irracionais não são necessariamente más, que elas devem mesmo, por eliminação gradual dos elementos discordantes, pela organização gradual dos elementos em acordo, produzir cada vez mais o bem. Ora, a fé afasta essas forças irracionais dos vícios, em favor da virtude. Quando ela é praticada com um coração puro, a fé as ordena com uma potência sempre crescente, e imprime a elas uma unidade de direção bem próxima da unidade intelectual. "Assim sendo", diz Spinoza, "nós podemos chamar *auxílio interno de Deus* tudo aquilo que a natureza humana, apenas com a sua própria potência, pode fazer para conservar o seu ser, e *auxílio externo* tudo aquilo que resulta em seu benefício a partir da potência de causas exteriores."[29] Essa fórmula de Spinoza pode

---

[27] TTP, cap. XIV, t. I, p. 541.

[28] Ibid., cap. XIV — Spinoza resume esta fé universal em sete artigos. O homem pio reconhece: 1º que existe um Deus, modelo da verdadeira vida; 2º que existe apenas um Deus; 3º que a Providência divina abraça tudo; 4º que a Potência divina é soberana e livre; 5º que a obediência a Deus se exprime inteiramente na justiça e na caridade; 6º que a obediência a Deus, assim praticada, garante a salvação; 7º que Deus perdoa os pecados daqueles que se arrependem. TTP, cap. XIV, t. I, p. 541.

[29] Ibid., cap. III, cf. Frédéric Rauh (1861-1909): *Quatenus doctrina quam Spinoza de fide exposuit cum tota ejusdem philosophia cohaereat*; Tolosae, A. Chauvin, 1890. Nessa tese onde são determinadas de uma maneira muito original as relações do *Tratado teológico político* e a *Ética*, Rauh sustenta que, segundo o spinozismo, a fé e a graça constituem um estado de alma comparável ao "amor intelectual", e talvez mesmo sejam necessárias para tornar o amor intelectual possível e eficaz. Rauh justifica suas conclusões mostrando que Spinoza declara impotente o conhecimento que não é ao mesmo tempo afecção, que ele admite ou supõe a incompreensibilidade do Ser infinito e de todos os seus meios de ação, que ele reconhece a impossibilidade de seguir em detalhe a necessidade universal. — Não nos parece, contudo, que

servir para marcar exatamente as relações entre a razão moral e a fé. Existe uma ligação incontestável entre fé e razão, já que é a mesma natureza que age sobre nós e que age em nós; mas, por outro lado, a ação da fé, tão profunda que seja em nossa alma, permanece sempre exterior à parte mais íntima da alma, ou seja, o entendimento. A Religião é um princípio de moralidade singular; a Razão é um princípio de moralidade autônoma. A lei que comanda o homem a obedecer a Deus tem apenas um valor relativo; ela não poderia ser tomada sem perigo por uma expressão adequada do verdadeiro; elevada ao absoluto, ela seria como um reconhecimento positivo do mal que ela combate; ela autorizaria a crer que a paixão é uma potência real que pode limitar ou colocar em xeque a potência de Deus: ela faria da vida uma servidão perpétua. Ela só pode então ter utilidade para os homens incapazes de perceber e de experimentar, na verdade claramente compreendida, a pura liberdade da vida. Mas o homem que tem a certeza da razão não poderia jamais sacrificá-la às certezas, sempre contingentes, da fé.

> Visto, pois, que a nossa mente, só pelo fato de conter em si objetivamente a natureza de Deus e dela participar, tem a potência de formar certas noções que explicam a natureza das coisas e nos ensinam a conduzir na vida, podemos com razão afirmar que a natureza da mente, concebida assim, é a primeira causa da revelação divina. Porque tudo o que conhecemos clara e distintamente, a ideia de Deus e a natureza nos ditam, decerto não por palavras, mas de uma forma ainda mais excelente e adequada à natureza da mente, como, sem dúvida, experimentou por si mesmo todo aquele que provou da certeza do entendimento.[30]

Essa certeza do entendimento é a maior força que o homem dispõe, porque ela é, aliás, a força humana atingindo a sua completa organização na consciên-

---

no spinozismo a certeza racional possa depender de outra coisa senão dela própria. Talvez, aliás, Rauh tenha querido propor uma interpretação possível em vez de uma interpretação histórica do spinozismo. (ver p. 49).

[30] TTP, cap. I, t. I, p. 378. Ver cap. IV, t. I, p. 420 e seg.; cap. V, t. I, p. 440 etc.

cia. Portanto, os impulsos da nossa atividade, ao invés de serem determinados em todos os sentidos por causas exteriores, se tornam causas verdadeiras; é por elas mesmas e apenas por elas que produzem seus efeitos; os movimentos da nossa sensibilidade, ao invés de depender dos caprichos aparentes da natureza, se sustentam por si mesmos em uma alegria constante e imperturbável. Então, aparecem no homem afetos de um novo gênero que têm neles sua razão completa e determinante, os afetos ativos, "que se reportam à mente enquanto ela pensa" e que constituem a fortaleza da mente (*fortitudo*). Existem duas espécies de fortaleza da mente: a intrepidez e a generosidade. A intrepidez é o desejo que leva cada um de nós a fazer o esforço para conservar seu ser em virtude apenas dos ditames da razão.[31] O homem firme não deixa entrar em sua mente, nem em sua conduta, nenhum elemento irracional: ele possui esta plenitude de saúde moral que não apenas domina o mal, mas o ignora. "O doente come, por temor da morte, aquilo que lhe repugna, enquanto o sadio deleita-se com a comida e desfruta, assim, melhor da vida do que se temesse a morte e desejasse evitá-la diretamente."[32] O homem firme não age pelo medo, nem pela esperança: ele age pelo conhecimento do bem; não tendo falsas vaidades, ele não tem falsas vergonhas: ele procura tanto evitar os perigos quanto a triunfar; não tendo falsos cálculos, ele não tem falsos meios: ele ousa ser sincero no que diz e franco no que faz. Ele não se deixa governar nem por impressões atuais, nem por suas lembranças, nem por seus pressentimentos: ele vê tudo equanimemente, e como ele tem a consciência da unidade profunda que inclui tudo, ele considera, com temperança, o futuro, o presente e o passado. Sua vida é ordenada, assim como seus desejos; seus desejos são ordenados, assim como sua razão. Como existe uma proporção exata entre as potências eficazes e suas tendências efetivas, ele se entrega totalmente à alegria de se sentir livre, sem depressão e sem excessos, na integridade e na medida do seu vigor. E essa alegria não é mais relativa às circunstâncias que a trespassam, a

---

[31] EIII, prop. 59, esc., t. I, p. 171.
[32] EIV, prop. 63, cor., esc., t. I, p. 235.

fortificam ou a diminuem; não é mais a passagem de uma perfeição menor a uma perfeição maior: ela é, numa paz inalterável (*acquiescentia in se ipso*), o gozo definitivo da perfeição conquistada. A generosidade é o desejo que leva cada um de nós, em virtude apenas dos ditames da razão, a fazer o esforço para socorrer os outros homens e se ligar a eles por laços de amizade.[33] O homem generoso começa por se abster de toda ironia e de toda malícia em relação a seus semelhantes; ele se comporta em relação a eles, não por um sentimento caprichoso e efêmero de misericórdia ou de simpatia, mas pela ideia clara da solidariedade que une os homens. Ele os considera tal como são, sem pensar em exigir atos que sua natureza não possui. Ora, "É necessária, portanto, uma potência de ânimo singular para aceitar cada um segundo sua respectiva maneira de ser e para evitar imitar os seus afetos".[34] Sem dúvida, os homens já são propensos a se recriminar pelo medo que têm uns dos outros; mas esse medo perpetua nas mentes, junto com a ideia do sacrifício que fazem, a impressão de tristeza resultante disso. Só a generosidade pode estabelecer a confiança, graças à qual o comércio entre os homens se torna não apenas suportável, mas agradável e precioso. Ela não combate o ódio pelo ódio; ela triunfa sobre o ódio pelo amor. Ela se baseia na reciprocidade dos serviços que os homens se rendem e sobre a identidade de sua natureza.

> Com efeito, se, por exemplo, dois indivíduos de natureza inteiramente igual se juntam, eles compõem um indivíduo duas vezes mais potente do que cada um deles considerado separadamente. Portanto, nada é mais útil ao homem do que o próprio homem. Quero com isso dizer que os homens não podem aspirar nada que seja mais vantajoso para conservar o seu ser do que estarem, todos, em concordância em tudo, de maneira que as mentes e os corpos de todos componham como que uma só mente e um só corpo, e que todos, em conjunto, se esforcem, tanto quanto possam, por conservar o seu ser, e que busquem, juntos, o que é de

---

[33] EIII, prop. 59, esc., t. I, p. 171.
[34] EIV, ap., cap. XIII, t. I, p. 244.

utilidade comum para todos. Disso se segue que os homens que são regidos pela razão, isto é, os homens que buscam, sob a condução da razão, o que lhes é útil, nada apetecem para si que não desejem também para os outros e são, por isso, justos, confiáveis e leais.[35]

Então, enquanto divididos pela paixão os homens só praticam a emulação da inveja, quando reaproximados pela razão eles só conhecem a emulação do bem. Eles vivem, ao mesmo tempo, uma vida própria e uma vida comum; cada um é por si e por todos.

Assim, a fortaleza da mente, sob suas duas principais espécies, é a virtude por excelência; ela exclui, por sua onipotência, as relações contingentes que fazem nossos desejos dependerem das coisas, para afirmar as relações necessárias que reestabelecem a unidade das coisas e dos nossos desejos. Em virtude de uma lei que domina a natureza, os objetos só podem ser tidos como reais, quer dizer, duráveis e certos se eles concordam entre si. Ora, os objetos que a paixão cria para nós são impotentes em se unir; eles até se opõem uns aos outros, e, portanto, se destroem. Então, ocorre que pouco a pouco nós nos separamos deles para voltarmos para objetos mais firmes e certos; e a simples procura de objetos de um novo gênero já nos tranquiliza, nos garante que não será em vão. As tentativas da experiência nos servem de indicação. Por força de se agrupar segundo relações que são primeiro simplesmente acidentais, certos objetos nos revelam a ligação racional que os encadeia; a frequência de suas aproximações anuncia a necessidade de suas relações. Eles entram, então, cada vez mais, em nossa mente, sob a forma de noções comuns, e eles trazem o consolo e a paz que dão uma maior unidade aos desejos, um maior seguimento nas abordagens. Enfim, os objetos se ordenam em ideias distintas que logicamente se explicam e se engendram; e, portanto, podemos sustentar que os possuímos, já que as ideias verdadeiras e seus objetos constituem uma só e mesma realidade. Mais ainda, como a força de nossos desejos é proporcional

---

[35] EIV, prop. 18, esc., t. I, p. 202.

à verdade das nossas ideias, nós só podemos desejar aquilo que temos certeza de possuir, e possuímos, de fato, tudo aquilo que desejamos. Dessa maneira, vemos pouco a pouco desaparecer esta dualidade entre a mente e a natureza: essa dualidade surgiu porque a mente, não conseguindo compreender, sentia o mundo distinto dela como uma realidade independente e substancial, porque a natureza, não conseguindo ser compreendida, parecia rejeitar toda unidade e se fragmentava em pedaços indefinidos. Ou seja, o objeto estava ficticiamente colocado fora do sujeito, e o sujeito estava mergulhado na confusão dos sentidos. Na medida em que essa dualidade se torna mais e mais intolerável, tanto para a sensibilidade que, no final das contas, ela oprime quanto para a inteligência que ela não satisfaz, a dualidade tende a se anular pela união dos dois termos presentes: a união se faz no entendimento, no qual a mente e a natureza são idênticas. A mente se eleva ao entendimento ligando suas ideias na unidade de um todo sistemático; a natureza entra no entendimento pela ligação lógica de seus estados; é sob a forma da necessidade que a mente compreende a natureza e se torna doravante impenetrável à potência externa das coisas.

Assim, a concepção clara da necessidade nos liberta das paixões. A experiência da vida já nos mostra o efeito considerável que essa concepção, embora só parcialmente entendida, pode produzir na pacificação e na felicidade da mente.

> Quanto mais esse conhecimento, quer dizer, de que as coisas são necessárias, diz respeito a coisas singulares que imaginamos mais distinta e vividamente, tanto maior é esse poder da mente sobre os afetos, como mostra, aliás, a própria experiência. Com efeito, vemos que a tristeza advinda da perda de um bem diminui assim que o homem que o perdeu dá-se conta de que não havia nenhum meio de poder conservá-lo.[36]

Contudo, suportaremos com equanimidade os acontecimentos contrários ao que postula o princípio de atender à nossa utilidade, se tivermos consciência de que

---

[36] EV, prop. 6, esc., t. I, p. 256.

fizemos nosso trabalho; de que a nossa potência não foi suficiente para poder evitá-las; e de que somos uma parte da natureza inteira, cuja ordem seguimos. Se compreendemos isso clara e distintamente, aquela parte de nós mesmos que é definida pela inteligência, isto é, a nossa melhor parte, se satisfará plenamente com isso e se esforçará por perseverar nessa satisfação. Pois, à medida que compreendemos, não podemos desejar senão aquilo que é necessário, nem nos satisfazer, absolutamente, senão com o verdadeiro. Por isso, à medida que compreendemos isso corretamente, o esforço da melhor parte de nós mesmos está em acordo com a ordem da natureza inteira.[37]

Portanto essa ideia de necessidade, quando ela é clara e distintamente concebida, é alheia a todas as imagens de tirania e de fatalidade que ela desperta em tantos homens. Não é surpreendente que a sensibilidade deles a rejeite, já que essa necessidade é justamente a negação de tudo aquilo que a sensibilidade leva ao absoluto. Mas, longe de representar uma força cega e externa, ela exprime aquilo que há de mais racional e mais interior a nós mesmos. Não a entendemos verdadeiramente quando a consideramos como uma lei que nós suportamos, ou como um instrumento que usamos; ela é a forma inteligível, portanto, a realidade essencial de nossa própria potência. Quando ela está verdadeiramente em nós, ela é a consciência imediata do nosso próprio ser, na sua relação racional com os outros seres. Também a inteligência que a concebe não é um simples meio para a virtude; ela é a própria virtude, já que ela é aquilo que existe de absoluto na nossa ação. É, portanto, constituí-la em nós que tendem necessariamente todos nossos esforços, e o verdadeiro valor das coisas está no interesse que elas têm para o conhecimento da verdade. "Tudo aquilo pelo qual, em virtude da razão, nós nos esforçamos, não é senão compreender; e a mente, à medida que utiliza a razão, não julga ser-lhe útil senão aquilo que a conduz ao compreender."[38] Ora, se pela razão nós apenas tendemos a compre-

---

[37] EIV, ap., cap. XXXII, t. I, p. 249.
[38] Ibid., prop. 26, t. I, p. 206.

ender, nós só tendemos à razão porque ela é a própria essência da nossa mente e porque ela constitui em nós a nossa faculdade de agir. "E não é por causa de algum fim que nos esforçaremos por compreender as coisas, mas, pelo contrário, a mente, à medida que raciocina, não poderá conceber como sendo bom para si senão aquilo que a conduz ao compreender."[39] Nós somos essencialmente a necessidade pela qual vivemos e agimos; não é para nos sujeitar, ao contrário, é para nos libertar que devemos compreender essa necessidade; porque, ao invés de nos determinar por pedaços do nosso ser, nós nos determinamos assim pelo nosso ser inteiro; nós agimos pelo nosso próprio princípio. Portanto, podemos dizer que a liberdade é a consciência clara da necessidade, verdadeiramente nossa, pela qual nós produzimos nosso ser e nossas maneiras de ser na ordem inteligível do universo.

E essa consciência da necessidade, ao mesmo tempo que ela nos une imediatamente a nós mesmos, nos une imediatamente a Deus e aos nossos semelhantes. Já que, de fato, nossa suprema virtude é de compreender e que o objeto imediato e eterno de todo conhecimento é Deus, é somente em Deus e por Deus que podemos conhecer a nós mesmos.[40] Não podemos pensar nada sobre nós sem pensar em Deus. Eis por que a mais alta moralidade se confunde com a própria Religião. Todas as distinções que tentamos estabelecer entre a vida moral e a vida religiosa são mentirosas e funestas; a vida moral e a vida religiosa não estão uma fora da outra, e é impossível admitir que uma serve a outra de meio; elas estão uma dentro da outra, ou melhor, ambas estão compreendidas nesta vida segundo a verdade que restitui ou que constitui o entendimento.[41] Por outro lado, como o conhecimento de Deus implica a afirmação de tudo aquilo que é em Deus e por Deus, nós não podemos nos ligar a Deus sem nos ligar aos nossos semelhantes, na medida da razão deles e da nossa razão. E essa piedosa devoção aos nossos semelhantes, longe de diminuir e

---

[39] EIV, prop. 26, dem., t. I, p. 206-207.
[40] Ibid., prop. 28, t. I, p. 207.
[41] Ibid., prop. 37, esc., t. I, p. 214-215.

enfraquecer nosso ser, o aumenta e fortifica.[42] Não precisamos renunciar a nós mesmos para nos dirigir ao outro; a preocupação caridosa com os outros não acontece sem a preocupação razoável de nós mesmos; não existe sacrifício na generosidade, é claro. São os bens sensíveis que não podemos partilhar sem dar de si; aquilo que a sensibilidade se apropria é sempre egoísta e exclusivo. Mas o supremo bem sendo aquilo que é comum a todos os homens,[43] aquilo que é o objeto da razão sendo a própria razão no seu uso absoluto, é profunda e indefinidamente comunicável; ele se revela àqueles que são capazes de conquistá-lo, e ele se exprime, ao mesmo tempo, na alegria de sua própria liberdade e na alegria de sua união recíproca. Assim, se edifica uma cidade de mentes, penetradas pela mesma verdade na qual tudo se compreende, que é a verdade infalível de Deus, penetradas pelo mesmo amor no qual tudo se une, que é o amor incorruptível de Deus. *Per hoc cognoscimus quod in Deo manemus, et Deus manet in nobis, quod de Spiritu suo dedit nobis* (João, *Epístola* I, cap. IV, 13).[44]

---

[42] "Não há nada no mundo de mais útil ao homem do que o homem que vive sob a condução da razão." — EIV, prop. 35, cor., t. I, p. 212.

[43] "O supremo bem dos que seguem a virtude é comum a todos e todos podem alegrar-se igualmente com ele." — Ibid., prop. 36, t. I, p. 213.

[44] "Nisto conhecemos que permanecemos em Deus e que Deus permanece em nós, por Ele nos ter dado do seu Espírito." (Epígrafe do TTP) [I João, 4:13].

CAPÍTULO VII

A VIDA SOCIAL DO HOMEM
1. O ESTADO SOB O REGIME DA COERÇÃO

Uma das causas essenciais do desenvolvimento moral do homem é a necessidade de ele entrar em relação com os seres exteriores, particularmente com seus semelhantes; e sabemos como as relações recíprocas dos homens tanto mantêm e fortificam as paixões quando se estabelecem segundo impressões sensíveis; e quanto produzem e aumentam a liberdade quando se estabelecem pela razão. Existe então para todo homem uma vida social juntamente com uma vida individual. E enquanto a vida individual pode, em grande parte, ficar restrita nela mesma, a vida social se manifesta forçosamente por atos exteriores. É precisamente o objeto da Política determinar sob quais condições esses atos devem acontecer, quais causas os impedem, os favorecem ou os limitam.[1]

Aplicaram à política e à ética um falso método e procedimentos artificiais, e a utopia social sempre acompanhou naturalmente a utopia moral. Construíram, ao bel-prazer, tipos de sociedades ideais para tipos de homens que não existem, onde homens reais tinham dificuldade em se enquadrar nessas formas de governo que não eram modeladas neles, donde concluíram que os homens eram detestáveis e maus, e que tinham o espírito de malícia e rebeldia. Se

---
[1] Sobre a política de Spinoza, ver Paul Janet: *Histoire de la science politique dans ses rapports avec la morale* [História da ciência política em sua relação com a moral], livro 4, cap. III.

sublevaram com violência contra a arte dos políticos, que consideram os fatos, sabem o que move o homem, quais meios podem afastá-lo do mal, encorajá-lo no bem e sobretudo mantê-lo em sociedade. A fim de melhor governá-lo os filósofos propuseram seus sistemas e os teólogos seus dogmas. Mas essas autoridades transcendentes não podem nem se impor aos homens, nem substituir a cidade real; é uma loucura crer que se possa inventar, pedaço a pedaço, uma máquina social; a experiência, consultada e compreendida, vale infinitamente mais do que essas tentativas fatalmente infrutíferas; e os políticos que trataram dos direitos comuns e dos assuntos de Estado estão singularmente mais perto da verdade do que a maior parte dos filósofos e teólogos. Nessas matérias, a sabedoria elementar é tomar os homens tal como são, e não procurar travesti-los de uma natureza que não possuem.

> Quando resolvi aplicar meu espírito à política, não quis, por consequência, descobrir fosse o que fosse de novo ou desconhecido, mas somente demonstrar, através de razões certas e indubitáveis, o que melhor concorda com a prática. Noutros termos, no deduzir do estudo da natureza humana e, para contribuir para este estudo com a mesma liberdade de espírito que é costume contribuir para as investigações matemáticas, tive todo o cuidado em não ridicularizar as ações dos homens, não as lamentar, não as detestar, mas adquirir delas verdadeiro conhecimento. Considerei também as emoções humanas, tais como o amor, o ódio, a cólera, a inveja, a soberba, a piedade e outras inclinações da alma, não como vícios, mas como propriedades da natureza humana: maneiras de ser que lhe pertencem como o calor e o frio, a tempestade, a trovoada e todos os meteoros pertencentes à natureza atmosférica. Seja qual for a perturbação que possam ter para nós essas intempéries, elas são necessárias, pois têm causas determinadas de que nos preocupamos em conhecer a natureza, e quando a alma possui o verdadeiro conhecimento dessas coisas, usufrui dele tal como do conhecimento do que dá prazer aos nossos sentidos.[2]

---

[2] TP, cap. I, 4, t. I, p. 282.

Adaptando, assim, o método para aplicá-lo à política eliminamos, de um só golpe, todas as falsas teorias que relacionam o direito natural às condições ou circunstâncias sobrenaturais. Se queremos definir o direito natural em seu verdadeiro princípio, não acharemos nada que seja exterior à natureza nem especial ao homem. O direito natural decorre da tendência que todo ser tem de perseverar no ser. O direito universal de todos os seres exprime a potência infinita de Deus; portanto, cada ser tem naturalmente tanto direito quanto tem de potência para existir e para agir.

> Por direito natural, portanto, entendo as próprias leis ou regras da Natureza segundo as quais tudo acontece, isto é, a própria potência da Natureza. Por conseguinte, o direito natural da Natureza inteira, e consequentemente de cada indivíduo, estende-se até onde vai a sua potência, e, portanto, tudo o que faz um homem, seguindo as leis da sua própria natureza, ele o faz em virtude de um direito natural soberano, e tem sobre a Natureza tanto direito quanto potência.[3]

"Por exemplo", diz Spinoza, "os peixes são por natureza determinados a nadarem e os maiores de entre eles a comerem os menores. Assim, em virtude do supremo direito natural, os peixes são donos da água e os grandes comem os pequenos."[4] Então, um direito que não fosse ao mesmo tempo um poder seria apenas uma vã ficção: a ideia do direito só tem alguma verdade através de uma realidade efetiva; é pela força natural, e não por abstrações morais, que ele deve se definir; é nos indivíduos que ele se exprime, e não em fórmulas universais. E, por outro lado, o direito natural está longe de ser imediatamente, por si mesmo, um princípio de unidade; ele se manifesta na violência e na luta tão necessariamente quanto na união e na paz.

Sem dúvida, se todos os homens regessem exatamente seus desejos na medida de sua própria potência, eles se manteriam cada qual no seu papel e na

---

[3] TP, cap. II, 4, t. I, p. 285.
[4] TTP, cap. XVI, t. I, p. 552.

sua esfera de ação; pois, segundo a razão, eles são parte de um mesmo todo. Mas eles estão necessariamente submetidos à paixão, que os faz sair deles mesmos, e manifestam pretensões exorbitantes pelas quais se combatem e se enfraquecem. De nada adianta reclamar contra essas lutas implacáveis: elas são necessárias. Nós sabemos pela *Ética* que o homem tende a perseverar em seu ser não apenas enquanto tem ideias adequadas, mas também enquanto tem ideias inadequadas. Nada, por conseguinte, nos autoriza estabelecer distinções absolutas entre os justos e os maus, os sensatos e os loucos. Qualquer que seja a nossa natureza, nós nos esforçamos em atingir o que nos parece útil, evitar o que nos parece prejudicial; e todos os meios que nos permitem contentar os nossos desejos, quaisquer que sejam, são bons.

> De tudo isto conclui-se que o direito e a instituição da natureza, direito sob o qual todos nascem e vivem a maior parte da vida, não proíbe nada a não ser o que ninguém deseja e ninguém pode. Não lhe repugnam os conflitos, os ódios, a cólera, os ardis, ou seja, o que for que o apetite sugira. Nem é, aliás, para admirar, porquanto a natureza não se confina às leis da razão humana, as quais visam apenas o que é verdadeiramente útil aos homens e à sua conservação, mas inclui também uma infinidade de outras leis, que respeitam a ordem eterna de toda a natureza, da qual o homem é uma pequena parte e por cuja necessidade todos os indivíduos estão determinados a existir e a agir de uma certa maneira. Por conseguinte, se algo na natureza nos parece ridículo, absurdo ou mau, é porque só conhecemos as coisas em parte e ignoramos em boa parte a ordem e a coerência de toda a natureza, além de querermos que tudo esteja orientado segundo as normas da nossa razão, quando o que a razão considera ser mau não o é em relação à ordem e às leis da natureza universal, mas apenas em relação às leis da nossa própria natureza.[5]

A paixão, então, estabelece tanto uma luta entre os homens como uma luta em cada homem; e tanto no desenvolvimento social como no desenvolvimen-

---

[5] TTP, cap. XVI, t. I, p. 553-554. Ver TP, cap. II, 6, t. I, p. 286.

to moral da humanidade é a própria paixão que é levada, pouco a pouco, pela extrema miséria que ela engendra, a se reprimir e a se transformar. Um perpétuo estado de defesa e de medo acaba por tornar a existência intolerável; cada um vive com angústia no meio de inimizades, ódios, ardis e furores de seus semelhantes; e como cada um é incapaz de se proteger contra todos, segue que seu direito é efetivamente anulado.[6] É mais um direito de opinião do que um direito real, dado que nada garante que ele o desfrutará com segurança. Sua potência, então, diminui por causa dos medos que a retêm, e das ameaças que a paralisam. Assim, mecanicamente, toda força individual é envolvida numa força coletiva e, para não ser esmagada por ela, deve se incorporar a ela. A doutrina social de Spinoza é um aspecto particular de sua doutrina sobre o universo: toda força que pretende se colocar fora do universo é reduzida e destruída; mas, em troca, uma força que viesse a faltar completamente do universo perturbaria a unidade e comprometeria os destinos. A sociedade se forma quando o homem começa a sentir, pela experiência, antes mesmo de conceber pela razão, aquilo que é a sua verdadeira utilidade.[7] Quando dois indivíduos se unem, eles aumentam sua potência e, portanto, seu direito, e o direito assim constituído pela aliança se amplia e cresce com todos os indivíduos que ele representa.

> Para viver em segurança e o melhor possível, eles tiveram necessariamente de unir-
> -se e, assim, fazer com que o direito que cada um tinha por natureza a tudo se
> exercesse coletivamente e fosse determinado, já não pela força e o apetite de cada
> um, mas pela potência e a vontade de todos em simultâneo. Debalde, porém, o
> tentariam fazer se não quisessem dar ouvidos senão ao apetite, uma vez que pelas
> leis do apetite cada um é arrastado para seu lado. Tiveram, por isso, de estabelecer
> e pactuar firmemente entre si que tudo seria regido unicamente pelo ditame da

---

[6] Ver em Hobbes a imagem análoga do estado de guerra que precede o estado social: *Elementa philosophica de cive*, cap. I, 12; edição de 1696, Amsterdã, p. 14; *Leviathan, pars prima*, cap. XIII, edição de 1676, Londres, p. 63 e seg.
[7] TTP, cap. V, t. I, p. 436-437.

razão (à qual ninguém ousa opor-se abertamente, para não se passar por louco), refrear o apetite sempre que ele sugere algo que redunde em prejuízo de outrem, não fazer a ninguém o que não quer que lhe façam a si e, finalmente, defender o direito alheio como se do seu se tratasse.[8]

A sociedade existe, de fato, sempre que direitos comuns superam em força os direitos particulares, e sempre quando um direito novo se constitui para governar e limitar o poder de cada um. Nenhuma regra pode vir de fora limitar nem entravar o exercício desses direitos comuns. A potência social não reconhece nenhuma autoridade que a governe, porque ela é toda a autoridade, e nem jurisdição que a censure, porque ela é toda a jurisdição. Ela é a maior força; isso é suficiente para que ela seja tudo que ela pode ser, tudo o que ela deve ser. Ela se comporta e age como um imenso indivíduo, procurando o que segundo a sua natureza lhe parece bom, rejeitando o que segundo a sua natureza lhe parece mau. A ela, bem como aos outros seres particulares, se aplicam as leis definidas pelos teoremas da *Ética*: ela tende a perseverar no ser, a imaginar o que a fortalece, a dispensar o que a enfraquece.

A soberania do Estado é então completa, absoluta; se introduzimos nela algum princípio de negação ou de limitação, ela não tarda a se dissolver. O Estado absorveu a soma dos direitos naturais; e se os cidadãos guardam em suas vidas alguns direitos privados, esses direitos privados são direitos civis que o Estado lhe confere. Quando nós devolvemos à sociedade os meios e o poder de nos defender nós dependemos completamente de sua potência, e não temos mais a força de nos proteger.[9] Porém, pelo fato de eles terem entrado na vida social, os homens não renunciaram ao furor de seus apetites e à violência de suas paixões; eles querem guardar os benefícios da sociedade; mas, por outro lado, eles tendem a arruiná-la mantendo surdamente o estado de guerra que

---

[8] TTP, cap. XVI, t. I, p. 551. — Sobre a transformação do direito natural em direito civil, ver Hobbes: *Elementa philosophica de cive*, cap. II, p. 17 e seg.; *Leviathan, pars prima*, cap. XIV, p. 66 e seg.

[9] TTP, cap. XVI, t. I, p. 558.

era o estado primitivo. Eis por que um governo é necessário, apoiado em leis. As leis que ordenam ou defendem certos atos não têm nenhum valor moral, nem nenhum fundamento metafísico: a obediência que elas prescrevem não deriva da natureza do homem. No estado de natureza, ninguém pode ser forçado a obedecer. Enquanto não existir sociedade, nada pode deter um homem na expansão de seus desejos e suas necessidades, nada, apenas os desejos e as necessidades antagônicas de outros homens; então, as distinções de mérito e de demérito, de virtude ou de pecado não fazem nenhum sentido. É a sociedade que introduz essas distinções e que lhes dá uma autoridade efetiva, porque elas são necessárias à sua conservação. É a sociedade que, por si mesma, sem recorrer a outros princípios, mas apenas ao seu interesse, determina o justo e o injusto; só existe justiça ou injustiça em relação às leis que ela estabeleceu.[10] "A *justiça* é a disponibilidade constante para atribuir a cada um aquilo que, de acordo com o direito civil, lhe é devido; a *injustiça*, pelo contrário, é tirar a alguém, sob uma falsa aparência de direito, o que lhe compete segundo a verdadeira interpretação das leis."[11] Assim como só o Estado é qualificado para estabelecer leis, só ele é qualificado para interpretá-las e aplicá-las; nenhum cidadão tem o direito de dobrar as leis segundo suas conveniências pessoais. "Já que o corpo do Estado deve ser conduzido de certo modo por um pensamento único e que, consequentemente, a vontade do Estado deve ser tida como a vontade de todos, é o que o Estado declara ser justo e bom o que cada um deve aceitar como tal."[12] O Estado não cede sua própria potência. Se ele concedesse a um particular o direito de viver como quisesse, ele cederia alguma coisa do seu próprio direito; se ele concedesse esse direito a dois particulares ou a um grande número de particulares, ele já estaria dividido; enfim, se ele concedesse esse direito a todos os particulares, ele seria destruído, e os homens voltariam à sua condição natural.[13] Então, o Estado só pode existir se, em princípio, ele

---

[10] Ver Hobbes, *Leviathan, pars prima*, cap. XIII, p. 65-66.
[11] TTP, cap. XVI, t. I, p. 559.
[12] TP, cap. III, 5, t. I, p. 293.
[13] Ibid., cap. III, 3, t. I, p. 293.

governa tudo e se, pelas mesmas razões, ele possui tudo. Antes da formação da sociedade, a propriedade exprime o direito vitorioso do mais forte; cada um ocupa e possui o que é capaz de tomar e defender. Uma vez a sociedade formada, é para ela que toda propriedade retorna naturalmente porque ela representa a maior potência. A existência da sociedade tem como consequência imediata o socialismo de Estado. Se existem propriedades individuais, elas só existem, assim como os direitos civis privados, por uma concessão do Estado, e talvez seja melhor em certas formas de governo, ou em todas, que a propriedade continue exclusivamente social, e que ela só seja repartida entre os cidadãos a título de usufruto mediante honorários anuais.[14]

Todavia, no seio dessa força considerável que o Estado concentra e organiza, os cidadãos guardam sempre certa força pessoal que eles podem direcionar contra as leis ou a autoridade do Estado: sobretudo porque a obediência não resulta da natureza humana, ela é simplesmente uma obrigação civil. Também o Estado tem o direito de fazer valer suas leis por meio de sanções, e na escolha dessas sanções ele só consulta seu próprio interesse. É fato que o homem com frequência se proíbe um ato unicamente pelo medo das consequências, que ele com frequência renuncia ao objeto do desejo pelo mal que pode resultar. Assim pode ser desviada ou impedida a violência das paixões antissociais. A potência de Estado pesa naturalmente, com todo o seu peso, sobre a vontade dos cidadãos; ela se exprime categoricamente por ameaças e promessas. O Estado não pode supor que o pacto pelo qual ele existe será sempre respeitado; seria necessário que a utilidade do pacto fosse reconhecida por todos e sempre manifesta. Ora, tem certas horas que o homem só vê nas leis obstáculos aos seus desejos, e ele é naturalmente levado a romper essas amarras.

> Um pacto não pode ter qualquer força a não ser em função da sua utilidade e que, desaparecida esta, no mesmo instante o pacto é abolido e fica sem eficácia. É por isso uma insensatez uma pessoa pedir a outra que jure para todo sempre sem, ao

---
[14] TP, cap. VI, 12, t. I, p. 307.

mesmo tempo, tentar fazer com que a ruptura desse pacto traga ao que o romper mais desvantagens que vantagens.[15]

Portanto, a sociedade deve se preservar levando em conta estas perpétuas tentações de desobediência ou de revolta; ela usa então necessariamente meios irracionais, adaptados às almas não conduzidas pela razão; ela suscita paixões para se defender contra paixões; e como ela nunca está segura da fidelidade das vontades, ela impede as vontades de rebeldia parando-as pela força, reduzindo-as à impotência, e até suprimindo-as. Sobre todos ela tem direito de vida e de morte.[16] Existe uma razão superior a todos os nossos instintos particulares, até mesmo às nossas razões particulares, uma razão que justifica tudo: a Razão de Estado.

Assim é a sociedade nas suas origens e em sua forma imediata. As concepções sociais, que a política de Spinoza exclui, estão intimamente ligadas às noções fictícias, que sua filosofia geral exclui. Spinoza rejeita a ideia teocrática, segundo a qual Deus governa as sociedades por meio de uma potência arbitrária: essa ideia corresponde para ele à ideia de um Deus transcendente; não existe poder sobrenatural que tenha o direito de desviar o Estado e os cidadãos de sua direção natural; todo poder possível está compreendido na natureza e se exprime pela natureza; os direitos respectivos do Estado e dos cidadãos se medem pela parte que eles assumem, de fato, nesse poder universal; a mesma necessidade imanente ao mundo explica por que os homens se combatem e se unem, por que o Estado se constitui e se impõe. Spinoza rejeita ainda a ideia segundo a qual a sociedade é um organismo natural para o qual os homens são naturalmente feitos: essa ideia corresponde para ele à ideia teleológica da natureza;[17] sem dúvida, o Estado é o todo onde os cidadãos são as partes, e a potência do Estado se determina pela relação do todo com as partes; mas não

---

[15] TTP, cap. XVI, t. I, p. 555.
[16] Ibid., cap. XX, t. I, p. 603.
[17] Veja a crítica que Hobbes tinha feito da doutrina de Aristóteles, segundo a qual o homem é um ser naturalmente sociável. *Elem. phil.* cap. I, 2, p. 2 e seg.

existe uma predestinação das partes com o todo; o todo é um resultado, não um fim, e ainda um resultado laboriosamente produzido, não um fim imediatamente dado; o todo só age sobre as partes após ter sido constituído por elas; assim, na doutrina moral, a ideia sistemática do universo não é a ideia primeira que vem dirigir a atividade humana: ela é como a marcha suprema dessa atividade, exclusivamente dirigida, na origem, por impulsos naturais. Spinoza rejeita, enfim, a ideia segundo a qual o Estado é um contrato celebrado pelas vontades que são livre e reciprocamente ligadas: essa ideia corresponde à ideia do livre-arbítrio. Longe de ser necessário explicar as relações sociais pelas causas contingentes e intenções arbitrárias, só existe na formação da sociedade uma causa fundamental que determina todas as intenções e todos os atos: a tendência a perseverar no ser, seja disperso nos indivíduos, seja concentrado no Estado. Ao mesmo tempo que ela exclui essas três concepções, a política de Spinoza retém, para explicá-las de outro modo, os elementos essenciais. Primeiro, todo o direito natural sendo uma porção da potência universal é uma porção da potência divina; portanto, o Estado, que é a comunidade de todos os direitos naturais, participa da autoridade de Deus na medida de sua autoridade efetiva. Em seguida, é bem verdade que o estado social se impõe naturalmente aos homens pelo único mecanismo de suas tendências e de seus interesses; nesse sentido, ele é fundado sobre a própria necessidade da natureza, e se é ilegítimo fazer da tendência à vida social um instinto primitivo do homem, podemos considerá-la como uma consequência direta e próxima de seu esforço para viver.[18] Enfim, se é artificial produzir a sociedade a partir de deliberações completamente conscientes e de decisões radicalmente voluntárias, podemos bem dizer que a sociedade é um contrato, já que ela é uma aproximação que os homens operam entre si para viver o melhor possível, e que toda potência do Estado deriva dessa aproximação. Em todo o caso, uma vez que o Estado é constituído, ele não poderia ser considerado um ser de razão; tão logo ele é, ele

---

[18] "Se é por essa razão, a saber, porque os homens no estado de natureza dificilmente podem estar sob jurisdição de si próprios, que os escolásticos querem chamar ao homem um *animal social*, nada tenho a objetar-lhes." TP, cap. II, 15, t. I, p. 289.

se desenvolve segundo as tendências do ser; tão logo ele tem o poder, ele aspira mantê-lo e aumentá-lo indefinidamente. Assim como não podemos impor a um homem apaixonado uma ação contrária à violência de suas paixões, não podemos, de fora, impor ao Estado a obrigação de usar de discrição e medida no exercício de sua autoridade. Não existe, para o Estado, abuso de poder cujos cidadãos sejam juízes. Mas, então, essa força que os homens criaram não vai se virar contra eles, contra seus interesses, mesmo legítimos? Não vai se tornar um despotismo odioso, produzindo o terror ao invés da segurança, a cólera ao invés da paz, a miséria ao invés da felicidade? Spinoza, que aceitou a teoria de Hobbes sobre a origem e a formação do governo, aceitará igualmente as consequências que Hobbes extraiu, isto é, a afirmação do poder do Estado o mais absoluto e o mais arbitrário em qualquer assunto, tanto em assunto moral e religioso quanto em assunto civil e político?

CAPÍTULO VIII

A VIDA SOCIAL DO HOMEM
2. O ESTADO SOB O REGIME DA LIBERDADE

Escreve Spinoza a um de seus amigos:

> No que concerne a Política, a diferença entre Hobbes e eu, sobre a qual me perguntas, consiste em que eu conservo sempre incólume o direito natural e em que eu defendo que, em qualquer Estado, o magistrado supremo só tem direitos sobre os súditos na medida em que seu poder seja superior ao deles, o que sempre acontece no estado natural.[1]

Se Hobbes distinguiu apropriadamente a origem da vida social e o princípio do governo, ele estava demasiado disposto a considerar que a criação do Estado punha fim à ação das forças individuais; ele concebeu um direito de Estado tão utópico, tão destituído de valor quanto as concepções abstratas que havia eliminado. Ora, o Estado não pode por si mesmo anular nenhuma das forças que ele governa, e ele está submetido, no uso de sua soberania, às leis naturais que têm como efeito excluir tudo que é arbitrário. Por outro lado, constituindo a sociedade e aceitando, para o sustento da sociedade, o poder de um governo, o indiví-

---
[1] Ep. L, t. II, p. 184.

duo não renuncia completamente ao seu direito. Aliás, como poderia renunciar ao que, sendo sua própria potência, exprime imediatamente sua essência? Ele renuncia somente apreciar seu direito e fazê-lo valer por conta própria; ele delega ao Estado o cuidado de marcar sua extensão e de garantir seu exercício.[2] Por meio dessa delegação, ele realmente não aliena nada que lhe seja íntimo; se ele parece renunciar a uma parte de seu poder é porque a outra parte continua intacta e é constantemente protegida; e como, por um lado, ele é induzido pela paixão a superestimar o que ele vale, ele escapa, pelo respeito à autoridade soberana, à perigosa ilusão de uma potência que não possui. Ele faz uso da razão quando toma o Estado por árbitro de seu direito. Mas, o Estado, por outro lado, tão forte quanto ele se supõe, não poderia indefinidamente transformar sua autoridade em coação violenta: ele acha nas inclinações do homem o limite natural de seu poder; uma vez criado, ele entra na ordem da natureza onde se submete às leis, e os abusos que comete, tendo por efeito acordar as paixões mal adormecidas, de suscitar inquietudes, impaciências ou revoltas, são para ele como uma causa interna de desorganização e de ruína. Existem dois princípios pelos quais se explica todo o desenvolvimento da sociedade: o primeiro é que os homens, súditos do Estado, pretendem manter e aumentar, se possível, sob a proteção do Estado, sua potência de ação; o segundo é que o Estado pretende manter e aumentar, se possível, o império que ele possui pelos meios que lhe pareçam melhores.

A conciliação desses dois princípios não é regida por um ideal transcendental: ela se estabelece gradualmente apenas pelo mecanismo das ações individuais e da ação social. Os dois princípios, aliás, só são opostos porque o Estado e os particulares obedecem inicialmente à paixão em vez da razão. E a consequência dessa oposição é, tanto para os particulares quanto para o Estado, um enfraquecimento de potência. Donde se segue que, pouco a pouco, os particulares e o Estado renunciam a uma conduta que lhes foi prejudicial. Eles caem em si; eles tomam cada vez mais consciência de seus reais interesses e de suas reais funções.

---

[2] TTP, cap. XVII, t. I, p. 564 e seg.

A ideia de uma ponderação recíproca de poderes não é então um conceito abstrato que vem se impor de fora da experiência; ela é a própria expressão da experiência, que mostra que a sociedade só pode se manter com a condição de se preservar do despotismo e da anarquia. Spinoza mostra, em detalhe, como as diversas formas de governo, monarquia, aristocracia, democracia, devem se organizar para realizar com segurança seus próprios propósitos. Não existe nenhuma razão de excluir uma dessas formas de governo; cada uma delas é capaz de durar para sempre, se ela própria não se dissolver pelo arbítrio e pela violência, ela tende a se constituir segundo as leis corretas da razão; uma delas pode, em certos casos, melhor do que as outras, atender aos hábitos e às tradições de um povo. No *Tratado teológico político*, Spinoza afirma claramente suas preferências pela democracia.

> Eu acho que mostrei muito claramente quais são os fundamentos do poder democrático; eu preferi tratar dessa forma de governo porque ela me pareceu a mais natural e a mais próxima da liberdade que a natureza dá a cada homem. Pois assim ninguém transfere a outro seu direito natural de modo a não mais expressar sua opinião no futuro; ele o transfere à maioria do corpo social do qual ele faz parte. Deste modo, todos permanecem o que eram no estado natural, ou seja, iguais.[3]

No *Tratado político*, Spinoza parece se conformar com um governo aristocrático ou monárquico.[4] Mas toma muito cuidado em mostrar como a complicada organização do governo aristocrático deve manter a potência dos patrícios maior do que a potência da multidão, "contudo sem que a multidão sofra nenhum dano".[5] Quanto ao governo monárquico, Spinoza o subordina à autoridade firme da lei e, até quando há transmissão de poder, ao consentimento popular.

---

[3] TTP, cap. XVI, t. I, p. 558.
[4] Não podemos esquecer que o *Tratado político* (TP) ficou inacabado e que Spinoza parou justamente quando começava a tratar das condições da democracia.
[5] TP, cap. VIII, 11, p. 335. Ver cap. VII, 27, t. I, p. 326-327.

É importante observar que ele não rejeita a prática de ter leis tão firmemente constituídas que nem o Rei as possa abolir [...] Não existe aí nada que seja contrário à Razão, nem a obediência que se deve ao Rei; pois os princípios fundamentais do Estado devem ser considerados decretos eternos do Rei, de tal maneira que seus ministros lhe obedeçam ainda mais completamente se recusarem a obedecer a uma ordem do Rei que se oponha a estes princípios [...] Se todas as coisas dependessem da vontade inconstante de um só, não existiria nada de fixo. Eis porque o poder monárquico, para ser estável, deve ser instituído de tal modo que tudo se faça unicamente pelo decreto do Rei, ou seja, todo direito seja a vontade explícita do Rei, o que não quer dizer que toda vontade do Rei seja o direito.[6]

Por outro lado, Spinoza rejeita energicamente a ideia de uma monarquia hereditária: é necessário, segundo ele, para consagrar o poder de um novo rei, uma nova investidura; a própria noção de um direito civil se opõe a toda concepção dinástica.

Aqueles que sustentam que o Rei, por ser o senhor do império e o possuir por um direito absoluto, pode transmiti-lo a quem ele quiser e escolher o seu sucessor, que então o filho do Rei, por direito, é o sucessor do império, estão certamente errados. Pois a vontade do Rei só tem a força de direito enquanto ele possui a espada do Estado: é apenas pela potência que se define o direito de comandar. O Rei pode então, é verdade, abdicar, mas ele só pode transferir o império a um outro com o consentimento da multidão ou, ao menos, de sua parte mais forte. E para que isso seja melhor compreendido, é preciso lembrar que os filhos são herdeiros de seus pais, não pelo direito natural, mas *pelo direito civil*; porque é a potência do Estado que faz com que cada cidadão seja senhor de certos bens. A potência ou o direito que faz com que a vontade daquele que dispôs de seus bens seja reconhecida como válida faz com que essa vontade continue válida, mesmo após a morte do testante, enquanto o Estado durar; e assim cada um, na ordem civil, conserva após a sua morte o direito que

---

[6] TP, cap. VII, 1, t. I, p. 314-315; cap. VIII, 3, t. I, p. 332.

possuía quando vivo, porque, como dissemos, é menos pela sua própria potência e mais pela potência da sociedade, que é eterna, que cada um pode dispor de seus bens. Mas para o Rei é o contrário; pois a vontade do Rei é o próprio direito civil, e o Rei é o Estado: então, com o Rei morto, o Estado também perece, e assim o estado civil volta ao estado natural; portanto, o poder soberano volta naturalmente à multidão que pode estabelecer, de direito, novas leis e revogar as antigas.[7]

Nenhuma forma de governo pode abolir o direito natural: sempre existe alguns momentos onde o direito natural pode reconquistar sua potência inteira; ele pode, em todos os casos, a qualquer momento, fazer sentir sua ação direta ou indiretamente no próprio Estado. O melhor, sem dúvida, se isso for possível, é que essa ação seja direta, que o direito civil se aproxime cada vez mais do direito natural, e que o governo se apoie sobre um reconhecimento e uma repartição cada vez mais equitativa dos direitos individuais.

Do contrário, o Estado cai na violência e corre o risco de ruir quando ele imagina que só pode existir com o detrimento dos indivíduos, quando ele se desenvolve para si mesmo, como se ele fosse a finalidade de tudo. Ele deve certamente exigir obediência; mas essa obediência pode ser obtida pela persuasão tanto ou melhor do que pelo terror. Os métodos despóticos têm o grande defeito de introduzir nos súditos uma cisão cada vez mais profunda entre os acontecimentos exteriores e os sentimentos interiores; o interesse do Estado é que os sentimentos interiores regrem os acontecimentos exteriores conforme as leis.[8] Diriam que os sentimentos não têm importância contanto que os atos não sejam subversivos, que, além disso, a necessidade de sempre obedecer ao Estado acaba por agir sobre os sentimentos e por moldá-los? Mas se apenas o medo determina a obediência paralisando a atividade, não existem mais relações recíprocas entre os homens; todos têm apenas um pensamento: se fazer o mais invisível possível para escapar dos golpes do po-

---

[7] TP, cap. VII, 25, t. I, p. 326-326.
[8] TTP, cap. XX, t. I, p. 606-607.

der. "Assim, uma sociedade onde a paz depende da inércia dos súditos, que se deixam conduzir como gado e assim são treinados à escravatura, isto não é uma sociedade, é uma solidão."[9] Essa extrema opressão não poderia ser durável. Normalmente, os homens tendem a se associar quando têm um medo comum ou o desejo de vingar um dano comum; portanto, como a potência do Estado resulta da cooperação das potências individuais, ela se enfraquece tanto mais quanto os cidadãos tenham razões de se unir em torno de queixas comuns.[10] Do mesmo modo que os indivíduos, o Estado pode estar sujeito ao medo; e quanto mais seus medos aumentam, menos ele é senhor de si. Então, o Estado pode assegurar ou alienar as almas por um bom ou mau emprego de sua autoridade.[11] "É um fato certo que as sedições, as guerras, o desprezo ou a violação das leis são mais imputáveis à má organização do governo do que à maldade dos súditos."[12] Os homens não nascem adequados à vida social, eles se tornam; além disso, as paixões naturais dos homens são as mesmas por todo lado. Se, então, o mal tem mais império dentro de um Estado, se são cometidas mais ações incriminadoras do que em outro Estado, a razão é que este Estado não promoveu a concórdia, não instituiu leis sábias e, portanto, não obteve a plena posse do direito absoluto do Estado. De fato, a condição de uma sociedade onde as causas de sedição não foram suprimidas, onde a guerra é continuamente temida, onde enfim as leis são frequentemente violadas, não difere muito da condição natural onde cada um leva uma vida de acordo com o seu capricho e sempre muito ameaçado.[13] O Estado só faz desaparecer as causas da desobediência e de desordem, ele só determina

---

[9] TP, cap. V, 4, t. 1, p. 303.

[10] Segundo Spinoza, é desastroso para uma nação mudar a forma de seu governo; longos e profundos hábitos se adaptam mal a uma nova espécie de autoridade; não se suprime a tirania porque quisemos suprimir o tirano. Spinoza toma como exemplo a Revolução Inglesa. TTP, cap. XVIII, t. I, p. 590.

[11] Ibid., cap. V, 4, t. I, p. 303.

[12] Assim, embora ele deteste profundamente a concepção de um direito absoluto e de um tipo transcendente de sociedade, Spinoza concorda com a filosofia social do século XVIII, segundo a qual são sobretudo os vícios do governo que fazem os vícios das pessoas.

[13] TP, cap. V, 2, t. I, p. 302-303.

as causas de obediência e de respeito tomando consciência de sua verdadeira finalidade, que é a liberdade.

Um governo que tem por projeto liderar os homens pelo medo reprimirá muito mais os seus vícios do que exercitará suas virtudes. É necessário governar os homens de modo que eles não se sintam levados, mas que eles se acreditem livres de viver como bem entendem e segundo sua própria vontade, e que eles tenham como regra de conduta o amor à liberdade, o desejo de aumentar sua fortuna e a esperança de conseguir honrarias.[14]

A finalidade do Estado não é dominar os homens, contê-los pelo medo, submetê-los à vontade de outro, mas, ao contrário, libertá-los do medo, a fim de que possam tanto quanto possível viver em segurança, ou seja, conservar o melhor possível o direito natural de viver sem danos para ele ou para o outro. Não, diz Spinoza, o Estado não tem como finalidade transformar os homens de seres razoáveis em animais ou em autômatos, mas, sim, fazer de modo com que os cidadãos desenvolvam, em segurança, seu corpo e seu espírito, usem livremente a sua razão, não rivalizem entre si com ódios, cólera e ardil, e não se olhem de modo ciumento e injusto. A finalidade do Estado é então, verdadeiramente a liberdade.[15]

Então, na medida em que ela se torna razoável, a potência do Estado respeita ainda mais as liberdades individuais, e entre essas liberdades, a liberdade religiosa e a liberdade de pensar.[16] Os atos pelos quais a fé se exprime caem, como todos os atos exteriores, sob a jurisdição do poder, mas a fé, em seu princípio, em suas razões íntimas, só depende do indivíduo e fica inacessível à autoridade do Estado.[17] As manifestações do culto podem ser objeto de re-

---

[14] TP, cap. X, 8, t. I, p. 362.
[15] TTP, cap. XX, t. I, p. 604.
[16] Ibid., cap. XIX, XX, t. I, p. 592 e 602.
[17] "Quanto ao direito de praticar a Religião, ou de adorar a Deus, ninguém pode transferi-lo a outro." TP, cap. VII, 26, t. I, p. 326.

gulamentos precisos e às vezes rigorosos, mas o verdadeiro conhecimento e o verdadeiro amor de Deus não podem estar sob o império de quem quer que seja. De modo geral, os atos que não podem ser suscitados nem por ameaças nem por promessas não podem cair sob os direitos do Estado. A faculdade de julgar permanece intacta. Quando o Estado avança sobre ela, ele agrava o excesso de suas pretensões pela inutilidade de suas violências. Sem dúvida, por meios indiretos, ele pode exercer sobre as opiniões e sobre os julgamentos uma influência considerável; mas se assim ele pode aproximar cada vez mais a sua potência do âmago da alma, ele não pode, porém, dominá-la nem a absorver totalmente. Supondo que ele trate alguns homens como objeto, ele não consegue suprimir de um golpe as causas que mantêm a diversidade de opiniões. É por isso que em tudo que concerne aos problemas filosóficos e científicos o Estado não tem nada melhor para fazer do que reconhecer em alto e bom tom a sua incompetência. Contudo, se a liberdade de pensar está dentro da consciência, ela pode ser expressada em palavras ou ensinamentos? O Estado pode ou não impedir a expressão exterior dos julgamentos individuais? Com certeza, o Estado pode estender a essas expressões sua autoridade e suas defesas; mas essa extensão de seu poder se torna para ele uma causa de impotência posterior. Não há nada que os homens suportem com mais impaciência do que restrições, obstáculos à expressão e à difusão de suas ideias, entraves que tentam impedir seu ímpeto em direção à verdade. Se, além disso, as opiniões estiverem fundadas na razão, acreditam que as leis ganharão prestígio entrando em conflito com elas? É possível que exista quanto a essa liberdade alguns inconvenientes; mas o Estado não é obrigado a tolerar todos os dias os mais graves abusos? Todos os males provenientes da inveja, da avareza, da embriaguez, do luxo e de outras paixões detestáveis? "Querer submeter tudo à ação da lei é sobretudo incentivar o vício em vez de corrigi-lo."[18] O Estado prudente e razoável, que quer manter sua soberania intacta, respeita em todos os homens o direito de crer, de pensar, de dizer, de escrever, de ensinar o que a razão lhe

---

[18] TTP, cap. XX, t. I, p. 604.

impõe ou demonstra, desde que eles exprimam suas ideias sem paixões e sem violência, desde que eles não emitam pensamentos que tendam à sublevação do Estado e à ruína do pacto social. O Estado só tem razão de se defender quando estiver envolvido; ele se compromete gravemente quando ousa estender seu império sobre as crenças pessoais ou sobre as convicções filosóficas, ou quando se empenha em inculcar, nos espíritos, hábitos de subserviência. Se tiver êxito nessa obra brutal, ele encoraja a hipocrisia, a má-fé, a inércia intelectual; se ele fracassa, ele mostra duplamente sua impotência. Ele deve, então, no seu próprio interesse, tolerar até seus exageros, esta necessidade e este amor à verdade, que são sobretudo as causas de doçura e concórdia entre os homens.

Por outro lado, ao mesmo tempo que a autoridade do Estado se livra de toda paixão e tende à razão, o cidadão se despoja dos preconceitos irracionais que poderia ter contra o poder soberano. Ele aceita de bom grado a vida social quando ele percebe sua utilidade e seus benefícios; e ao invés de socializar os apetites violentos que a perturba, ele socializa a moderação e a calma que a reafirmam. A obediência é mais completa quando ela é mais espontânea, e os sentimentos interiores frequentemente têm mais força para determinar certos atos do que o rigor implacável das leis. Todavia, se o ignorante se adapta sem muito esforço a um estado social que o hábito tornou familiar e bom, o homem sábio não sofreria ao constatar as imperfeições, os vícios e os abusos, e sua sabedoria não seria, no fundo, um princípio de revolta contra uma sociedade que não está ajustada ao seu nível? Tal homem, segundo Spinoza, só seria sábio na aparência. Ele supõe que a instituição da sociedade seja irracional; ele não compreende a necessidade que a engendra e que a produz; ele está cego pelo orgulho, a ponto de desconhecer as vantagens de uma ordem social, mesmo defeituosa. Bem diferente é a atitude do homem verdadeiramente sábio.

> Se, às vezes, um homem conduzido pela razão é forçado por decreto do Estado a fazer o que sabe ser contrário à razão, esse dano é compensado, com vantagem, pelo bem que ele próprio extrai da ordem social. Pois é também uma lei da razão escolher, entre dois males, o menor; portanto, podemos concluir que um cidadão

que age segundo a ordem do Estado não faça nada que seja contrário aos princípios de sua razão.[19]

Numa sociedade bem organizada, o homem sábio pode recorrer a meios legais para pressionar o Estado a se reformular segundo a razão; mas supondo que a sociedade não tenha chegado a esse ponto de perfeição, ele deve mesmo assim respeitar as leis e reconhecer a autoridade; ele se conforma assim à regra da vida social e do interesse comum. "O homem que se conduz segundo a razão é mais livre dentro da cidade, onde vive sob a lei comum, do que na solidão, onde obedece apenas a si mesmo."[20] Está errado, aliás, confundir obediência com servidão: obedecer uma ordem não é ser escravo, quando sabemos que a obediência é um bem para toda a sociedade; a servidão está unicamente na maneira de agir. Se alguém é forçado a agir por pura coação sem conceber a razão e o interesse da ação, se alguém sofre a potência do Estado sem reconhecer sua utilidade superior, esse alguém é escravo; mas quando sabemos que o respeito da vontade ou da lei soberanas é para o Estado uma causa de estabilidade e assim para o indivíduo uma causa de segurança, cuidamos de não abalar, por impaciência à autoridade exterior, a solidez do pacto social: na obediência e mesmo pela obediência somos livres.[21] E nada é mais eficaz para levar o Estado aos princípios da razão e da equidade do que a vontade constantemente pacífica e livremente submissa dos súditos; como o Estado tirânico pode produzir almas servis, as almas livres podem produzir o Estado liberal.

Assim o Estado se transforma gradualmente; ele se abstém de certas faltas e observa certas regras; aliás, essas faltas não são imperfeições morais, são

---

[19] TP, cap. III, 6, t. I, p. 294.
[20] EIV, prop. 73, t. I, p. 241. — "Em qualquer estado social que o homem esteja, ele pode ser livre; pois certamente o homem é livre enquanto for conduzido pela Razão. Ora, a Razão (Hobbes pensa diferentemente) aconselha absolutamente a paz; mas a paz só pode ser obtida se os direitos comuns da cidade permanecerem inviolados. Então, quanto mais um homem é conduzido pela Razão, ou seja, quanto mais ele é livre, mais ele terá de obediência constante ao direito comum, e mais ele cumprirá as ordens do poder ao qual ele está sujeito." TTP, Anotações, XXXIII, t. I, p. 626.
[21] TTP, cap. XVI, t. I, p. 557-558.

simplesmente erros de conduta; essas regras não vêm de uma autoridade exterior, são regras de prudência. "O Estado não admite para o seu poder outro limite senão o que o homem observa para permanecer senhor de si próprio, ou não agir como inimigo de si mesmo, para não se destruir."[22] É por isso que essa transformação do Estado, operada pelo próprio Estado, em vista de uma maior estabilidade e de uma maior potência, tem toda a força e toda a certeza da natureza. A liberdade social, assim como a liberdade moral, procede necessariamente da servidão. De despótico que ele é na origem, o governo se torna no final, pela consciência mais clara que tem de suas condições de existência, racional e liberal. Mais um governo é respeitado, mais ele pode conceder direitos aos indivíduos; mais ele concede direitos aos indivíduos, mais ele é respeitado. Ao invés da oposição violenta que a paixão sustentava, nós temos a unidade harmoniosa produzida pela razão. E o que justifica definitivamente, aos olhos de Spinoza, a verdade de sua doutrina é que as outras teorias sociais lhe parecem incapazes de conduzir lógica e efetivamente à liberdade. Quando imaginamos um direito divino, infinitamente superior ao direito natural, não poderíamos restringir esse direito divino a nenhum limite, a nenhuma medida; sob pena de não ser nada, ele deve ser tudo; todas as forças individuais são esmagadas sob o peso infinito dessa força imensa: existe uma oposição radical entre a transcendência do direito divino e a legitimidade do direito humano. Quando concebem que a sociedade é a unidade essencial e primitiva à qual devem convergir, para a sua finalidade, todos os indivíduos, quando afirmam que ela é a ordem prévia que os indivíduos devem realizar, os indivíduos são obrigados a se despojar cada vez mais de sua individualidade para entrar na unidade social; a sociedade é o ser verdadeiro no qual eles só são aparências ou acidentes. Quando, enfim, afirmam que a sociedade é uma instituição artificial produzida por vontades livres, ou bem essas vontades livres, não estando sujeitas a nada, perturbam constantemente o poder que elas estabeleceram, então é a anarquia; ou bem elas estão sujeitas a esse poder que lhes assemelha,

---

[22] TP, cap. IV, 5, t. I, p. 301.

que não está sujeito a nada, que procede por capricho e por violência, e então é o despotismo. A doutrina de Spinoza procura escapar dessas diversas consequências. Identificando o direito divino com o direito natural, ela mostra que a sociedade tem, em si e nos cidadãos que a constituem, todas as razões de sua existência e todas as condições de seu desenvolvimento, que ela só precisa se inspirar nela mesma para chegar à maior plenitude do ser. Estabelecendo que a sociedade não preexiste, nem lógica nem efetivamente, aos indivíduos, mas que ela é sua obra, ela mostra por que a sociedade não pode absorver totalmente os indivíduos sem se destruir; porque, quando ela os faz depender dela, ela igualmente depende deles; porque ela é forçada, para se garantir, a se compor com aqueles que a compõem. Enfim, explicando que nada de arbitrário está na origem do Estado, ela mostra por que nada de arbitrário pode se introduzir no governo sem comprometê-lo, ela indica que o simples jogo de forças sociais deve fazer coincidir a maior liberdade com a mais completa autoridade. A vida social do homem se desenvolve então seguindo a mesma lei que a vida moral: é a mesma necessidade que leva o indivíduo e a sociedade da servidão e da paixão à liberdade e à razão, que suprime lentamente as oposições e as violências, que mantém os poderes organizados acima dos poderes desorganizados, que ilumina, enfim, a natureza pela inteligência e faz reconhecer o direito certo pela força certa.

A política de Spinoza aparece, portanto, como um esforço para explicar a origem e o desenvolvimento do Estado fora de toda concepção teológica e de toda doutrina moral propriamente dita. Ela só quer se apoiar nas inclinações naturais do homem, e primeiro essas inclinações se determinam cegamente, sendo eventualmente determinadas pela Razão. Ela vê no Estado uma força que não tem nada de preestabelecido, que se estabelece mecanicamente pela potência das necessidades humanas, que, uma vez constituída, se organiza como o interesse supremo que mensura todo interesse. É antes de tudo, para o Estado, uma condição de existência absorver, tanto quanto possível, todos os direitos naturais e de compor sua autoridade com todos os poderes individuais; em seguida, é para ele uma condição de segurança e de duração restituir, tanto quanto possível, os direitos naturais sob a forma de direitos civis, ou seja, só reter o necessário para defendê-los e para se defender.[23] Necessariamente despótico, quando é necessário opor a violência da coação à violência das paixões, ele se torna liberal na medida em que ele compreende melhor seu papel em relação aos cidadãos que o compreendem melhor. Contudo, não é nenhuma razão moral, nem nenhuma razão de sentimento que decide essa conversão: não existe, para o Estado, doutrina que possa se impor a ele para transformá-lo. As razões e os meios do Estado são exclusivamente políticos e se devem a simples considerações de interesse. Não é nem a ideia do belo, nem a ideia do bem que devem regular a vida social. A lei cívica participa sobretudo da lei natural, da qual ela tem a potência, diríamos quase a duração prática. Um governo, como tal, jamais leva em consideração nem as conveniências externas, nem escrúpulos singulares: ele se atém à sua tarefa, que é de manter, por todos os meios o que lhe pareçam bons, a segurança do Estado. É a justificativa absoluta da política pura segundo os princípios, ou processos desenvolvidos por Maquiavel. Daí, sem dúvida, a admiração de Spinoza por quem ele chama de "o muito perspicaz Florentino".[24] Todavia, esta emancipação da política resulta, segundo Spinoza, na própria emancipação do indivíduo. É o interesse político, claro, livre de qualquer outra preocupação, que força o Estado a reconhecer e a respeitar, o mais que pode, os direitos individuais. E justamente porque a política só se inspira nela mesma, porque se liberta claramente de todo pensamento moral ou religioso, que ela deve se abster, cada vez mais, de toda invasão na vida e nas convicções privadas dos cidadãos. Ela deve se impor limites tão precisos quanto o seu objeto, só se ocupar de atos que afetem a conservação e a segurança do Estado.[25] Assim

---

[23] Spinoza trata sobretudo das funções políticas do Estado, ele não estuda especialmente as funções sociais e econômicas. Contudo, numa passagem da *Ética* (parte IV, ap., cap. XVII, t. I, p. 245), ele indica que a assistência aos pobres não pode ser nem eficaz nem equitativamente dada por particulares, e ele conclui que "a assistência aos pobres é problema de toda sociedade e concerne à utilidade geral".

[24] TP, cap. X, 1, t. I, p. 359; cap. V, 7, t. I, p. 304.

[25] "A liberdade ou a força da alma é uma virtude privada; a virtude do Estado é a segurança." Ibid., cap. I, 7, t. I, p. 283.

Spinoza afirma que, ao contrário do espírito da filosofia e da cidade antiga, a ação do governo não pode se estender ao pensamento íntimo dos indivíduos, que a vida política não é a finalidade última do homem, que as forças humanas, engendrando o mecanismo social, não se deixam capturar por inteiro, que então a liberdade da Razão permanece impenetrável ao Estado e constitui, fora do Estado, a vida interior da alma.

CAPÍTULO IX

A VIDA ETERNA

A moralidade humana, segundo a ética de Spinoza, não tira sua origem nem seu valor de um princípio exterior à nossa natureza; é por ela mesma que ela se produz e se justifica; é ela que se outorga sua plenitude e sua certeza. A moralidade humana não é relativa a nenhuma condição alheia nem a nenhum fim transcendente: ela é categórica como o esforço da qual ela é o resultado, imanente ao nosso ser como a tendência da qual ela é a realização. Ela é nós mesmos naquilo que temos de mais real e de mais íntimo; ela só depende da nossa própria potência, que nada mais é do que a nossa razão. É então uma estranha ilusão dizer: a virtude não teria fundamento se não houvesse outra vida além desta; a virtude não seria desejável se não houvesse um Deus para comandá-la e recompensá-la. Então, corrompem a virtude misturando-a com sentimentos de esperança e medo; ou melhor, suprimem a virtude, que é essencialmente a ação interior do ser, só deixando subsistir com esse nome paixões suscitadas e mantidas no homem pela força de causas exteriores. Imaginam que a virtude não vale por ela mesma, que ela requer, para se justificar, para ter certeza de sua perfeição, uma espécie de suplemento exterior. Consideram a beatitude como uma recompensa que a virtude receberá depois. Mas na realidade a beatitude não é o prêmio da virtude, ela é a própria virtude, ou seja, a mais espontânea ação da mente, a mais iluminada e a mais completa que possa existir.[1] E por outro lado, por ela ser o nosso verdadeiro e essencial interesse, a virtude é desinteressada de tudo aquilo que é oferecido ou imposto de fora: ela só leva em consideração a si própria, e é somente nela que acha sua plena razão e seu pleno contentamento.

> Ainda que ignorássemos que a nossa mente é eterna, consideraríamos como primordiais a piedade, a religiosidade e, em geral, tudo o que está referido à firmeza e à generosidade, [...] Tudo mais parece ser a crença vulgar. Porque a maior parte dos homens pensa que são livres apenas à medida que lhes é permitido entregarem-se à licenciosidade e que renunciam a seus direitos se são obrigados a viver conforme os preceitos da lei divina. Acreditam, assim, que a piedade e a religiosidade e, em geral, tudo que está referido à firmeza do ânimo são fardos de que eles esperam livrar-se depois da morte, para, então, receber o preço da sua servidão, ou seja, da piedade e da religiosidade. E não é apenas por essa esperança, mas também, e sobretudo, pelo medo de serem punidos, depois da morte, por cruéis suplícios, que eles são levados a viver, tanto quanto o permitem sua fraqueza e seu ânimo impotente, conforme os preceitos da lei divina. E se não houvesse no coração do homem essa esperança e esse medo, se eles estivessem convencidos do contrário, que as mentes morrem com os corpos, que não existe um prolongamento da vida para os infelizes que foram esmagados pelo peso da piedade, eles voltariam ao natural deles, e eles iriam querer reger suas vidas segundo as paixões, obedecer mais à fortuna do que a eles mesmos. Crença tão absurda, penso eu, quanto o homem que enche seu corpo de venenos e alimentos mortíferos por achar que não vai se alimentar bem na eternidade, ou ainda, que vendo que a mente não é eterna ou imortal, preferiria ser insensato e viver sem razão: tudo isso é tão absurdo que não vale a pena comentar.[2]

---

[1] EV, prop. 42, t. I, p. 277.

[2] Ibid., prop. 41, esc., t. I, p. 276. — "Sendo assim, podemos com razão estimar como um grande absurdo o que dizem muitos que são tidos como grandes teólogos, a saber, que se do amor de Deus não seguisse nenhuma vida eterna, então buscariam o que é melhor para eles, como se pudessem encontrar algo melhor do que Deus. E isso é tão insensato como se um peixe (para

A moralidade é então independente de todo cálculo mercenário como também de toda especulação abstrata sobre um objeto transcendente ou sobrenatural: ela é o desejo de viver, tornado no homem, sob a forma da razão, a vida certa e atual. Mas essa vida, que se compreende e se coloca por si mesma, não tem necessidade de se apoiar sobre uma outra existência que, concebida ainda na duração, não alcançaria nada, não garantiria nada, teria da eternidade apenas a aparência: é pelo seu próprio princípio que ela é eterna.

O homem, de fato, já participa da eternidade quando ele concebe a ordem da natureza sob a forma da necessidade universal; a lei segundo a qual as partes constituem o Todo não poderia sofrer as vicissitudes dos elementos que ela agrupa ou engendra; as noções comuns que ligam na razão os fragmentos do universo dispersos pelos sentidos e pela imaginação são noções fixas, imutáveis, que exprimem seja a unidade dos modos corporais na Extensão, seja a unidade dos modos espirituais no Pensamento. E como nada de real se produz sem essas noções, podemos dizer que tudo aquilo que é real é fundamentado no Eterno. O progresso da vida moral tem precisamente como efeito deixar cair, como vãs, as relações puramente temporais e contingentes, e de nos levar à consciência das relações necessárias e eternas, como também reduzir gradualmente a afirmação confusa daquilo que não é Deus ou não é por Deus, e de só deixar subsistir em nós a clara afirmação de Deus e do que é por Deus. Ou seja, nós só podemos realizar absolutamente aquilo que está compreendido numa ordem eterna, só podemos afirmar absolutamente aquilo que é uma verdade eterna: o que poderia ser uma ideia concebida, o que poderia ser um ato colocado fora da Razão? E o que poderia ser a Razão, senão o próprio Ser que se produz e se explica absolutamente, sem relação com aquilo que muda, ou seja, com aquilo que não é Razão? Fora do Eterno só existe aparência e o nada; fora do Eterno não há salvação.

É então em virtude de uma lei eterna que o homem chega a conhecer a necessidade eterna das coisas; não existe necessidade de uma outra vida para

---

quem não há vida fora da água) dissesse: se dessa vida na água não segue a vida eterna, quero sair da água para viver sobre a terra." KV, parte II, cap. 26, t. I, p. 121. — Ep. 43, t. II, p. 170.

se elevar acima do tempo. Se libertar das paixões já é se libertar da duração, e a tendência à conservação do próprio ser pela Razão já é experimentar Deus. De fato, com a ideia de Deus se relacionam racionalmente todas as ideias que temos das coisas e dos afetos do nosso corpo; são então as circunstâncias da vida que são propícias para pensar em Deus,[3] e quanto mais nós associamos o pensamento de Deus aos nossos estados de espírito, mais os transformamos em atos positivos que só vêm de nós. Ora, o que quer que tenham dito, o fato de pensar em Deus não exige uma renúncia à vida real, uma abnegação de nós mesmos; reconhecer Deus não é negar aquilo que deriva dele, aquilo que o exprime. A vida do corpo já não é alheia à vida da mente, já que nos predispõe a ela. O homem cujo corpo é capaz de um grande número de funções é mais capaz de compreender em sua alma as coisas e Deus;[4] e quanto mais um homem é capaz de compreender as coisas e Deus, menos ele estará sujeito a padecer sob a influência dos maus afetos.[5] Cada vez menos ele se deixa dominar pelo medo da morte ou pela esperança de uma outra existência: ele degusta a vida na fonte, que é eterna.

Além disso, o homem que pelo conhecimento de Deus se compreende claramente com seus afetos, remete naturalmente à ideia de Deus a alegria que ele experimenta; portanto, ele ama Deus, e ele o ama ainda mais quanto mais a sua inteligência é mais perfeita. Ora, esse amor de Deus, uma vez penetrado na mente, a arrebata e a ocupa mais do que todo o resto.[6] Para amar a Deus, não é preciso praticar esta humildade intelectual que, ao contrário, nos afasta dele; não há necessidade de um momento singular ou de uma inspiração singular; o amor de Deus implica um maior esforço da razão e envolve todos os nossos afetos naturais. Ele não se produz por um distanciamento de nossa natureza; longe disso, nos separarmos de nós mesmos seria nos separarmos de Deus. Mas também não devemos esperar que Deus venha a nós com inclinações e

---

[3] EV, prop. 11, 12, 13, 14, t. I, p. 260-261. — TTP, cap. IV, t. I, p. 422 e seg.
[4] EV, prop. 39, t. I, p. 271-275.
[5] Ibid., prop. 38, t. I, p. 274.
[6] Ibid., prop. 16, t. I, p. 262.

emoções humanas. "Quem ama a Deus não pode esforçar-se para que Deus, por sua vez, o ame."[7] Esse amor de Deus é verdadeiramente purificado de toda paixão; longe de se ocupar com causas externas, ele é suficiente em si mesmo no seu completo contentamento e no seu perfeito repouso.[8] Sua razão é idêntica ao seu objeto: é Deus que o inspira, é a Deus que se doa; ele é então superior a toda dispersão, a toda dualidade. Ele é a unidade absoluta entre o desejo e o desejável. Ele é incorruptível; ele não pode ser contaminado por nenhum sentimento de inveja, de ciúme, de ódio. Ele é a suprema indiferença a todas as paixões que dividem; ele é a suprema identidade das verdades que unem. É, de fato, a característica do supremo bem ser comum a todos, de tal modo que todos possam igualmente dele gozar.[9] Ele se compartilha sem medidas; ele é em nós tanto mais forte quanto maior for o número de homens unidos a Deus por essa mesma ligação de amor.[10] E é aqui ainda que a fé revelada pode servir ao triunfo moral da humanidade; ela tem de fato a função essencial de inspirar a piedade, a obediência a Deus. Ora, a obediência a Deus, mesmo que não seja fundada racionalmente, é uma aproximação do conhecimento intelectual pelo qual experimentamos nossa dependência em relação a Deus; o homem que ama Deus pela obediência se aproxima do homem que ama Deus pela razão. Porém, só o homem que conhece Deus está verdadeiramente certo do seu amor. O amor suscitado pela fé está sujeito às mesmas dificuldades e às mesmas falhas que a própria fé; se a fé é uma razão relativa adaptada aos estados de alma irracionais, se ela tem um papel muito necessário devido à persistência das ideias inadequadas na mente humana, a fé não é, contudo, a razão absoluta, infalível em seus princípios e em seus efeitos, produzindo por sua virtude interna o amor de Deus idêntico a ela. O verdadeiro e perfeito amor de Deus é um amor intelectual. E esse amor é infinitamente fecundo, como o Ser que ele abraça.

---

[7] EV, prop. 19, t. I, p. 263.
[8] Ibid., prop. 27, t. I, p. 268.
[9] EIV, prop. 36, t. I, p. 213.
[10] EV, prop. 20, t. I, p. 263.

Mas porque essa ideia não pode achar repouso no conhecimento do corpo sem passar ao conhecimento daquilo sem o qual nem o corpo nem a mesma ideia poderiam existir ou ser concebidos; por isso a ideia também é de imediato unida àquilo (depois de havê-lo conhecido) por amor. Para conceber o melhor possível essa união e deduzir o que ela deve ser, a partir de sua ação com o corpo, na qual vemos, pelo conhecimento e pelos sentimentos relativos às coisas corpóreas, como vêm a nascer em nós todos os efeitos que percebemos continuamente em nosso corpo e pelo movimento dos espíritos animais. E, portanto, se nosso conhecimento e nosso amor recaem sobre aquilo sem o qual não poderíamos nem existir nem ser entendidos, e que de maneira nenhuma é corpóreo, os efeitos nascidos de tal união serão e deverão ser incomparavelmente maiores e magníficos, porque devem necessariamente se estabelecer conforme a coisa à qual a ideia está unida. E quando percebemos esses efeitos, podemos dizer com verdade que *renascemos*; pois nosso primeiro nascimento ocorreu quando nos unimos ao corpo, pelo que surgiram tais efeitos e o movimento dos espíritos animais; porém esse nosso outro ou segundo nascimento ocorrerá quando percebermos em nós efeitos totalmente outros do amor estabelecido conforme o conhecimento desse objeto incorpóreo; efeitos que diferem dos primeiros tanto como o corpóreo do incorpóreo e o espírito da carne. Portanto podemos com tanto mais direito e verdade chamar a isso renascimento, visto que somente desse amor e dessa união segue uma *estabilidade eterna e inalterável*.[11]

Já que, de fato, o verdadeiro amor de Deus é um amor intelectual, ele não poderia depender de condições de mudança e de tempo aos quais o corpo está submetido; em si ele não retém nada de material nem de perecível. A ação dos sentidos e da imaginação só pode se exercer se o corpo existir com seus afetos próprios; mas a ação do entendimento é uma ação essencialmente imaterial, já que ela substitui, às sucessões contingentes que exprimem os estados do corpo, as ligações necessárias e eternas que têm seu fundamento no Pensamento

---

[11] KV, parte II, cap. XXII, 5, 6 e 7, t. I, p. 112-113.

divino. Assim, é afirmada, pela eternidade do Real, a eternidade da Razão que o concebe.

Que essa doutrina seja de origem peripatética e que ela lembre a teoria do νοὑς ἀπαθής, isso parece incontestável. Para Aristóteles, de fato, é o entendimento puro, separado dos sentidos e de toda a matéria, essencialmente em ato, que é eterno;[12] é o entendimento puro que nos eleva, de alguma maneira, acima da condição humana, e que nos faz participar, pela contemplação imóvel, da inalterável felicidade da vida divina: ele é, então, a forma suprema da nossa atividade, o supremo Bem.[13] Mas o que é isso, exatamente, em relação a nós? Aristóteles diz expressamente que o puro intelecto vem ao homem de fora (θύραθεν), que ele se distingue do indivíduo como o imperecível se distingue do perecível, que ele é verdadeiramente um outro gênero de alma.[14] Então, nada individual é eterno: é esse o sentido que se deve dar, apesar da diversidade dos comentários, à teoria de Aristóteles.[15] É ficando bem próxima dessa teoria que Averroes considera que o intelecto ativo, o único eterno, é no fundo a razão comum da humanidade, que, portanto, somente a humanidade é eterna, enquanto os indivíduos perecem.[16] Ao contrário, Levi ben Gerson, depois de ter discutido as interpretações de Alexandre d'Aphrodisias, de Themistius e de Averroes, conclui que a imortalidade é ao mesmo tempo racional e individual; ele admite que cada homem faz o seu destino com a parte que ele adquire dos conhecimentos puros, e que ele se constitui uma outra vida, proporcional ao grau de saber que ele adquiriu na vida presente.[17] Que Spinoza tenha ou não sofrido a influência de Levi ben Gerson, parece que a sua doutrina aspira, antes

---

[12] *De anima*, III, cap. V, 430 a 17.
[13] *Eth. Nic.*, X, cap. VII e VIII, 1177 a 12, seg. — Ver Léon Ollé-Laprune [1839-98], *Essai sur la morale d'Aristote*, p. 49 e seg.; 134 e seg.
[14] *De anima*, II, cap. II, 413 b 25. — Ver *De gener. anim.*, II, cap. III. 736 b 27.
[15] F. Ravaisson, *Essai sur la metafisique d'Aristote*, t. I, p. 590.
[16] Ernest Renan, *Averroes et l'averroisme*, p. 152 e seg.
[17] Joël, *Levi ben Gerson als Religionsphilosoph*, p. 21-45.

de tudo, afirmar a vida eterna do indivíduo, e que ela transforma assim profundamente a teoria aristotélica.

A mente, de fato, segundo Spinoza, só pode ser concebida como ideia do corpo. Ela seria, então, se a considerássemos separada do corpo, uma ideia sem objeto, sem conteúdo próprio, um mero fantasma; ela existe necessariamente sob a forma individual que o corpo lhe dá. Se ela imagina, se ela se lembra, é porque o corpo realmente existe.[18] Mas então ela não estaria condenada a perecer com o corpo? Certamente, se o corpo perece, ela perece também; mas tem qualquer coisa do corpo que não pode perecer, a saber, a ideia que o exprime no pensamento divino.[19] O corpo não tem apenas uma existência produzida, desenvolvida ou destruída pela potência das causas exteriores; ele tem também, como tudo aquilo que existe, uma razão de ser absoluta, uma essência eterna. E essa essência eterna, de onde deriva sua tendência a perseverar no ser, não é uma noção universal na qual se confundem todos os corpos: é a essência que o faz ser como é, é a essência deste ou daquele corpo humano, *hujus et illius corporis humani*. Portanto, o essencial da nossa individualidade é verdadeira e eternamente fundado em Deus; aquilo que nos explica e aquilo que nos serve para explicar as coisas não é separável de nós mesmos: nós somos eternamente Razões individuais.

Ora, como vimos, nós temos a faculdade de compreender as coisas, não apenas pelas noções comuns, mas por uma intuição imediata e infalível.[20] Nós podemos, então, nos perceber no princípio de nosso ser, e se nós tendemos a esse conhecimento superior é porque tendemos necessariamente a nos reencontrar em nossa plena potência e em nossa

---

[18] EV, prop. 21, t. I, p. 265.
[19] Ibid., prop. 22, t. I, p. 266.
[20] Ver supra, Primeira Parte, capítulo III (A distinção entre o bem e o mal, do verdadeiro e do falso).

plena razão.[21] Quanto mais adquirimos esse conhecimento, mais queremos adquiri-lo,[22] e esse desejo, longe de ser um pensamento quimérico, é o mais certo e o mais positivo dos desejos: se ligando àquilo que subsiste de nós necessariamente, ele não poderia mais se desligar, nem se desqualificar. É por isso que, quando a alma é capaz desse conhecimento eminente, ela é necessariamente determinada: aqui, sobretudo, a potência verdadeira só pode ser ato efetivo. No desenvolvimento da vida é o segundo gênero de conhecimento que nos prepara para o terceiro gênero de conhecimento: compreender as coisas pelas suas leis é se dispor a compreendê-las na sua essência;[23] mas é no fundo porque somos capazes de compreendermos a nós mesmos em nossa essência que nós somos capazes de compreender as coisas pelas suas leis. Ou seja, todo conhecimento nos leva a nós mesmos, enquanto sujeitos eternos: as coisas são inteligíveis porque nós somos, no pensamento divino, seres capazes de percebê-las e de nos perceber sob a forma da eternidade. "Tudo o que a mente compreende na perspectiva da eternidade não o compreende por conceber a existência atual e presente do corpo, mas por conceber a essência do corpo na perspectiva da eternidade."[24] Se a nossa individualidade empírica, desviada de seu princípio, é uma falsa medida das coisas, nossa individualidade eterna, se afirmando em seu princípio, é a verdadeira medida de tudo. O ato pelo qual nós nos colocamos racionalmente no nosso ser determina para nós toda razão de ser e, na mais alta ciência da qual é capaz, a mente experimenta não um objeto imposto à sua ação, mas um efeito imediato de sua potência. "O conhecimento do terceiro gênero tem a mente, à medida que a própria mente é eterna, como sua causa formal."[25]

---

[21] EV, prop. 25, t. I, p. 267.
[22] Ibid., prop. 26, t. I, p. 267.
[23] KV, parte II, cap. XXXVI, t. I, p. 122. — EV, prop. 28, t. I, p. 268.
[24] EV, prop. 29, t. I, p. 268.
[25] Ibid., prop. 31, t. I, p. 270.

Por outro lado, pelo terceiro gênero do conhecimento, nós nos unimos a Deus com uma ligação mais forte e mais íntima, não apenas como seres entre seres, mas a título de seres individuais. Nós sentimos que *somos*, não por razões universais, mas por razões especiais nossas, e que existe uma graça singular para cada existência humana. Portanto, é para nós uma ciência infinitamente superior a todas as demonstrações pelas noções comuns.[26] É para nós mesmos e por nós mesmos que afirmamos Deus, porque, antes de tudo, somos nós mesmos que nos afirmamos. É a nossa própria vida, experimentada em sua causa, uma vida não engendrada, uma vida que se engendra e que, portanto, não poderia faltar.

> Nós sentimos e experimentamos que somos eternos. Com efeito, a mente não sente menos aquelas coisas que ela concebe pela compreensão do que as que ela tem na memória. Pois, os olhos da mente, com os quais ela vê e observa as coisas, são as próprias demonstrações. Assim, embora não nos recordemos de ter existido antes do corpo, sentimos, entretanto, que a nossa mente, enquanto envolve a essência do corpo na perspectiva da eternidade, é eterna, e que essa existência da nossa mente não pode ser definida pelo tempo, ou seja, não pode ser explicada pela duração. Portanto, pode-se dizer que a nossa mente dura e que a sua existência pode ser definida por um tempo preciso apenas à medida que envolve a existência atual do corpo; e, apenas sob essa condição, ela tem o poder de determinar a existência das coisas pelo tempo e de concebê-las segundo a duração.[27]

Essa posse imediata da vida eterna, que a intuição confere, não poderia se interromper nem ser perturbada.

Por tudo que já foi dito, fica evidente o quanto vale o sábio e o quanto ele é superior ao ignorante, que se deixa levar apenas pelo apetite lúbrico. Pois o ignorante, além

---

[26] EV, prop. 36, esc., t. I, p. 273.
[27] Ibid., prop. 23, esc., t. I, p. 266-267

de ser agitado, de muitas maneiras, pelas causas exteriores, e de nunca gozar da verdadeira satisfação do ânimo, vive, ainda, quase inconsciente de si mesmo, de Deus e das coisas, e tão logo deixa de padecer, deixa também de ser. Por outro lado, o sábio, enquanto considerado como tal, dificilmente tem o ânimo perturbado. Em vez disso, consciente de si mesmo, de Deus e das coisas, em virtude de uma certa necessidade eterna, nunca deixa de ser, mas desfruta, sempre, da verdadeira satisfação do ânimo.[28]

Assim, no amor intelectual de Deus nós experimentamos um inalterável gozo de nós mesmos; isso não é nos perder no Infinito, mas afirmar nossa união imediata com Deus, é, ao contrário, nos encontrar tal como somos; e seria renascer, se houvesse realmente uma morte. Mas aquilo que parece morrer em nós é aquilo que não tem existência, são os meros objetos que a nossa sensibilidade imagina, quando está unicamente tomada por si mesma. Ora, já, na medida em que na vida presente tomamos melhor consciência da nossa Razão, sentimos melhor que aquilo que vem dos sentidos não poderia ter nenhum valor, conquistamos assim uma maior parte de eternidade.[29] E o próprio progresso do nosso ser é a expressão, no tempo, da nossa imutável essência no Pensamento divino. É, ainda falando a linguagem das coisas temporais, que falamos de uma supremacia gradual da nossa Razão sobre nossa sensibilidade. O que é absolutamente verdadeiro é que nossa Razão, com o Amor que ela envolve, não se torna, mas é; somente podemos acrescentar que todas as perfeições da vida presente são iminentemente compreendidas nela.

Embora esse amor para com Deus não tenha tido um começo, tem, entretanto, todas as perfeições do amor, como se tivesse tido uma origem. E não há, aqui, nenhuma diferença, a não ser a de que a mente teve, desde toda a eternidade, essas mesmas perfeições que segundo nossa maneira de dizer ele começou a adquirir, e

---

[28] EV, prop. 42, esc., t. I, p. 278.
[29] Ibid., prop. 38, 39, 40, t. I, p. 271-276.

as possuiu acompanhadas da ideia de Deus como causa eterna. E se a alegria consiste na passagem para uma perfeição maior, a beatitude deve, certamente, consistir, então, em que a mente está dotada da própria perfeição.[30]

A beatitude não é nem o efeito nem o limite da liberdade; ela é o princípio e a causa. "Não é porque refreamos os apetites lúbricos que desfrutamos da beatitude, mas, em vez disso, podemos refrear os apetites lúbricos porque a desfrutamos."[31] Em outras palavras, o simples esforço do homem para conquistar a beatitude seria radicalmente impotente se ele pretendesse se bastar, se ele não obtivesse sua força da ação divina que o suscita e o torna eficaz. Não é por meios humanos que asseguramos a salvação; os procedimentos discursivos da inteligência e da vontade abstratas nada podem sobre a nossa natureza, nada podem fora de Deus; só somos salvos pelo amor que a nossa Razão encontra em Deus e que a nossa natureza exprime. Não temos que criar artificialmente um destino moral: todo o nosso destino está eternamente no grau de verdade e de amor que realizamos no seio do Pensamento Eterno.

Ora, como Deus é a causa do amor que temos por ele, podemos dizer que ele nos ama como nós o amamos e na medida em que o amamos. É nos amando com um amor intelectual que amamos Deus; é em produzindo na mente humana a ideia de seu Ser que Deus, princípio de todo amor, se ama de um amor infinito.[32] Eis assim o verdadeiro Infinito. Ele não é o infinito do objeto, ele é o infinito da ação pela qual Deus, enquanto Pensamento, se comunica sem se diminuir com todo homem que o solicita: o Pensamento é realmente o mediador inteligível pelo qual Deus se une imediatamente à essência de toda mente humana. Deus, pela sua ideia, pode se exprimir infinitamente, e é assim que chega a um amor consciente de si mesmo. O amor intelectual da mente é, de fato, "[...] uma ação por meio da qual a mente considera a si própria e que vem acompanhada da ideia de Deus como causa; em outros termos, é uma

---

[30] EV, prop. 33, esc., t. I, p. 271.
[31] Ibid., prop. 42, t. I, p. 277.
[32] Ibid., prop. 35, t. I, p. 272.

ação por meio da qual Deus, enquanto pode ser explicado pela mente humana, considera a si próprio e que vem acompanhada da ideia de si".[33] Assim, a união imediata que se estabelece entre Deus e o homem no Pensamento faz que em si Deus ame o homem, e que em si o homem ame a Deus.

> [...] o amor de Deus para com os homens e o amor intelectual da mente para com Deus são uma só e mesma coisa [...] Por tudo isso, compreendemos claramente em que consiste nossa salvação, nossa beatitude ou nossa liberdade: no amor constante e eterno para com Deus, ou seja, no amor de Deus para com os homens. Não sem razão, esse amor ou essa beatitude é chamado, nos livros sagrados, de Glória. Pois, quer esteja referido a Deus, quer esteja referido à mente, esse amor pode ser corretamente chamado de satisfação do ânimo, a qual não se distingue, na realidade, da Glória.[34]

É em Deus e por Deus que nós nos determinamos a ser como somos; e essa determinação, ao mesmo tempo inteligível e individual, é o que funda nossa natureza, que exclui tudo aquilo que é exterior a nós, toda medida das coisas e toda a qualificação alheia ao nosso ser. Em cada um de nós, Deus, pelo Pensamento, se revela ao mesmo tempo a nós e a ele mesmo, e é essa íntima união do Ser infinito com nossa individualidade finita que constitui indissoluvelmente na Vida eterna nossa salvação e a Glória de Deus.

---

[33] EV, prop. 36, t. I, p. 272.
[34] Ibid., prop. 36, cor., esc., t. I, p. 273.

CAPÍTULO X

O PROBLEMA MORAL NA FILOSOFIA DE SPINOZA

O problema moral, tal como Spinoza concebeu, só pode ser resolvido por um sistema, e o sistema, tal qual Spinoza edificou, consiste em colocar *a priori* a Razão ontológica como a medida de tudo. O que não está na Razão, o que não é fundado por ela, é só uma ilusão e um nada: nada pode ser concebido, nada pode ser dado como bom por qualificação externa ou por vontade contingente. Uma coisa só é boa se, podendo ser afirmada absolutamente, existe necessariamente por uma potência inteligível interna. Mas também uma coisa só é boa se não está fora de nós, se nos concerne diretamente e se nos interessa. Consequentemente, nossa melhor e mais certa maneira de conceber a Razão é de concebê-la aplicada à vida: a suprema verdade, da qual decorre toda a doutrina, é a afirmação absoluta da vida. É verdade, é útil tudo o que exprime a vida, o que a sustenta e a completa; é falso, é prejudicial tudo o que desnatura a vida, o que a rebaixa ou a diminui. A Metafísica só pode e só deve existir para compreender e glorificar a vida: a Metafísica é uma ética.

Assim se explica o sistema de Spinoza. É um idealismo, já que estabelece na origem, pela própria definição de "causa de si", a identidade entre o pensamento e a existência, entre o Ser racional que é em si e o Ser real que é por si. Sobretudo ele é um idealismo concreto, isto é, que ele se recusa a fazer da existência um não ser, uma simples aparência, e que ele a funde imediatamente na essência. Ele coloca a verdade, ao mesmo tempo, na ideia e na coisa, na ideia tal como concebida pelo entendimento, purificado de todo elemento sensível e imaginário, na coisa tal como ela é realmente, sem mistura nem corrupção. Ele lembra o platonismo pelo esforço que faz em colocar, antes do próprio ser, a inteligibilidade do ser; ele lembra o aristotelismo pela preocupação de levar em consideração o que é dado, o que se manifesta. Ele se apresenta, contudo, como diretamente oposto às doutrinas antigas, e procura justificar a noção da individualidade humana. Trabalhando para se aprofundar, a razão ontológica se desprende de toda ideia de fatalidade externa; ela entende, não se submete, mas se coloca; ela toma consciência do que existe nela de subjetividade profunda e de liberdade interna. A obra filosófica de Spinoza, apesar de tudo que já foi dito, tende mesmo a afirmar o indivíduo.

Se essa tendência pôde se desenvolver e se completar em um sistema, é certamente graças a Descartes. A lógica geométrica de Descartes teve como resultado descartar e substituir a lógica antiga pela lógica do conceito. Ela eliminou da ciência todas as noções específicas com as quais se tentava resolver os objetos reais. Por sua vez, Spinoza tenta eliminar da filosofia moral todas as noções análogas com as quais se tenta resolver a vida. Falam de Bem supremo, de Perfeição exemplar: nada é mais inútil do que esses tipos transcendentes que são propostos ou que são impostos ao homem; nada é mais tirânico do que a pretensão de tentar encaixar o homem em gêneros: o homem tem nele próprio seu modelo, que é ele mesmo, com a sua natureza, o seu desejo de ser, a sua necessidade de felicidade; o homem não pertence a um gênero, ele tem o seu próprio gênero, *sui generis*; não há hierarquia que possa tirar os seres de seus lugares e fixá-los arbitrariamente em outras posições: cada ser, pelo que ele é, já está em sua posição. É necessário, então, quebrar todas essas estruturas convencionais nas quais, quer queira quer não, querem aprisionar uma humanidade desfigurada, e em vez de imaginar uma razão inimiga do homem, que o absorve e o reduz a nada, reconhecer que todo homem é uma Razão. Ao idealismo antigo, que se fundava antes de tudo sobre a necessidade lógica e estética dos universais, e que era sempre mais ou menos forçado a admitir no indivíduo alguma contingência, Spinoza substitui, sob a influência de Descartes, um novo idealismo que considera ilusórias as ideias universais de gênero e de espécie, e que afirma, em primeiro lugar, a necessidade racional do indivíduo.[1] Em vez de se sacrificar à beleza ou à regularidade da ordem e de ficar fora do sistema que ele poderia perturbar, o indivíduo declara inconsistente a ordem que não o compreende, e se estabelece energicamente no centro do sistema que ele mesmo desenvolve.

Sem dúvida, a diferença entre essas duas concepções está nas diferentes maneiras de entender o Pensamento. O Pensamento, segundo os antigos, o Pensamento que se pensa, funda sua unidade sobre sua homogeneidade absoluta. Ele só conhece essencialmente ele mesmo, segundo o princípio que o semelhante pode somente conhecer o semelhante. Ele é o Ser determinado por excelência, o Ser completo, o Ser perfeito, cujo ato puro é a reflexão sobre si. Ele é incomparável, pois é o último termo de toda comparação. Se ele age sobre os seres, não é por impulso, mas por atração, que não é por um contato direto, mas pela influência que exerce, ao longo de toda natureza, a perfeição dos modelos que mais ou menos o imitam: de tal sorte que ele é o supremo artista da obra de arte que se efetua nas coisas. O Pensamento divino, tal como o concebe Spinoza, é um Infinito que não poderia se pensar, que, em vez de se pensar eternamente, produz eternamente os seres; ele é incomparável porque o que é por ele não poderia ser como ele. Ele não é então um objeto determinado que pudesse servir de modelo original e fazer da natureza a sua cópia. Ele não é a causa final, a causa transcendente que se mantém à distância das coisas que ele move; ele é a causa eficiente e imanente, que sustenta imediatamente as coisas de sua ação. Ele é uno com aquilo que engendra; mas o que ele engendra é outra coisa que não ele: não é a noção universal, é o indivíduo; e entre ele e o indivíduo nada se interpõe. A realidade, então, não é uma obra de arte que se

---

[1] "Os antigos disseram bem que a verdadeira ciência procede da causa aos efeitos, mas, que eu saiba, eles jamais conceberam, como nós aqui, a alma agindo segundo certas leis determinadas e como que um autômato espiritual." TIE, t. I, p. 29.

organiza segundo fórmulas: ela é uma ordem viva de afirmações individuais, um sistema de inspirações singulares. O Pensamento divino é indiferente a tudo, isto é, a todas as qualificações gerais que vêm de fora para nomear os seres; ele não é indiferente aos indivíduos que ele determina a ser, e que, por assim dizer, ele chama pelo nome.

O que é então eterno no Pensamento divino são inicialmente as Ideias individuais, as "Essências particulares afirmativas"; em seguida, para que haja uma unidade inteligível, são as relações entre essas Ideias, entre essas Essências. Mas essas relações não são mais as relações de hierarquia entre os tipos gerais; são relações de comunicação entre os indivíduos, fundadas sobre suas propriedades comuns, relações de afinidade e de parentesco. O indivíduo se compreende e se aperfeiçoa pelo que é do indivíduo: então, ele é sempre a medida da ordem na qual ele entra, ou melhor, da ordem que ele contribui a instituir. Assim, o que Spinoza leva ao absoluto no Pensamento divino é, junto com a afirmação do ser individual, a concepção moderna da lei. A lei não é uma forma universal de explicação, mais ou menos externa ao seu objeto, ela é a relação imanente, imediata, que une as coisas singulares; ela é a expressão do ato pelo qual os indivíduos se completam e se unem, pelo qual eles exprimem na diversidade de suas existências a unidade essencial do Ser infinito. Também, ela tem mais que um valor simbólico ou representativo: ela é verdadeiramente uma potência da qual o homem pode se apropriar, concebendo-a como um encadeamento dialético de ideias, como um princípio de coesão sistemático, agindo segundo ela como se fosse ela. O indivíduo que compreende claramente a lei necessária da natureza se compreende a si próprio por ela: ele não se submete à ordem, ele a faz.

Dessa unidade eterna, na qual o ser e a lei se interpenetram a ponto de parecerem idênticos, a Geometria é a tradução adequada e certa. A Geometria é a própria verdade, precisamente porque ela não admite a verdade, isto é, uma espécie de tipo universal ao qual se subordinarão suas demonstrações, porque ela está toda em sua marcha racional, e exclui rigorosamente todas as qualificações extrínsecas. Ela é a verdade porque ela deduz as noções umas das outras por suas respectivas propriedades, só levando em conta o que elas contêm, porque ela não altera em nada os objetos aos quais se aplica e os considera como inteligíveis. A ideia considerada pelo geômetra é ao mesmo tempo clara, distinta, especial e individual: ela tem um sentido determinado que não podemos nem amplificar, nem reduzir, que é a sua propriedade interna. E quando ela entra na ordem da dedução, ela não se reduz, ao contrário, ela se desdobra e se valoriza. Portanto, não existe verdade distinta das ideias: a verdade é unicamente a unidade lógica das ideias.

E, pela mesma razão, também não existe moral, se a entendemos como uma arte humana que deve se sujeitar às regras e ter por objeto alguma qualidade universal; não existe moral porque não há uma disciplina externa que tenha validade de legalidade prática que possa se impor ao ser unicamente pela força de suas sanções; enfim, não existe moral porque os preceitos que lhe estão subsumidos dizem respeito a noções abstratas que não possuem conteúdo real, que acabam por ser indiscerníveis e por deixarem se dissolver no vazio de sua generalidade a distinção formal do bem e do mal. O maior esforço de virtude individual consiste em negar a moral.

É então ao seu próprio ser que o homem deve retornar; quando ele se afasta de si mesmo, ele se afasta de Deus. Além disso, o homem jamais pode se separar de sua natureza e de suas inclinações: ele está sempre presente nele mesmo em tudo o que faz, em tudo o que ele é. Todos os seus atos, quaisquer que sejam, relevam essa tendência de perseverar no ser, que é sua própria essência. Ele é todo constituído pelo seu desejo de viver, e é esse desejo que, na medida da sua potência interna, cria seu objeto. Ele é, então, enquanto indivíduo, plenamente autônomo, porque o desejo pelo qual ele existe depende apenas de si mesmo, porque esse desejo, ao invés de ser determinado, como pensavam os antigos, pelo desejável que o atrai, determina a si mesmo o que considera desejável. Em outras palavras, o desejo vale por si mesmo e não pelo que persegue; ele tem seu fim nele mesmo e não nas coisas às quais se aplica: ele encontra seu objeto adequado quando ele apreende a si mesmo em seu princípio e como sua raiz: ele é, então, a identidade do indivíduo consigo mesmo. Por conseguinte, na natureza, tudo só faz sentido em relação ao indivíduo: é bom aquilo que o indivíduo persegue, é mau o que o indivíduo repele. É em vão tentar qualificar o universo e a vida em geral: toda a significação do universo e todo o interesse da vida estão no indivíduo.

Entretanto, de onde vem a inquietude e o sofrimento, se o indivíduo é o centro de tudo? Eles acontecem precisamente porque o homem trabalha para realizar o que não é ele, o que, por consequência, o nega. Ao invés de se constituir no que ele é verdadeiramente, ele procura ultrapassar a si mesmo; ao invés de ser pura afirmação de si, ele quer se afirmar por objetos alheios; ser finito, ele é impaciente com os limites que encontra, ao invés de sentir intimamente a alegria de ser com o que ele tem. O desejo, que é a sua essência, se determina, não por ele mesmo, mas sob a influência de causas exteriores: ele se aliena em cada um dos objetos que o afeta; ele se quebra em uma série incoerente de tendências que se opõem entre si, e acabam por se opor a ele. Então, começa uma vida de mentiras, de incertezas e de contradição. Então, todas as crenças que engendram ou sustentam a moralidade se encontram desfiguradas. É no finito que se pretende apreender o infinito, isto é, buscar todo o prazer e todo o bem; e como o finito não será suficiente para satisfazer a alma, nós o prolongamos numa infinitude enganadora sugerida pela imaginação. Ao invés de ver em Deus a medida de tudo, a medida suprema que não pode ser mensurada, se decide, por meio de uma impressão sensível ou por um interesse momentâneo, o valor definitivo das coisas; se imagina uma lei de finalidade pela qual a Providência se empenha em prover a todas as necessidades, e as decepções que sentimos não nos deixam outra alternativa senão a resignação dolorosa ou a revolta impotente. Como nada parece definido, se imagina que as lacunas da ordem natural são para Deus e para os homens ocasiões excepcionais de agir: de Deus e do homem se esperam ações espetaculares que ordenem melhor o universo. Como nada parece determinado, se empurra o ser no sentido da indeterminação mais radical; se coloca na origem de tudo potências indiferentes, que chamamos de vontade divina ou vontade humana, igualmente capazes de tudo fazer e de tudo desfazer: se traveste a liberdade em livre-arbítrio, o ato pleno em faculdade vazia, a firme razão em capricho indeciso. Desse modo, generalizamos e colocamos no absoluto o que a vida sensível contém de negação: o indivíduo apreende nele o que lhe é o mais completamente alheio, e é com isso que faz seu Deus.

Não é de surpreender que uma existência que está tão completamente fora da verdade se sinta rapidamente fora da paz e da alegria. Não conhecendo o que ele é, o homem não pode conhecer melhor o que são os outros, e pelos bens fictícios que o fascinam ele trabalha para destruir suas individualidades assim como faz com a sua: ele pretende fazer deles instrumentos de suas fantasias, tratá-los como meios. Nós os vemos, naturalmente, se voltarem contra ele, e opor suas forças à dele; daí estas lutas de todos os dias que dilaceram tão dolorosamente a humanidade; daí, também, a causa das misérias que essas lutas causam, a ideia de tentar uma nova via, de ter outra conduta. É necessário restaurar a unidade destruída. Mas restaurar significa continuar a concebê-la sob as formas da sensibilidade, continuar a procurar o supremo remédio ao mal nas limitações da lei? O grande erro da maioria dos teólogos e filósofos, segundo Spinoza, é de crer que a lei que comanda pode, unicamente porque é a lei, nos conduzir à salvação. E esse erro se apoia primeiramente sobre a falsa concepção de uma vontade livre, que poderia por uma decisão categórica se inclinar tanto para o bem como para o mal; ela se apoia, além disso, sobre uma falsa assimilação da vida moral à vida social. A lei imperativa só tem valor completo na ordem civil, que não inclui a totalidade do indivíduo; ela supõe uma atividade que se distingue dela e que encontra nela seu limite; então, ela está sempre em algum lugar exterior ao indivíduo que ela governa; ou então, se admitimos que ela penetre inteiramente o indivíduo, o que quer dizer senão que o indivíduo é a lei viva? Quando invocamos a lei para controlar a potência interior do indivíduo, só fazemos aguçar nele o sentido do mal, estimular a tentação. A lei é o pensamento do erro possível, é a lembrança da falta cometida, é a imagem obsessiva do pecado; a lei é o pecado. Com a lei que é dada como absoluta se introduz no homem já dividido um princípio de cisão mais profunda: os sentimentos naturais são pervertidos; existem alegrias más, existem tristezas boas; o homem, estando mais disposto a se submeter quando está abatido, faz do seu prazer uma vergonha, e de seu sofrimento um mérito; o esmagam com a ideia de provação e de expiação. A lei assim imaginada para reprimir a sensibilidade se cerca e se fortifica de toda sorte de representações sensíveis; sob a forma da lei, é uma potência tirânica que imaginamos, se opondo caprichosamente aos nossos caprichos, violentamente às nossas violências. Não é esta a unidade que a alma precisa. É, ao contrário, a dualidade irredutível de duas forças alheias que se combatem sem tréguas, que só se penetram no sofrimento e só se aniquilam na morte. Que cesse então o reino da servidão e da lei; que advenha o reino da liberdade e do amor.

Assim, toda fórmula de moralidade aparece como inútil: é mais exatamente destruir a moralidade do que procurar a fórmula. A virtude não é um fim exterior que nós possamos perseguir por meios distintos dela: a virtude está tanto nos meios como no fim: ou melhor, a virtude é o próprio esforço do homem que chega, pela consciência de si, à sua plena autonomia. Portanto, não é pela abnegação que o homem poderá se restaurar no seu ser; mas, ao contrário, por uma completa afirmação de sua natureza. Sempre e em toda parte, o homem vai procurar o que lhe é útil, e é também tão ilusório quanto ilegítimo propor a ele um bem que não seja o seu bem. Mas como passar de uma vida de mentiras para uma vida verdadeira? Por uma transição natural e contínua. Enquanto na vida de mentiras apresentam a submissão à lei como uma ruptura com os desejos, é preciso reconhecer antes que é o desenvolvimento do desejo que conduz à vida verdadeira. Há na existência dada um princípio sólido que faz com que possamos ultrapassá-la sem destruí-la: a tendência a perseverar no ser, que está dispersa na multiplicidade incoerente dos objetos exteriores, trabalha para se reconquistar e se reconstituir; ela se fortifica e se libera à medida que ela se transpõe a uma nova ordem, que é a ordem da razão; é pela razão que ela consegue reagrupar sob uma unidade firme os elementos que a compõem; então ela transforma em ideias adequadas, que são sua própria potência, as ideias inadequadas, que são sobretudo a potência das coisas; ela atrai, para retomá-la, toda a força que ela tinha inutilmente espalhado ao redor. Mas esta libertação somente é possível porque a vida sensível não se sustenta só por si mesma; por mais que a paixão divinize o seu objeto: ela não poderia dar o ser ao que não tem ser. As relações empíricas ou imaginárias que a sensibilidade estabeleceu caem pela sua própria fragilidade: só há consistência nas relações estabelecidas pela razão. Porém, as relações estabelecidas pela razão são verdadeiras porque elas unem os seres por suas propriedades positivas e constitutivas, porque elas mostram em cada ser a necessidade que o faz ser e que o faz ser assim, que o torna, num certo sentido, indestrutível e inviolável. O homem que concebe esse tipo de relações não está mais exposto a afirmar o que é ilusório, a negar o que é real; doravante ele não se coloca em contradição nem com a natureza, nem com seus semelhantes; ele sente que as afirmações verdadeiras, que são os próprios seres, não poderiam se excluir, pois elas são as afirmações que necessariamente elas devem se compreender, e que, enfim, a lei universal que rege o mundo é a unidade lógica dessas afirmações. Donde segue que a sabedoria está na ciência, não nessa ciência abstrata e separada de tudo o que não seja um jogo de ideias, mas na ciência da vida, que no fundo é a vida consciente dela mesma. Donde segue ainda que o entendimento é a maior potência da natureza, que a natureza aspira ao entendimento, não no sentido teleológico onde o entendimento seria o fim a ser atingido pela natureza, mas no sentido bem geométrico no qual o entendimento é a própria natureza no supremo esforço que ela realiza, ao mesmo tempo, para se concentrar e se dilatar. Donde segue, enfim, que as oposições imaginadas entre a força e o direito, a felicidade e a virtude, são caducas e sem nenhuma influência. O direito, que é a verdade, é necessariamente por si mesmo a maior força; a virtude, que é o ato perfeito, é necessariamente, por si mesma, a maior felicidade: portanto, para evitar qualquer consideração utópica de abstrato e sobrenatural, é pela força que devemos determinar o direito e pela felicidade que devemos determinar a virtude.

Dessa maneira, unindo o que a sensibilidade dividiu, a razão nos permite recuperar, sob uma forma doravante inteligível, as convicções que para a maioria dos homens são protetoras da moralidade: ela dá uma irrecusável certeza a esse reino de justiça e de amor que a fé religiosa anuncia pela revelação e pela graça: ela supera todas as antinomias nas quais se perdeu o melhor da vida como também o melhor da fé. Em relação aos sentidos, com efeito, quase todas as grandes concepções metafísicas e religiosas se dividem em grupos de noções contrárias: a necessidade, que significa o destino, se opõe à liberdade, que significa o livre-arbítrio: o desejo, que significa a paixão, se opõe à lei, que significa restrição: Deus, que significa o bem, se opõe à natureza, que significa o mal. E essas antíteses lógicas não fazem mais do que traduzir em termos abstratos as contradições sofridas pela alma. O entendimento, que não pode admitir em si nada de contraditório, leva essas antíteses à unidade pela exclusão dos elementos negativos. Uma vez que a necessidade é compreendida não como uma fatalidade irracional, mas como o princípio de inteligibilidade das coisas, uma vez que a liberdade é compreendida, não como uma faculdade ambígua, mas como a determinação interna do ser por ele mesmo, não há mais oposição, há unidade absoluta entre a necessidade e a liberdade: a necessidade é a própria razão do ser em seu íntimo; a liberdade é a causa certa de que o ser produz por si mesmo. Uma vez que o desejo é compreendido não como uma inclinação desordenada, mas como a potência de viver, uma vez que a lei é compreendida não como uma ordem exterior, mas como a expressão da essência das coisas, não há mais oposição, há a unidade absoluta entre o desejo e a lei: o desejo é a lei interna do indivíduo; a lei é o desejo tornado consciente de si mesmo e de sua virtude. Uma vez que Deus é compreendido não como um bem exemplar que se propõe ou se impõe de longe, mas como a potência infinita que se produz por si mesma e que sustenta imediatamente os seres, uma vez que a natureza é compreendida não como uma força independente ou revoltada, mas como a unidade dos seres que mantêm intimamente a Razão soberana de sua existência, não há mais oposição, há a unidade absoluta entre a natureza e Deus: Deus é a natureza levada ao seu princípio de inteligibilidade geradora; a natureza é Deus que se exprime nos seres singulares. A unidade assim reconstituída, percebida doravante em toda parte onde antes havia contradição e luta, não é o resultado de operações exteriores e abstratas; é o fruto da alma razoável que reconciliou nela todas as suas potências e que goza plenamente de sua obra, que ela sente boa. E a vida que se elevou até lá é verdadeiramente inatacável; ela afastou de si todas as negações, interiores ou exteriores, para se constituir numa afirmação firme e inquebrantável: é a vida do homem livre.

Entretanto, o homem pode fazer melhor do que se compreender, pela verdade comum a todos os homens; ele pode se afirmar por si mesmo como uma verdade e dizer a si próprio: eu sou minha vida. É pela pura intuição de sua essência, é em relação a todo o seu ser, como uma Ideia, ao Pensamento divino, que ele opera essa obra de ressurreição. Ou melhor, não há propriamente ressurreição, porque não há morte; a vida, que só pode ser afirmada, exclui toda concepção positiva do nada: ela se constitui por ela mesma sem que a morte sirva de instrumento ou de condição. A oposição entre a vida e a morte é relativa à sensibilidade, que compara o que aparece e o que cessa de aparecer; mas, no fundo, o que simplesmente aparece não é mais real do que o que deixa de aparecer: é sempre no nada que a sensibilidade imagina a existência. Nada pode restringir ou alterar essa inefável afirmação de si que engendra todo ser; longe de ser apenas o termo de nossa ação, ela é a nossa própria ação em sua imutável atualidade. Nossa verdadeira vida é nossa vida eterna; e se podemos chamar a vida presente uma prova, é unicamente no sentido de que nós experimentamos por ela o que nós somos por toda a eternidade. O destino que nós cumprimos não é então obra de um capricho, nem de um instante; ele está fundado em Deus e por Deus; ele é inteiro eternamente na razão individual que nós somos, e no amor que sentimos por nós, amando Deus.

Assim, segundo a filosofia de Spinoza, a origem e o fim de nossa vida são idênticos. O que é verdadeiro não necessita do tempo para ser verdadeiro; e até se diria que o próprio sistema trabalha para apagar, pela rigidez de suas fórmulas, o que não é realidade concluída, ato completo, o que é simples movimento, simples passagem ao ato. Há na tônica da palavra spinozista como uma ressonância de eternidade. Mas talvez seja aqui que a doutrina de Spinoza encontre sua mais grave dificuldade. Por que o Ser, se ele é absolutamente uma existência atual, se revela como tendência, como potência relativamente indeterminada? Qualquer esforço que façamos para reduzir ao nada estes objetos da sensibilidade, que, elevados ao infinito, são o erro e o mal, ainda resta o fato de que, fora do Ser pleno sobre o qual toda afirmação se funda, existem possibilidades que o ultrapassam ou que o limitam. Então, por que a verdade imediata não é o objeto de uma afirmação imediata? E em virtude de qual necessidade ela é obrigada a se limitar ou a se esconder para tomar a forma do contingente e do temporal, por mais ilusório que seja? Parece que, para explicar tudo, o Ser absoluto deve conter em si um princípio de inteligibilidade capaz de abarcar não apenas o que é, mas o que parece ser. Ele verdadeiramente contém isso?

Muitas vezes foi dito anteriormente que a doutrina de Spinoza não era homogênea: dedicamo-nos a mostrar que havia nela algumas contradições que podem levar a uma contradição geral. A concepção de Deus tal como é apresentada no primeiro e no segundo livro da *Ética* não está de acordo com a concepção de Deus apresentada no fim do quinto livro, na teoria da vida eterna. Na origem, Deus é sobretudo o Ser infinito que se manifesta por uma infinidade de atributos: ele é superior e alheio a todas as formas particulares da sensibilidade e da atividade humana; ele é impassível e impessoal; ele não tem nem entendimento nem vontade, no sentido ordinário dessas palavras; ele é potência e pensamento. O homem é assim uma simples parte da natureza; todas as suas maneiras de ser são determinadas pelas coisas; sua vontade é constrangida. No final do quinto livro, Deus é bem mais o princípio da verdade do que o princípio do ser; de seus infinitos atributos apenas um parece determiná-lo efetivamente: o Pensamento; mesmo que o Pensamento pareça ter perdido sua impessoalidade original; ele é imediatamente unido aos seres pensantes, que se concebem como livres na razão de seu ser; Deus, que estava impassível, vivencia na Glória a alegria de um amor infinito. Não existe aqui uma oposição manifesta e uma contradição insolúvel?[2]

A oposição é manifesta sem que ela seja imediatamente contraditória; talvez ela exprima apenas uma diferença de pontos de vista na inteligência e uma

---

[2] Kuno Fischer: *Geschichte der neuern Philosophie*, I, 2, p. 546 — [Johannes] Volkelt (1848-1930): *Pantheismus und Individualismus im systeme Spinoza's*, Leipzig, 1872, p. 11 — [Christian] Lülmann [1861-19-?]: *Über den Begriff "Amor Dei intellectualis" bei Spinoza*, Jena, H. Pohle, 1884, p. 14.

diferença de momentos na inteligibilidade do absoluto. Podemos sustentar que há, segundo o spinozismo, uma dialética interna do Ser. O Ser é primeiramente dado em si numa espécie de identidade formal e puramente negativa; ele é o que exclui qualquer outra coisa que não seja ele, o que é, por consequência, anterior a tudo. *Substantia prior est natura suis affectibus* [Uma substância é, por natureza, primeira, relativamente às suas afecções (EI, prop. 1)]. Talvez esteja ainda sob o nome de Ser apenas a forma pura do Ser, o que não pode ser rejeitado se não queremos afirmar o nada absoluto. É sobretudo pela via da eliminação que ele é dado, porque ele só tem relação com ele mesmo; tudo o que o determinaria de fora seria uma negação. Mas, precisamente porque ele se opõe a toda determinação externa, o Ser tira de si seu princípio de realização; ele tende, por assim dizer, a se preencher, e eis por que ele se revela nos seres. Somente esse ato, pelo qual ele sai de sua identidade pura, deve ser adequado à sua infinita potência, e ele deve, por conseguinte, engendrar outra coisa além de cópias defeituosas dessa potência. O Ser seria infecundo se ele se repetisse em imagens inúteis, se ele agisse apenas como modelo, e ele se limitaria se essas imagens ganhassem alguma consistência e lhe tirassem uma parte de seu ser sob sua forma própria. O Ser que se realiza não se reproduz: ele produz. Mas, somente indivíduos podem exprimi-lo sem limitá-lo; e a razão que une, pelos atributos, o Infinito e os seres, é uma razão viva, já que ela não é mais somente a identidade do Ser consigo mesmo, mas a identidade do Ser com os seres. A existência é então fundada sobre a necessidade de conceber na verdade eterna ao mesmo tempo o que é o mesmo e o que é outro; e talvez seja necessário pensar se o indivíduo, existindo, se estabelece primeiro no erro e no mal, é porque ele participa pela imaginação e a sensibilidade desta forma anterior do Ser que é, em relação ao que não é ela, exclusão e negação. Porém, se o insucesso dessas pretensões leva o indivíduo pouco a pouco ao que ele é verdadeiramente, o indivíduo se concebe em relação imediata com o Ser infinito; ele se ama na sua razão que se afirma, na sua vida que se funda, em seu destino que se constitui. E, por essa afluência do homem, o Ser se concilia consigo mesmo, ele se realiza, ele se conquista. Deus, que se revelou fora de si como natureza, se revela em si como espírito. Doravante, o Ser é menos a substância infinita do que o pensamento eterno; ele é antes de tudo este *amor intelectual* que Deus vivencia por si e pelos homens, "[...] não enquanto é infinito, mas enquanto pode ser explicado por meio da essência da mente humana, considerada da perspectiva da eternidade".[3] A moralidade do homem tem então seu princípio último nesse tipo de progresso ideal pelo qual o Ser tende a se realizar plenamente atravessando os seres para uni-los a si na Beatitude e na Glória. E se esse progresso, que contém todo o desenvolvimento da vida humana e da existência concreta, não seja suficientemente explicado e deduzido por Spinoza, ele está suposto e traduzido pelo próprio desenrolar do sistema. Há consubstancial ao Deus que é por toda a eternidade um Deus que se torna toda a eternidade, e nossa moralidade é precisamente o Deus que se torna em nós e que nós levamos, de alguma maneira pela nossa própria virtude, à pura consciência de si; nossa moralidade é a vida em Deus e é a vida de Deus.

Tal nos parece a doutrina de Spinoza. Ela considera a noção de qualidade moral uma noção fictícia que precisa ser resolvida em uma concepção metafísica e religiosa. Ela se exprime em um sistema dialético onde a potência da natureza e a potência da razão, a afirmação do indivíduo e a afirmação de Deus são tão intimamente ligadas que não há nenhum lugar na ordem das coisas para a autoridade exterior, para a regra abstrata, para a obra sem fé, para a ciência sem amor. Ela se realiza e conquista todo o seu sentido nesta teoria do *amor intellectualis* que encerra o quinto livro da *Ética*. Ela pretende ser a forma interna na qual as almas se compreendem e se realizam, e assim ser para elas, não apenas uma simples ciência teórica, mas a ciência da vida, a verdadeira religião. Ela tenta constituir somente pela força do livre pensamento o equivalente ao que o cristianismo trouxe aos homens; e de fato ela frequentemente procura traduzir numa linguagem racionalista, para delas se apropriar, certas concepções cristãs. No *Prefácio*, que compôs para as *Obras póstumas*,[4] Jarig Jellis se esforçava em estabelecer que o cristianismo, sendo essencialmen-

---

[3] EV, prop. 36, t. I, p. 272.

[4] Traduzida em latim por Louis Meyer — *Benedicti de Spinoza opera quæ supersunt omnia*. Ed. Bruder, Leipzig (Tauchnitz), 1843, v. I, p. 151 e seg.

te uma religião racional, não devia ser contrário à filosofia de Spinoza. Não é uma ideia cristã, dizia ele, a ideia de um Deus soberano mestre do universo por sua potência e seus decretos? Todas as virtudes que recomenda Spinoza, a força da alma, a generosidade, o ardor da ciência verdadeira, não são virtudes cristãs? Qual foi a promessa da Nova Aliança senão a que o spinozismo afirma expressamente, saber que o reino da lei acabou, que a revelação, de agora em diante imediata e interior, está totalmente nas verdades eternas que exprimem Deus nos homens? Enfim, Spinoza não concebeu firmemente que a salvação só pode estar no amor de Deus e de nosso próximo em Deus? Eis certos paralelos que não são sem razão e que têm um valor histórico pela influência que o spinozismo exerceu na teologia alemã. Porém seria enganoso esquecer certas diferenças que existem entre o cristianismo e o spinozismo, diferenças de espírito. Spinoza não se submete ao pensamento cristão, ele adapta certas fórmulas a uma concepção que é exclusivamente racional e que pretende se justificar por si só. E então, mesmo que ele interprete pela sua doutrina certas doutrinas do cristianismo, ele fica decididamente fora do sentimento cristão. Precisamente porque ele tende a colocar a verdade em um ato imediato, ele considera esse ato uma expressão adequada e imediata da natureza; assim ele trabalha para apagar o sentido do que não é alegria completa, inteira virtude; ele lança uma espécie de desaprovação sobre o esforço impotente, a resignação dolorosa, a certeza mesclada com esperança. Ele considera que a graça deve fazer esquecer a provação, e que não há outra via para a vida do que a vida. O sofrimento, então, é irracional e mau: ele é uma negação, não uma afirmação do ser, uma opressão, não uma elevação. O estado eterno de beatitude no qual a vida humana e a vida divina se unem não admite em si a dor, a paixão: ele é ação pura, inalterável, infinitamente alegre. Para provar que por toda eternidade Deus está presente ao mundo e ao homem, nada é mais claro, segundo Spinoza, que a felicidade humana, nada mais triunfante que o grito de alegria da natureza.

SEGUNDA PARTE

O PROBLEMA MORAL NA HISTÓRIA DO SPINOZISMO

CAPÍTULO I

O SPINOZISMO NA HOLANDA NO FIM DO SÉCULO XVII

A *Ética* spinozista, antes mesmo de ser revelada ao público, tinha exercido uma primeira e imediata influência. Em torno de Spinoza se agruparam um certo número de jovens que formavam uma espécie de colégio e que se iniciaram, com uma curiosidade apaixonada, aos princípios essenciais de uma doutrina ainda mantida secreta; eles perguntavam a essa doutrina, não apenas a verdade científica, mas ainda e sobretudo a verdade da vida, o contentamento da alma, a salvação. Mesmo quando o pensamento do mestre parecia obscuro, a confiança dos discípulos continuava intacta. Numa curiosa carta, Simon de Vries explica a Spinoza, aposentado agora em Rhynsburg, como a reunião é organizada.

> No que respeita ao colégio, está organizado da seguinte forma: um de nós (por turnos) lê uma passagem, a explica segundo o seu critério e ademais demonstra todas as proposições conforme a ordem que nos deu. E se ocorre que a resposta que um fornece não satisfaz ao outro, decidimos tomar nota disso e te escrever para que nos esclareça, se for possível, a fim de que, com sua ajuda, possamos defender a verdade contra os supersticiosos religiosos e cristãos, e mantermo-nos firmes ante os ataques de todo mundo.[1]

---
[1] Ep. VIII, t. II, p. 30.

Spinoza respondia a Simon de Vries se dizendo muito feliz de poder, por seus ensaios, lhe ser útil, e aos seus amigos, e estar assim pelo pensamento no meio deles.[2]

Porém, a filosofia de Spinoza, uma vez publicada, não tarda a extrapolar, na Holanda, o pequeno círculo de iniciados, e inspira algumas seitas cristãs no final do século XVII e durante a primeira metade do século XVIII.[3] A grande luta entre os Arminianos[4] e os Gomaristas[5] continuava, agravada pelas polêmicas suscitadas pelo cartesianismo. Ora, o problema do livre-arbítrio e da queda causada por ele se ligava intimamente às questões tratadas pela filosofia de Spinoza. Pelo seu racionalismo, essa filosofia podia convir aos Arminianos, pelo seu determinismo, aos Gomaristas; mas naturalmente ela não convinha a nenhuma das duas seitas, e foi violentamente denunciada quando começou a ser discutida nas controvérsias teológicas.[6]

Ela apareceu claramente na obra de Fréderic van Leenhof,[7] intitulada *Le ciel sur la terre, ou description brève et claire de la véritable joie, aussi conforme*

No original: "*contra superstitiose religiosos christianosque*". Acompanhamos a tradução espanhola das cartas de Spinoza, *Correspondencia*, realizada por Atilano Domínguez (Madri: Alianza Editorial, 1988. p. 114). Atilano justifica sua tradução dessa passagem remetendo à Carta 73 (op. cit., p. 388), na qual Spinoza critica os cristãos: "*pues, como se defienden, como todos los demás, con los milagros o, lo que es lo mismo, con la ignorancia, que es la fuente de toda malicia, convierten la fe, incluso verdadera, em superstición*". Na tradução em português de Spinoza, *Obras completas* realizada por J. Guinsburg, Newton Cunha e Roberto Romano (São Paulo: Perspectiva, 2014. p. 65-66) essa passagem foi traduzida como "[...] possamos defender as verdades cristãs contra a superstição religiosa [...]". (N. do T.)

[2] "*Gaudeo quod meæ lucubratiunculæ tibi nostrisque amicis usui sint. Sic enim dum abestis absens vobis loquor.*" [Estou feliz de que minhas modestas elocubrações lhe resultem úteis a vós e a nossos amigos. Pois assim, ainda que estejam ausentes, falo com vocês mesmo em minha ausência.] Ep. IX, t. II, p. 33.

[3] A tradução holandesa do *Breve tratado* [KV] está acompanhada de notas que são concebidas no sentido deste spinozismo teológico.

[4] Doutrina protestante fundada por Jacobus Arminius (1560-1609), seus adeptos são os Remonstrantes. (N. do T.)

[5] Contra Remonstrantes, fundada por Franciscus Gomarus (1563-1641). (N. do T.)

[6] Sobre esta influência imediata do spinozismo na Holanda, nos reportamos às indicações contidas no livro de Antonius van der Linde (1833-1897): *Spinoza, seine Lehre und derem erste Nachwirkungen in Holland*. Göttingen, 1862. — Paul Janet: *Les maîtres de la pensée moderne: La théologie spinoziste ao XVII siècle*, p. 67 em diante.

[7] 1647-1712.

à la raison qu'à la Sainte Écriture.[8] Leenhof admite, sem restrições, a concepção spinozista da necessidade com todas as consequências morais resultantes. O homem se engana seriamente quando ele acredita na realidade do mal no mundo, quando ele faz de sua tristeza um mérito, quando ele se acusa de suas faltas, quando ele chora a morte de um amigo ou parente. Todas as imperfeições aparentes estão corretas, e a sabedoria é aceitá-las. "Quando contemplamos a necessidade de sofrimentos na ordem eterna de Deus, quando podemos formar uma ideia adequada destas penas e emoções, as penas não são mais penalidades, mas pensamentos que sempre contêm neles algum contentamento". Acusavam Leenhof de desconhecer o que está dito no Antigo e no Novo Testamento, a saber, que os Santos choraram pelas suas faltas. Corajosamente, ele respondeu: "Eles não teriam sido mais perfeitos se tivessem marchado como filhos de Deus nos caminhos do pai, reparando suas faltas com alegria e satisfação?". Aceitemos, então, com confiança e serenidade a necessidade expressa por Deus: então, tudo aquilo que acontece será para nós uma fonte de alegria, mesmo a morte. O sábio "morre com as ideias adequadas que sempre contêm a alegria". É em nós mesmos que carregamos nosso paraíso e nosso inferno.[9]

Por outro lado, Wilhelm Deurhoff[10] envolvia o spinozismo com fórmulas teológicas. Ele via na Eterna geração do Filho o símbolo exato da criação necessária do mundo: o Filho é a sabedoria de Deus, é o Pensamento divino que se realiza imediatamente. Deurhoff parafraseia o Evangelho de São João: "No princípio era a Ação, e a Ação estava em Deus, e a Ação era Deus, quer dizer que no princípio Deus era atuante e seu ato efetivo não se distingue de sua ação". Deus só pode existir criando; ele só conhece as coisas quando são produzidas. A ordem que Deus estabelece criando é uma ordem necessária que o próprio Deus não pode suspender e ao qual o homem deve se submeter: longe

---

[8] Publicada em 1703.

[9] Van der Linde, op. cit., p. 134-141.

[10] (1650-1717) Os escritos de Deurhoff foram publicados sob o título: *Système surnaturel et scriptural de la théologie, tiré de la connaissance de Dieu, des dons de la grâce et de la Sainte Écriture*. Utrecht, 1715. 2 v.

de ser exceções singulares, os milagres fazem parte dessa ordem e contribuem para constituí-la.[11]

Apesar das polêmicas que ela suscita, a obra de Deurhoff parece ter tido um alcance medíocre; é preciso atribuir um maior significado a esta forma singular do spinozismo que é o *hattemismo*. Segundo Pontian van Hattem,[12] o grande erro é representar Deus e o homem como dois seres separados que existem um fora do outro: não é realmente Deus que podemos compreender assim, é um ídolo, é Satã. A existência de Deus deve ser concebida de duas maneiras. Deus tem primeiro uma existência natural e necessária que precede toda existência finita; mas é se exprimindo sob as formas da existência finita que Deus se realiza no ser, que ele é Luz e Amor. Ou seja, Deus é primeiro o Espírito sem forma, aquele que a Igreja chama de Pai: é pela plenitude do ser que ele é o Filho; é por sua operação que ele é o Espírito Santo. Ora, o Cristo é a unidade entre o homem e Deus. É pela afirmação dessa unidade, é pela fé nessa unidade que o homem pode ser santificado: em todo homem habita Cristo, e podemos dizer que cada homem é o Cristo, quando pela fé e pela razão ele toma consciência de sua união com Deus. É no fundo a mesma doutrina que nos representa como partes da ordem universal e como membros do Cristo, que afirma a necessidade da criação e a necessidade da encarnação. Hattem só reprova uma coisa em Spinoza: é de ter partido de ideias especulativas ao invés de se inspirar diretamente nas Escrituras. Quanto às consequências morais que Hattem tira de sua doutrina, elas são bem precisas. A distinção entre o bem e o mal não é realmente fundada: só existe culpa na ideia inadequada, na sacrílega convicção de nossa independência; ou melhor, não há mal para quem compreende, na sua verdade, e experimenta, na sua eficácia, a Encarnação eterna. O único pecado, aquele que jamais será redimido, o pecado contra o Espírito Santo, é acreditar no

---

[11] Van der Linde, op. cit., p. 142-144.

[12] (1641-1706). Os escritos de van Hattem foram publicados após sua morte por Jacob Roggenveen, sob o título: *Chute de l'idole du monde, ou la Foi des saints triumphant de la doctrine de la justification personnelle, représentée clairement d'après les écrits laissés par Pontian van Hattem*. S'Gravenhage, 1718.

pecado. A verdadeira virtude é se saber sem pecado, pela graça de Deus, que, sendo Luz e Amor, nos santifica se revelando a nós.[13]

Embora pretendesse continuar fiel aos ensinamentos da Igreja, van Hattem foi excomungado: uma das acusações na sentença foi seu spinozismo. Suas ideias foram particularmente defendidas, com mais ou menos fidelidade, por Dina Jans, sua criada, apelidada de pastor Dina, muito homenageada por todos os hattemistas pelo fervor de seu zelo, por Marius Andrianz-Booms, sapateiro em Middlebourg, que foi perseguido incansavelmente, por Gosuinus van Buitendych, pastor em Zelândia, que logo foi denunciado e destituído, enfim, por Jacob Bril, de Leyde,[14] que transformou o spinozismo teológico em uma doutrina nebulosa de misticismo interior. Se acreditarmos em Van der Linde, a tradição do Cristianismo spinozista subsistiria ainda na Holanda. "Ainda hoje", diz ele, "existem círculos isolados onde a mística spinozista é a única consolação da alma. Nós nos convencemos mais de uma vez que a crença dessas pessoas é um panteísmo inconsciente, um panteísmo como aquele de Hattem, que se exprime, não sob a forma matemática, mas sob a forma bíblica."[15] É interessante assinalar esta primeira influência do pensamento de Spinoza. Daí vemos que o spinozismo, no país onde nasceu, foi tomado desde o começo por aquilo que queria ser, ou seja, por uma doutrina da vida, mais religiosa e prática do que especulativa; daí vemos, e veremos mais adiante, como teve, para ser aceito, que se acomodar aos espíritos que chegavam a ele, se traduzir em fórmulas que não eram a dele. Acontecia, com frequência, de o spinozismo ser levado a princípios que ele sem dúvida não confessou, sobretudo ser corrigido e criticado em nome de princípios já desenvolvidos por ele. As interpretações tão diversas que ele suscitou no curso de sua evolução histórica testemunha sua potência de compreensão, e é sem dúvida para abraçar sistematicamente mais ideias que ele teve primeiro de se descontrair e se dispersar antes de se recuperar e se reconstituir numa síntese racional exata.

---

[13] Van der Linde, op. cit., p. 144 e seg.
[14] 1639-1700.
[15] Van der Linde, op. cit., p. 158.

CAPÍTULO II

O SPINOZISMO NA ALEMANHA

1. *A filosofia de Spinoza e o espírito filosófico da Alemanha*

É na Alemanha que o sistema de Spinoza mais fortemente propagou seu espírito e desenvolveu suas fórmulas morais; o fato é incontestável e se explica pelas inclinações essenciais do gênio germânico. Tivemos o prazer de constatar na inteligência alemã duas características singularmente opostas: por um lado, o gosto pelo detalhe, o respeito escrupuloso por tudo aquilo que é dado, por tudo aquilo que acontece; por outro lado, a necessidade de aventuras metafísicas, a exaltação mística das faculdades especulativas, o sentido maravilhosamente suscetível do divino em todas as coisas. Essa oposição parece tão mais verdadeira, tão mais profunda quanto mais brilha nas obras filosóficas. Os sistemas da Alemanha contemporânea parecem se dividir em duas direções. De um lado, é uma confiança ingênua na virtude da natureza e da história, o medo de corromper essa virtude por argumentações e abstrações, obscurecer a luz imediata das coisas e do sentimento com as nuvens das doutrinas: é então uma filosofia sentimental e realista, estabelecendo, de bom grado, a fé espontânea da alma em princípio válido e suficiente de conhecimento e de ação. Por outro lado, é uma confiança que se reflete na virtude da razão, a pretensão de igualar essa virtude à virtude da natureza e da história, de descobrir por deduções racionais a própria realidade, no absoluto de seu princípio e no infinito de suas manifestações: é então uma filosofia racional e ontológica, arrebatada pelos seus conceitos sobre os quais expande toda a sua riqueza sem jamais esgotá-la. Todavia, essas duas formas de inteligência e de filosofia só se opõem, como diria Hegel,[1] em relação ao entendimento abstrato, que divide sem unir: elas se conciliam no que diz respeito à Razão, que compreende os contrários em sua unidade sintética. A unidade sintética das tendências intelectuais da Alemanha é, ao que parece, o acordo, pressentido ou almejado, entre a ordem dos fatos e a ordem das ideias, entre a história e a lógica, entre a natureza e o espírito. Todo detalhe tem seu valor no conjunto do qual faz parte; toda forma de ser é sagrada, porque ela contribui para a existência do absoluto; o divino concebido pela Razão está presente nos corações que o experimentam e nas coisas que o traduzem; a especulação é a própria experiência na sua verdade. Aquilo que o espírito deduz não poderia faltar no universo; aquilo que se manifesta no universo não poderia faltar ao espírito. Tudo, na realidade, é efeito, expressão ou símbolo do absoluto; portanto, tudo, sem distinção, é matéria tanto da fé quanto da filosofia, tanto do misticismo quanto da ciência, tanto da piedade quanto da reflexão. A alma que, na mais ínfima parcela de ser, não sabe descobrir Deus denuncia a sua impotência, intelectual, moral, religiosa.

A oposição entre Razão e Realidade é então devido a uma visão defeituosa da Realidade e uma noção incompleta da Razão: uma razão puramente analítica e crítica só pode se dar por objeto uma realidade partida; ela só representa, em face do infinito das coisas, uma forma de pensamento superficial e de certa maneira acidental. Eis por que, ao encontro dos sistemas abstratos que esse tipo de razão inventa, o espírito alemão glorifica de bom grado a espontaneidade sintética da Natureza. Realidade visível ou sentimento invisível, a Natureza se torna então o princípio de toda verdade, o oráculo das revelações infalíveis. O Inconsciente, por exemplo, é, em certas filosofias, o Absoluto de onde

---

[1] Georg Wilhelm Friedrich Hegel (1770-1831). (N. do T.)

tudo procede; é o gênio universal que engendra toda a vida, que, por um esforço infinito e uma vontade obstinada, persegue ao longo do tempo uma tarefa interminável. É, ao contrário, próprio da inteligência consciente se retrair para compreender, se limitar para determinar, se destruir para analisar. É verdade que o racionalismo alemão apresenta, com frequência, uma ousadia singular; mas é ousado sobretudo pela ambição de tudo penetrar para tudo compreender, de tudo compreender para tudo justificar; ele difere essencialmente do racionalismo francês, que quer julgar mais do que explicar, estabelecer a ordem mais do que a constatar. E enquanto o pensamento alemão se esforça em seguir os organismos vivos e sociais em suas desigualdades e suas hierarquias, produtos da necessidade natural e histórica, o pensamento francês constrói *a priori* um ideal de organização racional que se impõe universalmente, como um dever, às liberdades dos povos. Isso estando de acordo com suas disposições especulativas, os alemães, na obra da civilização, reivindicam a superioridade da raça, enquanto os franceses reivindicam a superioridade da função. Essa oposição entre o racionalismo alemão e o racionalismo francês mostra bem como a razão é concebida e a que título ela se introduz nos sistemas filosóficos da Alemanha. Bem que ela afirma se colocar fora da natureza para limitá-la ou para julgá-la: contra tais pretensões a natureza eleva imediatamente a sua onipotência. Ela sabe, a imperturbável, a invencível Natureza, desconcertar a razão pela prodigiosa variedade de suas metamorfoses; ela brinca com a razão pelas armadilhas que lhe coloca; ela abandona à razão, desdenhosamente, o recurso da ironia, mesmo quando não a possui. A Razão só é admitida e tratada como soberana se ela consente em se deixar naturalizar. O ideal que ela vislumbra se opõe ao real, mais como o futuro indefinido, com passado e presente definidos do que como a causa perfeita com um efeito defeituoso. Aquilo que resta então no fundo do espírito alemão como mola mestra de sua atividade é o sentido ou a ideia da Natureza infinita e divina, criadora dela mesma e de suas formas, fazendo emergir em sua superfície, por uma geração espontânea e incessante, os inúmeros seres que a anunciam na consciência do homem; e os traços mais característicos desse espírito aparecem bem no culto à ciência, ao mesmo tempo minuciosa e ampla, nessa religião do gênio que adora nos indivíduos singulares a potência produtiva da humanidade e a ação imediata de Deus, enfim, nesse misticismo transbordante de efusões, embriaguez da alma encantada que sorve insaciavelmente das fontes da vida universal.

Eis por que a maior parte dos sistemas filosóficos da Alemanha coloca na origem do ser e do pensamento a espontaneidade natural que se desenvolve engendrando tudo dela mesma. Ora, essa espontaneidade só poderia ser explicada se a Razão participasse, ou melhor, se a Razão contivesse em seu âmago o princípio concreto. O verdadeiro só pode fundar o real se ele próprio é o real em sua expressão eminente; e como só existe de absolutamente real na natureza e na história o que a espontaneidade viva produziu ou introduziu, só existe de absolutamente verdadeiro na Razão a tendência infinita pela qual ela se realiza. A obra do homem também é ineficaz e efêmera, enquanto ela se realiza sob a lei do entendimento analítico, ou seja, enquanto ela é apenas uma combinação artificial de elementos arbitrários, enquanto ela é determinada pelos conceitos parciais, à exclusão de conceitos contrários; ela se torna eficaz e durável se ela procura sua inspiração naquilo que é em si superior a toda categoria exclusiva, se ela é a afirmação atual da identidade pura na qual o racional e o real se unem imediatamente. Então não são procedimentos, nem fórmulas que podem determinar ou explicar a moralidade humana, e as distinções ou as oposições da qual a fazem depender só exprimem formas vãs ou estados inferiores de pensamento. É se referindo à unidade absoluta, que domina todas as distinções e que compreende todas as oposições, que o homem pode realmente cumprir sua tarefa, toda a sua tarefa, ao mesmo tempo especulativa, prática e religiosa. Concebemos assim que, trabalhando para aprofundar o spinozismo, o espírito alemão toma melhor consciência de si mesmo. Aquilo que ele acha de si no spinozismo é a disposição de fazer da ordem universal a medida de toda verdade e de toda ação, a considerar o indivíduo como um momento necessário e provisório do desenvolvimento do ser, a estimá-lo, portanto, não segundo aquilo que parece ser em si, mas segundo sua parte de colaboração na obra divina, para fundar a mais alta moralidade sobre a consciência dessa colaboração. Aquilo que ele acrescenta de si ao spinozismo é o sentido da vida por todo lado difusa que anima a natureza e a história, da evolução na vida e do progresso na evolução; é, pelo rejuvenescimento das concepções teleológicas, a doutrina de uma Providência imanente, que trabalha no mundo em conjunto com o homem; é a teoria segundo a qual a ordem divina seria incompleta se fosse apenas uma unidade de modos abstratos, se ela se impusesse sem se fazer aceitar, ser desejada, ser querida, se ela não fosse um acordo gradual de tendências e mesmo de liberdades; é, ao encontro de uma interpretação do spinozismo, a reabilitação de indivíduo humano como pessoa; é a glorificação da história em que Deus, com o auxílio da humanidade, se revela e se realiza cada vez mais completamente; é então a consideração de todas as obras, mesmo ruins, que o homem introduziu no curso das coisas, do erro e do pecado, tratados por Spinoza como ilusões ou acidentes, investidos doravante de uma certa realidade, potências antitéticas que permitem ao verdadeiro e ao bem ser outra coisa além de abstrações, de ter, eles também, por causa do esforço que os faz ser, uma realidade autêntica, positiva.

2. Leibniz[2]

Assim, o gênio alemão somente assimila o spinozismo transformando-o. E não há dúvida de que para essa transformação a filosofia de Leibniz não ajudou muito, se observamos como o spinozismo assim entendido se aproxima dessa filosofia. Supondo, de fato, os modos da substância dotados de uma espontaneidade própria, e realizando a ordem, não como efeitos que a traduzem, mas como causas que concorrem para ela, se tornando assim centros de ação e de apetite, se ligando entre si, não mais segundo relações matemáticas, mas segundo uma lei de conveniência e de analogia universal: eis as mônadas de Leibniz. É somente na sua forma empírica de existência que os modos da substância parecem agir

---

[2] Gottfried Wilhelm Leibniz (1646-1716). (N. do T.)

mecanicamente uns sobre os outros; considerados em sua razão eterna, na sua essência, eles são cada um em si tão impenetráveis quanto a mônada; eles são, também, mundos fechados que contêm neles mesmos o princípio singular de sua realização. É verdade que Leibniz cada vez mais procurou estabelecer entre a sua doutrina e a de Spinoza diferenças profundas, e, em sua opinião, irredutíveis, que ele se empenhou em apresentar seu sistema de mônadas como o único meio de escapar das consequências perigosas do spinozismo.[3] Cada vez mais energicamente, Leibniz opôs à Potência infinita, que nenhuma qualidade determina, a infinita Perfeição que determina toda potência, opôs à unidade essencial do Ser a incalculável multiplicidade dos seres, opôs à ordem da dedução a ordem da harmonia, opôs à identidade do real e do possível a imensa variedade de possíveis entre os quais o real é escolhido, opôs à indiferença da natureza a tendência da natureza ao melhor, opôs à necessidade geométrica a necessidade moral;[4] e a ideia mestra que domina todas suas concepções, que em particular

---

[3] "Eu não sei, *Monsieur*, como você pode achar aí algum spinozismo; é tirar conclusões apressadas. Ao contrário, é justamente pelas Mônadas que o spinozismo é destruído, porque existem tantas substâncias reais, e por assim dizer, de espelhos vivos do Universo sempre subsistente, ou do Universo concentrado, quanto tem de Mônadas, enquanto, segundo Spinoza, só existe uma substância. Ele teria razão se não existissem as Mônadas." Ed. Gerhardt, t. III, p. 575.

[4] Na *Animadversiones ad Wachteri librum de recondita Hebræorum philosophia* que Foucher de Careil publicou sob o título de *Réfutation inédite de Spinoza*, Leibniz critica nestes termos as teorias spinozistas da liberdade e do amor de Deus: "Os homens, diz Spinoza, se concebem na natureza como um império dentro de um império. Eles imaginam que o espírito do homem não é o produto de causas naturais, mas que é imediatamente criado por Deus, com uma tal independência do resto das coisas, que ele tem uma potência absoluta de se determinar e de fazer um bom uso de sua razão. Mas a experiência nos prova abundantemente que não está em nosso poder ter nem saúde de espírito nem saúde de corpo. Assim afirma Spinoza. — Na minha opinião, cada substância é um império dentro de um império, mas em equilíbrio com todo o resto: ela não recebe corrente de nenhum outro ser, apenas de Deus; mas, outrossim, ela é colocada por Deus, seu autor, na dependência de todas as outras. Ela sai imediatamente de Deus, porém ela é produzida conforme as outras coisas. Também, sem dúvida, nada está sob nosso poder, já que somos levados de um lado para o outro. O reino de Deus não suprime nem a liberdade divina, nem a liberdade humana, mas apenas a indiferença de equilíbrio, invenção daqueles que negam os motivos de suas ações por não os compreender. — Spinoza imagina que no dia em que o homem descobre que os acontecimentos são produtos da necessidade, seu espírito está maravilhosamente afirmado. Será que Spinoza acredita que por esse constrangimento vai tornar o coração do paciente mais contente? O homem sentirá menos o seu mal? Ele será verdadeiramente mais feliz, ao contrário, se compreender que o bem resulta do mal, e o que acontece é para nós o melhor, se soubermos ser sábios. — Vemos claramente, pelo explicado acima, que todo o capítulo de Spinoza sobre o amor intelectual de Deus não passa

engendra sua teoria das mônadas, é a ideia que Spinoza tão intensamente criticou, a ideia de finalidade. Porém, não se deve traduzir essa oposição em termos muito absolutos. O próprio Leibniz não confessou por um momento ter se inclinado pelo spinozismo?[5] Não declarou que achava na *Ética* "uma quantidade de belos pensamentos consistentes com os seus"?[6] Em todo caso, o que é certo é que na marcha da filosofia alemã a doutrina de Leibniz frequentemente serviu de veículo à doutrina de Spinoza. Para a Alemanha, o que Leibniz concebia sob a forma de desenvolvimento e de harmonia era o que Spinoza concebia sob a forma de ato imediato e de identidade pura. A unidade profunda entre o Ser e os seres, entre a liberdade e a necessidade, entre a razão e a natureza, apesar ser diferentemente representada pelas duas filosofias, ainda era o denominador comum entre elas. Mas enquanto a filosofia de Leibniz desempenha este papel singular, de revelar por suas próprias concepções as virtualidades latentes do spinozismo, o spinozismo oferece ao espírito alemão um tipo mais perfeito de pensamento sistemático. A ideia *monista* não dá conta inteiramente da teoria das mônadas: a harmonia preestabelecida é uma ligação muito externa para ser realmente forte; e o procedimento pelo qual Leibniz constrói sua doutrina reproduz imperfeitamente a unidade absoluta da Razão e a arte viva da Natureza. Começar, de fato,

---

de uma fantasia para o povo, já que não veriam nada de simpático em um Deus que produz sem escolhas, e por necessidade, o bem e o mal. O verdadeiro amor de Deus se baseia não na necessidade, mas na bondade". *Leibniz, Descartes et Spinoza*, p. 215-216.

[5] "Vocês sabem que, no passado, eu fui um pouco mais longe e comecei a pender para o lado dos spinozistas, que apenas Deus tem uma potência infinita." *Nouveaux essais*, I, 1.

[6] *Lettre à Justel* (4 février 1678), publicada por Ludwig Stein [1859-1930] após o seu livro: *Leibniz und Spinoza*, Berlim, Reimer, 1890. p. 307. Nesse livro, Stein sustenta que Spinoza exerceu sobre o pensamento de Leibniz uma influência imediata e durável. Como houve entre 1676 e 1684 um período de pausa na produção filosófica de Leibniz, Stein conjectura que durante esse tempo Leibniz deve ter adotado os princípios essenciais do spinozismo e que se inspirou nele na sua crítica ao cartesianismo. Os argumentos habilmente acumulados por Stein mostram que Leibniz foi muito zeloso em aprender a doutrina de Spinoza, e que ele reconheceu notáveis analogias entre essa doutrina e a dele. — Veja as justas reservas que [Lucien] Herr [1864-1926] exprimiu sobre a tese de Stein no artigo, *Revue critique d'histoire e de littérature*, 25 janvier 1892, t. XXXIII, p. 71-74. — O que é incontestável é que existe entre as duas doutrinas uma correlação muito estreita determinada por postulados comuns. Stein se aplica a estabelecer essa correlação. Fora de toda filiação histórica, quando ele apropriadamente critica as conclusões excessivas tiradas por Foucher de Careil em *a Animadversiones ad Wachteri librum*, ver p. 224 e seg. — Ver Charles Secrétan [1815-95], *La philosophie de Leibniz*, Lausanne, 1840.

por decompor o infinito do universo em uma *multitude* infinita de unidades imateriais, depois tentar recompô-lo estabelecendo uma ordem nessa multitude não é dividir, sem poder em seguida unir, as potências da Realidade? Isso não é espiritualizar o real, é dissolvê-lo e não constituí-lo com séries incalculáveis de seres distintos, ligadas, à força, por relações externas; se o espírito se manifesta no mundo, é mais sob a forma de razão, de lei, de finalidade que sob a forma de existências separadas. Sem dúvida, podemos dizer que o ser só é realmente ser sob a condição de ser, no fundo, impenetrável às coisas, aos outros seres; mas, a menos que se reduza o mundo a uma poeira de átomos, aleatórios, sem ordem, como os átomos de Epicuro, o ser não pode ser considerado impenetrável à lei que o rege: a lei que atravessa os seres e que os mantêm em seus postos e em seus lugares, não importa como a chamamos, Substância ou Ideia, é a expressão exata para a inteligência, tal como ela é em si mesma o princípio gerador da unidade da natureza. É um estranho erro estabelecer, por uma duplicação artificial, o espírito fora do alcance da lei; isso ainda é um resíduo destas teorias dualistas que deixam sem solução o essencial do problema filosófico. O espírito é imanente à lei e a lei é imanente às coisas; de tal maneira que "tem a moral por todo lado", como dizia Leibniz, mas num sentido mais rigoroso ainda do que implica a filosofia leibniziana. Na moralidade existem graus, jamais falta total ou privação, mesmo nos estados ou nos atos que mais parecem contradizê-la, que em realidade a anunciam ou a preparam; não devemos nos contentar em dizer que a moralidade do homem é a consciência da moralidade natural; é preciso sobretudo afirmar que existe um destino absoluto do mundo que se realiza pelas vias da natureza e da história, que continua através do mal que fez a liberdade e o bem que ele aspira restaurar, que domina, com uma força invisível, às vezes velada, às vezes brilhante, o próprio destino da humanidade.[7]

---

[7] Apreciando a doutrina de Eduard Zeller [1814-1908] sobre a liberdade, Émile Boutroux [1845-1921] marcou profundamente essa tendência do pensamento alemão: "Nós encontramos aqui a particularidade do espírito alemão, que estabelece entre o todo e a parte uma relação entre fim e meio, e que vê no indivíduo, como tal, uma negação e uma forma provisória de ser. Não é por acaso que um tratado *du serf arbitre* foi composto por aquele que ainda hoje a Alemanha considera a mais alta encarnação de seu gênio. Nesse país, perpassado pelo espírito religioso, o livre-arbítrio, ou potência de se subtrair à ação divina, à tendência universal, ao infinito, não tem

Essas são as razões determinantes e as ideias diretrizes de um novo spinozismo, maior e mais flexível que o spinozismo primitivo, reconstruído segundo o espírito da Alemanha.

3. Lessing[8]

Na origem deste novo spinozismo se situa o nome de Lessing: foi Lessing que revelou seu sentido e garantiu sua sorte. Não serve de nada discutir interminavelmente a famosa conversa relatada por Jacobi; sabemos que Lessing tinha o espírito flexível e livre demais para aderir sem reservas a um sistema definido e reproduzir passivamente as fórmulas; mas é certo também que seu pensamento tinha sido muito influenciado por ideias spinozistas para que pudesse, sem se acorrentar, se ligar à Spinoza. "As noções ortodoxas da divindade já não são adequadas para mim; não consigo ver nenhuma vantagem. [Um e o Todo]: não sei de mais nada... — Parece que você se daria muito bem com Spinoza. — Se tenho que nomear alguma influência, seria Spinoza."[9]

Essa identidade entre o Um e o Todo, que ele afirmava perante Jacobi, Lessing tinha estabelecido no *Christianisme de la raison*. Apesar de parecer acomodar algumas proposições da *Théodicée* de Leibniz à Religião cristã, ele se aproximava singularmente de Spinoza pela sua maneira de conceber as relações entre Deus e o mundo. Deus, dizia ele, se pensa eternamente; e como seu pensamento é essencialmente criador, em se pensando ele cria uma imagem de si mesmo e de suas perfeições absolutas: essa imagem é seu Filho; o Filho de Deus tem todas as perfeições de seu Pai, e essa soberana harmonia entre Pai

---

o direito e o poder de existir por si mesmo. Se sua existência é reconhecida, o único papel que se atribuiria a ele seria o de um *meio*, tendo, na realização de uma ordem necessária e imutável, na consumação da unidade, no reino de Deus, sua finalidade e sua razão de ser". *La philosophie des grecs*, por Eduard Zeller. Introdução do tradutor, XXVI.

[8] Gotthold Ephraim Lessing (1729-81).

[9] Jacobi: *Über die Lehre des Spinoza, in Briefen na den Herrn Moses Mendelssohn*. Breslau, 1785. p. 12.

e Filho é o Espírito. O dogma da Trindade serve então para mostrar que a unidade de Deus, longe de ser abstrata e estéril, é realmente concreta e fecunda. Segue-se que Deus não se pensa somente na unidade imediata de sua absoluta perfeição, mas que ele se pensa também na multiplicidade contínua e gradual de perfeições particulares que se realizam, e assim ele cria o mundo. O mundo resulta então de que a Perfeição não se contenta em *ser* atualmente, de que ela também *se torna*, sob a forma de progresso, seres singulares que pouco a pouco desenvolvem suas potências. O mundo e Deus são idênticos, no sentido em que aquilo que é em Deus absolutamente um e concentrado se acha no mundo no estado de dispersão e de multiplicidade; se Deus existe em si, o mundo só pode existir por Deus e em Deus. É o que Lessing explica no seu pequeno ensaio sobre a *Realité des choses hors de Dieu* [*Realidade das coisas fora de Deus*]. A ideia que Deus se faz de uma coisa deve determinar todo o ser e todas as maneiras de ser; já que, para Deus, pensar e criar são a mesma coisa, a realidade de uma coisa é necessariamente idêntica ao ato pelo qual Deus a concebe. Para admitir um mundo radicalmente distinto de Deus, seria necessário trazer às proporções do pensamento humano, que simplesmente distingue e define, o Pensamento divino que é causalidade infinita.

> É um de nossos preconceitos humanos, [diz Lessing a Jacobi], considerar o pensamento como aquilo que é primeiro e mais relevante, querer deduzir tudo daí; enquanto tudo, incluído as percepções, depende de princípios mais altos. A extensão, o movimento, o pensamento são evidentemente fundados em uma Força superior, que tão cedo não se esgota; é necessário que ela esteja infinitamente acima de um determinado efeito...
> — Você vai mais longe do que Spinoza: aos seus olhos, o pensamento supera tudo.
> — Apenas para o homem! Mas ele nem de longe colocou como um elevado método o nosso modo de agir segundo vistas particulares; nem de longe ele colocava o pensamento acima de tudo.[10]

---

[10] Jacobi: *Über die Lehre des Spinoza, in Briefen na den Herrn Moses Mendelssohn*. Breslau, 1785. p. 19.

Porém, essa filosofia geral não exclui, nem em Lessing nem em Spinoza, a noção de individualidade humana. O próprio Lessing se esforça em compreender, em seu princípio mais interno, essa atividade original do indivíduo que basta refletir para entender a verdade de seu ser e a lei de sua ação. Suas tendências teológicas o levavam a considerar que a vida moral e religiosa tem sua razão, não em um objeto que a determina, mas no sujeito que de si mesmo a produz, que existe nas profundezas subjetivas da consciência humana uma Religião eterna que precede as religiões históricas e marca o significado: não são, segundo ele, os testemunhos externos que devem suscitar a fé, é a fé que deve criar testemunhos. Expressão imediata da potência infinita que nos constitui, o sentimento religioso e moral só depende de si, se justifica, é plenamente autônomo. Então, em todo homem, é seu próprio gênio que é a medida de tudo e que fixa o valor de suas obras. Assim pode se conciliar, com o sistema da imanência, a afirmação da espontaneidade individual.

Mas, por outro lado, a lógica do sistema exige que essa espontaneidade não seja exercida por acaso. Tudo aquilo que acontece, tanto na humanidade quanto na natureza, exprimindo necessariamente Deus, constitui uma ordem, não uma ordem imóvel e abstrata, mas uma ordem móvel e viva. Tudo aquilo que se produz está submetido a uma lei de desenvolvimento. Essa ideia de desenvolvimento, que o spinozismo não reconhecia plenamente, acabava de aparecer com brilho no pensamento alemão nos *Nouveaux essais* de Leibniz, recentemente conhecido. Ela estava estreitamente ligada a uma concepção determinística das coisas, ao princípio de continuidade e à ideia de uma finalidade moral do universo. Lessing se apropria dela e deduz rigorosamente todas as consequências. Só pode haver desenvolvimento se houver encadeamento; então, nada é contingente nem isolado, tudo se encaixa e tudo conspira. "Não há ilhas no mundo; tudo tem consequências e consequências eternas."[11] O livre-arbítrio nem é possível nem desejável. Que perdemos ao perder o livre-arbítrio? Ser privado de um poder que não usamos, de alguma coisa, se é

---

[11] *Sämmtliche Werke*, éd. Lachmann, XI, b, 162.

que é alguma coisa, que não serve nem para a nossa ação nem para a nossa felicidade, que pode nos deixar perpetuamente na dúvida e na inquietude, isso é realmente um prejuízo?

Constrangimento, necessidade segundo os quais age a ideia do melhor, como vocês são preferíveis ao invés desta frívola faculdade de agir nas mesmas circunstâncias de maneiras diferentes! Dou graças ao Criador de ser forçado, forçado ao que é o melhor (*dass ich muss, das Beste muss*). Se dentro destes limites eu ainda erro tanto, que seria de mim se fosse totalmente livre?[12]

Existe, então, uma finalidade do mundo que se realiza necessariamente pela ação dos indivíduos, em virtude de uma lei de continuidade. Portanto, os conceitos do bem e do mal perdem forçosamente, nesse progresso, seu sentido absoluto; existe mal no bem, existe bem no mal.[13] Sem dúvida, é verdade que todo ato tem consequências infinitas, e, portanto, o ato mau tem efeitos eternos. O pecado, uma vez produzido, não pode ser radicalmente destruído; mas não há pecado absolutamente mortal que não possa ser resgatado, nem santidade absolutamente pura a que não falte alguma coisa. A Redenção é sempre possível e sempre necessária. A oposição entre o céu e o inferno é puramente formal: na realidade, é um mal relativo que pouco a pouco se transforma em um bem relativo; e como essa transformação se opera por graus imperceptíveis, podemos dizer, para resumir o pensamento de Lessing, que a passagem do mal ao bem é o desenvolvimento de uma mesma natureza, que tomada em si é identidade ou harmonia dos contrários. Tudo no mundo se compreende por essas relações, nada comporta qualificação absoluta; só o Absoluto pode ser absolutamente qualificado.

Já que assim, na realidade, nada é absolutamente e tudo se desenvolve segundo uma lei de evolução necessária, a verdade não pode ser dada de um

---

[12] *Sämmtliche Werke*, X, 8. Segundo Jacobi, a diferença estabelecida por Lessing entre o seu determinismo e o de Spinoza é apenas nominal e exterior. Ver *Über die Lehre des Spinoza*, p. 24 e seg.

[13] Ver o escrito de Lessing: *Leibniz von den ewigen Strafen*.

só golpe a toda a humanidade; é apenas por etapas sucessivas que ela pode ser conquistada. Ela certamente está toda implicada na razão humana: sobre esse ponto Lessing concorda com o racionalismo da *Ética*. Mas retomando o pensamento que havia inspirado o *Tratado teológico político*, ele justifica, na revelação religiosa, a acomodação da verdade ao homem. A revelação religiosa não anuncia nada que não possa algum dia ser racionalmente conhecido; mas ela apresenta a verdade sob uma forma apropriada aos estados da alma: ela é *L'education du genre humain* [A educação do gênero humano]. As expressões irracionais pelas quais Deus se revela são boas para inteligências ainda irracionais; e como elas se coordenam com momentos sucessivos do desenvolvimento da humanidade, elas não são inteiramente contingentes; elas se encadeiam segundo uma ordem determinada que exclui cada vez mais, à medida que se tornam inúteis e sem interesse, os elementos acidentais e transitórios, e que identifica cada vez mais, à medida que eles podem ser mais bem compreendidos, os elementos essenciais e eternos. A Religião é então a Razão divina, consubstancial à natureza humana, Razão primeiramente confusa e velada, que vai se desenvolvendo cada vez mais, se traduzindo em ideias cada vez mais distintas, conforme a natureza humana comporte mais clareza intelectual. A doutrina da imanência se acha assim duplamente afirmada e confirmada: Deus está imediatamente presente ao homem, simultaneamente na eternidade e no tempo, na eternidade, pelo ato que o faz ser, no tempo, pela revelação que o permite manifestar seus poderes. Deus age simultaneamente na razão e na história.

Portanto é incorreto [Moses] Mendelssohn [1729-86] se recusar a aceitar que Lessing seja um spinozista. Lessing era spinozista, por inspiração direta que o seu pensamento recebeu de Spinoza, e pelo conjunto de ideias novas que ele oferecia como objeto à doutrina renascentista. Um sentimento mais profundo da subjetividade produtiva do espírito, uma ideia mais precisa e mais ampla do modo de desenvolvimento da humanidade não era matéria irredutível à forma de síntese como havia concebido o spinozismo. Foi o que Jacobi mostrou à sua maneira, quando estabeleceu o parentesco entre a doutrina de Spinoza e a doutrina de Leibniz, quando sustentou que a afirmação de Seres individuais pela Razão ontológica não contradizia a unidade do Ser nem a necessidade da ação, seja humana, seja divina. Em vão, aliás, ele tentou arruinar, pelas suas consequências, a doutrina na qual ele via o tipo acabado de toda filosofia do entendimento, tentou provar que todo determinismo é fatalismo, que todo panteísmo é ateísmo,[14] que a verdade absoluta está, fora de todas as relações intelectuais, no estado de alma original, no sentimento; é procurando aquilo que existe de original na ideia determinista e panteísta que o pensamento alemão acreditará achar a liberdade do espírito e o Deus vivo.

4. A ética spinozista e a moral de Kant

Essa tendência da Alemanha em reconstituir o spinozismo foi contrariada e por um instante barrada pela filosofia de [Immanuel] Kant [1724-1804]. A filosofia de Kant oferece um contraste tão grande com a filosofia de Spinoza, que temos dificuldade em explicar como as doutrinas alemãs saídas do kantismo foram tão facilmente imbuídas do espírito spinozista. O que talvez seja mais singular é como a filosofia de Kant pôde nascer e se desenvolver em uma nação predestinada ao spinozismo por todos os seus instintos intelectuais. Acreditaríamos de bom grado que Kant criticou mais o pensamento germânico do que o pensamento humano em geral. Também sua filosofia tem para a Alemanha algo de paradoxal, embora ela tenha nas doutrinas alemãs alguns de seus antecedentes e de seus fatores. Poderíamos caracterizá-la dizendo que se ela proíbe todas as pretensões ontológicas da Razão é para melhor dar à Razão a consciência de sua própria espontaneidade, na direção e mesmo contra a espontaneidade da natureza. Sem dúvida Leibniz sustentou que o ser tem sua origem no possível, que as coisas têm, portanto, seu princípio nas ideias, e ele parece admitir uma ação das ideias consubstancial, no entendimento perfeito, à ação divina; mas Leibniz aceitou, só por

---

[14] *Über die Lehre des Spinoza*, p. 170 e seg.

um momento, sob a forma de uma harmonia equivocada entre o espírito e a realidade, esse conceito ainda errado da soberania da Razão; ele tinha visto no ser realizado um aumento do possível, e na coisa uma realização da ideia; mesmo imaginando que as ideias no entendimento de Deus representam, como objetos imediatos, os mundos determinados, ele tinha no fundo subordinado as ideias a esses mundos, como imagens a realidades; e falando da escolha que Deus opera entre os possíveis, ele tinha transportado ao absoluto uma competição emprestada do mundo natural: de tal maneira que seu racionalismo ainda era um naturalismo — um naturalismo transportado para a linguagem do pensamento. A dupla influência de Hume[15] e de Rousseau imprimia outra direção no espírito de Kant. Resolvendo a natureza em uma série de fenômenos, Hume lhe retirava o prestígio de suas decepcionantes profundezas. Aplicando corajosamente um método todo racional à reconstrução da sociedade, Rousseau ensinava uma fé sem reserva na eficácia da razão. Partindo disso, Kant inaugura uma nova concepção do pensamento e de suas funções. Se o pensamento se determina necessariamente no Ser, se ele só pode agir colocando uma ordem absoluta de coisas, o objeto que ele afirma excede infinitamente sua faculdade de afirmar: ele é apenas o instrumento de uma Potência que o domina e envolve. Mas se, ao invés de se prender ao Ser, o próprio pensamento se afirmasse essencialmente como legislador, então ele cessa de sofrer a tirania de sua própria obra; ele se descobre plenamente naquilo que vem de si, e só pertence a ele julgar o valor de suas aplicações e estabelecer a hierarquia de seus interesses.

Não poderia imaginar assim uma oposição mais completa do que a que existe entre os princípios da *Ética* e os *Fondements de la métafisique des moeurs* [Fundamentação da metafísica dos costumes]. Não se trata, segundo Kant, de saber o que é o Ser, mas de saber o que nós somos, ou melhor, aquilo que devemos ser. O que decididamente é necessário estabelecer é o reino da Razão, não da razão comprometida com alianças infecundas, da razão adulterada, mas da

---

[15] David Hume (1711-76). (N. do T.)

Razão pura. A Razão, na teoria, só se limita para se libertar; ou melhor, aquilo que a Razão limita não é a si mesma, é a parte das coisas no ato do conhecimento. Contudo, o espírito, para conhecer, deve entrar em relação com as coisas. Isso é verdade. Mas o espírito pode conceber as coisas a partir de dois pontos de vista, dependendo se elas se voltam para ele como objetos de conhecimento, ou se afastam dele como realidades separadas. Que exista uma existência das coisas em si, é o que o espírito não pode contestar sob pena de se corromper fazendo entrar mais ou menos inconscientemente as coisas nele. Ele deve então, ao mesmo tempo que ele afirma essa existência, considerá-la como indiferente ao conhecimento científico e reconhecer que ela escapa de suas garras. Só restam, assim, coisas para a constituição da ciência, aquilo que as anuncia, as faz ser sentidas, ou seja, os fenômenos. Ora, Hume mostrou que os fenômenos dados, sendo heterogêneos entre si, são incapazes de se unir por si mesmos; não existe entre eles parentesco natural. É então, segundo Kant, o entendimento que, por sínteses originais, leva as representações sensíveis às regras e as une assim em uma mesma consciência. É à atividade do espírito que se refere a verdade científica. Mas é preciso acrescentar que o entendimento não esgota a Razão e que a verdade científica não é toda a verdade. Sem as representações sensíveis o entendimento não pensaria nada, enquanto a Razão concebe pela sua virtude ideias puras, infinitamente superiores a tudo aquilo que a sensibilidade pode fornecer, capazes, portanto, de limitar as pretensões do entendimento. É então obrigação da Razão impedir que se eleve ao absoluto tudo aquilo que não é razão, aquilo que é apenas uma forma inferior de sua espontaneidade, sobretudo aquilo que é uma matéria alheia à sua legislação. Somente quando queremos levar a Razão para fora dela a obrigamos a se limitar. Ela só pode mergulhar no Ser se danificando. Em sua potência pura, ao contrário, ela é ilimitada, assim como em sua pura essência ela é absoluta; nem se deixa ignorar, nem se deixa elevar além dela. A toda doutrina que se baseia sistematicamente sobre a *Coisa em si*, Kant opõe a doutrina da Razão em si. A metafísica do dogmatismo é uma diminuição da razão, porque ela supõe uma partilha da verdade entre as coisas e o espírito.

Portanto, é possível entender já num primeiro sentido aquilo que Kant chamava de primazia da Razão prática sobre a Razão especulativa. Se a Razão prática é superior à Razão especulativa é porque, nesse novo uso, a Razão é liberta de toda experiência, de todo dado sensível. Quando se trata do conhecimento, é necessário que exista uma relação determinada entre a matéria fornecida ao espírito e a forma imposta pelo espírito, e eis por que a determinação dessa relação dá lugar a uma crítica da Razão; quando se trata da prática, a forma sozinha tem um valor, e eis por que a Razão prática escapa à crítica, ao menos ao gênero de crítica que sofre a Razão especulativa. A simples análise do conceito de moralidade mostra suficientemente que esse conceito não pode derivar da natureza. A natureza não produz nada que possa ser moralmente qualificado, e para a conduta da vida ela só suscita no homem princípios de ação bem subjetivos que não poderiam ser transformados em leis objetivas sem contradições. Aliás, a Razão cessaria de se justificar, ela renunciaria realmente a ela mesma, se ela fosse se sujeitar às finalidades naturais, tal como o prazer, o interesse e a felicidade. A ação humana que aspira à moralidade deve exprimir uma necessidade praticamente absoluta: ela não pode se deduzir nem da ordem geral da natureza universal, nem da constituição particular da natureza humana; ela supõe uma legislação inteiramente concebida *a priori*, independente de toda consideração especial, pura de todo elemento empírico. Nada do que é físico pode então engendrar a moralidade, nem mesmo provocá-la. A moral é essencialmente uma metafísica, não a metafísica da *Chose* que se reproduz em um sistema e acaba por fazer o homem depender desse sistema; é a metafísica da Razão pura, que enquanto legisladora é autossuficiente e proclama sua autonomia; é a ação incondicional do espírito que, em vez de ser suspenso a um objeto, consagra o ato pela sua forma e cria integralmente o valor moral. Também, para Kant, todos os bens que nomeamos naturais são irracionais; não existe nem mesmo, rigorosamente falando, o bem natural; só existe o bem moral, que não é nem finalidade, nem resultado, nem fato, que é simplesmente boa vontade. Ora, a boa vontade é a vontade da Razão que não se distingue da própria Razão, é a Razão prática que se determina por si. Se a Razão prática toma a forma de um imperativo, é apenas em relação à sensibilidade; o imperativo categórico comanda a subordinação das inclinações à Razão, porque ele afirma que a Razão é ela própria sua condição e sua finalidade, que a Razão sozinha pode produzir uma legislação universal da conduta humana; e eis por que faz nascer um justo sentimento de humildade em todo homem que compare as disposições de sua natureza à lei moral. Se o respeito ao dever é o único motivo que deve suscitar a obediência ao dever, devem ser excluídas da boa intenção todas as impressões sensíveis e "patológicas". O mundo moral é um mundo onde a humanidade é tratada como um *fim em si*, não como meio, ou seja, onde a Razão respeita a Razão; a sociedade moral é uma sociedade onde cada membro é ao mesmo tempo sujeito e autor da legislação, ou seja, uma sociedade onde a Razão promulga e aceita a Razão. Toda moralidade é relativa à Razão e à forma essencial da Razão, que é a universalidade.

Em se determinando à ação, a Razão prática confere um valor objetivo ao conceito de liberdade. O conceito de liberdade só era, para a Razão especulativa, problemático e negativo; ele marcava simplesmente a impossibilidade de levar ao absoluto o mecanismo dos fenômenos, ao mesmo tempo exprimia a independência da Razão em relação a toda influência alheia. Ele toma agora um sentido real e positivo. É apenas pela síntese que podemos passar da ideia de uma boa vontade à ideia de uma legislação universal; é igualmente pela síntese que pode se realizar a subordinação das vontades sensíveis às máximas racionais. Ora, a ligação dos termos, ao invés de ser constituída, como no conhecimento, graças a um objeto de intuição, ao invés de se ligar a qualquer coisa dada, se constitui aqui pela liberdade, que não a mostra toda pronta, mas que ao contrário deve realizá-la e se realizar por si. A liberdade e a lei moral se implicam uma na outra. Se, por um lado, a liberdade deve ser suposta anterior à lei, assim como a condição do ato é suposta anterior ao próprio ato, por outro lado, a liberdade só nos é dada a conhecer pela lei e sob a forma da lei. A ideia de liberdade é teoricamente muito indeterminada, até está em manifesta oposição com o mecanismo natural, para poder se revelar positivamente a nós fora da vida moral; é a vida moral que, pela mesma operação, a determina em nós e a atesta.

A liberdade é então absolutamente verdadeira, já que se realiza praticamente *a priori*. Sem ela, todos os nossos sentimentos e todos os nossos julgamentos morais permaneceriam ininteligíveis. As doutrinas da Necessidade não poderiam explicar por que nós nos sentimos e nos julgamos culpados por uma falta cometida, apesar de compreender, apesar de conseguir identificar sua origem a hábitos involuntários, a instintos irresistíveis, a toda espécie de causas, próximas ou distantes. O que significaria então o remorso, esse sentimento doloroso que se liga a uma ação passada, como se essa ação ainda estivesse em nosso poder? Os fatalistas consequentes tratam o remorso como um absurdo, já que o remorso, dizem, não pode impedir o que já foi. Mas é precisamente essa impotência do remorso que atesta com mais brilho o valor moral. Nós experimentamos, portanto, que, quando se trata da nossa conduta, toda distinção de tempo se apaga, que uma única coisa importa, que é de saber se o ato realizado, não importa em qual momento, realmente nos pertence. Só podemos então nos considerar responsáveis se nos concebemos livres. E a liberdade que devemos afirmar praticamente não leva, por mais que se pretenda, a um tipo de necessidade interior. Não se trata, de fato, de discernir se os princípios que determinam necessariamente suas consequências residem no sujeito ou fora dele, e se, no primeiro caso, eles vêm do instinto ou são concebidos pelo entendimento. Dado que esses princípios de determinação resultam, segundo as leis naturais, de causas anteriores que se estendem ao infinito, é inútil se tornarem em nós motivos claramente concebidos; eles representam mais, pela imensa conexão de estados, uma potência que não depende de nós. Não existe diferença essencial entre o mecanismo físico e o automatismo espiritual. É preciso não confundir a verdadeira liberdade, que é independente de todo elemento empírico, que deve se colocar *a priori*, com esta espontaneidade consciente, que é ainda no homem uma forma da natureza, que exprime uma relação determinada do ser pensante às coisas, e que acaba por se resolver, passo a passo, na causalidade absoluta da substância infinita.[16] Mas, então, como a

---

[16] É com veemência que Kant critica a concepção spinozista e leibniziana de liberdade. Essa liberdade, segundo ele, "vale tanto quanto a liberdade de um espeto [mecânico] giratório, que

liberdade pode ser conciliada com o mecanismo da natureza? Essa conciliação é impossível em todas as doutrinas que não distinguem o ser determinado no tempo e o ser em si, e o spinozismo é o modelo completo dessas doutrinas.[17] Se, ao contrário, reconhecemos que a existência no tempo é um simples modo de representação empírica, o sujeito moral pode se afirmar, em um mundo inteligível, como ser em si, como *noumène*; ele pode e, portanto, deve se julgar praticamente segundo essa afirmação. Assim, a ação profunda pela qual nós nos determinamos, ou melhor, pela qual não cessamos de nos determinar a ser aquilo que somos, não pode ser representada nem sob forma natural nem sob forma intelectual. Sendo *tal* pela natureza, ou nos sabendo *tal* pela inteligência, nós não seríamos pessoas; nós só teríamos que desenvolver, ou ainda, deixar se desenvolver padecendo um destino alheio ao nosso querer. Eis por que as noções de dever e de liberdade estão decididamente ausentes de todo sistema que faz a moralidade depender da impulsão ou do conhecimento das coisas. Chamar de liberdade a consciência da necessidade, que estranha contradição, sobretudo em uma doutrina que, segundo as tendências do dogmatismo, submete o sujeito conhecedor ao objeto conhecido! Conhecer a necessidade e conhecê-la como absoluta não é se libertar, é, ao contrário, aceitá-la, fazê-la entrar em si, se entregar a ela. E o que pode significar o dever, a partir do momento em que tudo é dado num sistema atual ou virtual, e que as relações dos seres são logicamente implicadas no seu princípio comum? Se queremos continuar fiéis à linguagem da filosofia dogmática, podemos dizer que não po-

---

uma vez montado, realiza ele próprio seus movimentos". *Critique de la raison pratique* [*Crítica da razão prática*], trad. Picavet, p. 176.

[17] "Se não admitimos esta idealidade do tempo e espaço, sobra o *spinozismo*, no qual o espaço e o tempo são determinações essenciais do próprio Ser primitivo, mas no qual também as coisas que dependem desse Ser (e nós também por extensão) não são substâncias, mas simplesmente acidentes que lhe são inerentes; dado que se as coisas existem simplesmente, como efeitos desse ser, *no tempo*, que seria a condição de sua existência em si, as ações desses seres deveriam simplesmente ser também as ações que produz esse Ser primitivo, em qualquer ponto do espaço e do tempo. É por isso que o spinozismo conclui, apesar do absurdo de sua ideia fundamental, mais logicamente que podemos fazê-lo na teoria da criação, se os seres admitidos como substâncias e os seres *existentes* em si mesmos *no tempo* são considerados como os efeitos de uma causa suprema, não no entanto como pertencendo, ao mesmo tempo, a essa causa e à sua ação, mas como substâncias separadas." *Critique de la raison pratique*, p. 184.

deria ter liberdade e dever sem mistério; mas onde o entendimento, segundo o dogmatismo, vê uma negação e um limite, a Razão afirma a pureza de sua essência e de sua causalidade.

Contudo, a realidade desse mundo inteligível que supõe a liberdade não é de forma alguma ontológica, mas simplesmente prática, e a extensão da Razão pela moralidade é, não uma extensão de saber, mas uma extensão de ato. A supremacia da Razão prática sobre a Razão especulativa implica uma hierarquia, não no Ser, mas no valor das afirmações. Ela significa, em outras palavras, que o julgamento científico, que determina a lei dos objetos de conhecimento, deve se subordinar ao julgamento moral, que envolve a lei ideal de toda ação, e isso não em virtude de uma necessidade natural que possamos perceber, mas em virtude de uma obrigação racional que deve se realizar. O mundo inteligível não pode então nem ser sentido nem ser compreendido: ele é simplesmente um *ponto de vista* ao qual deve se elevar a Razão para se considerar como prática. Assim determinado, o conceito de liberdade faz participar de sua própria realidade os conceitos de imortalidade e de Deus. Devemos, com efeito, supor praticamente real não apenas aquilo que está implicado *a priori* na ação obrigatória da vontade, mas aquilo que está inseparavelmente ligado ao objeto dessa vontade. Ora, o objeto da vontade submissa ao dever é, na sua totalidade, o bem supremo. E como o bem supremo exige, por um lado, a total conformidade das intenções à lei moral, ou seja, um ideal de santidade que não poderia ser imediatamente, nem jamais completamente realizado, devemos admitir um progresso indefinido em direção a este ideal — portanto, a imortalidade da pessoa que deve cada vez mais se aproximar dele. Como o bem supremo exige, por outro lado, uma proporção exata entre a virtude e a felicidade, ou seja, uma harmonia à qual a própria natureza não tende, devemos admitir que essa harmonia tem seu princípio em uma Causa suprema que age sobre a natureza de acordo com a moralidade. Porém, esses postulados da Razão pura prática não são nem perspectivas sobre as coisas, nem condições primeiras de nossa atividade; eles não devem dar lugar nem a intuições místicas, nem a sentimentos interessados; são hipóteses praticamente necessárias ou crenças racionais pelas quais o sujeito moral afirma, ao mesmo tempo, a autoridade absoluta e a eficácia absoluta do dever. Elas respondem à necessidade que o homem experimenta de assegurar o sistema da moralidade, necessidade que não é arbitrária, mas que tem aqui a força de lei. Na doutrina kantiana, tudo se refere à Razão, considerada como faculdade legisladora e autônoma; nada se refere ao Ser, sobretudo ao Ser concebido e definido pelo spinozismo, sob forma de *Coisa eterna*.

Porém, a ideia teleológica que Kant fez da natureza e da história não teria como resultado diminuir a potência prática da Razão? Se o desenvolvimento dos seres e da espécie humana se realiza segundo uma lei de finalidade, não seria necessário dizer que a natureza e a história preparam a vida moral e, portanto, numa certa medida, a produzem? Kant não teria assim indiretamente aberto o caminho de um novo spinozismo, esse spinozismo teleológico que a Alemanha tendia a construir? Mas para interpretar nesse sentido a doutrina kantiana, seria necessário esquecer o significado bem preciso que Kant deu à noção de finalidade. Não é sobre a realidade absoluta das coisas, mas sobre as leis do nosso julgamento que se fundamenta a ideia de finalidade. Spinoza afirmou que essa ideia é ilusória, primeiro porque ela não acrescenta nenhum esclarecimento às explicações pelo mecanismo, em seguida, porque ela exprime uma simples relação das coisas às disposições do nosso espírito. Kant estabelece, ao contrário, que essa ideia é legítima, primeiro porque as explicações mecânicas são impotentes em compreender as formas singulares e os caracteres específicos dos seres naturais, em seguida, porque existem disposições do nosso espírito, universais e necessárias, às quais deve se conformar a ordem dos fenômenos. Outra coisa bem diferente, aliás, é sustentar que as produções da natureza só são possíveis pela ação de uma causa final, outra coisa bem diferente é mostrar que, segundo as condições da inteligência humana, eu só posso julgar produções da natureza graças à ideia de um entendimento supremo determinado pelas finalidades. O conceito de finalidade serve, não para conhecer as coisas, mas para refletir sobre elas de modo a conceber a unidade: é também essencialmente um ponto de vista da Razão. Existe, então, para o nosso espírito, um uso indispensável desse conceito. É em vão que o spinozismo tente substituir a unidade da substância pela unidade da finalidade. Além de a unidade ontológica reduzir a simples acidentes os indivíduos compreendidos por ela, ela pode explicar no máximo a ligação superficial dos seres, mas não a coordenação profunda de suas tendências e de suas ações. Mais ainda, a unidade ontológica nos é, como objeto de conhecimento, inteiramente inacessível; a finalidade última nos é concebível, não sob forma de necessidade natural, mas sob forma de ato moral. Eis por que podemos dizer que o homem é o objetivo da criação; porque é apenas no homem, considerado como o sujeito da moralidade, que se descobre pela Razão prática essa legislação incondicional das finalidades, à qual toda a natureza deve ser subordinada. Em outras palavras, reforçada pela sua autonomia, que é absoluta no domínio da prática, a Razão afirma que a natureza e a história estão interessadas na moralidade, que é a sua obra; ela procura então na experiência aquilo que ali projeta de sua própria essência, uma moralidade velada e confusa, símbolo, criado por ela, da verdadeira moralidade. E então a natureza aparece ao espírito que deve assim vê-la, não mais apenas como uma unidade mecânica de elementos, mas como uma harmonia de funções, cada vez mais vizinha da liberdade; da mesma maneira, a história aparece, não como uma corrente cega de acontecimentos, mas como um progresso que aproxima cada vez mais a humanidade do reino da Razão. A moralidade da natureza e da história é uma tradução que a Razão faz por conta própria, tradução singularmente original, sem dúvida infiel se tomada ao pé da letra, em todo caso profundamente verdadeira quanto ao sentido, já que ela direciona todas as ambiguidades da experiência à glorificação da vida moral, e que ela substitui ao sentido que tem as coisas, impossível de se descobrir absolutamente, o sentido que elas devem ter, levando em conta a nossa ação.

Então, a oposição entre a moral de Spinoza e a moral de Kant permanece intacta. É que ela está entre os princípios filosóficos sobre os quais repousam as duas morais. No universo, tal como concebe Spinoza, tudo se realiza sob uma lei de identidade ao mesmo tempo intelectual e natural, de maneira que não existe dever, propriamente falando, mas um desenvolvimento no Ser. As noções de liberdade e de necessidade, de razão e de natureza, de virtude e de felicidade, de direito e de potência, referidas ao absoluto, são inteiramente intercambiáveis entre si: então, compreender na Substância infinita e realizar, o mais completamente possível, no seu próprio ser a unidade essencial dessas noções é para os homens o mais alto estado. Para Kant é o contrário, não se trata de saber o que é o Ser, mas de determinar as leis daquilo que acontece e daquilo que está por fazer. Ora, na ciência e na vida, tudo acontece, tudo se faz pela síntese; e sínteses imediatas pelas quais percebemos os objetos dados, até a síntese suprema, que não existe naturalmente, que deve existir praticamente, a marcha do espírito é, não analítica, mas sintética. Daí segue-se que o homem não passa necessariamente de uma forma inferior a uma forma superior de atividade espiritual, mas que a Razão se impõe a ele e nele como um dever. Na doutrina spinozista, o mal não tem realidade positiva; ele é uma ilusão que desaparece quando o entendimento se aproxima; as causas e as leis da nossa liberdade são intelectualmente determináveis. A doutrina de Kant, ao contrário, interpretando de seu jeito o Cristianismo, afirma a existência de um mal radical,[18] que decorre do império que a sensibilidade assumiu sobre a razão, e a perpétua possibilidade de uma renascença moral, de uma Redenção, que estabelecerá, como deve ser, o reino da razão sobre a sensibilidade. Quanto a explicar por que e como o pecado se implantou em nós, por que e como ocorre a regeneração de nossas almas, é um problema que, teoricamente insolúvel, não tem nenhum interesse prático, porque todo interesse prático tem seu princípio na afirmação de nossa liberdade, como submissa ao dever. Daí que nós devemos começar a dizer que o bem será, se quisermos que ele seja. Eis nossa tarefa moral, não confiar na espontaneidade da nossa natureza, de trabalhar,

---

[18] Há então, de certo modo, na filosofia de Kant, tendências pessimistas que a distinguem profundamente da filosofia de Spinoza. Os julgamentos dos dois filósofos sobre a natureza e o homem diferem, aliás como devem diferir os julgamentos da Razão dogmática e os julgamentos da Razão prática. Dominado pela ideia de necessidade, Spinoza mostra que, em relação a essa ideia, todo mal e toda imperfeição desaparecem, pois a crença no mal e na imperfeição decorre de ideias inadequadas do espírito humano. Dominado pela ideia da lei moral, Kant exprime sobretudo a que ponto a natureza é por si mesma indócil ao ideal prático, mas também a que ponto a ação do dever, vislumbrado ou concebido, é profunda no homem. Kant tem mais fé do que Spinoza na consciência popular; justamente porque a lei moral é puramente formal e que ela exige simplesmente a boa intenção, ele repete voluntariamente que todo homem, seja quem for, sem cultura científica, pode ter o entendimento.

com uma firme disciplina e com a consciência sempre alerta da lei, não para nos tornarmos felizes, mas para nos tornarmos dignos da felicidade. Para essa tarefa a boa vontade é suficiente, se ela for total.

5. *A ética spinozista e a doutrina de Fichte*[19]

É assim que a filosofia de Kant considera a moralidade como expressão suprema da Razão. Para a vida moral, a Razão só conta consigo; donde se segue que as determinações práticas da Razão são também as determinações as mais puras. Mas sabemos que a Razão, segundo o kantismo, não poderia ser igualada ao Primeiro Princípio da antiga metafísica, que compreende em si todo o Ser e do qual todo Ser deriva. A Razão pode deduzir dela mesma as formas que ela aplica aos objetos, mas não os próprios objetos. Portanto, a supremacia da Razão prática sobre a Razão teórica não pode ser traduzida numa relação de causalidade natural. Esses dois tipos de Razão certamente são no fundo *uma única e mesma Razão*; mas o que faz sua unidade é uma unidade de legislação, não uma unidade de substância. A afirmação do mundo moral, que é adequado a toda potência legislativa da Razão, vale mais do que a afirmação do mundo natural, onde a Razão deve se aplicar a uma matéria dada; todavia, convenhamos que esse valor superior é praticamente, não teoricamente observável. Não se poderia dizer, sem retornar ao dogmatismo, que o mundo moral engendra e afirma no ser o mundo natural.

A tentação, porém, devia ser grande de levar esses dois mundos a uma unidade mais absoluta. A obra de Kant não seria mais completa, se, ao invés de ser uma crítica, ela se tornasse um sistema? Desenvolvida em uma série de deduções, a ideia mestra da moral kantiana não teria uma força de exclusão invencível contra a ideia mestra da moral spinozista? Esse foi o pensamento de Fichte; e esse pensamento não era sedutor apenas por causa de seu extre-

---

[19] Johann Gottlieb Fichte (1762-1814). (N. do T.)

mo rigor lógico, ele se impunha naturalmente ao espírito de um filósofo que só teve contato com as concepções morais de Kant após ter sido tocado pelo determinismo de Spinoza.

Então, segundo a *Doctrine de la science* [*Doutrina da ciência*], o idealismo de Kant, que mantém perante a Razão a Coisa ao mesmo tempo incognoscível e real, é tímido e inconsequente. É necessário partir de outro princípio que não seja a Coisa indeterminada, e que não seja a Razão indeterminada. Esse princípio é o Eu. Em toda experiência encontramos o Eu que conhece e o objeto que é conhecido. Se fizermos a abstração do Eu, o objeto levado ao absoluto se torna a Coisa em si, base do dogmatismo realista, da filosofia de Spinoza. Se fizermos a abstração do objeto, as representações são apenas fenômenos; o sujeito, levado ao absoluto, se torna o Eu em si, base do idealismo. Como a abstração só pode se operar nesses dois sentidos, um terceiro sistema é impossível, e, no entanto, os dois sistemas se contradizem absolutamente. Como escolher? Não são apenas necessidades intelectuais que podem aqui determinar a escolha. À luz da pura lógica, os dois sistemas são igualmente bem construídos. É por livre decisão que um homem opta por um desses dois sistemas, e suas preferências filosóficas apenas traduzem as preferências de seu caráter. O que somos como filósofo depende do que somos como homem. Temos sobretudo o sentido da realidade externa, da força que ela exprime e imprime? Então somos dogmáticos. Temos sobretudo o sentimento da liberdade interna e dessa potência que ela confere? Então somos idealistas. Um sistema filosófico não poderia ser uma obra morta e impessoal; ele vive na alma, ele vive da alma que o escolheu. Essa alma o inspira mais do que ela se inspira nele. Isto é, para Fichte, o contrário do pensamento de Spinoza. A pessoa humana não mais é este fantasma satânico que vem exorcizar, com as fórmulas sacramentais da ciência, a doutrina da Necessidade: dela depende, a ela está suspensa, como ao seu princípio vivificante, toda doutrina filosófica. O sistema não se impõe pronto ao espírito, que se limita a tomar consciência dele; é o espírito que faz o sistema por uma decisão radicalmente livre, e que se reconhece nele porque se encontra nele. A verdade não vem se oferecer de fora ao gênio que existe em todo homem; é o gênio humano que, pela expansão de suas potências, cria a verdade.

Contudo, embora Fichte ligue a superioridade especulativa de um sistema à superioridade moral da alma que adere a ele, ele não pode se furtar de indicar as razões teóricas que justificam o idealismo e excluem o dogmatismo. O dogmatismo parte de um fato problemático e mesmo rigorosamente inconcebível: a Coisa em si. Nós só podemos compreender a coisa dada ao Eu; nós só podemos determinar o objeto em função do sujeito. Supondo, aliás, que a Coisa pudesse existir absolutamente, ela só poderia produzir coisas, mas não uma representação dela mesma; enquanto o Eu, em se afirmando, explica da Coisa aquilo que ela tem de positivo, ou seja, a representação que ele se faz da Coisa. É preciso, então, colocar o Eu como absoluto e a Coisa como relativa ao Eu; e por ser o Eu primitivo enquanto a Coisa é derivada, não se pode mais conceber o Absoluto, como Spinoza, sob a forma contraditória da *Substância* Infinita — pois a Substância é essencialmente aquilo que é finito, limitado, determinado, — é preciso conceber o Absoluto sob a forma da *Ação* infinita. O erro do spinozismo resulta daquilo que ele relaciona, na sua concepção do Eu, à consciência empírica, e de que, levado contra sua vontade por uma necessidade prática à ideia de uma consciência pura, afirma essa consciência pura fora do Eu e a determina por aquilo que é, não por aquilo que deve ser. Voltamos ao spinozismo todas as vezes que pretendemos ir além da proposição: *Eu sou*, e é absolutamente verdadeiro que o sistema de Leibniz, rigorosamente desenvolvido, resulta no sistema de Spinoza. O idealismo crítico, ao contrário, não vai além da afirmação do Eu; ele simplesmente vai, nessa afirmação, da forma empírica e derivada do Eu à sua forma pura e primitiva. Assim, o Eu não é uma realidade pronta que possa ser compreendida por meio de um conceito; ele é uma ação infinita que por intuição experimenta sua liberdade e que pelo seu desenvolvimento produz o real das coisas: o Eu é essencialmente identidade entre o sujeito e o objeto.

Mostrar como o objeto se deduz do sujeito, como as categorias da inteligência se deduzem da essência do Eu é um problema puramente especulativo, mas que, para Fichte, leva essencialmente ao problema moral. O Eu, como inteligência, parece depender do não-eu e ser determinado por ele; e, contudo, o Eu deve excluir toda dependência, toda determinação. Resta então que o Eu, em se colocando, se opõe ao não-eu por uma limitação que ele se impõe. O não-eu aparecendo à consciência é um choque, que embora incompreensível, é produzido em virtude de uma lei interna do Eu. A sensação é a reflexão do Eu sobre os limites que ele se impôs; a reflexão sobre a sensação produz a imaginação, graças à qual as coisas se enquadram no espaço e no tempo, e são corretamente representadas; a reflexão sobre a imaginação produz o entendimento, que erige em objetos sensíveis os dados da intuição sensível; enfim, a reflexão sobre os princípios do entendimento produz uma potência extrema de abstração, que é a Razão. Pela Razão se atinge a distinção do que se pode e do que não se pode abstrair; pela Razão o Eu se experimenta como determinando o não-eu. Mas o Eu poderia se conhecer nele mesmo? Nunca. A obra da ciência é *finita*, no duplo sentido da palavra. Ela consistiu em aproximar, cada vez mais, do âmago do Eu o limite que ele se impôs para se desenvolver: ela não pode aplicar ao próprio Eu, sem o destruir, essa noção de limite que constitui o objeto. Partida do choque que provoca a sensação, ela se apoia sobre esse fato que constata sem se dar conta. Parando no ponto onde o não-eu revela sua dependência em relação ao Eu, ela abre ao Eu a nova possibilidade de um desenvolvimento infinito. Para Fichte, a Razão teórica se justifica e se realiza pela Razão prática.

Primeiro, a contradição que existe entre o Eu absoluto e o Eu determinado em aparência pelo não-eu desaparecerá, se o Infinito é concebido, não como estado definido, mas como esforço em direção ao infinito. Como não existe esforço sem resistência e não há resistência sem uma coisa oposta à ação, o objeto é necessário para permitir ao sujeito de se realizar. Mas esse sujeito absoluto, o que é anteriormente à sua realização? Uma ideia pura. O Eu é ideia antes de ser coisa; ou seja, que ele não tem seu fundamento ou seu objeto adequado em uma coisa determinada, assim quer o sistema spinozista, onde a mente é primitivamente ideia do corpo; a verdade não está na identidade necessária entre a coisa e a ideia, mas na conversão obrigatória da ideia em coisa; de tal maneira que a dedução tentada por Fichte poderia ser explicada assim: o Eu absoluto é uma ideia que para se realizar exige um Eu prático; o Eu prático, por sua vez, exige um choque como condição do esforço pelo qual ele se manifesta e no qual ele consiste, e é esse choque que, tornando possível a dualidade do não-eu e do Eu, funda pela consciência o Eu teórico. E assim o conhecimento da realidade, longe de ser o fato primitivo e superior ao qual se ligam a geração de ideias e todo o desenvolvimento da vida prática, é um fato inferior e derivado, se elevando, por intermédio da atividade prática, de uma ideia pura e autônoma, colocada em si, absolutamente.

Por outro lado, essa dedução, ao invés de fazer intervir o dever de uma só vez, como na filosofia kantiana, o faz intervir, ou ao menos o supõe, em todos os momentos do sistema. O Eu absoluto, sendo a condição do Eu prático, e ele próprio só sendo ideia, deve ser realizado pelo Eu prático. O dever não é dado no ser, já que consiste essencialmente a dar o ser à ideia. O Eu prático tem uma tarefa a cumprir, uma tarefa contínua e infinita, porque a ideia do Eu absoluto não pode jamais tomar corpo numa realidade que o esgota, tudo fica sempre por fazer: e se constatamos um progresso no desenvolvimento moral de homem é porque nós o induzimos ao que já está dado, já feito, não porque o levamos a um modelo distante, impossível de se definir. É verdade que Spinoza tinha razão quando sustentava que não existe um tipo transcendente, eterno que nos autoriza a pronunciar atualmente, por comparação, aquilo que é ou aquilo que deve ser a conduta humana; mas Spinoza não teria sido infiel ao seu próprio pensamento quando fez da natureza, sistematizada pelo entendimento, a medida e o princípio da moralidade? Nós podemos considerar e medir o finito, mas não o infinito que infinitamente transborda todo o ser. Não há critério pelo qual possamos determinar, assim como não há ação pela qual possamos realizar o infinito da vida moral. A Natureza serena, impassível, contemplada por Spinoza, manifesta, pela alegria imperturbável que ela comunica, sua radical despreocupação com toda moralidade: quando ela pretende revelar Deus, é ela própria que se diviniza. Ela se gaba de ser todo o ser, como se todo o ser fosse infinito! Não, não é verdade que o infinito possa jamais ser engessado no ser. Mas sim aquilo que é verdadeiro, aquilo que é bom, é que o ser aspira infinitamente ao infinito quando ele quer ser aquilo que ele deve ser. A filosofia dogmática impõe à natureza a imobilidade essencial sem a qual o entendimento não poderia defini-la; ela absolve, ela consagra esse repouso do mundo, que se torna no homem a pura alegria, a paz da alma. Mas por isso o mundo só se detém pelo esquecimento daquilo que é sua razão, a alma só se pacifica pelo esquecimento daquilo que é seu dever. Se isso é um sinal da vida moral, ela não acontece no pleno repouso, nem na plena alegria, mas no incessante esforço e na incessante inquietude.

De onde se segue que a ideia de um *dever-fazer* para o homem é correlata à ideia de um *dever-ser* para a realidade. A vida moral começa para o homem a partir do momento em que ele se concebe, não mais como determinado pelos objetos, mas como os determinando, portanto, quando ele afirma sua liberdade. A liberdade e o dever são inseparáveis. De fato, enquanto o Eu for apenas inteligência teórica, ele constata aquilo que é, como uma necessidade inerente a toda realidade percebida; ele se submete a essa necessidade que parece excluir tudo aquilo que não é ela, e ele faz disso a condição de inteligibilidade das coisas; mas quando o Eu entra em si mesmo, é nele, ou melhor, na ideia que o constitui que ele acha a causa de suas representações, portanto, os limites e os obstáculos que ele acreditava ser intransponíveis; e ele concebe tanto o poder quanto o dever de realizar cada vez mais completamente a ideia que é sua razão.

O Imperativo categórico comanda o homem de se fazer livre na realidade como ele é livre na sua ideia. E já que o mundo real e o Eu prático dependem em diversos graus de um princípio comum, é permitido conceber a moralidade não mais somente como formal, como Kant faz, mas também como material. Dado que, no fundo, sem a lei moral não existiria natureza, ele deve estabelecer relações entre a natureza e a realização da moralidade. Como então o mundo se deduz da ideia de liberdade? Quando tomamos consciência do poder que envolve nossa liberdade, nós nos consideramos capazes de tornar reais certas ações possíveis. Ora, essa multiplicidade de ações possíveis, exteriores a nós já que nós temos que escolher entre elas, parece ter uma causalidade independente da nossa própria causalidade. Ela constitui então uma natureza, ou seja, um conjunto de tendências que se propõem ou se impõem às tendências do Eu. Mas refletindo sobre as tendências exteriores que o limitam ou o combatem, o Eu toma consciência da faculdade da Razão de se determinar por si. A vida moral é um perpétuo conflito entre as duas inclinações que disputam o homem, a inclinação natural que leva ao gozo, e a inclinação ideal que leva à liberdade. Se a tendência natural renunciar aos objetos inferiores e exteriores que a determinam; e se a inclinação ideal renunciar à indeterminação e à universalidade puramente formais que a deixam em um estado de potência nua e de veleidade ineficaz: então, nós teríamos o conceito de uma liberdade que se toma por finalidade, e que, sendo infinita em si, trabalha sem fim para se realizar nas coisas.

Portanto não é por si mesma que a natureza pode ter uma virtude moral; ela só participa do bem na condição de se tornar a matéria e, aos poucos, o reino terrestre da liberdade. Entregue a si mesma, ela tende ao mal: não que as inclinações da natureza, como tais, sejam fundamentalmente más, mas tomadas como razões de ação e erigidas em lei elas produzem o mal. A tentação, então, está sempre lá espreitando o homem, especialmente no começo da vida; e como basta nos soltarmos para sucumbir, nosso estado natural é um estado de pecado. A falta original é o efeito da vontade preguiçosa que permite que continuemos enfiados na natureza; a graça da redenção está na liberdade que se recupera e que, tomando consciência de sua tarefa, a inaugura pelo esforço e a persegue sem fraquejo. Então, as forças físicas se subordinam à energia moral da pessoa, e não é só pelo corpo que se torna, por uma flexibilidade e docilidade extremas, o instrumento e a imagem da liberdade.

Assim, o pecado que parece inevitável não pode ser considerado definitivo e absoluto: a natureza não poderia se privar inteiramente do espírito que é o seu princípio; existem sempre traços do espírito nas coisas. Assim, o bem que deve triunfar não pode jamais ser considerado definitivo e absoluto: a obra moral não poderia jamais ser adequada ao infinito do espírito; sempre existiria um dever para os homens de boa vontade. Contudo, não é necessário que o Bem já seja absolutamente, sob a forma e nome de Deus, para que a moralidade seja plenamente justificada? Eis a tese do dogmatismo, cujo erro devemos mais uma vez denunciar. O Deus do dogmatismo, colocado como objeto em si é, no fundo, a natureza levada ao infinito; merece muito mais o nome de diabo do que de Deus; longe de ser a garantia da moralidade, ele é apenas o fornecedor dos bens devidos a uma piedade mentirosa e mercenária. O eudemonismo (filosofia da felicidade) é o equivalente moral do dogmatismo. O Deus de Fichte é um princípio de crença, não um objeto de ciência; ele é, em relação ao mundo, não a natureza que o produz (*natura naturans*) por uma necessidade metafísica, mas a ordem que o ordena (*ordo ordinans*) conforme a moralidade; ele é, não uma realidade dada, mas a Providência pela qual a realidade se orienta em direção ao bem. Assim, o sentimento religioso é a realização da vida moral. Se o homem tem um dever, ele deve poder realizá-lo; se ele deve realizar sua liberdade neste mundo, o mundo deve ser hospitaleiro à sua obra e aos seus esforços. Quando eu obedeço à lei moral, tenho confiança que minha ação não será perdida, que ela frutificará, ou seja, o mundo sensível se dobrará à realização do meu destino. A Religião é então a crença no reino de Deus sobre a terra; ela é o reconhecimento da ordem moral do universo pela virtude que age e que espera; ela é o ato de fé sem fórmula que engaja a humanidade nas vias da salvação.

É verdade que, considerando os princípios e as diversas aplicações da *Doctrine de la science* [*Doutrina da ciência*], não se poderia contestar que haja uma tentativa incrivelmente poderosa para "inverter" o spinozismo. Transportar o ser da substância à ação, e o infinito da realidade à ideia; conceber o Eu, não como expressão derivada, mas como a forma eminente do Absoluto; fazer do Universo, não o produto acabado de uma lei necessária, mas o instrumento indefinidamente suscetível de aperfeiçoamento do querer humano; eliminar a metafísica da natureza e da contemplação intelectual e afirmar a metafísica da liberdade e da ação prática; sustentar que o esforço moral envolve uma intuição de verdadeiro infinitamente superior ao conhecimento científico; ligar o mundo, não a um princípio fixo e substancial, mas a um dever infinito que nenhuma categoria pode compreender, que nenhum ato pode absorver; afirmar que o mal consiste na glorificação daquilo que é, no abandono de si às potências da natureza; unir a consciência do dever que o homem tem à enérgica decisão pela qual ele o realiza, à convicção interior pela qual se exprime nele o acordo entre o seu Eu prático e o Eu absoluto, uma graça do universo que reconhece e aprova a intenção moral; ver em Deus essencialmente e exclusivamente a Providência imanente ao mundo, que só é concebível em relação com a moralidade, e que faz com que a boa vontade não deva jamais ser sem esperança; insistir enfim nessa ideia, de que o gênio humano, criador de toda obra, tem em si o infinito, de que ele não pode, sem destruir sua fecundidade, se deixar tolher por regras nem se limitar por fórmulas, de que portanto a verdade filosófica e moral não pode chegar de fora ao homem, de que ela por essência é incomunicável, de que ela deve ser, não reproduzida ao pé da letra, mas produzida em espírito pela alma consciente de seu dever e de sua liberdade, de que ela só é luz se for ação, ação viva e pessoal: era, no pensamento de Fichte, se opor radicalmente às teses gerais e às tendências mestras do spinozismo.

Todavia, ainda sob essa forma, a filosofia de Fichte não estava tão longe dos princípios que tentava combater. No fundo, era ainda a concepção *monista*, elaborada por Spinoza, que Fichte aplicava a um outro objeto concebido de outra forma, constituindo assim, ao invés de um panteísmo ontológico, um panteísmo ético; no lugar de Deus é a lei moral que se torna o [Um e o Todo].[20] Mais ainda, se o Ser está subordinado por Fichte, segundo as exigências da Razão prática, a um dever infinito, a dedução do Ser, devendo ser absoluta para suprimir a *Coisa em si* de Kant, se realiza necessariamente segundo a Razão dogmática. E, de fato, se a Substância de Spinoza é o princípio comum do pensamento e da extensão, o Eu de Fichte não seria então a identidade entre o sujeito e o objeto? Se a Substância de Spinoza se exprime necessariamente por atributos e modos, o Eu de Fichte não conteria nele uma necessidade estrita,

---

[20] Ver [Wilhelm] Windelband [1848-1915]: *Geschichte der neueren Philosophie*; Leipzig, II (1880), p. 226.

embora prática, de realização? E a partir do momento que o Eu deve ser, ele não é forçado, para ser, a se traduzir nas formas do Eu prático e do Eu teórico? Ele não é constrangido em se fazer natureza, dado que ele só pode tomar consciência de si mesmo pela experiência de um choque, dado que ele só se torna inteligência refletida depois de ter sido objeto inconsciente, dado que ele é uma força lutando contra outras forças? Como Deus, no sistema de Spinoza, tem necessidade do mundo para se manifestar, a lei moral, no sistema de Fichte, requer o mundo para se realizar. Então, não é que, nos dois sistemas, aquilo que é absolutamente verdadeiro é a tendência ao Ser, concebida por Spinoza como se produzindo imediatamente, em virtude da sua potência natural, no ato pleno que funde a existência dos seres, e por Fichte como se manifestando, em virtude de uma potência ideal, nos seres finitos cuja ação infinita exprime um infinito dever? Tanto no sistema de Fichte como no sistema de Spinoza, a moralidade é imanente ao mundo, que a vida eterna não está fora da vida temporal, que o grau de perfeição e o grau de realidade verdadeira se correspondem exatamente, que a natureza má é uma ilusão consagrada, para Spinoza, pela inteligência ignorante, e, para Fichte, pela liberdade deficiente, que o bem é para nós na exclusão de tudo aquilo que nos é exterior, na libertação de toda passividade, na pura afirmação de nosso ser e de nossa atividade espiritual, na plena consciência da nossa destinação?[21] Se enfim o spinozismo, apesar da interpretação de Fichte, não colocou o Ser fora de sua inteligibilidade, e se ele pode, num certo sentido, ser justamente chamado de idealismo, não é verdade também que a concepção da Realidade, tal como deduzida por Fichte, pode, colocada no absoluto, servir de sustentação e de razão a um realismo metafísico? Portanto, a oposição entre duas doutrinas contrárias não estaria quase se resolvendo em identidade?

---

[21] Ver [Friedrich] Jodl [1849-1914]: *Geschichte der Ethik in der neueren Philosophie*; Stuttgart, II, (1889), p. 69.

6. *Fichte*

A propósito, é incontestável que tenha existido no pensamento de Fichte uma evolução ou reviravolta, já que sua última filosofia se inclina abertamente na direção do ontologismo spinozista. Aquilo que é importante para ele não é mais o Eu, é o Ser, e aquilo que é essencial para o homem não é mais ação sem finalidade, é a realização de uma finalidade determinada. Ainda falta notar que o Ser é afirmado por Fichte, não em relação aos interesses práticos da humanidade, mas em si, absolutamente. O Ser não se deduz da consciência, ele a estabelece. A Realidade sempre está no Infinito; mas o Infinito só suprime todo limite, toda negação se ele é. O puro devir não explica nada e não se explica por si; é necessário supor o Ser que não se tornou, que tira de si mesmo seu ser, que é a identidade perfeita e imutável. Esse Ser é Deus: só dele podemos dizer que é, e que ele é a Vida. Ora, o Ser (*das Sein*) deve se manifestar sem cessar de permanecer o Ser; ele deve se produzir na existência (*das Dasein*). E como, seguindo os princípios do idealismo, a existência não está fora da representação intelectual, é necessário acrescentar que a existência de Deus é o saber absoluto. O saber se refere ao Ser como a imagem se refere ao original. Tal é o Ser em si por uma necessidade absoluta, tal ele permanece no saber: o saber é o Ser em sua forma e em sua consciência. Existe então entre o saber e o Ser uma união íntima. Mas então, como é que se explica a diversidade dos indivíduos e das coisas? Precisamente por essa distinção do Ser, enquanto ele é absolutamente, e o Ser, enquanto ele se revela na existência. Sem essa distinção, o saber seria impossível, porque a característica do saber é de determinar, ou seja, de distinguir. O Ser de Deus se torna então, no saber, uma noção estável, que fixa de alguma maneira a vida divina, e essa noção é o mundo. Por outro lado, como a lei fundamental do saber é a reflexão e a reflexão, absolutamente livre em si mesma, pode se renovar ao infinito sem ser acorrentada a nenhuma matéria, a cada nova reflexão corresponde uma nova forma do mundo, e assim aparece uma multiplicidade infinita. Contudo, essa infinita multiplicidade não destrói a unidade do universo, dado que a atividade reflexiva do espírito se aplica a uma mesma noção.

Ora, a atividade do espírito comporta não apenas diversos objetos, mas diversos graus; ela se desenvolve tanto em profundidade quanto em extensão. Num primeiro momento, aquilo que ela considera real é o mundo sensível, é o conjunto das coisas que a mão toca, que o olho vê, que o ouvido ouve. Num segundo momento, ela considera que o universo só existe pela lei, e que particularmente o homem só existe pela lei moral. Num terceiro momento, ela afirma um mundo novo, criado pela moralidade, no qual o justo, o belo, o santo tomam corpo, no qual a humanidade se realiza. Num quarto momento, ela se torna consciência religiosa: ela concebe que o mundo da moralidade exprime a essência íntima de Deus, é a revelação e a imagem dele. Num quinto momento, ela é o saber que justifica como direito aquilo que o sentimento religioso aceita como fato, a unidade dos seres no Ser, de todos os indivíduos em Deus.

Esse progresso na vida interior é também um progresso em direção à vida bem-aventurada. Ele não suprime nada do que é realmente vivo; ele só suprime da vida os limites e a negação; ele tem sua razão última na beatitude à qual ele conduz. A doutrina de Fichte, então, não é mais uma doutrina da mobilidade e da inquietude, mas do repouso e da felicidade. A infinita tendência do Ser deve se aplicar a um objeto atualmente infinito; e como a possibilidade da alegria é totalmente fundada no desejo, a alegria real é fundada na posse certa daquilo que é absolutamente desejável. Aquilo que só é aspiração vaga é também incerteza e vaidade. Dado que o Ser é em si imutável e eternamente idêntico consigo mesmo, a vida verdadeira, que é por definição a vida bem-aventurada, deve ser imutável e idêntica consigo mesma. O movimento é imperfeito, porque ele é uma mistura daquilo que é e daquilo que não é; ele pode se tornar um meio de perfeição se, se livrando cada vez mais daquilo que não é, ele se realiza naquilo que é.

Vemos assim qual é a origem do mal e qual é o princípio do bem. O mal é a crença de que o movimento é o Absoluto, ou seja, que o Ser não é; é a difusão da alma no contingente e no diverso; é a glorificação de tudo aquilo que nos afeta imediatamente; é o esforço para nos constituir num estado de independência ilusória, e para nos impor, por uma sorte de tentação diabólica, um universo ideal; é, ao fim desta vã labuta, o sentimento doloroso de uma existência desperdiçada, a ausência de fé na bondade da vida, o desespero realmente sacrílego, porque nós somos definitivamente nascidos para a felicidade. O bem é a conversão da aparência à verdade; é a decisão de morrer a tudo o que é mortal; é, na vida reconquistada, o sentimento feliz que só a vida é, e que a morte não é; é, acima da obra fragmentada e dispersa, que só pode afetar um caráter moral superficial, o saber fecundo, que, já tendo nos engendrado na existência, nos é uma graça regeneradora.

O saber, que nos eleva ao Uno e ao imutável, nos une indissoluvelmente a Deus. Ora, como essa união pode se produzir? Como o Ser absoluto pode entrar em relação com a existência, com a sua forma? Essa relação não poderia ser compreendida pela reflexão abstrata; ele deve ser concebido como superior a toda categoria, como vida por excelência, como amor. O amor é a ligação entre o Ser e a existência, entre Deus e o homem; é o amor que faz com que o Ser se produza e persista na existência. Esse amor não pode ser nomeado como um dos nossos sentimentos particulares; sendo a identidade entre o Ser e a consciência, ele é a fonte de toda verdade e de toda vida. No começo, acima de todos os tempos e criador de todos os tempos, está o amor, e o amor é em Deus, e o amor é o próprio Deus. Deus está nele, e ele permanecerá eternamente tal como é em si mesmo. É a reflexão abstrata que, na unidade do amor, distingue e separa os seres, que persegue até o infinito das coisas aquilo que o homem leva consigo por toda parte e para sempre. Mas a reflexão, vivificada pelo amor, pode recompor a união profunda que ela dissolveu, fazendo cada ser participar, pelo saber, na unidade divina.

É então que a vida religiosa é ao mesmo tempo a vida bem-aventurada. O homem religioso é completamente liberto de toda incerteza e de toda inquietude; ele sabe a cada instante o que quer e o que deve querer. Como ele reconhece na sua vontade uma expressão imediata de Deus, ele sente que, como tal, ela é infalível e incorruptível. Ele está isento de toda necessidade e de todo sofrimento; ele não se arrepende de nada do passado, porque, enquanto ele não estava em Deus, ele não era nada; mas desde que ele está em Deus, ele nasceu para a vida, e tudo aquilo que ele faz, pelo simples fato de fazê-lo, independentemente de toda autoridade e de toda fórmula, é justo e bom. Ele não deseja nada para o futuro, porque ele possui sempre, em toda a sua plenitude, tudo aquilo que é capaz de abraçar. Ele desenvolve com uma livre energia, sem restrições e sem tensão, o destino que está envolto na sua essência. Ele sabe que tudo aquilo que lhe parece fora da vida divina não está realmente fora dela, mas que existe apenas uma forma temporal e provisória do desenvolvimento do ser, da qual ele pode compreender a lei. Ele contempla tudo sob a forma da eternidade; ele experimenta que nada pode existir que não seja eterno. Assim ele pode realmente possuir a eterna beatitude; ele não acredita que seja necessário ter sido enterrado para se regenerar. Ele não teme a morte, que é apenas o nada; ele não procura provar a imortalidade por argumentos artificiais e externos; mas ele pensa na Vida, ele experimenta a Vida, na Vida ele se sente e se percebe eterno.

Assim, é uma metafísica da Vida que Fichte acaba por restaurar acima da metafísica do dever. Assim como Spinoza tinha pretendido libertar o homem dessa noção de legalidade moral, ingenuamente imaginada pela consciência comum, Fichte, em sua última filosofia, aspira a ultrapassar a concepção do imperativo, tal como Kant enunciou, para restabelecer, na harmonia de suas funções e na unidade de seu princípio, a espontaneidade viva do espírito. É sobre o Ser que se apoia toda ação, é no Ser que toda ação se realiza e repousa. Tudo aquilo que o homem tenta conceber, tudo aquilo que ele tenta realizar sob a forma de dualidade e de oposição, é vazio e frágil: no Ser expiram todas as contradições que a existência sensível suscita para dividi-lo; então, tudo só é verdadeiro, tudo só é real na relação imediata com o Ser. A filosofia de Kant se esforçou em justificar o dualismo da consciência; ela tinha afirmado que a Razão não é naturalmente, que ela não produz naturalmente seus efeitos, mas que ela deve ser, que ela é a forma ideal da atividade humana, que ela se impõe, como obrigação, a uma natureza que deve submeter-se a ela. Parece que o kantismo foi sobretudo, para os filósofos posteriores, um estímulo para conceber, para além das oposições mais bem estabelecidas, uma unidade mais alta e maior. Ressuscitada primeiro por deduzir toda a realidade do dever e da liberdade prática, a ideia monista pouco a pouco se espalhou e de novo finalmente resultou na noção de Ser absoluto, assim como na noção do seu princípio gerador. E, assim, o espírito spinozista foi reformado, agindo sobre o pensamento alemão por meio de uma operação imanente, penetrando-o com uma tal potência que ele espontaneamente, em suas concepções mais diversas da ciência, da arte e da vida, glorificou a doutrina e invocou o gênio de Spinoza.

CAPÍTULO III

HERDER[1]

A polêmica entre Mendelssohn e Jacobi teve por resultado dar à Alemanha uma consciência mais direta e clara de suas tendências spinozistas, e de mostrar que o spinozismo podia acomodar interpretações muito diversas. Era o seu próprio espírito que a Alemanha se preparava para defender e implantar, reabilitando e transformando a doutrina de Spinoza. Ela procurava nessa doutrina menos uma filosofia toda pronta — o que teria sido contrário à mobilidade metódica de seu gênio — do que uma forma geral de cultura científica e moral, a mais apropriada às suas faculdades naturais e mais capaz de afirmá-las. Eis por que as concepções spinozistas do mundo e da vida se estendem para além das escolas filosóficas; elas inspiram escritores que apenas ocasionalmente refletem sobre problemas especulativos e morais, e que só refletem sobre esses problemas para melhor se compreender, impondo uma ordem sistemática às opiniões espontâneas de sua inteligência e às disposições essenciais de seu caráter.

Entre esses escritores, Herder é particularmente interessante: não que ele tenha um grande vigor e uma grande originalidade filosófica; ele se abandona

---
[1] Johann Gottfried von Herder (1744-1803). (N. do T.)

às inspirações de seu pensamento, sem dominá-las ou dirigi-las; mas talvez assim nos permita entender, fora dos sistemas filosóficos propriamente ditos, o contato do espírito germânico com a filosofia moral de Spinoza; em seguida, ele ilustra este ponto, já reconhecido, de que alguns aspectos da doutrina kantiana se chocam frontalmente com esse espírito, dado que ele próprio, após ter sido um entusiasta discípulo de Kant, se revoltou contra as conclusões da *Crítica*, e mesmo as combateu com uma certa aspereza na sua *Metacrítica*. Enfim, pelo seu modo de entender ou de retificar o spinozismo, pelas suas ideias sobre o desenvolvimento orgânico da humanidade, ele indica as novas fórmulas e os novos objetos que o pensamento de Spinoza vai encontrar na Alemanha.[2]

É numa série de cinco diálogos que Herder tenta explicar e justificar esse pensamento; em que sentido e com quais disposições, é o que nos mostra o prefácio da segunda edição desses diálogos:

> Tendo sido educado em outra língua e com outro modo de pensar, Spinoza não estava à vontade no latim. Não seria razoável e justo ajudá-lo na escolha das expressões, sem nos ater exclusivamente às suas palavras mais duras? Explicar um autor por ele mesmo é a honestidade devida a qualquer homem honesto. Em geral, a fim de poder julgar e compreender um sistema que repousa sobre a liberdade e a alegria da alma, sobre o verdadeiro conhecimento e a beatitude ativa, é necessário ter um sentido liberal, livre de todo preconceito (*ein vorurtheilsfreier liberaler Sinn*); porque senão como poderíamos conquistar o verdadeiro conhecimento, o sentimento da alegria, o amor que age? A beatitude, diz Spinoza, não é a recompensa da virtude, mas a própria virtude. Não podemos dizer que somos bem-aventurados porque superamos as paixões, mas que superamos as paixões porque somos bem-aventurados. O mesmo acontece com o conhecimento da verdade. É porque nós a conhecemos que superamos os preconceitos; e eis porque aquilo que parece um grilhão de ferro ao iníquo, parece a lei real de liberdade para aquele que possui o verdadeiro conhecimento. "Nele nós vivemos, nós nos movemos e nós somos",

---

[2] Ver [Moritz] Kronenberg [1865-1935]: *Herder's philosophie*, Heidelberg, 1889, p. 47-85. — Renouvier: *La question du progrès, Herder*, na Critique Philosophique, 25 nov. 1880.

dizia o Apóstolo. "Nós somos da sua raça", tinha dito antes dele um poeta que o próprio Apóstolo cita com aprovação. A liberdade, que permitia a São Paulo citar palavras de um poeta resumindo sua doutrina, me autoriza a interpretar livremente o sistema de Spinoza.[3]

Vamos descartar em bloco todos os erros de interpretação suscitados pelo artigo do *Dictionnaire de Bayle*[4] sobre esse sistema. O que pertence a Spinoza, e o que é preciso reter, é a ideia de imanência. Herder apenas afirma que essa ideia, geralmente mal compreendida, já era desfigurada no próprio Spinoza por certas expressões familiares à sua doutrina. Sem dúvida, essa ideia exclui exatamente a noção de uma Causa primeira absolutamente transcendente em relação ao mundo, que não teria nenhuma relação inteligível com o seu efeito; mas em si ela não implica nada que seja contrário à afirmação da personalidade humana e à moralidade. Mais ainda, é a única ideia que nos permite compreender a verdadeira relação entre o mundo e Deus, bem como o sentido profundo do destino humano. É preciso primeiro livrá-la das fórmulas abstratas e incompletas pelas quais Spinoza a traduziu sob influência de Descartes. É o dualismo cartesiano do pensamento e da extensão que fez o maior dano à filosofia spinozista; é a concepção de um desenvolvimento matemático das coisas que lhe deu certa aparência de rigidez e de imobilidade, segundo a qual nos apressamos a julgar e a condenar o fundamento. O que é acidental e caduco no sistema de Spinoza é o envelope do sistema muito estreito para contê-la.[5] Mas a própria ideia quebra seu envelope pela sua potência de expansão natural e, livre para produzir todos os seus frutos, ela engendra a mais bela doutrina que podemos conceber da vida universal e da vida humana.

Primeiro, eliminando o dualismo cartesiano, a noção da unidade de essência

---

[3] *Gespräche über Spinoza's System. Sämmtliche Werke.* (*In vierzig Bänden*) Stuttgart und Tubingen, 1853, t. XXXI, p. 76-77.

[4] Ibid., p. 80-81. O *Dictionnaire historique et critique* é uma obra de Pierre Bayle (1647-1706), publicada em 1697, com várias reimpressões e traduções (inglesa e alemã) até 1820. (N. do T.)

[5] *Gespräche über Spinoza's System*, p. 108-111.

no universo aparece na sua integridade. Os seres, ao invés de serem excluídos apenas pelo que são considerados, uns do ponto de vista do pensamento, outros do ponto de vista da extensão, se unem sem, contudo, se confundir. Eles são forças que exprimem, cada um à sua maneira, a Força divina, e que agem organicamente, ou seja, combinando seus efeitos no sentido da mais alta potência e da mais alta unidade. Apenas Deus merece o nome de Substância, porque é o único ser que existe absolutamente por si. Mas a Substância não é a entidade morta que se esconde atrás de modificações passivas; ela é a Força viva e ao mesmo tempo universal, que cria e que envolve todas as forças individuais que percebemos no mundo como seres distintos.[6] Não podemos considerar o pensamento uma causa absoluta e uma razão final; o pensamento é apenas uma expressão já derivada do Absoluto. Aquilo que é realmente em si — e aqui Herder descobre uma das ideias mais características do gênio alemão — é a Potência natural e infinita à qual se ligam, da qual derivam as manifestações mais brilhantes do entendimento como os modos mais obscuros da vida, fonte da Inteligência e do Verbo, segundo *Faust* de Goethe, fundamento da existência espiritual, segundo Schelling,[7] forma imediata e realização primeira da Ideia, segundo Hegel.

Contudo, a filosofia de Spinoza não resulta na absorção radical de todos os seres individuais no Ser universal? Nunca, segundo Herder, sobretudo se consideramos seu verdadeiro significado. Primeiro, Spinoza não distinguiu profundamente a *natureza naturante* da *natureza naturada*? Em seguida, o que entendemos por individualidade? A individualidade é um estado, não imutável e absoluto, mas relativo e gradual; é o estado do ser que age por si e sobre os outros; no seu mais alto grau, é a consciência dessa ação própria e direta. Nesse caso, a Substância universal, longe de excluir por si e pelos outros seres toda individualidade, é, ao contrário, o princípio essencial de individuação; sendo a ação completa que abraça tudo, que concentra tudo, que dá conta de tudo, ela é o indivíduo perfeito em seu gênero; e, por outro lado, os seres criados têm

---

[6] *Gespräche über Spinoza's System*, p. 115 e seg.
[7] Friedrich Wilhelm Joseph von Schelling (1775-1854). (N. do T.)

uma individualidade mais forte quanto mais manifestam suas próprias energias junto com outras energias da natureza, quanto mais se constituem como unidades pelo agrupamento de suas potências, e quanto mais refletem em uma consciência mais clara a ordem que eles realizam neles e no mundo.[8]

Portanto, não é uma consequência rigorosa do spinozismo suprimir, como ilusórias ou impossíveis, as ações individuais; ao contrário, a ideia de necessidade, que Spinoza tão intensamente exprimiu, reafirma o indivíduo determinando seu papel no universo. Se essa ideia tivesse sido bem compreendida, ela não teria suscitado contra a filosofia spinozista as objeções que conhecemos. Ela não tem apenas sua verdade a seu favor, como confirmam as ciências; ela tem um valor estético e moral que se descobre sem esforço com a reflexão. Os gregos nos deram um símbolo maravilhoso com a sua Nêmesis, que representa uma ordem inflexível, inelutável; e se ficamos tentados a achar nessa ordem um rigor que ofusca ou que fere, é porque não compreendemos o que significa, a saber, a lei na sua plenitude, a harmonia dos seres no Ser, a razão consequente.[9] Spinoza é criticado por ter subordinado o universo a uma necessidade cega, desprovida de pensamento, em última análise ininteligível, sendo ininteligente. É uma maneira singularmente estreita de entender sua doutrina, e mais ainda, contestada pelo próprio Spinoza em muitas passagens. A potência que Spinoza atribui a Deus, sendo infinita, não poderia agir fora da razão, dado que, por definição, até ela deve contê-la, deve envelopá-la; princípio de toda razão criada, ela é em si razão absoluta e perfeita. Mas por isso mesmo, não podemos reduzi-la às proporções e às condições de uma inteligência finita que calcula e delibera, que escolhe entre ideias antes de se determinar a agir. Quando Spinoza se recusa a atribuir a um Deus um entendimento e uma vontade, não é para negar a sabedoria da ordem universal, ao contrário, é para reconhecê-la mais plenamente, descartando a doutrina das causas finais. Se o universo prova Deus é porque ele o manifesta, e que ele o manifesta não em pontos particulares e por particulares revelações,

---

[8] Ver sobretudo o terceiro diálogo.
[9] *Gespräche über Spinoza's System*, p. 135-139.

mas por todos os pontos e por uma revelação ilimitada. Procurar Deus exclusivamente aqui ou lá, naquele fragmento ou em tal momento do mundo: eis o que é falso e absurdo, e eis o que Spinoza corretamente rejeitou. Mas em todas as coisas ver Deus por inteiro, ou seja, não separar no universo as coisas de Deus; e não separar em Deus a potência da ação, a ação da razão: eis o real espírito da doutrina spinozista, e esse é o real sentido da ideia de imanência.[10]

De modo que a Necessidade universal é idêntica à infinita Perfeição, que ela não é, essencialmente, mecânica e cega, mas racional e moral. Leibniz não viu essa verdade tão claramente como Spinoza; e ainda, como diria Herder, ele a desfigurou pelo antropomorfismo de sua *Theodice*.[11] A *Theodicee* é também uma "acomodação";[12] ela concede muito às fórmulas correntes e grosseiras sobre Deus. Quando Leibniz fica mais estritamente fiel à pura filosofia e ao seu próprio pensamento, ele está bem perto de ser um spinozista, e isso por uma razão bem simples, é que suas teorias sobre a harmonia preestabelecida, sobre a dependência recíproca dos seres, sobre a necessidade moral já estão em Spinoza. Ao menos Spinoza não diminuiu suas teorias falando da necessidade de conveniência, de escolha entre os possíveis, ou seja, levando a uma medida humana a causalidade e a sabedoria divinas; assim, ele não pensou em estabelecer uma comparação entre aquilo que o mundo é e aquilo que poderia ter sido. Em um universo sujeito à necessidade racional e subordinado à potência divina, tudo é perfeito, embora em graus diversos; o mundo real é o melhor dos mundos, não no sentido de que Deus o preferiu ao invés de mundos piores, mas porque fora de Deus não podemos reconhecer um princípio que permita distinguir o bem e o mal, e que Deus, conforme à sua natureza, só pode produzir algo bom. Tudo aquilo que existe, vindo de Deus, exprime então, de uma certa maneira, a potência, a beleza e a bondade infinitas. O mal é uma forma de ser passageira ou uma forma de ver errônea. Mau é atribuir ao mal uma realidade positiva e definida, porque

---

[10] *Gespräche über Spinoza's System*, p. 126 e seg.
[11] Ibid., p. 136 e seg.
[12] Ibid., p. 139.

então só entenderíamos os seres pelos lados que se distinguem ou se opõem; bom é negar a realidade do mal, porque então compreendemos os seres na sua união recíproca e na sua união com Deus.[13]

Essa metafísica moral, releitura de Spinoza, foi resumida por Herder em 10 proposições:

I. O Ser mais alto deu às suas criaturas aquilo que tem de mais alto, a realidade, o ser.[14]

II. A Divindade, na qual está a Força única e essencial que nós chamamos de potência, sabedoria, bondade, só podia produzir o que fosse uma expressão viva de si mesma, ou seja, esta potência, esta sabedoria, esta bondade que constituem indissoluvelmente a essência de todo ser vindo ao mundo.[15]

III. Todas as forças da natureza agem organicamente. Toda organização é um sistema de forças vivas que servem a uma Força essencial segundo regras eternas de sabedoria, de bondade e de beleza.

IV. A leis que estes comandam e aqueles obedecem são as seguintes: Todo ser tem uma tendência interna a perseverar no seu ser, a se unir com aquilo que lhe é semelhante, a se separar daquilo que lhe é oposto, em uma palavra, a se exprimir em si e no outro. Estes são os efeitos pelos quais a Divindade se revela; e não poderíamos conceber nem outros, nem mais altos.

V. Não existe morte na natureza, apenas transformações, e essas transformações se realizam segundo uma lei de necessidade que diz que toda força, no domínio da mudança, se mantenha idêntica, sempre nova e sempre ativa, e que por atrações e repulsas, afinidades e repugnâncias, ela modifique perpetuamente sua forma orgânica.

VI. Não existe repouso na natureza, porque um repouso completo seria a morte. Toda força viva age e age perpetuamente; em cada movimento de sua ação, ela se expande e se desenvolve segundo leis internas e eternas de sabedoria e de bondade que a penetram, que lhe são inatas.

---

[13] Veja sobretudo o quinto diálogo.
[14] *Gespräche über Spinoza's System*, p. 186.
[15] Ibid., p. 188.

VII. E quanto mais ela se exerce, mais ela age sobre as outras forças; ao mesmo tempo que ela recua seus próprios limites, ela organiza e imprime em outros a imagem da beleza e da bondade que habita nela.
VIII. No Reino de Deus não existe mal real. Todo mal é um puro nada. Nós nomeamos mal aquilo que é limite, oposição ou transição, e nenhum desses três estados merece esse nome.
IX. Como toda existência é limitada no tempo e no espaço, e que, no reino de Deus, isso resulta em oposição, deve ocorrer, para o maior bem deste reino, que os opostos conspirem e se pressionem; e é apenas pela união dos dois que na substância se produz um mundo, ou seja, um todo determinado, cheio de beleza e de bondade.
X. Mesmo as faltas dos homens são boas para um espírito que sabe compreender; porque quanto mais ele compreende, mais elas devem se mostrar a ele como defeitos, e o ajudar, por contraste, a buscar mais luz, uma bondade e uma verdade mais puras; isso, não pelo efeito de um livre-arbítrio, mas segundo as leis da razão, da ordem e do bem.[16]

Os princípios da moral spinozista se reencontram em Herder, com fórmulas mais flexíveis, menos sistemáticas, contudo fiéis à ideia mestre da *Ética*. Quando o indivíduo humano, nele mesmo e na sua relação com os outros seres, exprime uma harmonia providencial, basta ele desenvolver na sua direção natural as forças que o constituem, basta ele se produzir com o mais possível de potência e ordem para realizar o seu bem. Também Herder combate em muitos lugares a teoria kantiana da moralidade; ela é culpada, aos seus olhos, de desconhecer a força determinante e a luz reveladora do sentimento, de opor as formas inertes da razão abstrata à sensibilidade viva. Da mesma maneira que Spinoza restabeleceu a unidade do universo pela sua doutrina da imanência, é necessário restabelecer a unidade da alma e reconhecer que nossas diversas faculdades são imanentes umas às outras; é a mesma natureza penetrada por Deus, que em nós nos faz viver, nos faz compreender, nos faz sentir: de tal

---

[16] Ver p. 207-209.

maneira que nos abandonar ao elã da vida, conceber aquilo que nós somos no mundo, obedecer aos impulsos de nossos sentimentos, são expressões essencialmente idênticas da moralidade.[17]

Se nos *Dialogues* Herder expõe suas concepções filosóficas e morais relacionando-as diretamente ao sistema de Spinoza, podemos dizer, contudo, que ele já incrementou, e talvez com mais profundidade, o pensamento de Spinoza lhe oferecendo como matéria nova e como alimento novo um objeto que Spinoza não considerou: *o desenvolvimento histórico da humanidade*. Herder preparava então esse spinozismo transformado e aumentado que iria se espalhar na Alemanha, e que devia se esforçar em compreender por uma mesma lei tanto a história quanto a natureza dos seres. Ele já concebia essa unidade radical entre o racional e o real, entre a ordem lógica e a ordem cronológica, que o pensamento alemão iria em breve destacar, como o princípio inspirador de todas as abordagens. Sem dúvida, de certo modo, a doutrina de Spinoza logicamente resulta nisso; porque se a ação divina é imanente à natureza universal e à natureza humana, não são apenas as características essenciais, são também as características acidentais e transitórias da humanidade que devem se exprimir nas fórmulas do sistema: aquilo que acontece sendo uma porção daquilo que é, e tudo aquilo que é, exprimindo Deus, nada pode ser contingente, irracional; a necessidade pode ser confusa ou velada, ela nunca é ausente. Contudo, Spinoza não tinha tão firmemente adaptado a ideia de imanência à natureza humana porque ele tinha concebido essa natureza como uma essência fixa produzindo logicamente seus modos, e que ele tinha determinado mais o desenvolvimento dialético do que o desenvolvimento concreto. Podíamos até pensar que a ideia

---

[17] "Lá onde está o espírito do Senhor, está a liberdade. Quanto mais nosso conhecimento é profundo, puro e divino, mais nossa ação é pura, divina e universal. Se a luz de Deus brilha em nossos olhos vinda de todo lado, se a chama do Criador resplandece diante de nós vinda de toda parte, nós passamos, à sua imagem, de escravos a reis, e chegamos onde todo filósofo se propõe chegar: ter em nós um ponto de apoio para submeter o mundo à nós, um ponto de apoio exterior ao mundo, que nos permite movê-lo com tudo aquilo que ele contém. Entramos, assim, mais profundamente em tudo e em cada coisa em particular. [...] Se não queremos acreditar em São João, ao menos acreditemos naquele que foi, sem dúvida, mais divino, Spinoza, cuja filosofia e moral revolvem inteiramente em torno desse eixo." *Vom Erkennen und Empfinden der menschlichen Seele*, t. XXXI, p. 41.

de imanência não tenha sido totalmente desenvolvida por Spinoza; porque a ordem dialética dos atos humanos, tal como ele construiu, podia ser considerada uma transposição intelectual, uma expressão transcendente da realidade dada: estaria ele bem certo de que a realidade, em todos os detalhes de seu desenvolvimento, fosse plenamente inteligível? E o sistema spinozista não seria uma seleção de elementos racionais que podíamos desvendar nessa realidade, em detrimento de formas de existência empíricas e concretas, da mobilidade viva, do desenvolvimento de fato? Do alto do Eterno, seu termo e sua razão, não iria perder de vista tudo o que não pudesse se elevar do emaranhado de coisas até o alto, tudo aquilo que só pudesse ser percebido sob a noção do tempo, *sub specie temporis*?[18] Era então uma audaciosa tentativa de procurar envolver na unidade, colocada por Spinoza, a multitude simultânea e sucessiva dos acontecimentos humanos. Lessing, como vimos, já tinha aberto o caminho; ele sustentou que a revelação divina não é um fato excepcional, descendo da Eternidade num só momento do tempo, mas que ela é um fato universal, co-extensivo a todos os momentos da duração, o ato perpétuo e móvel pelo qual Deus faz a educação do gênero humano. Ele havia antevisto essa filosofia da história que Herder tão brilhantemente tentou e cujo princípio era a redução das leis naturais e das leis históricas à mesma necessidade original.

> Se existe um Deus na natureza, ele também existe na história; porque o homem é também uma parte da criação, e mesmo no meio de suas paixões e até seus últimos desvios, ele segue as leis tão belas, tão imutáveis quanto as que regem as revoluções dos corpos celestes.[19]

---

[18] Ver Spinoza: "É preciso ressaltar que por série de causas e seres reais eu não entendo aqui a série das coisas particulares e mutáveis, mas apenas a série das coisas fixas e eternas. Porque seria impossível à fraqueza humana atingir a série das coisas particulares, sujeitas às mudanças, tanto por causa de sua incontável multidão, quanto por causa das circunstâncias infinitas que se encontram numa única coisa, e podem ser a causa dela existir ou não, já que a existência dessas coisas não tem nenhuma conexão com a sua essência e não é uma verdade eterna." TIE, t. I, p. 33.

[19] *Idées sur la philosophie de l'histoire de l'humanité* [*Ideias sobre a filosofia da história da humanidade*], trad. Quinet, 3 v., 1834, t. III, p. 90. — Pode ser interessante recordar o paralelo estabelecido por Edgar Quinet [1803-1875] entre as concepções gerais de Spinoza e aquelas de Herder. "Em Spinoza, a admirável potência da inteligência nos espanta, nos subjuga. Longe

Então vamos supor a razão infinita imediatamente presente a todos os momentos da história assim como a todos os estados da natureza, se impondo como lei a todas as manifestações sucessivas da humanidade, com isso teremos uma ideia de um movimento ao mesmo tempo perpétuo e racional, ascendente e lógico, que expressará a marcha necessária do gênero humano. A noção de progresso se deduz rigorosamente da doutrina da imanência, desde que tentemos compreender por essa doutrina o desenvolvimento específico como o desenvolvimento individual do homem. Além disso, ela é apenas a própria noção de perfeição, transportada da eternidade ao tempo, tendo passado da categoria de imutável às formas infinitamente múltiplas do devir. Ela é o *divino* presente em toda parte, o divino que se desenvolve, o divino que revela continuamente Deus, que, nos sistemas posteriores, se substituirá a Deus. É essa noção de progresso, com todas as consequências morais que ela implica, que Herder colocou em relevo em suas *Idées sur la philosophie de l'histoire de l'humanité*.

A finalidade da humanidade não pode ser transcendente em relação a ela mesma, como também Deus não é transcendente em relação à natureza. A humanidade é a finalidade da natureza humana, e a natureza humana tem apenas que desenvolver suas potências latentes para alcançar sua finalidade. É necessário então que esse desenvolvimento se realize com certeza e segundo uma lei de sabedoria que não se desmente jamais. Eis, de fato, a verdade. Todos os poderes destruidores da natureza devem não apenas ceder ao longo dos séculos

---

do espetáculo do mundo sensível, ele nos leva às entranhas do universo inteligível para nos revelar o segredo; lá, enquanto o mundo exterior pesa sobre nós, em nosso redor, o pensamento abstrato despojado de símbolo e de corpo desempenha um grande papel, existe tanto estoicismo nas formas, em toda parte ao longe um tão grande silêncio do universo visível, que tocamos simultaneamente nos dois limites do materialismo e do espiritualismo. Essa característica desaparece no panteísmo de Herder. De resto, se esse sistema parte ou confunde as almas, essa questão não se coloca; a verdade é que ele foi indispensável ao primeiro desenvolvimento da filosofia da história. Durante muito tempo confundido com as tradições religiosas e populares, quando quis se separar delas se achou tão imbricado com o laço arbitrário das causas finais que só pôde escapar fazendo um esforço violento. Como o princípio da liberdade providencial se perdeu numa sucessão flutuante de caprichos efêmeros, como a ideia de lei foi levada até o fatalismo, a ciência da humanidade, ameaçada de ser sufocada no nascimento, teve naturalmente que se refugiar, e crescer, protegida pela armadura impenetrável de Spinoza." *Oeuvres*, 1875, t. I, p. 433-434.

aos poderes conservadores, mas até concorrer ao bem universal. Tudo aquilo que é desordem ou negação tende a se anular ou produzir, no final das contas, a ordem e a afirmação. Em virtude das forças divinas repartidas pela natureza, a ordem nasce do caos. Existe na humanidade um centro de verdade, de bondade, de beleza, do qual ela só pode se separar momentaneamente, ao qual ela é trazida de volta, quando se desvia, por um movimento natural. Levantamos objeções quanto ao erro, à luta; mas o erro é apenas um estado provisório ou mesmo ilusório do espírito; ele não tem em si nada de positivo; todos os erros do homem são raios quebrados da verdade; como eles encerram contradições e escândalos, eles servem para melhor fazer pressentir e perseguir essa verdade una e universal, que permanece, apesar de cisões aparentes, o elo permanente das inteligências.

> Assim como não tem maior alegria para um viajante do que encontrar uma pessoa que sentiu e pensou como ele, o mesmo acontece quando na história de nossa espécie, em todos os séculos, com todos os povos, se eleva do fundo de nobres almas um mesmo eco de verdade e de amor pelos homens. Assim como hoje minha razão procura as relações entre coisas, e que meu coração estremece de alegria quando as encontro, assim aconteceu com todo homem que as procurou antes de mim, mesmo que, segundo seu ponto de vista, ele as tenha diferentemente percebido e descrito. E onde ele errou, seu erro me serviu tanto quanto para ele, me alertando de evitá-lo. Quando ele me conduz à verdade, ele me instrui, me consola, me reanima, ele é meu irmão, ele participa comigo da mesma alma universal, ele bebe da mesma taça de verdade, de razão e de justiça.[20]

Não é, em outra linguagem, a teoria spinozista do *amor intellectualis*, vinda de alguma maneira da eternidade para ser aplicada às almas que, vivendo no tempo, transpõem os intervalos, se compreendem e se amam pela verdade conquistada, e até apenas vislumbrada? Quanto às lutas e às destruições que

---

[20] *Idees sur la philosophie de l'histoire de l'humanité*, t. III, p. 124-125.

parecem contradizer o curso providencial da história, elas são na realidade instrumentos de progresso; porque não é a morte que elas encobrem, mas as metamorfoses, graças às quais as diversas espécies e especialmente a humanidade se livram de suas formas inferiores de existência.

> Rasgar o envelope exterior; em toda a criação, não verás nada que seja uma morte real; toda destruição é uma metamorfose, o instante de uma passagem a uma esfera de vida mais elevada; em sua sabedoria, o autor das coisas produziu os seres de imediato e com tantas variedades que aquilo poderia, de acordo com o bem da espécie e a felicidade da criatura, que chamada a gozar de sua organização, deveria desenvolvê-la tanto quanto possível. Por uma infinidade de maneiras violentas de terminar a vida, ele previu mortes lânguidas e elevou às formas superiores o germe dos poderes que devem florescer um dia.[21]

Não podemos, entretanto, acreditar que os erros e as discórdias observados na história sejam um obstáculo ao advento da humanidade; certamente, a espécie humana só pode realizar sua finalidade mudando com frequência de cultura e de forma, variando prodigiosamente seus meios de ação; mas é sempre seu bem-estar que ela persegue com a certeza de atingi-lo, e também com a certeza de só poder atingi-lo fundando-se na razão e na justiça. Ora, a razão e a justiça repousam sobre uma única e mesma lei, da qual depende a estabilidade real de todo o nosso ser. A razão observa e compara as relações entre as coisas a fim de dispô-las numa ordem durável. A justiça é a razão nas suas relações morais, uma fórmula de equilíbrio entre forças contrárias, de onde resulta a harmonia de toda a criação. Além disso, por sua própria natureza, a razão e a justiça se propagarão, cada vez mais, entre os homens, a fim de constituir a humanidade num organismo cada vez mais possante. Esse é o destino do homem regido por uma bondade suprema, e nossa mais nobre tarefa neste mundo, assim como

---

[21] *Idees sur la philosophie de l'histoire de l'humanité*, t. III, p. 267.

nossa felicidade mais pura, é de reconhecer nosso destino e nos associar a ele com todas as nossas forças. Como membros da humanidade, devemos combinar nossa ação com a ação providencial que conduz a nossa espécie na direção de fins melhores e mais altos.

> Na história do gênero humano, assim como na vida dos indivíduos mais imprevidentes, as faltas, os desvios se sucedem infinitamente, até que a necessidade leva o coração do homem à razão, à justiça. Tudo aquilo que pode se manifestar, se manifesta pelos efeitos que comportam a sua natureza. Nenhuma força, mesmo a mais cega, é contrariada na sua ação; mas todas são subordinadas a este princípio, que os resultados contrários se destruirão entre si e que apenas o bem será permanente. O mal que destrói outro mal se submeterá à ordem ou sucumbirá. O homem razoável e o homem virtuoso são então bem-aventurados de uma felicidade imutável no reino de Deus.[22]

Se, para expor toda a filosofia de Herder, nos referíssemos estritamente a essa noção do progresso histórico, poderíamos crer que o destino do homem se realiza no próprio homem e que o desenvolvimento infinito da humanidade é um substituto suficiente da vida eterna. Porém, ou porque ele não coordenou rigorosamente todas as partes de sua doutrina, ou porque queria, levado por uma tendência que se tornará mais consciente em Schelling, conciliar a evolução necessária com a personalidade humana, a ordem do tempo com a ordem da eternidade, Herder atribui às pessoas distintas fins distintos, e à humanidade coletiva um fim suprassensível. Além disso, a essas concepções, expressas frequentemente em termos vagos, acabam sempre por se misturar fórmulas panteístas. O homem que é feito para a moralidade e para a religião é feito também para a esperança da imortalidade; não que seja necessário atribuir ao homem uma alma separada, capaz de sobreviver ao corpo por essa própria separação radical; mas existem na natureza dos sistemas poderes orgânicos que

---

[22] *Idees sur la philosophie de l'histoire de l'humanité*, t. III, p. 351.

dominam com sua existência indestrutível os órgãos aos quais eles se aplicam; mesmo que os órgãos se destruam ou se renovem, os poderes orgânicos subsistem, como formas eternas, sempre prontos a se impor a uma matéria móvel; para que eles pudessem ser aniquilados, seria necessário que a potência e a sabedoria divina fossem limitadas e parcialmente aniquiladas. "Tudo aquilo que o Ser, que vivifica os mundos, chama à vida existe; tudo aquilo que age, age eternamente no seu todo eterno."[23] Ora, o pensamento é um desses poderes orgânicos, mas um poder superior que tem consciência de si mesmo, que se liga pela razão ao Ser infinito.

> Todas as vezes que o homem pensa, ele imita os arranjos da Divindade. Em tudo aquilo que ele quer, em todos os projetos que executa, ele imita a criação de Deus; essa semelhança é fundada na própria natureza das coisas, na essência do pensamento. Ora, esse poder que é capaz de conhecer, de amar e de imitar Deus, que tem como lei racional conhecê-lo e imitá-lo, mesmo contra sua própria vontade, já que suas faltas e seus erros nascem apenas de sua fraqueza e de suas ilusões — esse poder não mais existiria, e o mais poderoso soberano da terra morreria porque uma circunstância externa mudou e alguns de seus súditos se revoltaram! O artesão cessa de existir porque seu utensílio de trabalho escapou de suas mãos? Se isto acontece, o encadeamento de nossas ideias não seria quebrado para sempre?[24]

Por outro lado, como o encadeamento dos poderes e das formas no universo nunca é retrógrado, nem estacionário, mas progressivo, devemos admitir que a humanidade se elevará gradualmente a um destino mais alto; caso contrário, todo plano da natureza seria apenas um sonho, uma aparência mentirosa. "Nossa humanidade é apenas um estado de preparação, o botão de uma flor que deve desabrochar."[25] O gênio da humanidade, preso ao mundo terrestre, se expandirá num mundo superior para produzir todos os seus frutos de verdade

---

[23] *Idees sur la philosophie de l'histoire de l'humanité*, t. III, p. 253.
[24] Ibid., p. 255.
[25] Ibid., p. 284.

e de bondade. Que esse mundo superior seja obscuro para nós no momento, isso é auspicioso, porque nossos olhos não poderiam aguentar o brilho, nem nossa vontade abraçar suas profundezas. Mas assim como nesse mundo as oposições apenas servem para preparar para uma unidade mais forte, também a oposição aparente entre esse mundo e o mundo suprassensível se resolverá pelo advento de uma humanidade plenamente consciente de si mesma, de uma "humanidade divina".[26]

> A expressão de Leibniz, de que a alma é um espelho do universo, talvez contenha uma verdade mais profunda do que se deduz normalmente; porque diríamos que os poderes do universo inteiro estão enterrados em suas profundezas, e só precisam, para se expandir, da ajuda de uma outra organização ou de uma série de organizações progressivas. A suprema Bondade não lhe recusará essa organização.[27]

A filosofia moral de Herder se inspira, então, diretamente no spinozismo, apesar das fórmulas puramente deístas às quais frequentemente recorreu; mas ela interpreta livremente o sentido e aumenta as aplicações. Segundo as tendências do espírito germânico, o gênero de relação estabelecido por Spinoza, por um lado, entre Deus e o mundo, por outro lado, no mundo entre diferentes seres, é considerado muito "duro" e muito exterior: a ideia de organização hierárquica parece mais apropriada do que a ideia de relação matemática para exprimir a participação entre o mundo e Deus, e a solidariedade dos seres. O universo é um organismo animado pelo espírito de Deus e que se constitui por um conjunto infinito de forças orgânicas unidas entre elas por ligações de estreita reciprocidade. Esse ponto de vista, ao que parece, nos afasta de Spinoza, e nos aproxima de Leibniz. Mas se Herder, ao exemplo de Leibniz, tenta restaurar no próprio seio da unidade do mundo as individualidades distintas tendendo à infinita perfeição, contudo, ele censura Leibniz de ter colocado

---

[26] *Idees sur la philosophie de l'histoire de l'humanité*, t. III, p. 287.
[27] Ibid., p. 301.

Deus no topo ao invés de no centro do mundo, de tê-lo erigido como causa extramundana, enfim, de ter subordinado essa necessidade, que ele qualificava justamente de moral, a modos de ver e a convenções puramente humanas. Spinoza talvez sacrifique muito a realidade dos seres produzidos à Substância infinita quando ele faz deles simples modificações dessa substância; mas Leibniz igualmente sacrifica muito a Substância infinita à independência dos seres quando os faz mônadas, substâncias existentes em si. É mais correto dizer que os seres do mundo são "fenômenos substanciados";[28] e essa expressão tem a vantagem, aos olhos de Herder, de fazer compreender, ao mesmo tempo, que os seres são apenas por Deus, e que, contudo, por Deus eles são.

Em todos os casos, a filosofia de Spinoza ganha da de Leibniz porque ela não fragmenta a natureza, ela não enfraquece a clareza das revelações naturais em nome de uma clareza superior, e ela torna o homem capaz de perseguir imediatamente o seu destino. A livre necessidade que, para Spinoza, é a característica da ação divina, deve ser o ideal da ação humana; ou seja, a ação humana deve tomar cada vez mais a forma de uma unidade orgânica se bastando a si mesma, não deixando de fora dela nada daquilo que nos constitui, agrupando tudo na nossa natureza e fazendo tudo viver, a fim de que nada caia no domínio do contingente ou do irracional. O mal não existe realmente; e aquilo que chamamos por esse nome é apenas a falha, ou da nossa inteligência que não sabe seguir as oposições até o seu ponto de convergência e de harmonia, ou da nossa vontade que continua preguiçosa e vacilante entre as contradições do nosso ser. Mas a Força providencial que nos engendra e nos inspira restabelecerá nós mesmos em nós, como ela própria se restabelece nela mesma, nas suas manifestações, na natureza e na história.

Existe, então, um plano divino da história assim como existe um plano divino da natureza. Na história, obra do homem, tudo acontece para o mais completo desenvolvimento da humanidade. Nada daquilo que se realiza é insignificante ou irracional: o presente justifica o passado, o futuro justificará o

---

[28] *Gespräche über Spinoza's System*, p. 105.

presente. Será que isso retorna à doutrina da finalidade? Não, pelo que sustenta Herder, porque a doutrina das causas finais, como a entendemos de ordinário, isola os diferentes períodos da história para os levar a fins diferentes, sem relação recíproca, sem unidade mestra; ela quebra assim, ao mesmo tempo, a cadeia dos fatos e a cadeia das ideias; ela nos faz assistir ao espetáculo absurdo de uma Providência ilógica ou intermitente. Se existe uma finalidade, é uma finalidade universal colocada *a priori*, ou seja, uma lei de ordem universal, penetrando tudo, explicando tudo, justificando tudo; é a potência divina se manifestando, não apenas em épocas singulares ou a homens singulares, mas na imensidão dos tempos e em todas as sucessões de sociedades humanas. O otimismo histórico de Herder não se deixa nem medir nem limitar; toda medida, toda limitação suporia uma separação atual entre Deus e o homem, que não pode ser aceita, mesmo a título provisório, suporia um retorno à noção de transcendência, justamente banida por Spinoza.

Não apenas Herder retomou, à sua maneira e às vezes aumentou, as concepções morais do spinozismo, mas pelas suas ideias ele prepara ou anuncia outras filosofias que se ligam a essa doutrina. Ele indicou que o sentimento tem uma potência sintética maior do que o simples entendimento, quando se trata de entender a unidade entre o mundo e Deus; e essa ideia será retomada por Schleiermacher. Ele tentou restaurar em um sistema panteísta, em nome desse mesmo sistema, a individualidade viva e a personalidade humana; e essa ideia será desenvolvida e avançada por Schelling. Enfim, ele constrói uma história da humanidade, que é apenas, sob todas as suas formas e em todos os seus momentos, a realização do plano de Deus, que sob as lutas e as contradições de superfície é essencialmente um progresso em Deus e em direção a Deus; Hegel dirá: um progresso de Deus; e essa ideia será o elemento constitutivo de sua *Philosophie du droit* [*Filosofia do direito*] e de sua *Philosophie de l'Esprit* [*Filosofia do Espírito*].

CAPÍTULO IV

SCHILLER[1] E GOETHE[2]

As ideias filosóficas de Herder são uma prova significativa do fervor de espírito com o qual, do final do século XVIII ao começo do século XIX, as maiores inteligências da Alemanha abraçaram e fizeram reviver o pensamento de Spinoza. É notável que esse renascimento do spinozismo tenha sido produzido no momento em que o gênio alemão tomava posse de suas forças e as lançava em todos os sentidos com tanto ardor e brilho. Então, é certo que ele foi, não um fenômeno acidental e sem alcance, mas um fato essencial e realmente fecundo. O spinozismo agiu sobre o gênio alemão ao mesmo tempo por atração e por impulso, como modelo e como motor: ele apareceu, por um lado, como a forma exemplar de toda explicação completa das coisas; ele se tornou, por outro lado, à medida que foi melhor compreendido e mais completamente recriado, um princípio interior de atividade espiritual; ele passou cada vez mais ao estado de tendência imediata e de sentimento vivaz, e eis por que ele foi, no âmago das almas, o pensamento constantemente pronto a operar em toda obra. É na consciência de seus escritores, assim como

---
[1] Johann Christoph Friedrich von Schiller (1759-1805). (N. do T.)
[2] Johann Wolfgang von Goethe (1749-1832). (N. do T.)

nos sistemas de seus filósofos, que a Alemanha concebeu e engendrou o seu spinozismo, e seus dois maiores poetas, Schiller e Goethe, foram, ainda que de maneira bem diferente e em diversos graus, os reveladores da ideia que a Alemanha trabalhava para produzir.

Repetimos de bom grado que Schiller é um discípulo de Kant; mas Schiller tinha tentado uma interpretação filosófica do mundo e da vida antes de aderir abertamente à doutrina kantiana, e desta doutrina ele foi um intérprete infiel. As *Lettres philosophiques*, que apareceram primeiro em *Thalia*, esboçam um panteísmo que a doutrina de Kant não consegue jamais apagar os traços.

> O universo, como está escrito na *Théosophie de Jules*, é um pensamento de Deus. Essa concepção ideal do espírito tendo passado para a realidade, e o nascimento do mundo tendo realizado o plano traçado pelo Criador (me permita esta imagem bem humana), a missão de todos os seres pensantes é de reencontrar, neste conjunto realizado, o primeiro desenho, de procurar a regra da máquina, a unidade da composição, a lei do fenômeno, e, procedendo ao inverso, devolver o edifício à planta original. Assim, na natureza, apareceu uma coisa: o Ser pensante. Este vasto conjunto que chamamos universo só é interessante para mim porque ele está lá para me indicar simbolicamente as manifestações diversas deste Ser... Eu converso com o Infinito por intermédio da natureza e da história.[3]

Então o homem cria para si o universo na medida em que o pensa e, na medida em que o pensa, ele acha Deus. Porque não existe distinção substancial entre o universo e Deus.

> Todas as perfeições do universo estão reunidas em Deus. Deus e a Natureza são duas grandezas perfeitamente iguais entre si. A soma inteira de atividade harmônica que existe simultaneamente na Substância divina é fragmentada na natureza,

---

[3] *Oeuvres de Schiller*, trad. Régnier, t. VII, p. 322-323.

imagem dessa Substância, em uma multitude de graus, de dimensões, de nuances. A Natureza é um Deus dividido ao infinito. Da mesma forma que um prisma decompõe um raio de luz branca em sete raios coloridos, o Eu divino se decompõe em uma multitude incontável de substâncias odoríferas. Assim como os sete raios coloridos se fundem de novo em um puro raio luminoso, da união de todas estas substâncias sairá uma essência divina.[4]

Nós devemos então nos elevar cada vez mais acima do Deus fragmentado, disperso, para reencontrar ou refazer o Deus uno e perfeito. É a atração dos elementos materiais que produziu a forma corporal da natureza; é a atração dos espíritos, continuada e fortificada ao infinito, que produzirá a forma moral da humanidade. E a atração dos espíritos é o Amor. Universalmente levados à Perfeição suprema, os homens decaem quando se abandonam a este amor próprio corrompido que é o egoísmo. Eles só precisariam verdadeiramente se amar para amar o outro.

> Todos os espíritos são felizes por sua perfeição. Eu desejo a felicidade de todos os espíritos porque eu me amo. A felicidade que eu imagino se torna minha própria felicidade... O homem que consegue recolher em todas as esferas da natureza, das mais elevadas às mais humildes, a beleza, a grandeza, a perfeição, e descobrir a grande unidade no seio dessa variedade, esse homem já deu um grande passo em direção a Deus: a criação inteira se absorve na sua personalidade. Se cada homem amasse todos os homens, cada indivíduo possuiria o mundo... Se concebemos a perfeição, nós a possuiremos. Se nos familiarizarmos com a sublime unidade ideal, nos ligaremos uns aos outros num amor fraternal. Se semearmos a beleza e a alegria, nós colheremos a alegria e a beleza. Se temos ideias claras, teremos um amor ardente.[5]

---

[4] *Oeuvres de Schiller*, trad. Régnier, t. VII, p. 331.
[5] Ibid., p. 326-332.

Neste estado superior, entendemos que tudo é necessário, mesmo aquilo que parece contingente, que tudo tem sua razão, mesmo aquilo que parece irracional.

Num plano infinito da natureza, nenhuma atividade deveria faltar, nenhum grau de gozo deveria faltar para a felicidade universal. Este grande economista do universo, que sabe utilizar o menor fragmento que cai, que não deixa desabitado nenhum vazio, por menos que seja a vida aí,... este espírito inventivo não poderia usar o próprio erro na realização de seu plano sublime?... Toda aptidão da alma, fosse ela aplicada ao erro, aumenta sua aptidão a conceber a verdade.[6]

É assim que espontaneamente, em suas *Lettres philosophiques*, Schiller concilia a ideia spinozista da unidade do Ser com a ideia leibniziana do desenvolvimento dos seres.[7] Ele traduz em sentimento poético, em intuição imediata aquilo que Spinoza e Leibniz tinham expresso em conceitos. Ele glorifica antes de tudo, porque ele o experimenta no seu âmago, esta atividade original do espírito, que é tão mais fecunda, tão mais criativa quanto melhor se desdobre na ordem universal. Ele admite que a mais alta vida está na mais livre expansão das forças da alma, e que a poesia é a forma harmoniosa na qual a natureza humana realiza mais plenamente suas potências. Então mesmo que, sob influência de Kant, ele considere a pura moralidade como a finalidade suprema do homem, ele vê na arte o mais excelente meio de predispor o homem a essa finalidade. Aliás, ele se afasta cada vez mais da doutrina kantiana; ele critica enfaticamente o rigor abstrato e a dureza prática; ele não quer que a sensibilidade seja sacrificada, mas que seja reconciliada com a razão, e ele concebe um estado de alma, um estado de graça estética e de dignidade moral, onde a sensibilidade e a razão se desenvolvem cooperativamente.[8] Enfim, após ter

---

[6] *Oeuvres de Schiller*, trad. Régnier, t. VII, p. 335-336.
[7] Ver Kuno Fischer, *Geschichte der neuern Philosophie*, II, p. 872-873 da segunda edição.
[8] *De la grâce e de la dignité*, t. VIII, p. 85 e seg. — Kant, em seu livro sobre *La Religion dans les limites de la pure raison*, desaprovou formalmente esta união que Schiller estabelecia entre a

subordinado a arte à moralidade, após tê-las mostrado unidas numa mesma função,[9] ele admite que a inteira liberdade está no puro sentimento do belo, que só o sentimento do belo liberta o homem da fatalidade dos sentidos, da rigidez da ciência, da restrição do dever, que sendo o jogo de todas as faculdades, ele restitui o homem em sua integridade viva.[10] Schiller exclui assim toda ideia simplesmente legal do destino humano; ele recoloca no fundo de toda ação eficaz a espontaneidade natural, e sob o nome de estado estético, aquilo que ele justifica é a vida livre, que contém toda a sua virtude e toda a sua alegria. Ele tende, então, a reencontrar, à medida que se afasta mais de Kant, o ideal que tinha primeiro despertado o seu gênio, e ele o retoma com uma fé tão mais viva que ele o reconhece levado à sua mais alta potência e magnificamente encarnado em toda a obra de Goethe.

Ora, Goethe tinha a grande preocupação de experimentar em todo encontro este ideal de desenvolvimento harmonioso e de liberdade serena, procurar em todo lugar, no acaso das conferências e das meditações assim como no curso dos acontecimentos cotidianos, a expressão intelectual e a confirmação prática. E eis como, colocado na presença de Spinoza, ele descobriu um mestre secreto de seu pensamento. Ele teve a consciência maravilhosamente clarividente do parentesco espiritual que uniu através dos tempos, apesar da aparente diversidade de vocações e de obras, as inteligências que inspira um mesmo sentimento pela vida, e ele acreditou que esse sentimento era, para as formas particulares que podia tomar, como um princípio interno de filiação. É então pelas tendências profundas de seu ser que Goethe estava predisposto a compreender Spinoza. Seu espírito dominador e esplêndido devia se sentir irresistivelmente atraído pela audaciosa maestria com a qual o impassível filósofo dispunha em uma ordem soberana os elementos infinitos da realidade. A apercepção triunfante da unidade do universo foi sem dúvida aquilo que,

---

dignidade moral e a graça estética, e o censurava de comprometer a lei moral concedendo muito à natureza. Ed. Hartenstein, VI, p. 117-118, notas.

[9] Kuno Fischer, *Schiller als Philosoph*, Frankfurt a. M., 1858, p. 31 e seg.

[10] *Lettres sur l'éducation esthétique de l'homme*, t. VIII, p. 183 e seg.

no sistema de Spinoza, primeiro deleitou o pensamento tão eminentemente abrangente do poeta, enquanto a tradução do mundo em ideias claras respondia à íntima necessidade que ele tinha de tornar conscientes em si, por uma cultura cada vez mais vasta, todas as forças da natureza. Houve na alma de Goethe uma sutil mutação do gênio metafísico em gênio poético, ou melhor dizendo, seu gênio afirmou, como condição de seu pleno desenvolvimento, uma unidade de vistas fundada sobre a unidade das coisas. Como Spinoza, Goethe tem antipatia pelo pensamento formal que procede por atos isolados e segundo fórmulas abstratas; o que ele trabalha para consolidar é o pensamento concreto, imediatamente ligado ao ser que representa sem dissolvê-lo, que ele compreende sem o mutilar, que ele apreende por uma intuição direta em sua indivisível harmonia. Como Spinoza, e talvez mais ainda que ele, Goethe acreditou que a pura legalidade na inteligência e na ação era apenas o resíduo abstrato, não o princípio imanente da espontaneidade espiritual, que a suprema função da razão era não a subordinação do indivíduo à fórmula exterior, limitante e deprimente, mas a síntese imediata e viva entre o indivíduo e o absoluto.[11] Como, aliás, o indivíduo poderia se deixar reduzir àquilo que não seria, de modo algum, seu próprio ser? É, como dizia Spinoza, a tendência a perseverar no ser, que o leva, por um progresso certo, à sua essência mais interior, à consciência do ato eterno que o constitui tal como é. E justamente porque nós continuamos sempre nós mesmos nos diversos momentos da nossa existência, a verdade que precisamos não é nem uma finalidade exterior, nem um exemplar abstrato, mas um estado superior de inteligência e de alma. Porque, por outro lado, nada tem valor fora da realidade, o ideal, ou não passa de uma ficção sem consistência, ou então deve ser a própria Realidade percebida no seu mais alto grau de unidade e de potência racionais. E desse modo o próprio movimento de espírito suprime pouco a pouco as negações do nosso pensamento e as imperfeições do universo; a força da nossa originalidade individual é medida pela faculdade que temos de transformar as dissonâncias

---

[11] Ver [Theodor Wilhelm] Danzel [1818-50], *Über Goethe's Spinozismus*, Hamburg, 1850, p. 85-86.

em harmonia. Nós nos sentimos tão mais livres quando experimentamos o mundo mais perfeito; quer dizer, não há nada de vil no mundo, nada que não seja suscetível de ser compreendido pela ciência ou traduzido pela arte, nada que não tenha a sua ideia, sua forma essencial, sua própria virtude. Tal como Spinoza afirmava que a liberdade da razão está no entendimento daquilo que primeiro a limita, Goethe professa que a satisfação da alma está na representação daquilo que primeiro a ofusca. Todas as coisas que nos limitam ou nos machucam nada podem contra nós quando são transportadas à ordem mais profunda do espírito; ao invés de serem potências hostis, elas se tornam assim instrumentos de nossa ação. A arte suprema é de saber viver.

É então pela sua maneira de entender e organizar a vida que Goethe se aproximou de Spinoza. "Goethe", nos relata Eckermann, "se compraz em reconhecer quanto as intuições deste grande pensador (Spinoza) correspondiam às necessidades de sua juventude. Ele se achava em Spinoza, e nele podia perceber a melhor confirmação de si mesmo."[12] De resto, o próprio poeta nos relatou a impressão de contentamento intelectual e de apaziguamento moral que a doutrina de Spinoza produzia nele. Como ele morava com Jacobi, ele foi levado nas conversas a revelar seus pensamentos mais secretos sobre as necessidades misteriosas da alma.

> Felizmente, disse ele, eu recebi a personalidade e a doutrina de um homem extraordinário, de uma maneira incompleta e às escondidas, é verdade, mas já experimentei efeitos notáveis. Esse espírito que exerce sobre mim uma ação tão decisiva, e que devia ter sobre toda a minha maneira de pensar uma enorme influência, foi Spinoza. Com efeito, depois de ter procurado em vão no mundo inteiro um meio de cultura para a minha estranha natureza, acabei por encontrar a *Ética* desse filósofo. E aquilo que pude extrair dessa obra, aquilo que pude colocar de meu, não conseguiria explicar; mas encontrei ali a pacificação de minhas paixões; uma grande e livre perspectiva sobre o mundo sensível e o mundo moral parecia se abrir diante de mim. Todavia, o que mais me ligava a Spinoza era o desinteresse sem limites que

---

[12] *Conversations de Goethe avec Eckermann*, trad. Délerot, t. II, p. 265.

explodia em cada um de seus pensamentos. Esta palavra admirável: 'Aquele que ama a Deus perfeitamente não deve perguntar se Deus também o ama,'[13] com todas as consequências que decorrem daí, preenchia todo o meu pensamento. Ser desinteressado em tudo, e mais que em todo o resto, no amor e na amizade, era meu desejo supremo, meu lema, minha prática, de tal modo que esta palavra corajosa, pronunciada mais tarde: 'Se eu te amo, que te importa?' foi o verdadeiro grito do meu coração. De resto, precisamos reconhecer que as mais íntimas uniões resultam de contrastes. A calma de Spinoza, que tudo aplacava, contrastava com meu impulso, que tudo remoía; seu método matemático era oposto ao meu caráter e à minha exposição poética, e era precisamente esse método regular, julgado impróprio às matérias morais, que fazia de mim seu discípulo zeloso, seu admirador mais decidido. O espírito e o coração, a inteligência e o sentimento se procuravam com uma afinidade necessária, e por ela se realizava a união dos seres mais diferentes. Mas na primeira ação e reação, tudo fermentava e fervia em mim. Fréderic Jacobi, o primeiro a quem eu deixava entrever esse caos, ele que era naturalmente levado a descer às profundezas, acolheu com cordialidade minha confiança, correspondeu e se esforçou em me iniciar às suas ideias. Ele também experimentava indizíveis necessidades espirituais; ele também recusava aplacá-las com ajuda alheia; ele queria se informar e se esclarecer por si mesmo. Aquilo que ele me comunicava sobre o estado de seu ser moral, eu não conseguia compreender, como também não fazia ideia do meu. Bem mais avançado do que eu na meditação filosófica, mesmo no estudo de Spinoza, ele procurava dirigir e esclarecer meus cegos esforços.[14]

---

[13] EV, prop. 19.
[14] Goethe, porém, sempre recusou aceitar a interpretação que Jacobi dava do spinozismo e as consequências que tirava disso. Longe de ser um ateu, Spinoza, segundo ele, é o homem mais crente em Deus e o mais cristão (*Briefwechsel zwichen Goethe und Jacobi*, Leipzig, 1846). Jacobi fez mal em traduzir as ideias de Spinoza numa outra linguagem e numa outra ordem. "A palavra e o pensamento são, em Spinoza, tão intimamente unidos que me parece que traduzem outra coisa quando não utilizam as expressões devidas" (Ibid., p. 86). Goethe eleva bem acima da crença, arbitrariamente invocada por Jacobi, a ciência intuitiva tal como Spinoza concebeu, e que permite compreender os seres em sua essência formal (Ibid., p. 103-106). É aliás nas coisas singulares que podemos melhor compreender a essência divina, e ninguém mais que Spinoza excitou o espírito a esta percepção das coisas, embora os objetos particulares, para Spinoza, pareçam desaparecer. (Ibid., p. 86) — Mais tarde, quando ele rompeu com Jacobi, Goethe escreveu a [Karl Ludwig von] Knebel [1744-1834]: "Que as coisas possam ter este fim com Jacobi, eu previa há muito tempo, e

Este puro parentesco intelectual era novidade para mim e me inspirava um ardente desejo de continuar estas trocas de ideias. À noite, quando já estávamos separados e retirados em nossos quartos, eu ainda ia visitá-lo; o reflexo do luar tremia sobre o largo rio: e nós, à janela, nos abandonávamos com deleite às efusões mútuas que jorram com tanta abundância nestas horas admiráveis de desenvolvimento.[15]

Goethe retorna à Spinoza quando toma posse de si, num momento de alegre calma e de fecunda liberdade de espírito. E relatando o que ele novamente sentiu no contato com Spinoza, ele comenta de maneira original a doutrina spinozista da liberdade.

Havia muito tempo que me ocupava de Spinoza, e fui levado a ele pela contradição. Eu achei na nossa biblioteca um pequeno livro cujo autor combatia com ardor esse pensador original, e para produzir mais efeito, tinha colocado ao lado do título um retrato de Spinoza, com esta inscrição: *Signum reprobationis in vultu gerens*, declarando que levava em seu rosto o signo da reprovação. O que aliás não podíamos negar, visto que a gravura estava horrível, uma verdadeira caricatura. Isto me lembrou dos adversários que começam desfigurando a quem eles querem mal, para então combaterem-no como um monstro.

Porém, este pequeno livro não deixou nenhuma impressão em mim, porque em geral eu não gosto de controvérsias, e que prefiro sempre ouvir do homem aquilo que ele pensava, do que ouvir dizer de um outro o que aquele homem poderia ter pensado. A curiosidade me pegou, portanto fui ler o verbete *Spinoza* no *Dictionnaire* de

---

eu sofri muito sob a influência de sua natureza estreita e contudo sempre agitada. O que ele não conseguia meter em sua cabeça era que o espírito e a matéria, a alma e o corpo, o pensamento e a extensão, ou como disse outrora um francês muito engenhosamente, a vontade e o movimento são e permanecerão os duplos elementos necessários ao universo, tendo todos os dois um direito igual a reivindicar, e por este motivo podendo ambos serem considerados como representantes de Deus; aquele que, digo eu, não puder se elevar a essa concepção, deveria renunciar ao pensamento e se dedicar a conquistar os vulgares aplausos do mundo." 8 abril 1812. *Briefwechsel zwichen Goethe und Jacobi*, Leipzig, 1851, II, p. 54.

[15] Trad. Porchat, t. VIII, p. 537-538.

Bayle, obra tão estimada e útil pela erudição e sagacidade quanto ridícula e nociva pelos mexericos. Começou por declarar que o homem era ateu e suas doutrinas extremamente condenáveis; depois confessa que o homem era pacífico, meditativo, aplicado aos estudos, bom cidadão, homem expansivo, sujeito tranquilo, de sorte que parecíamos esquecer a palavra do Evangelho: "*Vocês os reconhecerão por seus frutos, Mateus 7:16*". Na verdade, como uma vida agradável a Deus e aos homens resulta em máximas tão funestas? Eu me lembrava ainda muito bem a calma e a clareza que se espalharam em mim, quando um dia eu li as obras deixadas por este homem notável. O efeito era ainda perfeitamente distinto, mas os detalhes se apagaram da minha memória. Eu me apressava então a voltar aos seus escritos, aos quais devo tanto, e eu senti a impressão do mesmo sopro de paz. Eu me dediquei a essa leitura, e acreditei, olhando para mim mesmo, não ter jamais tido uma visão tão clara do mundo.

Como muito foi dito sobre este assunto e particularmente nestes últimos tempos, eu gostaria de não ser mal compreendido, e faço questão de colocar aqui algumas reflexões sobre esse sistema tão temido e tão detestado. Nossa vida física e social, nossos costumes, nossos hábitos, a política, a filosofia, a religião e até os acontecimentos acidentais, tudo nos chama à renúncia. Há muitas coisas que nos pertencem de maneira mais íntima e que não devemos manifestar para fora; aqueles de fora que precisamos como complemento de nossa existência nos são recusados; um grande número, por outro lado, nos é imposto, mesmo que alheio e importuno. Despojam-nos do que tínhamos adquirido tão arduamente, daquilo que nos dispensaram com tanta benevolência, e antes que estejamos bem esclarecidos sobre isso, nos achamos constrangidos a renunciar à nossa personalidade, primeiro aos poucos, depois completamente. Some-se a isso que é costume ficar mal visto aquele que demonstra seu mau humor. Ao contrário, mais o cálice é amargo, mais devemos mostrar um rosto sereno, para que o espectador tranquilo não seja agredido por qualquer careta.

Para realizar esta tarefa difícil, a natureza dotou abundantemente o homem de força, de atividade e de persistência; mas ele sobretudo é secundado pela inconstância, sua prerrogativa incontornável. Por causa dela, ele é capaz, em cada momento, de renunciar a uma coisa, desde que num momento seguinte ele possa pegar uma nova; e é assim que, à nossa revelia, nós consertamos sem cessar toda a nossa vida, substituímos uma paixão por outra; ocupações, inclinações, fantasias, obsessões, tentamos de tudo para no final gritar que tudo é vaidade. Ela não espanta ninguém, essa máxima falsa e até blasfema; mais ainda quando a pronunciam achando que disseram algo de sábio e de irrefutável. São poucos os homens que pressentem essa impressão insuportável, e que, para se furtar a todas as resignações parciais, se resignam absolutamente de uma vez por todas. Esses homens se persuadem daquilo que é eterno, necessário, legítimo, e procuram formar ideias que sejam indestrutíveis, que, longe de ser abolidas pela consideração de coisas passageiras, sejam ao contrário afirmadas. Mas, como existe nisso alguma coisa de sobre-humano, essas pessoas são normalmente consideradas desumanas, ímpias, insociáveis; não podemos lhes atribuir chifres e garras suficientes.

Minha confiança em Spinoza se devia ao efeito tranquilizador que ele produzia em mim, e ela só fez aumentar quando acusaram de spinozismo meus respeitáveis místicos, quando soube que mesmo Leibniz não conseguiu escapar dessa reprovação, e que Boerhave, suspeito de ter as mesmas opiniões, teve que passar da teologia à medicina. Mas não pense que assino embaixo dos escritos de Spinoza ou que concordo com eles literalmente.[16]

Eu reconheço que ninguém compreende o outro, que uma conversa, uma leitura desperta em diferentes pessoas diferentes ordens de ideias, e gostaríamos de concordar com o autor de *Werther* e de *Fausto* que, percebendo profundamente esses mal-entendidos, ele mesmo não teve a presunção de crer entender perfeitamente um homem, que discípulo de Descartes, se elevou, por

---

[16] "Eu não posso dizer", escreve Goethe a Jacobi, "que eu jamais tenha lido de cabo a rabo os escritos deste eminente homem (Spinoza), que jamais o edifício inteiro de suas ideias tenha se apresentado perante minha alma. Minha maneira de pensar e de viver não o permite. Mas quando eu lhe lanço os olhos, creio compreendê-lo, ou seja, ele nunca se mostra em contradição, e eu posso tirar influências muitos salutares para a minha maneira de compreender e de agir." *Briefwechsel zwichen Goethe und Jacobi*, p. 86.

uma cultura matemática e rabínica, a uma altura de pensamento onde vemos, até os nossos dias, o termo de todos os esforços da especulação...

De que maneira os pontos principais de minhas relações com Spinoza ficaram indeléveis em mim, é o que vou expor o mais brevemente possível.
A natureza age segundo leis eternas, necessárias e tão divinas que a própria divindade não poderia mudar nada. Sobre esse ponto todos os homens estão perfeitamente de acordo sem o saber. Um fenômeno natural que revela uma inteligência, uma razão ou apenas uma vontade produz em nós espanto e mesmo medo! Se vimos se manifestar nos animais alguma coisa que parece razão, ficamos muito surpresos; de fato, por mais perto que sejam de nós, eles nos parecem separados por um abismo e relegados ao domínio da necessidade. Não podemos então culpar as pessoas que declaram ser puramente mecânica a técnica infinitamente engenhosa, mas, contudo, limitada, dessas criaturas. Se passamos às plantas, nossa afirmação é confirmada de uma maneira ainda mais contundente. Percebemos a sensação que nos toma quando a sensitiva, ao ser tocada fecha, duas a duas, suas folhas e abaixa enfim o pecíolo como uma dobradiça. Essa sensação inqualificável é ainda mais viva quando observamos o *Hedysarum gyrans* que, sem causa exterior visível, eleva e abaixa suas folhas e parece brincar consigo e com os nossos pensamentos. Imagine se uma bananeira tivesse recebido essa propriedade, de modo que, por si mesma, abaixasse ou elevasse suas largas folhas: qualquer um que visse isso pela primeira vez recuaria com pavor. A ideia de nossas próprias vantagens é tão enraizada em nós que não iríamos querer conceder nenhuma parte ao mundo exterior, e que, se isso pudesse ser feito, recusaríamos até mesmo aos nossos semelhantes. O mesmo horror nos acomete quando vemos um homem agir de modo irracional contra as leis morais comumente aceitas, ou de modo estúpido contra os seus interesses ou de outros. Para nos livrar do horror que tal espetáculo nos causa, nós logo o transformamos em culpa, abominação, e procuramos afastar para longe o pensamento ou a ideia de um tal homem.[17]

---

[17] Trad. Porchat, t. VIII, p. 571-574.

É então antes de tudo, segundo essa importante confidência, uma concepção de vida que Goethe pegou emprestado de Spinoza e que ele tentou realizar em sua própria existência. Se ele a interpretou seguindo a natureza de seu gênio, com uma liberdade de inteligência que Spinoza aliás teria aprovado, ele também descobriu e expressou à sua maneira os princípios metafísicos mais elevados, tais como o spinozismo apresentou. Sem dúvida, como a maior parte dos filósofos da Alemanha, existe um sentimento muito forte de evolução incessante e do movimento infinito da realidade; ele não acredita que exista um princípio lógico que possa parar, em um ponto fixo ou em uma noção definida, a marcha do mundo e da razão humana; mas toda sua obra está conforme o espírito de Spinoza por esta dupla ideia, que o Ser é uno na infinita diversidade de seus modos, e que a força do gênio consiste em perceber essa unidade, que a ordem das coisas é necessária sob as aparências contingentes dos acontecimentos, e que a força do caráter consiste em aceitar essa necessidade.

Uma das mais belas poesias de Goethe nos comunica o inefável sentimento do Deus interior ao universo:

> Que seria um Deus que desse apenas o impulso de fora, que fizesse girar o universo em círculo ao redor de seu dedo? Convém a ele mover o mundo de dentro, carregar a natureza em si, dele próprio residir na natureza, de modo que aquele que vive e opera e existe nele não careça jamais de sua força, de seu espírito.[18]

Todavia, se o Ser é uno e se ele penetra tudo com sua potência, ele não pode ser concebido como imóvel; ele trabalha para se realizar, se ordenando a si mesmo; ele se desfaz para se refazer; ele age a fim de melhor ser; a Substância infinita só pode ser a Ação infinita. Fausto comenta a revelação do Novo Testamento.

> Está escrito: No começo era o Verbo. Eis-me já parado. Quem me ajudará a continuar? Não posso dar à palavra tanto valor; é preciso que eu traduza de outra ma-

---

[18] *Dieu et le Monde, Proemium,* trad. Porchat, t. I, p. 305.

neira, se eu estiver corretamente inspirado pelo Espírito. Está escrito: No começo era a Inteligência. Pondere bem a primeira linha, e que a tua pluma não se apresse muito. Será que é a inteligência que faz e produz tudo? Deveria ler: No começo era a Força. Mas no instante que escrevi essa palavra, algo me disse para não parar aí; o Espírito vem em meu socorro: de repente me sinto iluminado, e escrevo com confiança: No começo era a Ação.[19]

A Ação, eis então o princípio que engendra a natureza e a coloca em movimento. Eis por que a vida universal só mantém sua identidade por causa de perpétuas metamorfoses; as plantas e os animais só se desenvolvem produzindo, com os elementos que os constituem, novas formas. Sobre a trama contínua do Ser se desenham incessantemente inumeráveis figuras, que se modificam incessantemente. Não existe finalidade, no sentido usual da palavra, mas existe uma potência infinita que revela ao mesmo tempo a sua unidade e sua fecundidade pela criação de individualidades distintas e, contudo, parentes. A analogia é a lei soberana das coisas, assim como é a ideia diretriz da inteligência. O Todo é uno, e, no entanto, no Todo cada ser é discernível. Eis o que lembra essa doutrina, da qual já achamos mais de uma expressão, e que Spinoza e Leibniz ajudaram a formar. Era essa doutrina que Goethe expunha poeticamente num momento solene, no dia do funeral de [Christoph Martin] Wieland.[20] Os elementos primitivos dos seres, dizia ele, são *mônadas*, e tudo aquilo que existe na natureza é uma composição de mônadas. As mônadas são idênticas em essência, desiguais em força: umas são predestinadas a uma existência humilde e servil, outras a uma existência triunfante e soberana. As primeiras entram na composição ou sob o domínio das segundas. Apenas são chamadas de almas as mônadas que têm uma potência atrativa ou imperativa, que pela própria potência se impõe pela eternidade. Elas exprimem, acima da unidade confusa, a unidade luminosa do universo; o sentimento que as mônadas têm de sua natureza escapa em ideias proféticas, que

---

[19] T. III, p. 153.
[20] *Entretien avec Falk*, trad. Délerot, logo depois de *Conversations avec Eckermann*, t. II, p. 338 e seg.

são apenas reminiscências de sua antiga vida; elas são a verdadeira história do mundo, na qual elas anulam os detalhes insignificantes e indignos de posteridade, na qual elas perpetuam os eventos significativos e fecundos na sua filiação indefinida; elas possuem mais do que esta eternidade elementar do ser, que é somente a indestrutibilidade da matéria; elas conquistam esta eternidade de obra benfazeja e preciosa que dá à vida um novo sentido e uma nova forma. "Não podemos aceitar para elas outra destinação do que eternamente tomar parte nas alegrias dos deuses, se associando, como forças criativas, à felicidade que eles gozam."[21]

O pensamento de Goethe parece neste dia se abandonar em sonhos; mas esse sonho foi sugerido a ele, disse ele, pela observação atenta da realidade. De fato, não seria a livre tradução da doutrina de spinozista, segundo a qual cada homem tem uma parte tão maior de eternidade consciente quanto mais ele produzir em sua alma ideias adequadas? Assim como Spinoza em sua *Ética*, Goethe em suas *Poesias* retrata a inalterável alegria que o indivíduo experimenta ao se desprender da aparência vã para participar, no Infinito do Ser, da verdade e da vida eternas.

> Para se reencontrar no infinito, o indivíduo desaparece de bom grado. Lá se dissipa todo aborrecimento. Ao invés do desejo ardente, a fogosa vontade, ao invés de fatigantes exigências, do rigoroso dever, se abandonar é um gozo. — Alma do mundo, venha nos penetrar! E a nobre função de nossas forças será de lutar com o espírito do universo. Bons gênios que nos amam nos conduzirão suavemente, mestres sublimes, na direção Daquele que cria e criou tudo. — E, para transformar a criação, a fim de que ela não recaia na imobilidade, Ele opera a ação eterna e viva. Aquilo que não era, quer agora tomar o ser como puro sóis, como terras coloridas, e não deve jamais ficar em repouso. — É necessário que o ser se mova, que aja criando, que primeiro se forme, depois se transforme; se ele parece repousar por um momento, é apenas aparência. A essência eterna se move sem cessar em todas as coisas, porque tudo deve cair no nada, se não quiser persistir no ser.[22]

---

[21] *Entretien avec Falk*, trad. Délerot, logo depois de *Conversations avec Eckermann*, t. II, p. 346.
[22] *L'individu et le Tout* [*O indivíduo e o Todo*], t. I, p. 306-307.

E ainda:

Nenhum ser pode cair no nada; a essência eterna não cessa de se mover em todos; liguem-se à Substância com alegria. A Substância é imperecível, existem leis para conservar vivos os tesouros dos quais o universo se adornou... — Use a abundância com moderação; seja a razão presente em tudo, onde a vida goza da vida; assim o passado é duradouro, o futuro já está vivo, o momento presente é eternidade. — E se vocês enfim conseguiram se persuadir completamente de que só o que é fecundo é verdade, examinem a providência universal; ela governará à sua maneira; se associem em pequenos números.[23]

Vemos então que essa subordinação do indivíduo ao Todo é mais uma conquista do que um sacrifício. Goethe, como Spinoza, tem uma enorme repulsa por todo ascetismo que amortiza a vida e assombra a alma; como Spinoza, ele concebe que o reconhecimento da ordem eterna só resulta de um grande sentimento da natureza viva.

O herói do poeta é, num dado momento, Prometeu, não o Prometeu da Antiguidade cuja submissão abjeta é uma confissão de impotência, mas um Prometeu moderno, fortalecido pela ciência que o fez, pela arte que o criou, um Prometeu que só se revolta contra os deuses porque tem a certeza da vitória. Contra esses deuses separados do mundo, cuja soberania é inconstante e ilusória, ele representa as forças da natureza se organizando e se multiplicando na sua consciência; ele é como a luz no mundo, que ilumina todas as coisas, que dissipa todas as sombras, por consequência, essas sombras dos deuses que planam sem consistência sobre o universo; ele é a ordem do universo, respeitado e compreendido, por isso depurado de toda fatalidade, liberto de toda resistência cega, se sobreerguendo em direção à Razão.[24] É nele que a eternidade da vida se torna a eternidade do Pensamento.

---

[23] *Testament* [*Testamento*], t. I, p. 307-308.
[24] Foi por ocasião do *Prometeus* de Goethe que Lessing fez a Jacobi sua profissão de fé spinozista. Ver [Elme Marie] Caro [1826-87]: *La philosophie de Goethe*, 2. ed., p. 200 e seg.

Nós somos todos eternos, ele diz a Minerva. Não me lembro de ter começado. Não me sinto destinado a terminar, e não entrevejo o fim. Eu sou então eterno, porque eu sou.[25] Quem me forjou um coração de homem, exclama ele para Júpiter? Não é o tempo todo poderoso e o destino eterno meus mestres e os seus?[26]

Se o herói de Goethe é Prometeu, a alma de Goethe é Fausto. O *Fausto* preencheu toda a sua existência e foi seu poético comentário. O desencanto com a vã ciência, a curiosidade com todas as artes enganosas e com todas as práticas supersticiosas, o esquecimento da vida entre as fórmulas áridas, e com tudo isso a necessidade do ser, a necessidade de ser mais e melhor, o desejo infinito que não tem objeto e que procura se satisfazer, que "exige do céu as mais belas estrelas e da terra os mais sublimes gozos", a inquietude frenética e insatisfeita, e depois os sobressaltos do desespero, esta paz melancólica e tenra que traz a Natureza vagamente entrevista e pressentida na sua verdade soberana: eis Fausto no momento supremo de sua crise. Sua dor é compreender em si alguma coisa da vida sem poder abraçá-la por inteiro.

Ah! Que arrebatamento toma conta do meu corpo! Eu sinto a jovem e santa volúpia da vida que se reacende e escorre pelos meus nervos e veias... Sou um Deus? Para mim tudo se esclarece. Eu contemplo a natureza criadora que se revela à minha alma... Como tudo se agita para a obra universal! Como uma coisa opera e vive em outra! Como as potências celestes sobem e descem, e passam de mão em mão os selos de ouro, se lançam do céu sobre a terra com suas asas de onde exala a benção, e sons harmoniosos ressoam no universo! Que espetáculo! Mas ai de mim! É apenas um espetáculo. Onde te capturar, Natureza infinita?[27]

Fausto pode evocar o Espírito da Terra, mas não pode retê-lo; eis por que ele se consome de angústia. É por desespero que ele se entrega a Mefistófeles.

---

[25] *Prométhée* de Goethe, ato I, t. II, p. 90.
[26] Ibid., ato III, t. II, p. 98.
[27] Ibid., t. III, p. 133.

Mefistófeles vai ensiná-lo, por fragmentos, esta ciência que se furta a ele; ele vai fazê-lo provar em detalhes os gozos da vida. Quem és, pois? É o próprio Mefistófeles que define:

> Uma parte desta força que sempre quer o mal e que sempre faz o bem. O que significa esse enigma? — Eu sou o espírito que nega sem cessar. E com razão, porque tudo aquilo que recebe existência é digno de perecer... Tudo aquilo que você chamou de pecado, destruição, em suma, o mal é o meu próprio elemento. — Tu te nomeias uma parte, mas ei-lo por inteiro na minha frente? — Eu te conto a humilde verdade. Se o homem, microcosmo de loucuras, acredita ser um todo, eu sou uma parte da parte que, no começo, era tudo, uma parte das trevas, mãe da Luz, a orgulhosa Luz, que agora disputa com sua mãe-Noite, sua antiga linhagem e o espaço... — Eu conheço agora tuas dignas funções: como não pode destruir o todo, tomas desforra em ninharias.[28]

Mefistófeles é, então, o limite onde esbarra toda obra natural ou toda ação humana, é a potência negativa que trabalha para tudo perverter e para tudo dissolver, é o obstáculo ao repouso, à alegria livre e plena, é o desdém sarcástico de todo grande pensamento que envolve a existência, é a obsessão do detalhe que obscurece as visões de conjunto. Ele limita a inteligência e corrompe o desejo. Ele impede Fausto de desfrutar em Margarida, sem misturar volúpia infame, a natureza cândida, o amor sincero e transparente como a vida, a ignorância salutar do bem e do mal. E, porém, se Mefistófeles só tem poder porque faz de Fausto seu instrumento, o que seria de Fausto sem Mefistófeles? Ele continuaria fascinado pelo sonho de uma ciência abstrata e estéril; não tendo obstáculos a transpor, ele teria determinado suas necessidades e desabado numa inércia definitiva. Ligado a Fausto, Mefistófeles, ao invés de ser a negação ineficaz e vazia, o nada que devora a si mesmo, se torna o gênio tentador que o leva a agir perpetuamente, que impede o repouso de ser uma alegria. Ele está sempre lá para lembrar a Fausto aquilo que tem de impotente e de falta em suas melhores intenções e suas mais puras obras. Fausto se

---

[28] *Prométhée* de Goethe, ato I, t. III, p. 155-156.

aflige e se irrita com as contradições que o obcecam, com as misérias que ele provoca sem querer, e que encontra sem prever. Mas quanto ele deve à malignidade de Mefistófeles! Ele se iniciou assim, e por experiência própria, à verdade da vida; ele sabe que não existe nada de realmente real para preencher toda a alma, que a força interior do desejo deve tender sem cessar à existência mais alta. Se jamais a hora presente lhe fosse suficiente, ele se abandonaria por inteiro a Mefistófeles.

> Se jamais eu dissesse ao momento: "Fique, tu és tão belo!...", então tu poderás me colocar correntes; então eu consinto perecer; então o sino dos mortos pode soar; então tu estás liberto de seu serviço. Que o relógio pare, que a agulha caia, e que o tempo não exista mais para mim![29]

Fausto então começa a sonhar com uma humanidade plenamente feliz, que não teria que sofrer para viver, que se expandiria espontaneamente na alegria e no amor. Oh! Como então ele diria ao momento: "Fique, tu és tão belo!". Este sonho que detém a sua atividade, o fixa na morte; Fausto não pertence mais a este mundo. Mas antes de morrer, ele nasceu para o pensamento supremo que resume a sabedoria e garante a salvação: "Só merece a liberdade, assim como a vida, quem cada dia a conquistar".[30]

Eis aí a expressão, ao mesmo tempo dramática e simbólica, da ideia que Spinoza tinha concebido e que a filosofia alemã se aplicou em desenvolver e aumentar. Dado que o Ser é o Infinito, ele não poderia se traduzir nas categorias do entendimento abstrato; não existe bem, nem mal que valha absolutamente por si; mas existe um progresso dialético e concreto da natureza universal e da ação humana, que suprime as negações das coisas ou as faz concorrer às mais altas e mais completas afirmações. O Infinito só pode se realizar determinando-se, ou seja, se limitando. O grande erro é de crer que o Infinito pode ser, imediatamente em si,

---

[29] p. 165.
[30] p. 462. — "Em Fausto, diz Goethe a Eckermann, existiu até o fim uma atividade sempre mais alta, mais pura, e o amor eterno veio em seu auxílio. Essa concepção está em harmonia perfeita com nossas ideias religiosas, segundo as quais nós somos salvos, não apenas pela nossa própria força, mas também pela ajuda da graça divina." Trad. Délerot, t. II, p. 300.

uma existência definitiva, e que ele pode entrar em nós por meio de uma fórmula que o esgote; a grande falta é imaginar que as determinações e os limites que ele se impõe têm uma realidade absoluta por elas mesmas, enquanto elas são apenas as condições, renovadas sem cessar, que o permitem ser. No Prólogo do Céu, o Senhor reconhece que a influência de Mefistófeles não poderia ser radicalmente perversa, que ela serve indiretamente aos seus desígnios e à sua glória.[31] Levado ao Infinito, todo mal desaparece, assim como toda a negação: só resta o Ser que age perpetuamente e que supera sem cessar as contradições que ele suscita.

Tal é a concepção do universo e do homem, para a qual Goethe não se contentou em encontrar apenas o significado metafísico e universal, para a qual ele maravilhosamente descobriu o sentido familiar e, por assim dizer, quotidiano. Ela talvez não tenha preenchido todo o seu pensamento, muito complexa para ser moldada numa forma única; mas ela certamente explica aquilo que existe de mais perfeito em sua existência e de mais harmonioso na sua obra. Ninguém melhor do que Goethe testemunhou que a vida é um aprendizado, que o desafio é um meio de aperfeiçoamento, que nenhuma regra formal pode substituir o sentimento de nosso próprio destino, que não há nada de mal no universo para quem sabe ver e apreender bem, e que é o capricho do nosso eu que faz a desordem das coisas. Ninguém mostrou melhor, em detalhe, como a experiência iluminada pela razão pode nos levantar de nossas quedas, nos preservar de toda humilhação, descobrir a ordem que nos compreende e nos restituir assim a nós mesmos.[32] Este ideal da vida livre, que Schiller tinha sobretudo concebido na arte, Goethe concebeu na união indissolúvel da arte, do pensamento e da ação; em Goethe, o poeta, o filósofo e o homem são penetrados e fundidos em uma mesma alma, espontaneamente submetida a esta lei de desenvolvimento que Spinoza tinha tão incisivamente expressado: "Na medida em que a mente compreende todas as coisas como necessárias, ele tem sobre seus afetos um poder maior, ou seja, padece menos com eles".[33]

---

[31] Trad. Porchat, t. III, p. 127.

[32] Ver Émile Montégut [1825-95], *Types littéraires et fantaisies esthétiques*, Moral do "Wilhelm Meister", p. 194 e seg.

[33] EV, prop. 6, t. I, p. 256.

CAPÍTULO V

NOVALIS[1] E A ESCOLA ROMÂNTICA

Era um pensamento familiar a Herder, a Schiller e a Goethe que o gênio poético é uma interpretação da natureza e da humanidade, que ele se manifesta por um acordo muito abrangente entre tudo aquilo que é e tudo aquilo que se torna, que ele deve tender ao universal ou participar do Infinito. A obra de arte é para eles uma espécie de ciência, uma ciência superior na qual a intuição intelectual e o sentido imediato do concreto desempenham o papel principal, e cujo principal mérito é pressentir ou encontrar a unidade profunda das coisas. E ela é também, para eles, a obra prática por excelência, já que liberta o homem das influências externas e das fórmulas convencionais, já que excita e expressa, ao mesmo tempo, suas faculdades criadoras, já que o eleva à consciência ativa de sua liberdade. Se o spinozismo parece responder a essa mentalidade e a essa necessidade do espírito, é que pela sua teoria da imanência ele exclui as categorias e as distinções artificiais, ele coloca a humanidade, a natureza e Deus em perpétuo contato, e ele considera como a vida mais perfeita a vida que só depende de si ou, o que vem a ser o mesmo, de seu Princípio gerador. O spinozismo parece então afirmar antes de tudo que o sentimento distinto, ou o conhecimento exato da nossa própria

---

[1] Novalis era pseudônimo. Seu nome de batismo era Georg Philipp Friedrich von Hardenberg (1772-1801). (N. do T.)

individualidade, descobre no nosso íntimo o Ser infinito que produz todos os indivíduos, e que, colocando-os na existência, os justifica para eles mesmos e para os outros; e compreendemos que o gênio de Goethe, eminentemente clássico, tenha sobretudo se aplicado a perceber na unidade da Substância os objetos e os seres particulares, capazes de se traduzir em ideias determinadas e em formas precisas. Contudo, o spinozismo pode implicar também que o mundo propriamente dito não é, dado que não é uma coisa feita e que ele não começou a ser, mas que, manifestando sem cessar a ação necessária de Deus, ele está continuamente em estado de nascimento. Por conseguinte, isso pode ser o papel do espírito, trabalhar para entender a si mesmo, e entender o universo naquele momento singular, impossível de fixar, onde a revelação divina se produz, antes das determinações particulares que a limitam e a fixam, e que podem se tornar elementos posteriores de contradição: e, assim, possuiremos, do mundo e do destino humano, a razão e o significado os mais puros. Como, naquele momento, nada é distinguido, então nada é fundado nas distinções usuais que vieram fragmentar e exaurir a espontaneidade do nosso ser. Na inefável ação onde resultam a nossa vida e a vida universal, tudo está compreendido naquilo que o homem e a natureza realizarão, mas sob uma forma absolutamente sintética e una, que a arte deve se esforçar em achar ou em reproduzir. A arte será então uma filosofia, e uma filosofia realmente viva, dado que terá como fonte a própria fonte da nossa existência. Eis como o romantismo alemão interpretou e assimilou o spinozismo, conciliando-o aliás com outras visões e outros pensamentos: ele quis que toda obra humana fosse levada, como o universo, à sua unidade mais indivisível. "A distinção entre poesia e filosofia é apenas aparente, e prejudicial a ambas... A filosofia é a teoria da poesia; ela nos ensina o que é a poesia, que ela é o uno e o todo." Essa é a fórmula do romantismo alemão; e o poeta que a apresenta, o jovem homem com a alma tão doce, tão morbidamente delicada, Novalis, não se contenta, de fato, em ser um artista: de sua própria arte ele se empenha a extrair uma filosofia.[2]

---

[2] Ver R. Haym [1821-1901]: *Die romantische Schule*, Berlim, 1870, p. 325-390.

O que achamos em Novalis é mais uma unidade de inspiração do que uma unidade de sistema. Dispersas em *Fragments*, suas ideias não conseguem formar rigorosamente ou reproduzir exatamente uma doutrina única. Elas parecem inspiradas em duas grandes influências, a influência de Fichte e a influência de Spinoza; mas ao mesmo tempo que elas se ligam a Jacobi, elas se inclinam em direção a Schleiermacher e Schelling, e elas se impregnam do misticismo de Jacob Boehme.[3] Elas voltam a esta concepção dominante, de que existe uma identidade essencial a todas as funções da vida espiritual, que a religião, a filosofia, a ciência, a arte e a moralidade têm uma mesma razão de ser e uma mesma finalidade. O mundo é a matéria incessante de nossa atividade, assim como Deus é o seu eterno princípio; essa é a questão para o pensamento e para o sentimento, de reconhecer Deus no mundo e o mundo em Deus, de achar na natureza as formas análogas do divino, e no divino as formas análogas da natureza, de observar a gradação dessas formas percebendo-as umas nas outras. Daí, em Novalis, estas expressões fugidias e flexíveis, com algo de inacabado, que marcam a perpétua renovação da alma no seio do universo perpetuamente renovado; daí ainda o sentido, refinado e ingênuo, daquilo que entra de ilusório no real, de vida na ilusão; daí, enfim, em toda esta mobilidade, uma calma suavemente alegre e tenra, uma fé no Eterno que se reafirma pelas suas metamorfoses.

Esta complicação de sentimentos e de ideias não é o resultado de uma cultura de espírito artificialmente expandida; ela exprime imediatamente esta tendência panteística em achar em tudo, nas obras ponderadas do homem assim como nas produções espontâneas da natureza, um âmago de verdade, de beleza, de bondade. De todos os sistemas desenvolvidos até o presente, a inteligência pode fazer seu próprio sistema com a condição de impregná-los bem e ser impregnada por eles. Nenhuma filosofia está fora de Deus, e toda filosofia é bela, boa, verdadeira na medida em que ela torna Deus sensível, inteligível, vivo.

---

[3] Jacob Boehme, 1575-1624, teólogo e místico luterano, causou grande polêmica com seu livro *Aurora*.

O homem deve procurar sua filosofia, sob pena de faltar com a moralidade; mas ele já é moral, ao procurar filosofar. As filosofias exteriores podem formar nossa filosofia, em se transformando, em se tornando nós mesmos. Fichte mostrou profundamente a verdade do idealismo, quando disse que o idealismo seria a nossa conquista, nosso esforço.[4] Mais ainda, o que é a filosofia senão a afirmação, pelo nosso eu empírico, de nosso eu transcendente, a ação pela qual nós procuramos nos realizar no absoluto?[5] Ora, só podemos despertar para a vida plenamente espiritual, para a vida divina, se começarmos por atenuar nossas potências materiais; o ato filosófico por excelência é de morrer para si mesmo,[6] de reconhecer a igual indiferença do eu e do não-eu à moralidade. Mas nós só devemos amortizar a natureza exterior das coisas e a natureza interior do nosso ser para ressuscitá-las em uma vida ao mesmo tempo mais completa e mais real; é necessário saber morrer para viver, saber sofrer para criar. Toda pessoa tem uma tarefa, que é de desenvolver o germe infinito e vivo que ela contém, e ela só pode preencher essa tarefa unindo todas as suas faculdades entre elas e com a natureza. Nessa condição, nada lhe é impossível.[7] Porque a natureza é o projeto sistemático, o plano organizado do nosso espírito; longe de ser uma fatalidade invencível oposta à nossa ação, é a nós que ela está suspensa, é de nós que ela se eleva. Nós podemos transformar em liberdade interna as necessidades externas do mundo; as coisas só parecem afluir sobre nós porque não procuramos influir sobre elas. Nós só temos uma existência negativa porque queremos; quanto mais sabemos nos dar uma existência positiva, mais suprimimos as negações que o mundo parecia nos impor, até que toda negação tenha enfim desaparecido, até que tudo apareça em tudo. Deus quer deuses.[8] Então, é a Deus que tendemos cada vez que trabalhamos no nosso progresso moral, e é também Deus que age em nós. Parece que estamos

---

[4] Novalis: *Schriften*, Berlim (Reimer), 1ª e 2ª parte, 5. ed., 1837; 3ª parte, 1846; II, p. 115.
[5] Ibid., II, p. 120.
[6] Ibid., p. 115.
[7] Ibid., III, p. 191.
[8] Ibid., II, p. 140.

engajados em um diálogo, e que um Ser desconhecido e espiritual nos estimula maravilhosamente a desenvolver os pensamentos mais luminosos. Esse Ser é necessariamente um Ser superior, já que se coloca em relação conosco por meio de um gênero de revelação sem análogo na natureza. E, ao mesmo tempo, ele deve ter a mesma essência que nós, já que nos trata como seres espirituais e nos convida a uma ação autônoma, de um valor infinito. Esse Eu superior é para o homem aquilo que o homem é para a natureza, aquilo que o sábio é para a criança. O homem aspira a se identificar com ele, do mesmo modo como aspira a se identificar com o não-eu. Eis um fato que não se demonstra, mas que é necessário sentir por meio de uma experiência íntima e totalmente pessoal. Eis um fato de ordem superior que sozinho pode completamente descortinar o homem superior: é um dever para todos os homens de se esforçar a suscitá-lo no seu mais profundo âmago. A filosofia é assim o princípio de toda a moralidade, dado que a filosofia é o esforço pelo qual o homem se revela a si mesmo, pelo qual ele compreende e engendra ao mesmo tempo sua existência verdadeira; ela é o impulso que o eu empírico se dá para se tornar espírito, para se constituir em Deus e por Deus.[9]

Todos esses pensamentos se inspiram principalmente no idealismo de Fichte; mas já eles o modificam em vários pontos, e eles se completam também com outros pensamentos que anunciam Schelling e sobretudo lembram Spinoza. A natureza não é para Novalis, como para Fichte, a matéria indiferente que deve dobrar o eu puro e livre às suas formas; ela já é nela mesma verdadeiramente espiritual e divina. "A natureza é o ideal. O verdadeiro ideal é ao mesmo tempo possível, real e necessário."[10] Existe em todo o ser, simplesmente porque ele existe, uma parte da existência (*Grund*) que não se deixa decompor, e é dessa parte da existência que emerge a inspiração. O eu ideal se concebe e se realiza por um eu natural; ou melhor, o eu ideal e o eu natural são idênticos à sua radical origem. É-nos impossível determinar o momento inicial de nossa

---

[9] Novalis: *Schriften*, Berlim (Reimer), 1ª e 2ª parte, 5. ed., 1837; 3ª parte, 1846; II, p. 121.
[10] Ibid., p. 149.

atividade viva e pensante; tudo aquilo que nos é dado, tudo aquilo que nos aparece se liga a estados anteriores.[11] Mas se nós não podemos compreender nosso ser em sua potência de ser, nós podemos, contudo, nos aproximar, por incessantes progressos, deste instante eterno onde nosso ser se coloca. Remontar, sem poder aliás completamente alcançar, àquilo que é na nossa natureza a causa viva da nossa vida, é participar da força criadora que nos engendra, é nos fazer renascer por um ato soberano que inaugura ao mesmo tempo o renascimento do universo, é reconquistar o paraíso perdido, é, em outras palavras, retornar ao estado de inocência, que é o estado de inspiração, que é o estado profético. Que o universo se traduza para uma alma inocente em lenda, em história, em poesia, em arte, em moralidade, pouco importa: então toda palavra é uma Palavra divina, toda escritura é uma Escritura santa. O senso moral é apenas o espírito do universo.

A Natureza em sua forma verdadeira é infinita porque no seu princípio vivo ela é Deus. Deus está por todo lado, Deus está em tudo. O milagre isolado, sem ligação com nossos outros estados de alma, não passa de um sonho fugidio, uma visão sem consistência; o milagre real e permanente é a convicção moral interior que nos faz experimentar Deus.[12] O panteísmo tem razão, porque ele sustenta que tudo é órgão da Divindade, porque ele transforma em realidades efetivas as concepções do idealismo. A verdadeira filosofia é um idealismo realista: é a doutrina de Spinoza.[13] Spinoza é um homem ébrio de Deus;[14] seu pensamento está supersaturado de Deus. Isso porque Deus penetra tudo aquilo que é sensível ao coração assim como inteligível à razão. A Religião desperta quando o coração, separado de todos os objetos reais e particulares, se purifica. Então todas as tendências isoladas do nosso ser se unem para ser uma única tendência, a tendência a Deus. E esse Deus que está no âmago da natureza (*Naturgott*) nos nutre com seu ser, nos ilumina com sua luz, nos faz

---

[11] Novalis: *Schriften*, Berlim (Reimer), 1ª e 2ª parte, 5. ed., 1837; 3ª parte, 1846; II, p. 116.
[12] Ibid., p. 253.
[13] Ibid., p. 118.
[14] Ibid., p. 261.

viver com sua ação.[15] A pregação moral e religiosa consiste em suscitar a piedade suscitando o sentimento da presença real; ela só tem valor se ela é inspirada, genial, profética. A fé produz o milagre bem mais do que o milagre produz a fé: o sobrenatural se realiza na natureza e pela natureza.[16] No seu mais alto grau, o sentimento moral é o sentimento da potência absolutamente criativa, da liberdade inventiva, da personalidade infinita, da Divindade em nós. A moralidade sai da natureza e a completa, refazendo-a.[17] Considerando a natureza na sua verdade, achamos que ela é uma matemática realizada: a matemática exprime exatamente o encadeamento rigoroso e a solidariedade simpática entre todos os seres; ela é a fórmula precisa da sinfonia que compõe o universo; e eis por que a intuição da matemática pura dá ao homem, junto com o perfeito saber, a perfeita beatitude.[18] Mas é necessário sentir que a matemática é teofania,[19] que a ordem descoberta pela lógica do matemático é, nas profundezas da natureza, uma arte singularmente criativa, uma arte mágica. As relações estabelecidas pelo entendimento puro em uma linguagem abstrata são idênticas às relações vivas que fazem a unidade do mundo; e é preciso que o homem tenha consciência dessas relações, é preciso que seja um mágico à sua maneira, para fazer penetrar sua própria obra na obra universal: a virtude se propaga no mundo por encantamento.

Então, o que impede o acontecimento imediato de Deus? É precisamente o desconhecimento de Deus; é a incapacidade de entender através das incessantes manifestações do mundo o Ser infinito que se revela; é a inconsciente adoração de todo objeto particular que nos atinge, de toda ideia particular que nos fascina. Esquecendo que Deus só é inteiro no todo, nós o espalhamos nas formas múltiplas e contraditórias da realidade; nós perdemos o sentido da unidade original da natureza em seu princípio; e eis por que a vida nos parece

---

[15] Novalis: *Schriften*, Berlim (Reimer), 1ª e 2ª parte, 5. ed., 1837; 3ª parte, 1846; II, p. 262.
[16] Ibid., p. 263.
[17] Ibid., p. 259.
[18] Ibid., p. 147.
[19] Teofania: manifestação, aparição ou revelação da divindade. (N. do T.)

cheia de misérias físicas e de sofrimentos morais. No *Apprentis de Saïs*, Novalis nos mostra as Potências da natureza se queixando que o homem, ao invés de servi-las e de segui-las, tem dificultado seu livre jogo e quebrado sua unidade primeira:

Oh! Se o homem pudesse compreender a música interior da natureza e ter assim um sentido para a harmonia exterior! Mas ele mal sabe que nós formamos um todo único, no qual nenhum elemento pode subsistir sem o outro. Ele não deixa nada em paz, ele nos separa tiranicamente uns dos outros, e aquilo que produz em volta dele é dissonante. Que ele poderia ser feliz se nos tratasse como amigas, se ele entrasse na nossa sublime sinfonia, como naquela era de outrora que ele chama justamente de era de ouro! Naquele tempo ele nos compreendia como nós o compreendíamos. Seu desejo de se tornar Deus o separou de nós; ele procura aquilo que nós não podemos nem saber nem pressentir, e desde então não existem mais vozes que o acompanhem, nem movimentos que concordem com os seus. Ele bem que pressente delícias infinitas, os gozos eternos que experimentamos em nós; também ele tem um amor tão maravilhado por algumas de nossas formas. O encantamento do ouro, a cintilância das cores, os reflexos das águas são familiares a ele; nas obras antigas ele reconhece as maravilhas das pedras, e, porém, lhe falta a doce paixão pelo trabalho da natureza que tece a sua trama, lhe falta o olhar pelos nossos mistérios tão cheios de atrativos. Pudesse ele aprender a sentir ao menos uma vez! Esse sentido celeste, o mais natural de todos, ele o conhece um pouco; é pelo sentimento que pode renascer a era antiga, a era tão desejada; a essência do sentimento é uma luz interior que se irradia em cores mais belas, todas poderosas. Então, as estrelas repararam nele; ele aprendeu a sentir o mundo mais claramente e sob formas mais numerosas que as linhas ou superfícies percebidas até o momento pelo olho nu. Ele pode se tornar o mestre de um jogo infinito, esquecer todos os esforços insensatos, num gozo eterno que se nutre de si mesmo e que vai sempre crescendo. O pensamento é apenas um sonho do sentimento, um sentimento apagado, uma vida pálida e cinza, sem força.[20]

---

[20] Novalis, *Schriften*, II, p. 82-83.

O mal é então antes de tudo uma obra de separação e de isolamento, e o pensamento é o auxiliar dessa obra funesta quando no universo ele distingue sem unir e critica sem afirmar. Assim disseminado, o mundo se resolve em uma multiplicidade cada vez maior de seres que se opõem e se combatem; uma vez dentro da natureza, o mal não cessa de trabalhá-la e de desorganizá-la; ele se multiplica, ele se propaga com uma potência assustadora. Contudo, não há nada nele de absoluto; ele é um produto artificial que o homem, pela moral e a poesia, deve aniquilar, que ele deve rejeitar pela sua fé e pela sua alma. O mal só pode ser verdadeiramente negado quando é claramente conhecido; uma meia consciência do mal nos deixa, tal como um doente indeciso, adormecidos numa enganosa segurança; o mal só desperta o sentimento moral quando ele é levado ao extremo.[21] Porque quando ele crê se afirmar com mais certeza, ele se nega na sua realidade; quando ele se compreende, ele se suprime. O homem pecou porque quis se fazer Deus; mas quando prova da sua impotência e miséria, ele reconhece o verdadeiro Deus, o qual substituiu pelo orgulho. É da queda que vem a salvação, assim como é do erro que vem a verdade.[22]

O sentimento e o amor reconstruirão a obra que o pensamento abstrato e a vontade egoísta destruíram; eles restabelecerão a solidariedade entre os seres, a unidade harmoniosa e viva do universo. Eles impedirão a existência humana de se romper indefinidamente em períodos descontínuos e a pessoa de ficar mais tempo num estado de sistema incompleto. Então a ciência total e categórica, essa ciência criativa de alegria e de liberdade, da qual Spinoza teve a ideia, substituirá o saber fragmentado e exclusivo.[23] A pura moralidade e a pura felicidade se confundirão. A história da natureza infinita aparecerá em plena luz.

> Você soube muito bem ligar, na minha opinião, a virtude à religião, disse Henri de Ofterdingen a Sylvestre. Tudo aquilo que a experiência e a atividade humana apreendem forma o domínio da consciência, que reúne este mundo aos mundos

---

[21] Novalis, *Schriften*, Berlim (Reimer), p. 245-247.
[22] Ibid., III, p. 288.
[23] Ibid., II, p. 247.

superiores. São necessários sentidos superiores para que a Religião apareça; e aquilo que parecia, no início, a incompreensível necessidade da nossa natureza mais íntima, uma lei geral sem conteúdo determinado, se torna agora um mundo maravilhoso, inato a nós, infinitamente variado, cheio de delícias, uma comunhão íntima e inexprimível de todos os bem-aventurados em Deus, uma presença inteligível e deificante do Ser universal e pessoal, ou de sua vontade, de seu amor nas profundezas do nosso eu.[24]

O amor no qual tudo se une e se compreende é a mais alta realidade, a base essencial de tudo (*der Urgrund*), o *Amém* do Universo.[25] A vida do amor é a vida eterna, e nós podemos desde já experimentar essa vida pela nossa união com Deus. A eternidade não está em nenhum lugar se não está em nós.[26]

Nessas visões esparsas de Novalis podemos surpreender a tendência que impulsionava a Alemanha da filosofia de Fichte para a filosofia de Spinoza, transformada e ampliada. E essa mesma tendência se manifesta também muito claramente na evolução das ideias de Friedrich Schlegel (1772-1829). Primeiro era a *Doctrine de la science* que Schlegel invocava como a filosofia do romantismo. O eu, segundo Fichte, está obrigado por uma lei ideal interna a produzir por si próprio um mundo real que ele percebe por intuição, e a sua soberania consiste em que ele deve perseguir indefinidamente essa tarefa sem que sua potência jamais se esgote. A ação inconsciente pela qual ele próprio suscita as coisas é comparável à ação do gênio, que, após um trabalho longamente obscuro, engendra a sua obra em plena luz. Essa teoria do universo é para Schlegel a verdadeira teoria da arte.[27] Nada pode limitar de fora a espontaneidade criativa do artista: o eu do artista é soberano no sentimento que ele tem de sua infinitude. E o signo visível dessa liberdade absoluta do eu é a ironia. Pela ironia, o eu

---

[24] Novalis, *Schriften*, Berlim (Reimer), p. 237.
[25] Ibid., III, p. 309.
[26] Ibid., II, p. 253.
[27] R. Haym: *Die romantische Schule*, p. 214 e seg., p. 256 e seg.; [Lucien] Lévy-Brühl [1857-1939]: *Les premiers romantiques allemands* (*Revue des Deux-Mondes*, t. 101, p. 127-132, 1º set. 1890).

se depreende de seu objeto, necessariamente limitado; ele mostra que a sua faculdade de agir continua sempre infinitamente superior aos seus atos particulares; ele marca o contraste, perpetuamente renovado, entre o finito ao qual ele se aplica e o Infinito que está nele. A ironia é o jogo da alma que quer se exprimir sem se render inteiramente, que só se doa para se reapropriar, que sempre reserva, contra a natureza, sua essencial originalidade. A ironia faz brilhar as dissonâncias que servem para compor a harmonia das coisas; mas sobretudo, ela se compraz em glorificar, pelo humor que a envolve, pelo paradoxo que a traduz, a independência do espírito em relação a toda disciplina negativa, essa autonomia interior que é, segundo Fichte como também segundo Spinoza, a suprema característica do homem. Schlegel transporta assim para o eu empírico aquilo que, para Fichte, só é verdadeiro para o eu absoluto. Esquecendo que a *Doctrine de la science* [Fichte, 1804] estabelece a identidade indissolúvel entre o eu livre e o dever, ele chega a ponto de justificar a liberdade dos gostos individuais e das inclinações sensíveis. Daí, como consequência extrema, o "cinismo" de sua *Lucinde* [Schlegel, 1799].

Contudo, essa doutrina da ironia se transforma cada vez mais em Schlegel, na medida em que, sob a influência de Novalis e Schleiermacher, ele tende a fazer da Religião o próprio princípio da arte. Se a ambição legítima da arte é exprimir o Infinito, ela continua incompleta, tanto que a arte só persegue o Infinito por um lado, apenas no próprio sujeito. Assim como, segundo Fichte, o sujeito se determina pela produção incessante de seu objeto, também o idealismo deve se determinar pela criação de um realismo que lhe seja adequado. Não é pelo sentimento de sua autonomia, é sobretudo pela plena concepção do universo que o homem pode preencher sua tarefa; ou seja, ele deve se libertar de si mesmo como ele se libertou das coisas, aplicar em si mesmo sua ironia para tomar consciência de seus limites, e aspirar àquilo que é, acima do eu e do não-eu, o verdadeiro Infinito. Ora, este realismo que deve aperfeiçoar o idealismo já foi revelado há muito tempo, sob a forma de um sistema filosófico, pelo pensamento de Spinoza. O misticismo da *Ética* é perfeito para dar um corpo ao subjetivismo da *Doctrine de la science*. O que engendrou, de fato, a filosofia spinozista foi uma imaginação espiritual, destacada de todo objeto particular, espontaneamente voltada para o universal e o eterno, foi um sentimento puro e livre, liberto de toda paixão, desprovido de toda suscetibilidade ao lugar de tal ou tal coisa, imediatamente unido ao seu objeto que é o Infinito. E então o realismo de Spinoza, assim como o realismo do "grande Jacob Boehme", é não apenas o princípio de toda poesia, mas a própria poesia. Ele é uma cosmogonia e uma teogonia. Ele pode servir para fazer nascer aquilo que tanto falta ao poeta, aquilo que lhe é tão indispensável para que sua arte seja mais e melhor que um sonho, a saber, uma nova mitologia.[28]

É assim que Schlegel chamou Spinoza para constituir, por sua vez, esta obra indivisível de moralidade e de ciência, de poesia e de religião, que ele chamava de uma "sinfilosofia" [*symphilosophie*],[29] até o dia em que, convertido a outras ideias, ele viu no spinozismo um espírito essencial de negação e uma espécie de "protestantismo científico". Vemos assim em que sentido a Escola Romântica traduziu esse pensamento de Spinoza que tanto se impôs a ela.[30] Contra um racionalismo abstrato que se fundava exclusivamente sobre o conhecimento de Deus e contra um misticismo cego que se fundava exclusivamente no amor de Deus, Spinoza tentou edificar uma filosofia ao mesmo tempo mística e racional, onde o conhecimento e o amor fossem indissoluvelmente unidos, sem oposição e divisão. Sob a influência da doutrina de Fichte, que tinha tão energicamente subordinado as noções claras e distintas do entendimento à potência produtora da liberdade, a Escola Romântica, na sua interpretação do spinozismo, faz predominar o elemento místico sobre o elemento racional; e como Fichte tinha elevado acima de tudo a espontaneidade infinita do eu, ela

---

[28] R. Haym, *Die romantische Schule*, p. 492-493, 692-695.

[29] Acompanhamos a tradução de Karin Volobuef em sua obra *Frestas e arestas: a prosa de ficção do romantismo na Alemanha e no Brasil* (São Paulo: Unesp, 1999. p. 71). (N. do T.)

[30] Entre os filósofos e os escritores da Escola Romântica que foram mais diretamente influenciados por Spinoza, é preciso citar o norueguês Henrik Steffens [1773-1845]. Ele ficou inicialmente encantado de encontrar afirmado no spinozismo esta identidade entre conhecimento e vida que o kantismo havia dissolvido; ele também sentiu vir da *Ética* um sopro de paz. Mais tarde, ele se entregou com entusiasmo à doutrina de Schelling que lhe parecia englobar um sentido mais amplo da vida universal, e que convinha totalmente com o seu gosto pelas ciências da natureza. R. Haym, *Die romantische Schule*, p. 623-624.

dá ao eu, como objeto adequado, a espontaneidade infinita da natureza. De modo que a Escola Romântica trabalha nessa síntese entre o pensamento de Spinoza e o pensamento de Fichte, que era nesse momento, na Alemanha, a finalidade mais ou menos consciente de todo esforço filosófico; ela coloca toda a vida e todo destino humano sob a ação imediata do Infinito vivo, que não é em si nem sujeito nem objeto, que é identidade entre o sujeito e o objeto.

CAPÍTULO VI

SCHLEIERMACHER

O carácter original do romantismo alemão está no esforço em exprimir de uma forma tão adequada quanto possível a ação eminentemente una e infinitamente pura da qual deriva todo o universo, para entender nessa ação, antes que ela fosse rompida pelas categorias do entendimento abstrato, o princípio gerador daquilo que, segundo essas categorias, é alternadamente chamado de nomes variados: ciência, arte, filosofia, moralidade, religião. A Escola Romântica quis restituir ao espírito o sentimento profundo daquilo que existe de absoluto na sua espontaneidade. Ela quis provocá-lo a ser o mais possível, ou seja, a achar realizada na natureza a potência ilimitada de criação que é a sua essência. Ela então acreditou que era uma mesma função: reproduzir a natureza no espírito e produzi-la pelo espírito, perceber o mundo e fazê-lo. Ela relacionou a razão ideal e o infinito real do universo a uma origem comum. Sobretudo, ela se aplicou a excluir todas as denominações extrínsecas que levam o livre desenvolvimento da vida a qualidades artificiais, artificialmente combinadas. Se ela provou o idealismo de Kant foi para aceitar as consequências deduzidas por Fichte, a saber, a imanência da verdade e a plena autonomia da atividade espiritual. Ela rejeitou da filosofia kantiana, com algum azedume, a ideia da lei transcendente, concebida como forma suprema da Razão. E assim, só tendo visto no dever a necessidade a mais interior, a mais ideal, pela qual o espírito se realiza, ela restaurou naturalmente a doutrina spinozista da livre necessidade. Com uma consciência mais profunda do que Spinoza sobre a subjetividade do Pensamento, ela afirmou que na Vida o Pensamento e o Ser são idênticos, se determinam reciprocamente com uma força absoluta: embora nenhuma fórmula imperativa possa penetrar suas essências, nem limitar suas ações, nem romper suas unidades.

É essa tentativa do romantismo que Schleiermacher sustentou com todo vigor e com todas as riquezas de seu espírito. Sua obra de teólogo, de filósofo, de pregador e de erudito foi a glorificação da ideia romântica; ela foi a negação de todas as disciplinas exteriores, um protesto constantemente renovado contra as regras que encolhem, as análises que decompõem, os sistemas que deformam o gênio humano; ela foi o sentimento, em si infinitamente móvel, do Infinito vivo. Ora, Schleiermacher partiu da preocupação pelos problemas morais para pouco a pouco afirmar, ele também, a "imoralidade de toda moralidade", e seus primeiros escritos filosóficos revelam de modo irrecusável as tendências profundas de seu pensamento, unicamente tomado, na origem, por questões práticas.[1]

Não é de surpreender que essas tendências tenham primeiro procurado se satisfazer pela doutrina kantiana. É em Kant que Schleiermacher, ao sair dos ensinamentos de Eberhard, acreditou achar a mais alta expressão do verdadeiro. De Kant, aliás, ele guardou sempre o senso crítico, o gosto pelos métodos severos e pelas deduções exatas;[2] e antes mesmo de empregar esse rigor de espírito à edificação de teorias diferentes ou adversas, ele o aplicou ao exame do sistema que ele achava tão necessário. É assim que, em aceitando, por sua conta, as principais teses de Kant, ele via na concepção dos postulados uma infidelidade ao princípio diretor da doutrina, um esforço inconsequente para unir, apesar de sua radical heterogeneidade, a noção racional do dever com a repre-

---

[1] [Wilhelm] Dilthey [1833-1911]: *De principiis Ethices Schleiermacheri*, Berolini, 1864, p. 6.
[2] Eduard Zeller: *Geschichte der Philosophie seit Leibniz*, Munique, 2. ed., 1875, p. 609.

sentação sensível da felicidade. E embora suas objeções fossem fundadas sobre a ideia da pura moralidade, tal como Kant havia entendido, elas exprimiam a firme decisão que ele havia tomado de testar sempre sua convicção moral pela sua inteligência científica. Ele tinha, no seu pensamento, um sentido natural da unidade entre a razão e a vida que devia, pouco a pouco, levá-lo a Spinoza.[3] De resto, por volta da mesma época, ele afirmava o determinismo dos atos interiores com uma força de convicção e de dialética que Spinoza sem dúvida não tinha suscitado diretamente,[4] mas que devia achar mais tarde nas doutrinas do *Tratado teológico político* e da *Ética* sua mais completa justificativa.

Foi através de Jacobi que Schleiermacher conheceu o spinozismo, e ele o compreendeu imediatamente com profundidade suficiente para retificá-lo em muitos pontos. Sua primeira preocupação foi de estabelecer que a filosofia de Spinoza, mais rigorosamente consequente do que a filosofia de Leibniz, podia mais concordar com o sistema de Kant do que pensávamos.[5] Existe uma afirmação comum a Spinoza e a Kant, apesar da diferença entre seus métodos: é a afirmação do Ser em si, considerado a razão suprema da existência empírica; ambos admitem que existe um fundamento necessário de nossas representações sensíveis.[6] É quando é preciso determinar a relação entre o Ser em si e os seres particulares que eles parecem se afastar mais um do outro; e, contudo, suas doutrinas, bem compreendidas, se completam exatamente. Certamente a Substância não é em relação aos modos aquilo que o Númeno é em relação aos fenômenos: caso contrário, Spinoza teria descoberto o kantismo antes de Kant.[7] O erro do spinozismo foi de ter acreditado determinar positivamente a Substância pelo pensamento e pela extensão, de não ter compreendido que o Ser em si é, no absoluto, incompreensível. É necessário assinalar, aliás, que nos dois sistemas são o espaço e o tempo que fazem com que os objetos particula-

---

[3] R. Haym: *Die romantische Schule*, p. 397.
[4] Dilthey: *De principiis Ethices Schleiermacheri*, p. 13-14.
[5] Schleiermacher: *Kurze Darstellung des spinozistischen Systems*, logo após sua *Histoire de la philosophie*, publicada por Ritter, *Geschichte der Philosophie*, Berlim, 1839, p. 283 e seg.
[6] *Kurze Darstellung*, p. 298.
[7] Ibid., p. 298.

res apareçam como finitos; mas Kant teve a incontestável vantagem de estabelecer que o espaço e o tempo não são maneiras de ser reais, mas simples formas das nossas faculdades representativas. O spinozismo teria então interesse em modificar a sua fórmula: ao invés de afirmar que toda coisa finita exprime as propriedades do Ser infinito, ele deveria dizer que o Ser infinito é capaz de se exprimir em toda potência de perceber.[8] Mas, por outro lado, a filosofia de Kant, se ela própria se compreende bem, se ela se livra dos resíduos do dogmatismo que a corrompem, deve se inclinar na direção da filosofia de Spinoza.[9] Kant, de fato, viola seus próprios princípios quando ele vai da afirmação das noumenes à afirmação de uma causa transcendental do universo. E quando ele supõe que existem tantas númenes quantas individualidades empíricas, não aplica ele erroneamente ao mundo inteligível distinções que são unicamente fundadas no mundo sensível?[10] É um paralogismo da razão transportar ao Ser em si a pluralidade numérica que é o resultado da consciência sensível. O que dizer então, senão que o kantismo deve se resolver afirmando a imanência do Ser infinito, que ele deve servir sobretudo a compreender, segundo um tipo mais interior de relacionamento, a relação entre o Ser infinito e os indivíduos particulares? E é aí precisamente o problema que se impõe cada vez mais às meditações de Schleiermacher. Qual é o fundamento da individuação dos seres? E como os seres individuais se ligam ao Ser infinito? A solução do problema está no *Discours sur la Religion*.

De fato, só a Religião pode, segundo Schleiermacher, nos revelar aquilo que somos verdadeiramente naquilo que é o Ser verdadeiro; o sentimento de pura piedade, de onde toda religião procede, exprime imediatamente o ato de união entre o Infinito e o finito. Esse desabrochar harmonioso de todas as nossas potências espirituais, que os românticos glorificam justamente contra um racionalismo superficial, tem seu princípio e sua finalidade na vida religiosa; porque só a vida religiosa pode nos elevar acima das oposições entre a crítica

---

[8] *Kurze Darstellung*, p. 300-301.
[9] Ibid., p. 294-295.
[10] Ibid., p. 299.

negativa e o saber abstrato; só a vida religiosa pode fundar um desenvolvimento da natureza e da humanidade irredutível a simples combinações de conceitos. A Religião, experimentada na sua pureza original, é a ligação indissolúvel que une em cada alma todas as suas tendências espontâneas, que une todas as almas entre si, que une todas as almas ao universo. Que a livremos então das fórmulas arbitrárias que afirmam contê-la por inteiro e que são apenas, na verdade, as causas de desunião e de escândalo; que a desobriguemos de todas as vãs pretensões de ser uma ciência que tentaram impor de fora, que finalmente a desacreditou. A Religião não é nem um sistema de conhecimentos nem um sistema de dogmas. Ela é independente de todo saber determinado e de toda autoridade fixa.[11] Mas será ela independente da moral?

Sim, certamente a Religião é independente da moral, se persistimos em separar os diversos objetos da atividade humana, se por conseguinte a moral é dominada pela concepção de uma lei categórica e limitante, se ela deve consagrar "esta infeliz disposição à uniformidade, que procura fechar a mais alta vida humana na unidade de uma fórmula morta".[12] É, aliás, desnaturar a Religião sujeitá-la a certos fins práticos, tratá-la como instrumento e como meio. Seu valor e sua liberdade, que são absolutos, decorrem de sua própria essência e apenas dela. Ela não é então uma virtude especial que viria a se juntar às outras virtudes, nem um motivo particular que viria produzir uma ação limitada. Não existe Religião nos limites da moralidade; mas a moralidade, para ser completa, ou seja, viva e vivificante, deve nascer na Religião. A Religião é como o calor fecundo, graças ao qual os germes da alma humana podem desabrochar e produzir seus mais belos frutos.

Assim, a Religião é infinitamente superior a todo conhecimento objetivo e a toda moralidade jurídica; ela não comporta por si mesma nem especulações que a ciência poderia contestar, nem atos que a moral poderia excluir. Ela é o puro sentimento de piedade que suscita em nós a intuição do Infinito no

---

[11] *Über die Religion. Reden an die Gebildeten unter ihren Verächtern*, Berlim, 4. ed., 1831, p. 41 e seg.
[12] Ibid., p. 47.

finito, do Eterno no temporal. Procurar o Infinito e o Eterno em tudo aquilo que é e se move, em toda ação e toda paixão, se unir ao Infinito e ao Eterno por uma espécie de consciência imediata, usufruir tudo em Deus e Deus em tudo: eis a Religião. Quando o homem está no estado religioso, ele se expande na potência e na alegria; fora do estado religioso, só existem para ele a miséria, a angústia, a dispersão de forças. A Religião é a unidade entre todo o nosso ser e todo o Ser, indivisivelmente sentida em nosso âmago.[13]

Portanto, para descobrir o princípio da Religião, basta, num momento qualquer, nos discernir em um ato qualquer da nossa vida. Todo ato da vida é uma síntese, na qual se encontram e se unem o indivíduo e o universo; ele só pode se produzir escapando desta lei de divisão analítica imposta igualmente pela existência prática e pelo conhecimento especulativo. As duas tendências que mais tarde se revelam à consciência limpa, a tendência do indivíduo a ser por si, a tendência do indivíduo a ser no Todo, são originariamente confundidas na emoção espontânea do ato vivo. O objeto aspira ao sujeito e entra no sujeito sob forma de sensação; o sujeito aspira ao objeto e se realiza no objeto sob forma de ação. Existe aí, em um sentimento puro de uma originalidade absoluta, uma inteira compenetração entre a vida individual e a vida universal. É impossível descrever este sentimento, já que é rápido em se dividir entre as categorias da inteligência e da atividade discursivas. Mas cada um é capaz de experimentá-lo *in loco*, no instante onde ele está, ou seja, no instante onde ele se torna, porque o seu ser é apenas um devir.

> Se ao menos, não podendo descrevê-lo, eu pudesse conhecê-lo através de uma comparação, eu diria: ele é passageiro e transitório como o perfume que o orvalho depreende das flores e das frutas, ele é pudico e tenro como o beijo de uma virgem, ele é santo e fecundo como o abraço conjugal. Na verdade, ele não é apenas como isso, ele é mesmo tudo isso. Porque é a primeira união da vida universal com uma vida individual, e ela não preenche nenhum tempo, e não produz nada de concreto;

---

[13] *Über die Religion. Reden an die Gebildeten unter ihren Verächtern*, Berlim, 4. ed., 1831, p. 42-43.

é o casamento imediato, acima de todo erro e de todo mal-entendido, portanto sagrado, do universo com a razão encarnada num abraço fecundo e criador. Vocês repousam assim imediatamente sobre o seio do mundo infinito, vocês são neste momento sua alma; porque sentem, embora apenas com uma parte do seu ser, vocês sentem todas as forças do infinito e a vida infinita como sua própria vida. Ele é neste momento seu corpo, porque vocês vão até o fundo dos músculos e dos membros do infinito como se fossem seus próprios, e são seus sentidos e seu sopro que metem os nervos mais íntimos do infinito em movimento.[14]

Já que, desse modo, o sentimento religioso é essencialmente uma revelação do Infinito em nós, já que é a comunhão do nosso ser com o Universo, se torna contraditório tratar a Religião como uma potência inimiga que se impõe arbitrariamente à nossa razão. Não a excluímos realmente só porque a combatemos nos dogmas que a determinam e a distorcem, e é em vão que procuramos prescindir dela para fundar crenças vitais e vivas. É sem dúvida uma tentação imperiosa procurar expressões racionais para nossas convicções íntimas; mas essas expressões podem variar, até mesmo se contradizer, sem que a Religião seja atingida. A piedade não segue o acaso de nossas ideias; ela é universal nela mesma, não nas teorias especiais que se esforçam em traduzi-la. As ideias são aqui atos exteriores que não valem nada para a fé, que só valem pela fé. O próprio Universo não poderia suscitar o sentimento religioso, se ele for apenas considerado no jogo inconsciente e brutal de suas forças ou na grandeza matemática de suas manifestações, se ele for objeto de um medo supersticioso ou de uma visão limitada. O Universo só é religioso para uma alma religiosa que prolonga seu olhar ao infinito do conjunto, que sente aquilo que ela vê, que pressente aquilo que ela não vê, que, em contato com o Ser divino, tem a intuição verdadeira e profética das coisas; a vida humana só é religiosa para o homem religioso, que ao invés de se isolar na consciência mesquinha de uma falsa individualidade, procura agir sobre seus semelhantes pela sua fé e pelas suas obras, que participa

---

[14] SCHLEIERMACHER. *Über die Religion. Reden an die Gebildeten unter ihren Verächtern*, Berlim, 4. ed., 1831, p. 51.

em espírito e em verdade no trabalho obscuro e silencioso pelo qual o homem gradualmente se faz homem, que se reconhece na esplêndida imagem da humanidade que descortina diante dele o curso providencial da história.

Vocês são um resumo da humanidade; sua existência individual abraça de certo modo toda a natureza humana, e ela, em todas as suas manifestações, é apenas o seu próprio eu, multiplicado, mais claramente expresso e de alguma forma eternizado em todas as suas manifestações, mesmo as mais ínfimas e passageiras.[15]

A humanidade é o órgão da revelação divina, e eis por que existe em todo homem um caráter original que o torna digno de interesse e de respeito. Nossa tarefa é de descobrir Deus, ao nosso modo. A Religião é a nossa verdadeira razão de ser.

É então uma tarefa infeliz opor, graças às fórmulas analíticas da consciência, os dois termos cuja união primitiva e indissolúvel constitui o sentimento religioso. Certamente, pode ter sido necessário defender a subjetividade do espírito contra um realismo grosseiro e explicar o universo como um sistema de aparências engendrado pela espontaneidade do eu; mas o realismo assim combatido é aquele que leva uma realidade finita ao absoluto, modelada sobre um tipo abstrato: podemos conceber outro realismo que colocaria no Ser o Infinito arbitrariamente reservado ao sujeito, que afirmaria o Infinito como o princípio inesgotável e a razão sintética de toda realidade. É hora de fundar, não contra o idealismo, mas pelo próprio idealismo, este realismo superior, substituir como verdade suprema, à ação formal do eu, o sentido da vida universal, restaurar a essencial unidade entre o espírito e a natureza.

Se o homem não se torna um com o Eterno na unidade imediata entre a intuição e o sentimento, ele permanece na unidade derivada da consciência eternamente separada dele. Também, o que aconteceria ao mais alto produto da especulação de nossos

---

[15] *Über die Religion. Reden an die Gebildeten unter ihren Verächtern*, Berlim, 4. ed., 1831, p. 94.

tempos, desse idealismo perfeitamente acabado, se ele não mergulhar de novo nessa unidade, de modo que a humildade da Religião faça pressentir ao seu orgulho outro realismo do que aquele ao qual ele se submete tão corajosamente e com razão? O idealismo destruirá o universo, parecendo querer lhe impor a sua forma; ele o reduzirá a ser apenas uma simples alegoria, um vão fantasma suscitado pelas categorias exclusivas de sua consciência vazia. Sacrifique respeitosamente comigo uma mecha de cabelo à alma do santo excomungado Spinoza! O sublime espírito do mundo o penetrou; o Infinito foi seu começo e seu fim; o Universo, seu único e eterno amor. Com uma santa inocência e uma humildade profunda ele se mirava no mundo eterno, e ele considerava que o mundo eterno fosse também o espelho mais amável. Ele estava pleno de Religião e pleno do Espírito Santo; também ainda está lá, sozinho, sem que ninguém o tenha alcançado, mestre em sua arte, porém elevado acima da tribo profana, sem discípulos e sem direito de cidadania.

Por que devo primeiro mostrar a vocês que o mesmo acontece na arte? Aqui também, a quantas sombras, ilusões e erros vocês estão submetidos, e pela mesma razão! É apenas em silêncio, pois a dor recente e profunda não tem palavras, que eu quero, sem usar qualquer outro dispositivo, submeter à sua apreciação um magnífico exemplo, que vocês todos deveriam conhecer, tão belo quanto o primeiro: quero falar deste divino jovem que acaba de dormir o sono eterno.[16] Tudo aquilo que seu espírito tocava, ele o transformava em arte; sua ideia do Universo se tornava imediatamente um grande poema; assim, apesar de só terem sido ouvidos seus primeiros toques, vocês devem colocá-lo na categoria dos mais ricos poetas, desses homens raros, que têm tanta profundidade no sentimento quanto claridade e vida. Nele, contemplar a força da inspiração e da sabedoria de um coração pio, e reconhecer que se os filósofos fossem religiosos e procurassem Deus como Spinoza, se os artistas fossem pios e amassem Cristo como Novalis, o dia teria chegado de festejar a grande ressurreição dos dois Mundos.[17]

---

[16] Este elogio a Novalis foi adicionado à segunda edição do *Discours sur la Religion*.
[17] *Über die Religion*, p. 47-48.

Esse modo de invocar Spinoza, com Novalis, como um dos exemplos mais completos de humanidade religiosa, pode ser considerado uma adesão ao spinozismo? Nos *Éclaircissements* que ele adicionou à terceira edição do *Discours*, para atenuar o significado primitivo, Schleiermacher tentou sem dúvida nos advertir que ele quis glorificar em Spinoza o sentimento de piedade profunda que inspirou toda sua vida, sem identificar esse sentimento com a fé cristã, sobretudo sem aceitar literalmente a filosofia na qual esse sentimento se traduziu.[18] Mas não devemos exagerar a importância dessas reservas feitas *a posteriori*. Não devemos esquecer sobretudo que o pensamento de Spinoza também tomou por objeto, não a especulação propriamente dita, mas a vida prática e religiosa. Schleiermacher não está apenas ligado a Spinoza por uma íntima comunhão de espírito; ele se liga profundamente, por suas próprias concepções, à doutrina spinozista. Segundo a *Ética*, de fato, a afirmação da Substância como Ser em si e por si é, como vimos,[19] o primeiro momento, não a expressão suprema da verdade. O que é mais verdadeiro do que o Ser que é, é o Ser que produz, que se revela, que se coloca lá em relação com outros seres; o que é mais inteligível que a Noção que se define é a Noção que se desenvolve, que se prolonga em outras ideias, que assim se esclarece: de maneira que a Realidade absoluta envolve essencialmente uma relação, uma relação entre o Infinito e as individualidades finitas. É pela intuição dessa relação que o homem é capaz de Religião e de virtude, pois ele concorre assim diretamente à realização do Ser. A salvação do homem vem da mediação que o Pensamento infinito estabelece entre ele e Deus. O que é, de fato, seu entendimento, senão a ideia de Deus imanente à sua própria vida, encarnada nele, implicada na sua individualidade e tendendo a se explicar por ela? Similarmente, Schleiermacher leva toda Religião à intuição humana de Infinito, à consciência da Encarnação eterna; mas, como ele ultrapassa imediatamente a dedução objetiva que no spinozismo prepara para a intuição, ele se recusa a fazer dessa intuição um conhecimento:

---

[18] *Über die Religion*, p. 123-124.
[19] Primeira parte, cap. X, p. 213 e seg.

ele a considera um puro estado da alma, um sentimento original e inefável; ele rejeita esta essencial homogeneidade entre intuição e saber que permite a Spinoza compreender todas as funções da vida humana na mesma unidade sistemática; portanto, longe de justificar a intuição como a realização do saber, é sobre a relatividade do saber que ele se fundamenta para levar ao absoluto a intuição sob forma de sentimento. É pelo método kantiano que ele aceita e renova o mais alto pensamento de Spinoza. De resto, pudemos dizer com razão que a filosofia do *Discours sur la Religion* é um spinozismo transposto para esta ordem subjetiva do espírito que Kant tinha descoberto, que, ao invés de se exprimir na proposição dogmática: toda coisa finita está compreendida no Infinito, ela consagra antes de tudo a tendência religiosa que nos leva a ver o Infinito em todas as coisas finitas.[20] E assim a relação entre o indivíduo e Deus, longe de poder ser objetivamente determinada, é na alma uma síntese irredutível; ela é, melhor dizendo, a síntese mais essencial, que torna possível a vida, e de onde procede diretamente tudo aquilo que, nas obras humanas, não se pode analisar, tudo aquilo que é capaz de ser realmente, e de durar.

Por isso é errado subordinar o sentimento religioso a uma determinada concepção filosófica de Deus. Quer concebamos Deus sob a forma de uma Pessoa soberana, quer sob a forma de uma Potência impessoal, pouco importa para a piedade. Nenhuma dessas duas concepções poderia esgotar seu objeto, que é o Infinito: pertence ao sentimento religioso determinar essas concepções, sem ser determinado por elas.[21] Contudo, apesar da resolução que ele sustenta em seu *Discours* de não tomar partido entre os dois sistemas, ele se empenha em mostrar que a doutrina do Deus impessoal está longe de ser irreligiosa.

> Aquilo que em geral, e aqui em particular, decide para um homem o valor de sua Religião é a maneira como a Divindade está presente no sentimento, não a maneira como o homem a expressa no conceito... Se é assim, como geralmente acontece

---

[20] R. Haym: *Die romantische Schule*, p. 424-427.
[21] *Über die Religion*, p. 109 e seg.

— *com que direito? Não quero decidir aqui* —, o homem que chega a esse nível, que rejeita o conceito de um Deus pessoal, é tratado, ou como panteísta, ou como spinozista. Quero apenas observar que esta repugnância em pensar Deus como uma pessoa não atenta contra a presença de Deus em seu sentimento, mas que ela pode se basear no humilde reconhecimento da limitação do ser pessoal em geral, e particularmente da consciência ligada à personalidade.[22]

Mas Schleiermacher não se contenta com essa reabilitação do spinozismo. Todas as abordagens ulteriores de seu pensamento filosófico e religioso tendem a eliminar a concepção antropomórfica de Deus: Deus, sendo a unidade entre o ideal e o real, exclui dele todas as limitações sem as quais a personalidade é inconcebível;[23] Deus, sendo o Infinito, é infinitamente superior a toda distinção de atributos; nele o possível e o real, a potência de ser e a potência de criar são um; os atributos diversos que referimos a Deus são apenas maneiras humanas de traduzir sob diversas formas a própria essência de seu ser que é a causalidade absoluta.[24] O atributo é então para Schleiermacher uma relação do Deus vivo com a consciência religiosa, assim como para Spinoza é uma relação da Substância com o entendimento puro. O que Schleiermacher rejeita do spinozismo é a pretensão de exprimir essa relação em um saber objetivo;[25] todo saber objetivo é limitado, portanto, inadequado ao Infinito; e se os conceitos de Deus e do mundo são correlativos, logo absolutamente necessários um ao outro, é impossível que um possa realmente deduzir o outro.[26] Mas aquilo que Schleiermacher aceita do spinozismo é a ideia da relação íntima que se estabelece no homem entre o Infinito e o finito, e que implica sempre que o finito, recebendo a ação imediata do Infinito, não pode lhe impor seus limites e suas categorias.

---

[22] *Über die Religion*, p. 115.
[23] *Dialektik*, Berlim, 1839, §216, p. 157-158; Beilage E, p. 533.
[24] *Der christliche Glaube*, Berlim, 1835, §§50 e 51, t. I, p. 255 e seg.
[25] *Dialektik*, Beilage E, p. 528 e seg.
[26] *Dialektik*, §§219-225, p. 162-169. — Ver [Paul Wilhelm] Schmidt [1845-1917]: *Spinoza und Schleiermacher*, Berlim, 1868. A oposição que o autor se esforça em estabelecer entre Spinoza e Schleiermacher (cap. IV, p. 133 e seg.) advém de uma interpretação muito estreita do spinozismo.

Do mesmo modo, a verdadeira relação entre a vida presente e a vida eterna exclui toda concepção da vida eterna sob as formas sensíveis da vida presente. Os *Discours sur la Religion* rejeitam, com os mesmos argumentos da *Ética*, a crença vulgar na imortalidade.[27] É próprio do sentimento religioso, quando ele é puro, nos libertar das limitações e das negações impostas pelas coisas ao nosso ser, nos fazer participar imediatamente do Infinito, nos colocar realmente de posse do Eterno. Ora, os homens que se ressuscitam, pela imaginação, em uma outra vida, mais ou menos análoga à sua existência empírica, só querem no fundo perpetuar suas paixões e luxúrias; eles tendem a fixar aquilo que os limita, a realizar aquilo que os nega; para existir eternamente, eles se submetem a todas as vicissitudes da duração. Seu desejo supremo é apenas "ter os olhos maiores e os membros mais fortes".[28] Eles só querem guardar da vida o que é caduco e perecível; e não sabem possuir e reter aquilo que é durável e eterno.

> Quanto mais eles aspiram a uma imortalidade que não existe, e que eles não têm o poder de imaginar nem por um instante — *pois quem consegue imaginar uma existência temporal como infinita?* —, mais eles perdem de imortalidade que podem sempre ter, e eles perdem também a vida mortal, com pensamentos que os inquietam e os atormentam inutilmente. E como tentam desperdiçar suas vidas por amor a Deus! E como se esforçam em anular suas personalidades e viver no Uno e no Todo! Aquele que aprendeu a ser mais do que ele mesmo, este sabe que perde pouco quando ele se perde; aquele que se negando assim se confundiu tanto quanto pôde com o universo, e na alma daquele onde se despertou um desejo maior e mais santo, este tem o direito à Eternidade; apenas com este podemos realmente falar de esperanças que a morte nos dá e do Infinito ao qual nos elevamos infalivelmente sobre suas asas.[29]

Esta renúncia a nós mesmos pela qual conquistamos, aqui e agora, a vida eterna só é a abnegação daquilo que, na nossa individualidade, toca o Nada; a

---

[27] *Über die Religion*, p. 118 e seg.
[28] *Über die Religion*, Schleiermacher, 1799, p. 119.
[29] Ibid., p. 119-120.

vida eterna é a plena afirmação daquilo que, na nossa individualidade, toca o Ser. Tal como Spinoza, Schleiermacher não quer fazer do indivíduo uma simples aparência; assim como Spinoza, ele vê na consciência individual a expressão imediata, portanto indestrutível e sagrada, da ação divina. Os *Monologues*, que apareceram quase na mesma época que os *Discours sur la Religion*, reivindicam eloquentemente os direitos do indivíduo. Nisso eles confirmam e completam o pensamento religioso de Schleiermacher. Quando em cada homem se opera a união entre o Infinito e o finito, é tarefa de cada homem se realizar o mais completamente para exprimir o mais completamente Deus. E essa maneira de exprimir Deus é tão mais perfeita quanto mais for sincera e original. Devemos considerar que a nossa razão de ser está em nossa própria individualidade, que nós somos destinados por uma graça singular a gozar de uma natureza própria e de desenvolver as potências.[30] Então é nossa virtude essencial nos atribuir a nossa parte, assim como seria nosso vício essencial querer limitar apenas a nós a infinita revelação de Deus. Todo sentido individual do Infinito tem um valor absoluto para o indivíduo no qual ele se produz; ele só se altera e se perverte quando pretende se impor, por uma fórmula exterior, a outro indivíduo. Assim se juntam as concepções, em aparência diferentes, dos *Discours sur la Religion* e os *Monologues*. Assim como o sentimento da nossa dependência em relação ao Infinito, longe de ser um princípio de quietismo, é sozinho capaz de inspirar a ação abrangente e fecunda, assim como a expansão de nossas energias individuais, longe de limitar nossa visão das coisas, nos leva à consciência do Infinito.

De resto, é constante a preocupação de Schleiermacher em conciliar os dois termos antitéticos do pensamento religioso e da atividade moral, o universal e o individual. Mas não é pela ideia do dever que ele julga essa conciliação possível. Na raiz dos indivíduos, como no âmago do ser, existe mais do que uma lei formal destinada a se realizar praticamente pelos agentes morais. Sem dúvida, parece que nos *Monologues* Schleiermacher se contenta frequentemente em reproduzir a doutrina de Fichte sobre a liberdade original, a potência criativa e

---

[30] *Monologen. Eine Neujahrsgabe*, Schleiermacher, Berlim, 1800, p. 40.

o esforço infinito da pessoa;[31] mas a maneira dele compreendê-la e sobretudo como ele a modifica a aproxima singularmente do spinozismo. Admitir que a liberdade está no espírito, que o espírito é no homem aquilo que ele tem de mais íntimo, que o progresso moral consiste em uma conversão do exterior ao interior, que a natureza sofre a nossa ação apenas porque reconhece a nossa lei[32] é aceitar aquilo que há de comum entre os sistemas de Spinoza e Fichte. Mas Schleiermacher não entende que a liberdade espiritual seja um puro dever; ele afirma expressamente que o seu ato essencial é de colocar em nós uma natureza determinada, que nos define realmente em nossas maneiras de ser e em nossas abordagens.[33] Então, eu tenho na minha ação, não apenas uma lei, mas um objeto; eu tenho boas razões para rejeitar aquilo que está realmente em contradição comigo mesmo, com a minha natureza singular, como dizia Spinoza, *quae cum mea singulari natura pugnant*;[34] eu tenho boas razões para procurar aquilo que está de acordo comigo, aquilo que contribui a me afirmar na minha natureza. E como Spinoza, segundo a própria interpretação que Schleiermacher dá de sua doutrina em outra ocasião,[35] tinha restabelecido a comunicação direta entre o indivíduo e a Substância suprimindo a mediação de tipos específicos, invocando unicamente o esforço do ser para perseverar no ser, Schleiermacher restabelece a relação direta entre o Infinito e o finito, suprimindo a mediação do dever formal, fazendo unicamente apelo ao sentimento de onde procede para nós toda a nossa vida. Portanto, o determinismo não é apenas a forma necessária de nossas representações, ele é a própria lei do desenvolvimento real da nossa natureza; nós nos tornamos no curso da existência aquilo que o ato primitivo de liberdade nos fez. E dado que esse ato de liberdade nos produz em um mundo que é em cada uma de suas partes a expressão da causalidade divina, o eu deve conter nele e representar à sua ma-

---

[31] *Monologen. Eine Neujahrsgabe*, Schleiermacher, Berlim, 1800, ver especialmente p. 144-145.
[32] Ibid., p. 15 e seg.
[33] Ibid., p. 103.
[34] Ep. XXI, t. II, p. 96.
[35] *Geschichte der Philosophie*, Berlim, 1839, p. 280.

neira o Universo, o Infinito. Então não é mais um absoluto ideal; ele tem um objeto imediato interno, e seu papel é mais conquistar em si a unidade firme de suas potências do que implementar interminavelmente uma tendência indeterminada. Ora, é pelo sentimento que essa unidade se estabelece cada vez mais; opostas entre si, tanto que elas só são formas abstratas do nosso ser, a inteligência e a vontade se unem no sentimento que as abraça e as faz concorrer às mesmas ideias e aos mesmos atos.[36] Similarmente, Spinoza sustentava que a unidade entre a inteligência e a vontade está incompleta e caduca enquanto não for traduzida em afecção, enquanto não for assim realizada no Ser.

Então, o pensamento de Schleiermacher tende cada vez mais a descartar os sistemas exclusivamente idealistas e a edificar um "realismo superior". Eis por que, querendo fazer do universal uma realidade, a Realidade por excelência, ele descobre, ao contrário de Kant e de Fichte, afinidades entre a doutrina de Platão e de Spinoza. Como ele tende a estabelecer que a Ideia mais alta é também o Ser mais real, ele trabalha para completar, uma pelo outro, a concepção platônica do Exemplar eterno e a concepção spinozista do Infinito vivo. No seu *Esquisse d'une critique de la morale telle qu'elle a été traitée jusqu'ici*, ele declara expressamente que, entre os filósofos antigos e modernos, Platão e Spinoza são os únicos que compreenderam claramente como a moral podia ser fundada.[37] Eles corretamente afirmaram que a razão de toda vida moral é um conhecimento de Deus, que esse conhecimento de Deus é não o resultado, mas o princípio de toda atividade; eles então claramente se elevaram acima das distinções e das oposições que se instituem entre as diversas ciências e as diversas realidades finitas. Eles, sem dúvida, conquistaram esse conhecimento supremo por vias diferentes. Platão o traduziu em expressões semipoéticas e fez sentir o gênio inspirador; Spinoza o determinou pelas noções científicas e desenvolveu logicamente os métodos; e é preciso constatar que a esses diferentes métodos, apesar do parentesco de suas doutrinas, correspondem diferenças de personalidades.

---

[36] *Dialektik*, §215, p. 151.
[37] *Grundlinien einer Kritik der bisherigen Sittenlehre*, Berlim, 1803, p. 41 e seg.

Com certeza, Spinoza teve, talvez mais do que Platão, a ideia da unidade perfeita que produz a intuição de Deus, e ele mais firmemente estabeleceu a relação entre os seres finitos e o Ser infinito. Mas encurralado em um sistema que ele tinha de defender contra poderosos preconceitos, ele frequentemente teve dos seres finitos uma concepção negativa. Como o Ideal foi frequentemente expresso sob a forma de um conceito abstrato e intimamente ligado à teoria das causas finais, ele parece negar todo ideal para melhor afirmar a plenitude suficiente da Realidade infinita; e assim ele foi levado a ver no indivíduo só um mecanismo cujas causas podem ser demonstradas. Platão, ao contrário, percebeu no Ser perfeito o Ideal organizador, o Deus artista, o Demiurgo cuja ação harmoniosa vai se desenvolvendo em uma multitude de obras de arte. Assim, "os conceitos gerais não são para Platão, como são para Spinoza, uma aparência, uma ilusão humana; mas, de uma maneira completamente oposta, eles se tornam para ele os pensamentos vivos da Divindade, que devem ser expressos nas coisas, os Ideais eternos, nos quais e pelos quais tudo é".[38] Platão é quase o único que, apesar de sua aversão pela arte, lhe tenha atribuído um papel no seu sistema moral, embora esse papel só fosse tão claro e tão preciso quanto permitiam os princípios do sistema. Spinoza guarda sobre a arte o mais profundo silêncio; só com muita dificuldade ele poderia colocá-la em sua doutrina; no máximo, ele poderia considerá-la um meio acessório de adquirir sabedoria. A própria vida de Spinoza nos indica muito claramente que ele só considerou a ciência pura.[39]

Mas sobre os méritos da ciência moral Platão e Spinoza concordam. Platão ensina que o esforço em direção à perfeição nos leva à posse da verdade; Spinoza demonstra que a ideia da ciência completa produz em nós a virtude. Se Spinoza, ao que parece, rejeitou o ascetismo platônico, segundo o qual a sabedoria é a meditação da morte, foi para substituí-lo por um novo ascetismo, que é a procura lenta, laboriosa, perigosa do verdadeiro, e cujo supremo efeito é a

---
[38] *Grundlinien einer Kritik der bisherigen Sittenlehre*, Berlim, 1803, p. 45.
[39] Ibid., p. 409.

libertação do espírito.[40] E se examinarmos bem o sentido de algumas fórmulas de Spinoza, descobrimos que elas se aproximam muito de certas fórmulas de Platão, normalmente tidas como diferentes. A tendência a perseverar no ser é no fundo a tendência de se tornar mais e mais perfeito, é o desejo de se unir a Deus, se parecendo com ele.[41] Como Platão, Spinoza é obrigado a falar de um modelo da natureza humana, e a ideia desse modelo que inspira o homem, frequentemente dissimulada no sistema, é seu suporte mais sólido. Platão também admitiu que o Ideal era um indivíduo supremo, e, portanto, a individualidade tinha seu princípio nos desígnios de Deus. Mas será que Spinoza está tão longe de Platão quando ele afirma que o homem exprime o Infinito, não sob a forma da espécie, mas sob a forma do indivíduo?[42] Platão e Spinoza viram que o individual e o universal deviam referir-se um ao outro e estar contidos no Ser.

Assim devem desaparecer as oposições introduzidas por um idealismo abstrato,[43] e particularmente a oposição entre a lei física e a lei moral. Assim como Spinoza criticou e ultrapassou o dualismo da consciência comum, Schleiermacher critica e se esforça em resolver em monismo o dualismo fundado sobre o imperativo categórico. Levada às últimas consequências, a dualidade entre a lei física e a lei moral implica que a realidade não é necessariamente racional e que a razão não é necessariamente realizada.[44] Portanto, haveria necessidade de cindir assim o racional e o real?

A lei moral comanda. Assim, ela supõe um sujeito que lhe obedece. O sujeito, *que diz a si mesmo: Eu devo obedecer*, não se pergunta se aquele que comanda tem o direito de comandar? Ora, no caso da lei moral, quem comanda e quem obedece? Dizemos que cabe à razão prática, com inclinações superiores,

---

[40] *Grundlinien einer Kritik der bisherigen Sittenlehre*, Berlin, 1803, p. 435.
[41] Ibid., p. 75.
[42] Ibid., p. 90.
[43] A crítica de Kant e de Fichte aparece a todo instante em *Grundlinien*. Schleiermacher parece sobretudo querer mostrar que o autor da *Doctrine de la science* nem sempre compreendeu Spinoza.
[44] *Über den Unterschied zwischen Naturgesetz und Sittengesetz. Philosophische und vermischte Schriften*, t. II, p. 400.

comandar; e cabe à sensibilidade, com inclinações inferiores, obedecer. Mas ainda é necessário que o comando possa ser executado. Ora, pode a sensibilidade se conformar às prescrições contidas no imperativo categórico? Nunca. Não existe na sensibilidade, tal como a concebemos, nenhuma tendência ao universal. A única linguagem que pode compreender a sensibilidade é a linguagem do prazer ou da dor, da esperança ou do medo. Ela só considera as coisas em relação aos seus próprios interesses.[45]

Para escapar dessa consequência, iríamos considerar as inclinações superiores intermediários entre a razão e a sensibilidade, e afirmaríamos que as inclinações superiores recebem diretamente, para depois transmitir, as ordens da razão? Nesse caso, a razão, não tendo o direito de desejar, perde o poder de comandar; pois é impossível conceber um comando que não seja a tradução de um desejo. Iríamos sustentar então que é a razão na sua pura essência, a razão em si, que comanda a razão individual? Mas se estabelecemos uma distinção, provavelmente sem validade, entre a razão universal e a razão individual, é fácil responder que a razão individual só pode exprimir um dever todo individual, ou melhor, que ela exprime não aquilo que deve, mas aquilo que quer. Iríamos nos apoiar enfim sobre essa afirmação, de que a razão é um princípio essencial de unidade, de que ela domina imperativamente a multiplicidade das circunstâncias práticas, para entender por dever a obrigação de conformar sua conduta à unidade sistemática concebida pela razão? Mas podemos objetar que conhecer o encadeamento das noções morais não é se determinar à ação, e que é sempre necessário explicar *como* um saber, que por natureza é universal, pode determinar um dever que só se realiza sobre casos particulares.[46]

Então, é uma concepção insuficiente da moralidade aquela que está implicada no idealismo de Kant e Fichte. Dizem que a lei moral teria um valor absoluto mesmo que não fosse usada por nenhum ser humano como regra de conduta. O que é um comando que ninguém executa? Invocada para governar

---

[45] *Über den Unterschied zwischen Naturgesetz und Sittengesetz. Philosophische und vermischte Schriften*, t. II, p. 401.
[46] Ibid., p. 403.

a prática, a lei moral, à moda de Kant, é destituída de toda autoridade efetiva. Ela é só uma proposição teórica à qual podemos dar a seguinte fórmula: existiria uma lei, se essa lei fosse reconhecida. É verdade que Kant modifica sua doutrina quando ele considera que a conduta moral do homem é determinada, não diretamente pela lei, mas pelo respeito à lei. Ora, o que é então esse respeito senão uma primeira realização da lei? A partir do momento que nós respeitamos o dever é porque recebemos do dever um certo impulso. No fundo, é por um único ato que concebemos o dever e o praticamos; a lei moral, apenas por aquilo que ela está representada em nós, já envolve uma certa realidade; ela não é então um simples dever-ser, que pode não ser; ela já é porque ela deve ser.[47]

Então, a razão prática não pode ser uma razão pura, já que ela está necessariamente colocada no ser; ela só pode ser uma força viva. Mas as leis da natureza, por sua vez, não implicam um dever? Parece que os objetos naturais, privados de vontade, sejam incapazes de receber um comando. Todavia, o dever, tal como aparece à consciência humana, é apenas a expressão superior, não é a expressão única e completa daquilo que deve ser ou se fazer: existe rigorosamente um dever para os seres da natureza como também para o homem. As leis e as espécies são os modelos segundo os quais a natureza deve se conduzir; e a prova de que um ideal existe para ela é que ela o viola ou não o atinge; já que existem no sistema planetário perturbações que impedem explicar todos os movimentos por meio de uma única fórmula, já que existem nos seres vivos anomalias e monstruosidades. A vida vegetativa aparece como um sistema novo que pretende subordinar as forças físico-químicas; a vida animal aparece como um princípio novo que pretende dominar as potências da vida vegetativa; a inteligência aparece como um princípio novo que pretende regular a ação da vida animal. Mas, em todos esses graus da hierarquia natural, existe uma rebelião parcial das formas inferiores contra as formas superiores, existem exceções, existem doenças, existe o mal. O vício não está nas formas

---

[47] *Über den Unterschied zwischen Naturgesetz und Sittengesetz. Philosophische und vermischte Schriften*, t. II, p. 408-409.

superiores cuja pura essência representa sem falhas aquilo que deve ser, ele está nas formas inferiores que não se dobram completamente à autoridade das formas superiores.[48]

Assim, enquanto Spinoza levava o Dever ao Ser, enquanto Fichte levava o Ser ao Dever, Schleiermacher declara a identidade entre o Dever e o Ser. O Infinito do Ser não poderia, por um lado, faltar ao dever, e ele abraça, por outro lado, todos os elementos relativos e provisórios de indeterminação que o dever supõe. A moralidade é então uma ação perpétua e indefinida da razão sobre a natureza, ou seja, uma naturalização progressiva e sempre incompleta da razão:[49] ela implica, simultaneamente, que a natureza já seja em parte racional e que a razão já seja em parte natural; mas a moralidade só é realmente moralidade se é a razão que produz por si mesma o movimento da natureza. A razão, sendo uma faculdade ao mesmo tempo prática e representativa, deve fazer da natureza, ao mesmo tempo, seu órgão e seu símbolo. E essas duas formas da atividade racional, que têm seu tipo imediato, uma no corpo humano e outra na consciência humana, se determinam reciprocamente uma na outra. A razão só é capaz de conceber porque é capaz de se realizar, ela só é capaz de se realizar porque é capaz de conceber.[50] Ela também é simultaneamente universal e individual: universal pelo valor absoluto que suas operações têm para a humanidade, individual pelo caráter original que toma, em cada homem, cada um de seus atos.[51] Assim como no sentimento, o Infinito e o finito estão implicados na razão universal e individual. O progresso moral, ao mesmo tempo que ele se realiza por nós, se realiza no Ser. E eis por que também ele se realiza necessariamente. A oposição entre natureza e razão, incessantemente reproduzida, deve ser incessantemente superada. Não existe, de fato, e não pode existir o mal absoluto no universo. O mal resulta simplesmente da anterioridade da vida

---

[48] *Über den Unterschied zwischen Naturgesetz und Sittengesetz. Philosophische und vermischte Schriften*, t. II, p. 408-409.

[49] *Entwurf eines Systems der Sittenlehre*, Berlim, 1835, §81, p. 47.

[50] *System der Sittenlehre*, §§124 e seg., p. 88 e seg.; — *Über das hoechste Gut, Philosophische und vermischte Schriften*, II, p. 476.

[51] *System der Sittenlehre*, §§130 e seg., p. 93 e seg.

sensível sobre a vida espiritual; é porque a vida sensível parece nos contentar por inteiro, antes que a consciência de Deus seja despertada em nós, ou ainda, antes que a consciência de Deus tenha dominado suficientemente as outras inclinações da nossa alma. O pecado é ao mesmo tempo irracional e racional: ele é racional pelo fato de que o homem está unido ao mundo exterior e sofre necessariamente sua influência; ele é irracional pelo fato de que o homem, que se abandona aos sentidos, rompe sua união essencial com Deus.[52] Mas essa união do homem com Deus deve necessariamente se restabelecer, porque é certo, por um lado, que o universo possui o mais alto grau de perfeição, que ele oferece ao homem todo tipo de estímulos e de ocasiões para desenvolver o sentimento religioso,[53] e que todos os elementos da vida sensível tendem a se compor e a se unir sob a ação da piedade;[54] e, por outro lado, é manifesto que a Redenção não é um ato externo à consciência religiosa, que ela é essa própria consciência se produzindo e se realizando na sua pureza e na sua potência absolutas. Portanto, só pode haver uma predestinação, a predestinação da salvação. No Infinito, que exclui toda negação e toda contradição, o pecado desaparece.

Portanto, aquilo que permanece em si eternamente verdadeiro é a revelação de Deus no homem; aquilo que permanece eternamente bom para nós é o sentimento da nossa dependência em relação a Deus. Se a fé cristã de Schleiermacher inspirou essa dupla afirmação, é preciso reconhecer que ela se referiu diretamente ao spinozismo para se compreender e se expressar, para se defender também contra modos de pensamento muito abstratos e estreitos.

---

[52] *Der christliche Glaube*, §§62-78, t. I, p. 358 e seg.
[53] Ibid., §59, t. I, p. 317.
[54] Ibid., §57, t. I, p. 310.

CAPÍTULO VII

SCHELLING

É no interior da filosofia de Schelling que se reconstitui e se desenvolve com toda força a unidade sistemática do spinozismo, depois de ficar por muito tempo difusa e oculta. O pensamento de Spinoza, que, para reviver, teve que se limitar primeiro a esta ou aquela expressão particular, e cujo íntimo lógico só estava virtualmente presente nas doutrinas que ele penetrava, é doravante completamente ressuscitado em seu pleno significado. O idealismo de Kant e de Fichte, que tinha pretendido se opor a ele como um obstáculo intransponível, deve por sua vez parar diante dele e confessar a si mesmo que só pode ir adiante na condição de compreendê-lo. Ora, essa conciliação do spinozismo com o idealismo, que parece cada vez mais necessária, não é simplesmente um interesse especulativo; ela parece ter essencialmente um interesse prático, sobretudo se formos à origem desses dois sistemas. É, de fato, principalmente para resolver o problema moral que por um lado a *Ética* foi concebida, e por outro lado a *Critique de la raison* foi instituída e a *Doctrine de la science* [*Doutrina da ciência*] edificada; e a primitiva oposição entre essas duas filosofias, revelada com tanta insistência por Fichte, vinha de que o spinozismo tinha descoberto na afirmação do Ser pleno, do Objeto infinito, a solução que o idealismo procurava, ao contrário, na livre atividade do Sujeito e na realização sem fim do puro Dever. É o caráter dominante da doutrina de Schelling trabalhar para unir essas tendências contraditórias. Todavia, essa união não acontece de repente; é necessário acompanhar os progressos nas diversas fases do pensamento de Schelling, até o ponto onde, tendo sido de certa maneira perfeito, ele começa a se enfraquecer sob a influência de concepções teosóficas.

I

Em suas primeiras obras, Schelling não parece ter outro objetivo do que comentar e justificar a *Doctrine de la science*; contudo, ele já tende a suprimir esta alternativa moral entre o dogmatismo e o criticismo, que só podia ser, segundo Fichte, plenamente resolvida por uma livre escolha em favor da liberdade; ele se empenha em compreender, com o maior rigor possível, a ideia do saber absoluto.[1] É a própria ideia do saber absoluto, e não uma preocupação exclusivamente moral, que deve determinar o conteúdo de toda filosofia em geral e toda filosofia prática em particular. O homem, de fato, só vale por aquilo que sabe; ele só pode crescer sob a condição de se conhecer, e à medida que ele se conhece ele cresce necessariamente. Dê a ele a consciência daquilo que ele é, e ele logo será aquilo que deve ser. A boa vontade é impotente em assegurar o progresso da humanidade se ela não for razão e luz. É necessário então que o homem seja bom teoricamente para que ele possa tornar-se praticamente. E, por outro lado, quando ele se convence que sua essência está na unidade e só subsiste por ela, ele tende a reunir em si todas as potências de seu ser. O princípio de unidade ao qual devem se concentrar todas as ciências é também a lei constitutiva do desenvolvimento da humanidade. É então no saber que se estabelece e se alcança a vida humana.[2]

---

[1] SCHELLING. *Über die Möglichkeit einer Form der Philosoplie überhaupt* (1794). *Sämmtliche Werke, Erst Abtheilung*, I, p. 87 e seg.
[2] SCHELLING. *Vom Ich als Princip der Philosophie, oder über das Unbedingte im menschlichen Wissen* (1795), *Vorrede*, I, p. 157-159.

Ora, quem afirma saber, afirma simultaneamente que o seu saber tem uma realidade. Um saber sem realidade não é um saber. Portanto, ou bem nosso saber é apenas uma justaposição de elementos confusos e não responde a nada de real, ou bem ele supõe um princípio supremo que une todos os conhecimentos particulares e fixa cada um em um lugar determinado no sistema universal. Existe então uma razão última entre aquilo que existe e aquilo que é conhecido, um saber imediato que engendra nossa ciência, uma realidade imutável que explica toda a coisa mutante. No Absoluto, em uma palavra, coincidem o Ser e o Pensamento. Onde há saber, o Absoluto é.[3]

Mas em quais caracteres reconhecemos o Absoluto? E o que é o Absoluto?

Quando se trata de descobrir os caracteres do Absoluto, Schelling se inspira visivelmente em Spinoza. A concepção monista, como o spinozismo elaborou, é aos seus olhos a forma adequada da filosofia verdadeira. Também, desde suas primeiras tentativas filosóficas, ele escreve que seu maior desejo é construir um sistema que seja o pendant da *Ética*.[4] Spinoza de fato claramente mostrou que na origem de toda existência passageira deve existir o Ser eterno que subsiste por si e participa em tudo que aspira a ser: de maneira que, se considerarmos primeiro os atributos do Absoluto que implicam essa essencial afirmação, vamos reproduzir o pensamento e até as expressões de Spinoza.[5]

O Absoluto é pura identidade: ele é porque é, quer dizer, porque ele próprio se coloca; ele exclui todas as determinações externas análogas àquelas sofridas pelas coisas; ele é o princípio da identidade dos seres particulares.[6] O Absoluto é unidade pura, primeiro porque um outro Absoluto, sendo indiscernível do primeiro, não poderia ser concebido, e sobretudo porque o Absoluto não pertence a um gênero, e porque ele é infinitamente superior, como disse Spinoza, a esta unidade numérica, ele é inseparável da pluralidade.[7] O Absoluto contém em si

---

[3] *Vom Ich als Princip der Philosophie, oder über das Unbedingte im menschlichen Wissen* (1795), Vorrede, I, p. 162-163.

[4] Ibid., p. 159. Ver *Aus Schelling Lehen*, I, p. 76.

[5] *Vom Ich als Princip der Philosophie*, I, p. 194.

[6] Ibid., p. 177-178.

[7] Ibid., p. 182-186.

todo ser: o ser que não estivesse no Absoluto não seria fundado, não teria razão de ser, portanto, não pode ser.[8] O Absoluto é por isso mesmo infinito, ou seja, não é limitado por nada, dividido por nada, modificado por nada.[9] Ele é a verdadeira Substância, o Um e o Todo, o Ser onde todo o resto é só acidente.[10] Sendo igual a si mesmo e colocando a si mesmo, ele é ao mesmo tempo causa de si e causa imanente daquilo que é, causa não apenas da existência dos seres, mas também de sua essência.[11] Ele é a Onipotência que age por sua própria virtude, pela própria necessidade de sua natureza, que não é subordinada, como Spinoza sublinhou, a nenhuma condição exterior ou superior, a nenhum fim estético ou moral.[12] Ele é a própria Liberdade, ou seja, em um sentido negativo, ele é independente de toda causa alheia a ele, em um sentido positivo, ele se coloca toda realidade de si em si. Portanto, ele não pode ser determinado na consciência empírica, porque nada na consciência empírica pode ser percebido em si sem relação e sem oposição, e a própria identidade que a consciência empírica aspira a realizar para se defender contra a invasão das coisas (longe de ser um fato último) só é possível porque o Absoluto é primitivamente como identidade pura. O Absoluto também não pode ser determinado por uma noção, porque a noção só vale na ordem do condicionado; ela sempre supõe um princípio de unidade superior no qual ela deve se resolver. Resta então que o Absoluto se afirme absolutamente em um ato liberto de toda relação, de todo limite e de toda matéria, em um ato de intuição intelectual.[13]

Se tais são os atributos formais do Absoluto, conforme o que o próprio Spinoza estabeleceu, não existe adequação no spinozismo, existe até contradição entre a ideia pura e a determinação positiva do Primeiro Princípio. Depois de ter claramente concebido o que deve ser o Primeiro Princípio, Spinoza o coloca imediatamente no Não-eu absoluto, e ele nem tenta mostrar, o que aliás

---

[8] *Vom Ich als Princip der Philosophie*, I, p. 186.
[9] Ibid., p. 192.
[10] Ibid., p. 192-193.
[11] Ibid., p. 195.
[12] Ibid., p. 196.
[13] Ibid., p. 179-182.

seria impossível, que um Não-eu pode ser o Absoluto. Como um Não-eu poderia ele próprio se realizar? Como ele poderia ter para o espírito um sentido qualquer, se ele não está oposto a um Eu absoluto? Esses são os problemas que o dogmatismo nunca pôde resolver, pela simples razão de serem insolúveis.[14] É contraditório que o Incondicionado (*das Unbedingte*) seja um Não-eu, uma coisa (*ein Ding*). O Incondicionado é, por definição, aquilo que coloca a condição sem estar sujeito a ela, aquilo que faz com que o objeto seja determinado e realizado como coisa (*wodurch etwas zum Ding wird*), aquilo que em si não é coisa.[15] Ele não pode estar colocado naquilo que é objeto: ele próprio deve se colocar no puro sujeito, no Eu absoluto. Mas existe um Eu absoluto?

É evidente que todo esforço de demonstração objetiva se virará contra aquilo que se tenta estabelecer. No próprio Incondicionado devem indissoluvelmente se unir o princípio do seu ser e o princípio de sua inteligibilidade. Em outras palavras, a afirmação do Absoluto deve ser absolutamente primeira. O Absoluto é porque é, ele é pensado porque ele é pensado; ele só pode se compreender e se realizar por si. Ora, a razão suprema de toda existência, assim como de toda verdade, está no Eu que a coloca. *Eu sou*: eis a proposição além da qual é impossível avançar, sob pena de tornar o Absoluto relativo a algum objeto, e que por outro lado é preciso afirmar, já que sem ela nenhuma outra afirmação é concebível. É preciso insistir na explicação das coisas. Mas só devemos insistir no que é a forma original e a causa primitiva daquilo que é pensamento e daquilo que é, ou seja, do Sujeito puro, isento de toda oposição, infinitamente superior ao objeto dado e infinitamente superior ao sujeito empírico que conhece esse objeto: só lá existe a verdadeira liberdade, dado que existe uma identidade perfeita entre aquilo que se coloca e aquilo que é colocado: tudo então é no Eu, pelo Eu, para o Eu. É na afirmação autônoma do Eu que a filosofia achou seu εν καί πάν;[16] é dessa afirmação que ela viveu, mesmo quando não tinha plena consciência disso; e

---

[14] *Vom Ich als Princip der Philosophie*, I, p. 170-171.

[15] Ibid., p. 179-182.

[16] *Vom Ich als Princip der Philosophie, oder über das Unbedingte im menschlichen Wissen* (1795), Vorrede, I, p. 167-170, 176-177, 179-182, 193.

podemos sustentar que Spinoza concebia sem perceber o Não-eu sob forma de Eu, quando ele o chamou de Primeiro Princípio.[17]

Felizmente resumimos o sentido das primeiras tentativas filosóficas de Schelling quando dizemos que elas consistiam "em caracterizar o Eu de Fichte segundo o esquema da Substância spinozista".[18] O que é certo é que a causalidade do Eu infinito deve ser compreendida, em Schelling, como é compreendida, no sistema de Spinoza, a causalidade da Substância, ou seja, que ela deve ser considerada, não uma razão moral, nem uma vontade sábia, mas uma potência absoluta que só opera por si e por seu infinito.[19] Portanto, a lei moral não é verdadeiramente o Absoluto. Toda qualificação moral do Absoluto é alheia à sua essência, e por isso mesmo relativa ou ilusória. A lei moral só faz sentido para o sujeito enquanto ele é determinado pelo objeto, enquanto ele é finito; ela não faz sentido para o Sujeito puro, que, sendo superior a toda condição, é superior a todo comando. Aquilo que para o eu finito é a lei moral é para o Eu infinito a lei natural; a lei moral é apenas uma tradução imperativa, para uso do eu finito, daquilo que é imediatamente e por essência o Eu infinito. Nós devemos, tanto quanto ele está em nós, realizar em nossas existências relativas aquilo que o Ser absoluto é em si: é então do Ser absoluto que derivam, sem jamais se aplicar a ele, todas as expressões da moralidade. No fundo de todas essas expressões existe o mesmo princípio: Seja idêntico a você mesmo, porque o Absoluto é em si pura identidade. A diferença entre as expressões decorre da diferença entre as categorias nas quais o princípio se exprime. Segundo a categoria da quantidade, ele significa: seja absolutamente um. Segundo a categoria da qualidade, ele significa: coloque toda realidade em ti. Segundo a categoria da relação, ele significa: seja livre de toda condição, de toda determinação externa. Segundo a categoria

---

[17] *Vom Ich als Princip der Philosophie*, I, p. 171, 185.

[18] R. Haym, *Hegel und seine Zeit*, Berlim, 1857, p. 132.

[19] *Vom Ich als Princip der Philosophie*, I, p. 196 — Schelling lembra as fórmulas do primeiro livro da *Ética*, segundo as quais a potência de Deus, sendo sua própria essência, é independente de toda finalidade, moral ou outra.

da modalidade, ele significa: coloque-se fora da esfera da existência dada, qualquer que seja; coloque-se na esfera do Ser puro, do Ser absoluto.[20]

Mas a esse princípio da atividade moral, que só é válido para o ser finito, se opõe a lei natural desse próprio ser. Enquanto, realmente, o ser finito recebe a ordem de ser idêntico consigo mesmo, ele é, pelo simples fato de ser finito, submetido à diversidade e à mudança; ele é então incapaz de ser imediatamente aquilo que deve ser necessariamente. Portanto, o princípio moral deve se moldar às condições que determinam a atividade do ser finito e substituir a ideia do ato radical e definitivo pela ideia do esforço gradual e indefinido. Ele se exprime então assim: tenda a se fazer uno, tenda a colocar em si toda realidade, tenda a se libertar de toda relação, tenda a se colocar na esfera do Ser absoluto. Então, aquilo que no Eu infinito é afirmado como *ser* só pode ser afirmado no eu finito como *devir*; o progresso sem fim da atividade humana é como uma eternidade empírica que se aproxima indefinidamente da eternidade absoluta do Eu puro.[21]

Em todo caso, o Eu puro, razão suprema de toda moralidade, não pode ser moralmente determinado, como também nem a Substância de Spinoza. Desde suas primeiras obras, Schelling se mostra claramente decidido a impedir que o interesse moral, mal compreendido, imponha ao Absoluto condições que o desnaturem ou que venham quebrar a unidade do pensamento sistemático. É em termos enfáticos que ele combate estes pseudokantianos que fazem consistir a crítica na aceitação, em nome da razão prática, daquilo que a razão teórica é impotente em justificar. A seus olhos, é suficiente se sentir obrigado pelo dever, para crer na existência objetiva de um Ser moral por excelência, que é Deus: como se não existisse aqui uma contradição essencial entre o objeto pretendido e a pretendida espontaneidade da crença, como se fosse permitido aceitar como praticamente possível o que teoricamente aparece como impossível. Estes discípulos infiéis de Kant vieram dar, pouco a pouco, à crítica a forma do mais raso dogmatismo.[22]

---

[20] *Vom Ich als Princip der Philosophie*, I, p. 198-199.

[21] Ibid., p. 199-200.

[22] SCHELLING. *Philosophische Briefe über Dogmatismus und Kriticismus* (1795), I, p. 223 e seg.
— Em um *Préface* que ele escreveu mais tarde (1809), Schelling declarava que essas *Lettres*, e

Em que consiste então a crítica? A crítica não é, apesar de tudo o que foi dito, a inimiga do pensamento sistemático; ela tende apenas a estabelecer que esse pensamento deve se desenvolver, não a partir do objeto, mas a partir do sujeito. Ora, como o dogmatismo pretende ser, antes de tudo, uma doutrina do saber, é com a natureza do saber que ele deve, acima de tudo, se preocupar. Daí o problema que ele se coloca em primeiro lugar: como os julgamentos sintéticos *a priori* são possíveis? Admitamos que nas coisas exista ou unidade sem multiplicidade, ou multiplicidade sem unidade: evidentemente nos dois casos não existe matéria para a síntese. A síntese só pode se operar se existe uma unidade do sujeito que se opõe, para compreendê-la, à multiplicidade do objeto. Assim, o objeto, longe de poder ser levado ao Absoluto, como quer o dogmatismo, só pode ser compreendido em função do sujeito.[23]

Mas essa conclusão do criticismo é apenas provisória. Kant só introduz no espírito a síntese *a priori* como um fato, podendo apenas dar conta deste outro fato, imediatamente aceito, que é o objeto variável e diverso. Ora, uma síntese só é possível se existe uma unidade pura para fundar essa unidade relativamente empírica que é a ligação dos fenômenos; uma síntese, em outras palavras, só é possível com a condição de ter seu princípio e seu fim em uma tese absoluta que seja pura identidade. Portanto, o problema enunciado por Kant, ao invés de versar simplesmente sobre a possibilidade do saber relativo, versa sobre o próprio Absoluto, considerado como a razão geradora de todo saber. Ele se transforma neste outro problema: como o Absoluto pode sair de si para determinar o relativo?[24] Mas é preciso reconhecer que esse último problema não é mais suscitado por um interesse simplesmente especulativo, mas por exigências práticas; porque é o pensamento da vida moral que nos impede de aceitar a experiência como um dado irredutível e que nos permite mesmo abs-

---

particularmente a nona, continham embrionariamente muitas de suas ideias ulteriores, p. 283. Ele renovou alhures essa declaração: *Über das absolute Identitätssystem und sein Verhältniss zu dem neuestem Dualismus*, V, p. 26.

[23] *Philosophische Briefe*, I, p. 294-295.

[24] Ibid., p. 296 e seg.

traí-la. Por outro lado, a solução desse problema não poderia ser simplesmente estabelecida pela inteligência teórica: ela deve se realizar pela liberdade.[25]

Ora, o criticismo assim compreendido é mais a luz de todo sistema do que um sistema particular; de tal forma que ele não exclui o dogmatismo, bem interpretado ou devidamente retificado. A própria doutrina de Spinoza nos mostra, de fato, como a posição do problema moral é um modo de transformar, para poder resolver, um problema metafísico, que, sob a sua primeira forma, ficaria insolúvel. É uma necessidade imperiosa da razão, estimulada e tornada mais premente ainda pelas necessidades da ação prática, ou seja, levar todo saber à unidade. Então, não é de surpreender que a razão procure explicar a passagem do Infinito ao finito. Mas entre esses dois termos extremos ela não consegue jamais encontrar o meio-termo indispensável: o intervalo sempre aparece e não pode jamais ser preenchido. Portanto, qual é o seu supremo recurso? É, não podendo descer do Infinito ao finito, subir do finito ao Infinito; é afirmar, alterando a ordem dos termos, a realização prática daquilo que é teoricamente inexplicável e mostrar no ser relativo a tendência necessária que o impulsiona a se unir ao Absoluto.[26]

A essa solução, que todo sistema deve aceitar, Spinoza impôs a forma particular de seu próprio sistema. A seus olhos, o finito só se distingue do Infinito pelos seus limites, portanto, é só um modo particular. E como o Absoluto é essencialmente um objeto, a moralidade só pode ser uma abnegação, uma aniquilação do sujeito. Então, é a causalidade de uma potência alheia que Spinoza adota contra o eu. Ele só pode, portanto, dar ao homem este conselho: diante da causalidade absoluta, mantenha-se num estado absoluto de passividade.[27]

De onde vem que, apesar dessa inevitável conclusão, a *Ética* spinozista encerra concepções tão elevadas e tão puras? É que o pensamento de Spinoza, que não conseguiu se libertar de formas objetivas inadequadas, supõe constantemente e coloca perpetuamente em jogo, involuntariamente, esta atividade interna do su-

---

[25] *Philosophische Briefe*, I, p. 307 e seg.
[26] Ibid., p. 314-315.
[27] Ibid., p. 315-316.

jeito que ele sacrifica, tendenciosamente, à Substância. Existe, de fato, no âmago de nós mesmos uma faculdade maravilhosa, pela qual escapamos da duração para pensar o Eterno. É graças a essa faculdade que consideramos as coisas sensíveis simples aparências e que nós elevamos, infinitamente, um mundo imutável acima delas, que é o mundo da verdade. O ato pelo qual concebemos esse mundo é uma intuição, mas que difere da intuição empírica, que, ao invés de ser determinada pelos objetos, se determina absolutamente ela mesma. É uma intuição intelectual, ou seja, livre. Ora, como vimos, só existe o Eu puro capaz de tal intuição. Portanto, quando afirmamos a existência de um mundo superior ao mundo sensível, afirmamos assim implicitamente ou explicitamente a ação absoluta do Eu.[28] Mas existe, por outro lado, na inteligência humana uma tendência profunda a representar tudo sob uma forma objetiva, mesmo aquilo que por natureza não pode ser representado dessa forma. É essa tendência que impulsionou os místicos de todos os tempos a dar uma figura e um corpo às suas concepções mais íntimas. É essa tendência, por exemplo, que engendrou a ficção de um estado de pura felicidade que teria precedido o estado atual da alma, e que a alma teria caído depois de um pecado. Assim, a inteligência tende a se representar, como realizadas nas coisas, as ideias que exprimem sua atividade interna.[29] E então, quando experimentamos profundamente a virtude dessas ideias, imaginamos que nos subordinamos às coisas correspondentes. Então, quando agimos por si, cremos agir sob a influência de uma potência superior e alheia. Mas o benefício da ação interior e autônoma é tão bom que torna suportável e leve a crença, apesar de deprimente, que a acompanha. O místico não teria certamente a força de se acreditar anulado em Deus, se ele próprio não se experimentasse nessa anulação.[30] E é exatamente essa necessidade de se afirmar, precisamente quando se pretende se negar, que Spinoza sustenta em sua doutrina. Já foi assinalado que Spinoza transporta para a Substância, para fazer o Absoluto, as próprias características do Eu. Essa observação se verifica novamente pela sua

---

[28] *Philosophische Briefe*, I, p. 318.
[29] Ibid., p. 317-321.
[30] Ibid., p. 319.

moral. Quando Spinoza afirma que a intuição intelectual é o mais alto grau do saber, a própria vida do espírito, de onde ele faz surgir essa ideia senão da pura afirmação de si? A fim de melhor negar o sujeito sensível, ele o submete à força ao Objeto absoluto; mas essa noção do Objeto absoluto é tão bem determinada pelo Sujeito absoluto e lhe resta tão intimamente unida, que certas expressões do sistema lhe traem a origem: *Mens nostra, quatenus se sub aeternitatis specie cognoscit, aeternus Dei cognitionem necessario habet, scitque se in Deo esse et per Deum concipi.*[31]

Eis por que a *Ética* de Spinoza, apesar do dogmatismo que a recobre, é de uma tão grande verdade. Vamos nos lembrar da proposição que resume o sistema: a beatitude não é o preço da virtude, mas a própria virtude. Nesse estado supremo, que é o estado de liberdade por excelência, toda oposição desaparece, toda luta cessa, mesmo a luta mais nobre, a luta pelo bem; e vemos se resolver a antinomia que a sensibilidade e a razão suscitam inevitavelmente entre a felicidade e a moralidade. É que, de fato, a moralidade, no sentido ordinário da palavra, não é o que existe de mais elevado; ela é só uma aproximação deste ato absoluto, que não depende de nenhuma lei e que só é determinado pela sua própria essência. É que, por outro lado, a felicidade propriamente dita não é aquilo que existe de melhor; ela é uma simples aproximação deste estado de beatitude no qual não existe mais o sensível. Em outras palavras, a mais alta ideia que podemos conceber é aquela do Ser que se basta plenamente, no qual toda passividade desapareceu e cuja ação é radicalmente livre porque ela exprime plenamente e imediatamente sua natureza íntima. E é essa ideia que Descartes e Spinoza colocaram em evidência quando eles sustentaram que o Ser infinito opera por si, não pela contemplação de um modelo prévio de verdade; que o Absoluto repugna toda noção de lei moral ou de dever que colocaria nele, simultaneamente, a possibilidade do bem e a possibilidade do mal. A verdadeira liberdade exclui de si todas as oposições imaginadas pelo entendimento finito, assim como a contingência

---

[31] *Philosophische Briefe*, I, p. 317.

do ato que faria triunfar arbitrariamente um desses termos opostos. Lá onde está a liberdade, lá está necessariamente a beatitude.[32]

A pura identidade é então o caráter constitutivo do Absoluto. É apenas provisoriamente, em relação ao ser finito, que a lei da atividade humana simula uma forma sintética; ela exprime assim uma união entre a moralidade e a felicidade, que não é nem imediata nem definitivamente dada, e que tem o seu princípio na unidade absoluta entre a liberdade e a beatitude: ela tende à forma analítica, que é a sua justificação última. Logo, o acordo é perfeito entre o dogmatismo e o criticismo bem compreendidos. A base desses dois sistemas é a afirmação da identidade absoluta. Mas o criticismo afirma imediatamente a identidade do sujeito, e só afirma mediatamente o acordo do sujeito com o objeto. O dogmatismo, ao contrário, afirma imediatamente a identidade do objeto, e só afirma mediatamente o acordo do sujeito com o objeto. Segundo o dogmatismo, quando eu me inclino diretamente à felicidade, à harmonia entre o meu eu e o mundo objetivo, eu me inclino indiretamente à identidade do meu ser, e assim eu ajo moralmente. Segundo o criticismo, quando eu ajo moralmente e me inclino assim diretamente à identidade de meu ser, eu me inclino indiretamente à harmonia entre o meu eu e o mundo objetivo, ou seja, à felicidade. Nos dois sistemas, a moralidade e a felicidade são dois princípios distintos que eu só posso primeiro unir sinteticamente, mas que devem cessar de se distinguir e só constituir uma tese idêntica no Absoluto.[33]

Assim são os dois sistemas que no Absoluto são uma mesma tese. No Absoluto só pode haver um sistema, dado que no Absoluto cessam todas as oposições. O dogmatismo cessa de contradizer o criticismo no momento em que nós nos fazemos uno com o Objeto absoluto, e o criticismo cessa de contradizer o dogmatismo no momento em que o Sujeito, na sua pureza, não se opõe mais ao objeto. Todo realismo completo é idealismo, como todo idealismo completo é realismo. Que significa, de fato, esta expressão corrente de

---

[32] *Philosophische Briefe*, I, p. 322-324.
[33] Ibid., p. 327-328.

que Deus vê as coisas em si, significa apenas que em Deus está o princípio do realismo perfeito? Mas a partir do momento em que queremos apreender o realismo na sua forma perfeita, nós o transformamos necessariamente em idealismo. Porque o realismo só conquista sua própria perfeição quando cessa de tomar os objetos por objetos, e de opô-los como tais ao sujeito; quando ele reconhece a identidade entre a coisa conhecida e o conhecimento. Também o realismo, segundo o qual Deus conhece as coisas em si, vem se confundir com o idealismo, segundo o qual o Absoluto coloca a si mesmo e a sua própria realidade.[34] Portanto, os conceitos, em aparência opostos, pelos quais caracterizamos a ação divina, são entre si perfeitamente convertíveis, e esse é o verdadeiro sentido, por muito tempo ignorado, da teoria spinozista da livre necessidade.[35]

É assim que, nos seus primeiros escritos, Schelling já tende a transformar o idealismo de Fichte e a incliná-lo em direção à ontologia de Spinoza. Ele afirma o Eu absoluto, mas não apenas como o ideal que deve ser, mas como o verdadeiro Ser em si que se manifesta em toda existência.[36] Ele o considera, não apenas como a forma suprema de todo saber e de toda ação, mas ainda como a Potência infinita, naturalmente eficaz. Ele diz expressamente que a causalidade da Liberdade deve necessariamente se revelar por uma causalidade física,[37] e é sobre esse atributo da Liberdade que ele funda sua dedução do direito. Ele acredita, assim como o kantismo, que essa expressão da Liberdade na natureza é

---

[34] Spinoza bem viu, segundo Schelling, que o Absoluto devia ser, não demonstrado, mas imediatamente afirmado. A única prova legítima da existência de Deus é o argumento ontológico, porque ela não é uma prova, propriamente dita, mas uma simples e imediata afirmação. Como provar, de fato, aquilo que por sua natureza está fora de toda relação? Assim cai a objeção daqueles que afirmam que as proposições iniciais da *Ética* não são demonstráveis e que elas só poderiam dever se produzir no final do sistema, como conclusões preparadas e verificadas pelo estudo da realidade; essa objeção deriva apenas da incapacidade de conceber o Ser puro fora da existência empírica. É ainda por causa dessa incapacidade que frequentemente atribuem a Spinoza aquilo que ele rejeita expressamente, a saber, a identidade entre Deus e os seres dados. Não é segundo a aparência vulgar, é segundo o pensamento de Platão e de Descartes que Spinoza concebe acima das coisas sensíveis o Ser puro que é verdadeiramente por si. *Philosophische Briefe*, I, p. 308-309, nota.
[35] Ibid., p. 330 e seg.
[36] *Neue Deduktion des Naturrechts* (1795), I, p. 247.
[37] Ibid., p. 248.

aquilo que chamamos de vida;[38] mas ele acredita também, ao contrário de Kant, que essa expressão não é assim apenas pelo juízo reflexivo, que ela é por outro lado uma realidade fundada no Absoluto, que, portanto, a natureza é verdadeiramente um produto da Liberdade. Aos seus olhos, a filosofia de Kant é evidentemente apenas o ponto de partida de uma nova metafísica, na qual o sujeito e o objeto, ao invés de serem absolutamente distintos, como querem os pseudokantianos, são levados à unidade. O dualismo entre a matéria e a forma, se ele é tido como irredutível, torna o conhecimento inexplicável para sempre, e a antiga definição, segundo a qual o verdadeiro é o acordo do pensamento com o seu objeto, só pode fazer sentido se existir um ato primitivo no qual a razão e o ser são imediatamente unidos.[39] O eu, ou o espírito, é aquilo que funde todo saber. Ora, se ele é assim, ele não se limita a contemplar aquilo que lhe é imposto de fora: é ele próprio que se cria seu objeto; ele só tem a faculdade de conhecer porque tem a faculdade de produzir, ele toma consciência de seu poder gerador todas as vezes que ele se separa por abstração da coisa dada para intuir em si a razão verdadeira, toda interior. O espírito em si é o Infinito; mas, enquanto ele trabalha a ser por si, ele transforma sua ação em objeto, e assim ele se torna finito. Existe então uma lei interna do espírito, segundo a qual ele deve traduzir, externamente, em formas finitas o infinito que é a sua essência.[40] O espírito é então ao mesmo tempo o verdadeiro e o real, a razão e o ser. É a essa conclusão que deve chegar o kantismo bem interpretado. Ao estabelecer que as leis dos fenômenos não se distinguem das formas do entendimento, o kantismo preparou as vias para a doutrina, segundo a qual a natureza é o próprio espírito criador na infinidade de suas produções e de suas reproduções.[41] Ao sustentar, por outro lado, que nossas ações empíricas, moralmente consideradas, exigem uma liberdade transcendental, ele próprio tendeu à afirmação de

---

[38] SCHELLING. *Neue Deduktion des Naturrechts* (1795), I, p. 249.
[39] SCHELLING. *Abhandlungen zur Erläuterung des Idealismus der Wissenschaftslehre* (1796-97), I, p. 365-366.
[40] *Zur Erläuterung des Idealismus*, I, p. 366-368, 382.
[41] Ibid., p. 360.

um princípio no qual possibilidade e realidade, ideal e real são um, em virtude de uma harmonia preestabelecida.[42] Então, a evolução da natureza é o desenvolvimento da potência criativa do eu, e a marcha das coisas é no fundo uma história da consciência. A filosofia só deverá parar quando ela tiver conduzido o espírito ao objetivo de seu esforço, à consciência de si. Ela deve segui-lo de intuição em intuição, de produto em produto, até o ponto onde, se separando de todo objeto dado e se apreendendo em sua pura espontaneidade, o espírito só perceba a si mesmo e só afirme a sua ação absoluta.[43]

Ora, essa ação absoluta é propriamente o querer. É no querer que o espírito tem uma intuição intelectual de si.[44] O querer é a identidade original entre o saber teórico e a atividade prática, graças a ele, o pensamento se transforma em afecção e a afecção em pensamento, graças a ele, o ideal e o real se convertem um no outro.[45] Aquilo que Schelling, sob a influência do idealismo, chama aqui de querer, o que é no fundo senão esta tendência essencial de perseverar no ser, que é, segundo Spinoza, a ligação de todas as nossas faculdades, que coloca nosso ser nele mesmo, que é a unidade íntima entre a vontade e o entendimento? Em todos os casos, não existe para Schelling uma lei moral superior ou anterior ao querer,[46] como também não existe para Spinoza uma fórmula imperativa que possa limitar a tendência de perseverar no ser. A lei moral só exprime a subordinação da vontade empírica ao querer absoluto. É do querer absoluto que deriva toda lei, e podemos dizer que a moralidade consiste em excluir da posição do querer toda limitação e toda passividade.[47] Se o espírito que deve ser por si se manifesta sob a forma do finito, é pela negação do finito como tal que ele se reconquista e engendra toda a vida moral.

---

[42] *Zur Erläuterung des Idealismus*, I, p. 397.
[43] Ibid., p. 382-383.
[44] Ibid., p. 401.
[45] Ibid., p. 413-414.
[46] Ibid., p. 429.
[47] Ibid., p. 440-441.

II

Assim, se esboça cada vez mais claramente nas primeiras obras de Schelling uma doutrina essencialmente monista, constituída pela adequação imediata entre sujeito e objeto, destinada a suprimir o dualismo entre o dever e o Ser, e afirmar o Ser puro como a razão suprema da qual deriva necessariamente e à qual deve necessariamente se ligar, para ser verdadeiramente moral, a existência empírica do indivíduo. Ela partiu primeiro do Eu puro, e voltou pouco a pouco a tratar do real, não como uma simples aparência, mas como uma produção efetiva do espírito. Ela vai agora, por um novo esforço de lógica, mostrar que a própria produção do real é adequada ao seu princípio e, portanto, autônoma, e dar, dessa maneira, o sistema das coisas como base ao saber. Ela se apresenta ao mesmo tempo como *Filosofia da natureza* e como *Idealismo transcendental*, e antes mesmo de ter chegado ao sistema da Identidade que ela prepara, ela faz do Universo o lugar necessário da ação prática.

Aquilo que caracteriza antes de tudo este segundo período da filosofia de Schelling é a afirmação da realidade da natureza. Contudo, Schelling evita retornar ao realismo dogmático. Admitir, de fato, com o realismo dogmático que a natureza é substancialmente distinta do espírito é renunciar a explicar como o espírito pode entrar em relação com ela. Compreendemos que uma coisa age sobre uma coisa, não que ela aja sobre este ser livre que é o eu. Se eu fosse apenas um objeto como qualquer outro, eu ficaria para sempre absorvido pelo mecanismo universal, e seria impotente em conceber a pergunta que coloco: como pode se produzir em mim a representação dos objetos?[48] Mais ainda, o realismo dogmático, supondo que tudo existe originariamente fora de nós, se empenha em dar conta de tudo pelas causas exteriores. Pode, a rigor, cumprir seu compromisso contanto que se mova na série de antecedentes e consequentes; mas a partir do momento que ele chega à natureza organizada, ele não pode mais dar como explicação suficiente a relação de causalidade mecânica.

---

[48] SCHELLING. *Ideen zu einer Philosophie der Natur* (1797), *Einleitung*, II, p. 15-18.

É, de fato, o caráter daquilo que é organizado de se engendrar a si mesmo, de ser sua causa e seu efeito, de se manter e de se reproduzir. Enquanto nos objetos inorgânicos as partes só têm uma existência abstrata, elas têm nos seres vivos uma existência real, que é determinada pela ideia do todo. Aqui a relação das partes ao todo, longe de ser arbitrária e fictícia, é necessária e objetiva. Cada ser vivo é uma ideia que se realiza em si e por si. Em face da vida, que ele é forçado a explicar, o dogmático é abandonado pelo seu sistema.[49]

É necessário, então, reconhecer com Kant a insuficiência da concepção mecânica e a necessidade de uma explicação teleológica das coisas. Mas sabemos a que Kant reduz a noção de finalidade.[50] Kant a considera uma máxima necessária do juízo reflexivo; mas ele recusa a fazer disso um princípio de determinação objetivo, e ele quer assim, sempre tentando satisfazer as exigências do pensamento, eliminar o Hilozoismo,[51] que é, seguindo sua máxima expressão, "a morte de toda verdadeira ciência da natureza".[52] Schelling derruba as barreiras levantadas por Kant à extensão do princípio de finalidade. Que a finalidade seja uma vista do entendimento segue-se que ela só seja uma vista do entendimento? Que se diga então por que a ideia de finalidade se impõe necessariamente ao espírito quando se trata de explicar o ser vivo. Quando o espírito impõe às coisas uma forma de unidade que elas não manifestam por si, ele tem a consciência de que sua ação é voluntária e arbitrária; mas quando ele afirma a unidade de finalidade, própria ao ser vivo, ele concebe que essa unidade de finalidade faz mais do que traduzir suas disposições subjetivas, que ela é uma propriedade objetiva do próprio ser.[53] Somos nós, afirmamos, que transportamos às coisas as formas que elas apresentam. Mas que podem ser as coisas sem

---

[49] *Ideen zu einer Philosophie der Natur* (1797), *Einleitung*, II, p. 40-41.
[50] Ver supra, Segunda Parte, capítulo II, 3 (A ética spinozista).
[51] Doutrina filosófica atribuída à física dos pré-socráticos ou aos estoicos. Segundo essa doutrina, toda a matéria do universo é viva e o cosmo é um organismo material completo, com características de um organismo vivo, como sensibilidade e consciência. (N. do T.)
[52] Kant, *Premiers principes métaphysiques de la science de la nature*, tradução francesa de *Andler et Chavannes*, p. 77.
[53] *Ideen zu einer Philosophie der Natur* (1797), II, p. 42-43.

as formas ou as formas sem as coisas? Aqui sobretudo, no ser vivo, a realidade e a ideia estão indivisivelmente unidas. O defeito da crítica kantiana é que ela não se libertou plenamente do realismo empírico que ela quer combater. Ao invés de forçar seu idealismo até a afirmação da unidade absoluta, ela se limita a estabelecer a unidade sintética dos fatos de experiência. Por isso que para Kant a concepção do saber e da moralidade exprime uma verdade unicamente humana e relativa, não a verdade em si. Mas a partir do momento que a natureza é o objeto necessário do espírito, é igualmente impossível tanto lhe recusar uma existência própria quanto colocar essa existência fora do espírito; de tal maneira que a unidade teleológica do universo, para ser verdadeiramente fundada, deve se resolver e se concluir em uma unidade ontológica.

Ora, essa unidade ontológica, que é a verdade primeira, é também no universo a realidade primitiva. No estado de natureza o homem apenas é uno consigo e com o mundo que o rodeia. Mas como a essência do espírito é a liberdade, o homem quis se libertar das condições naturais de existência, e inaugurou com a reflexão a filosofia propriamente dita. Ele diferenciou o objeto da intuição, o conceito da imagem, e ele assim cindiu a si próprio. Contudo, a reflexão que em todas as coisas diferencia e desune só poderia ter um valor negativo e só deve desempenhar o papel de meio; transformada em ato definitivo, tomada como fim, ela se torna uma doença do espírito; ela é o mal que ataca a vida na sua raiz e a impede de se expandir. Normalmente ela deve trabalhar para se superar, para afirmar pela liberdade aquilo que já está implicado na natureza. De modo que o saber abstrato é estéril e funesto; ele não engendra nada e ele mata; ele é no universo o princípio de toda dualidade e, portanto, de todo mal; o único saber completo é aquele que suprime os contrários e que está indivisivelmente unido à ação.[54]

É necessário, no interesse da prática assim como no interesse da ciência, afirmar a unidade absoluta do Ser. Spinoza é o primeiro que, com plena consciência, reconheceu essa unidade quando ele considerou o pensamento e a

---

[54] *Ideen zu einer Philosophie der Natur* (1797), *Einleitung*, II, p. 12-15.

extensão como simples modificações de um mesmo Princípio. O golpe de audácia de seu sistema foi de conceber imediatamente o finito no Infinito e de só concebê-lo no Infinito.[55] Spinoza teve o mérito de rejeitar imediatamente a oposição estabelecida entre as ideias e as coisas. Mas, ao invés de procurar no mais profundo da consciência de si a razão que faz aparecer em nós dois mundos, o mundo ideal e o mundo real, ao invés de explicar como o Infinito e o finito, originariamente unidos, se separaram um do outro, ele colocou o Infinito fora de nós e ele transportou para esse Infinito, com afecções e modificações, uma série infinita de coisas finitas. Ora, como posso tomar consciência dessas afecções e dessas modificações? É o que no sistema de Spinoza permanece inexplicável, e é o que permite compreender o sistema de Leibniz.[56]

O conceito de individualidade sobre o qual se funda a doutrina leibniziana permite de fato colocar, não mais num Ser exterior a mim, mas no meu próprio ser, a unidade primitiva entre o Infinito e o finito. O fato de que existe em mim uma série de percepções sucessivas prova que eu sou um ser finito; mas o fato de que essa série é sem fim prova que o Infinito está imediatamente presente no meu ser. Como sujeito que percebe, eu sou essencialmente o ato pelo qual o Infinito se realiza sob as formas inumeráveis do finito. Então é no desenvolvimento dessas formas, na sua gênese, que devo considerar as representações cujo sistema constitui a natureza.[57] Contudo, para que a natureza assim compreendida tenha uma realidade objetiva, não é suficiente dizer que existe uma harmonia preestabelecida entre as nossas percepções e aquelas dos outros seres; porque essa harmonia é não uma explicação, mas o próprio fato a ser explicado. Que se a levamos a um Ser exterior, operando sobre o mundo por uma espécie de arte transcendente, cessamos de colocar no espírito o princípio de seu ser e de sua ciência, e só supomos entre ele e a natureza uma ligação contingente e frágil.[58] É necessário então admitir que essa harmonia é

---

[55] *Ideen zu einer Philosophie der Natur* (1797), *Einleitung*, II, p. 20.
[56] Ibid., p. 35-37.
[57] Ibid., p. 37-38.
[58] Ibid., p. 38-39.

identidade, que a história da natureza é a própria história do espírito. A natureza é o espírito visível, o espírito é a natureza invisível.[59] A inteligência é em si essencialmente criadora; ela é, ou cegamente e sem consciência, quando produz os objetos reais; ou livremente e com consciência, quando ela produz as ideias. Nas obras da natureza assim como naquelas do gênio humano entram sempre simultaneamente o ideal e o real.[60]

Então, a Natureza é diferente de um conjunto de aparências; ela tem uma verdadeira realidade, uma realidade absoluta. Ela é autônoma, de modo que as leis que a regem, longe de lhe ser impostas de fora, derivam de sua própria forma, e ela se basta a si mesma, de modo que tudo aquilo que acontece nela se explica pelos princípios que a constituem.[61] Não basta dizer que a natureza é o objeto, e o espírito é o sujeito; a natureza é como o espírito, simultaneamente sujeito e objeto, atividade produtora ideal (*natura naturans*) e sistema de produtos reais (*natura naturata*).[62] O problema essencial da Filosofia da natureza consiste em pesquisar como a atividade produtora da natureza se determina em produtos. Suponhamos que a atividade produtora da natureza se propague imediatamente por inteiro; ela se manifestará então por uma evolução de velocidade infinita, e ela não oferecerá nada de compreensível à intuição: ela não poderá ser conhecida, o que é contrário ao conceito da natureza. Mas suponhamos, por outro lado, que sua atividade se esgote em um produto que a paralisa para sempre; então ela cessará de ser infinita para ser apenas um ato finito. É preciso, portanto, admitir que a natureza se determina e explicar como essa determinação não é uma negação essencial. É necessário achar na natureza a razão da dupla tendência que ela tem de se propagar e de se determinar. Diremos então, por um lado, que todo produto natural é como um momento de parada na expansão de sua atividade produtora; mas nós observamos além disso que todo produto natural exprime à sua maneira aquilo que

---

[59] *Ideen zu einer Philosophie der Natur* (1797), Einleitung, II, p. 56.
[60] *Einleitung zu dem Entwurf eines Systems der Naturphilosophie* (1799), III, p. 271.
[61] *Erster Entwurf eines Systems der Naturphilosophie* (1799), III, p. 17.
[62] *Einleitung zu dem Entwurf eines Systems der Naturphilosophie* (1799), III, p. 284.

existe de infinito nessa atividade, dado que é capaz de produzir, por sua vez, outros seres e assim de se reproduzir ao infinito. E assim, enquanto a natureza criadora se concentra por um tempo nele, ele se torna o princípio de uma evolução sem fim. Segundo um pensamento que Schelling retomará mais tarde com um sentido teológico, existe um Produto essencial e primitivo, adequado à Potência produtora da Natureza, e é desse Produto essencial e primitivo que os produtos particulares são expressões singulares e formas sucessivas. A Natureza é então enquanto objeto um devir infinito, que exprime na experiência o infinito ideal que ela é enquanto sujeito.[63] Assim é, agora aplicada ao interior da Natureza considerada como existente em si, a dedução, que para Fichte ligava a natureza, como coisa exterior, ao Eu interior. O princípio supremo da Filosofia da natureza é que existe uma Natureza *a priori*, uma Realidade que é e que é conhecida em si e por si, abstração feita de todo elemento espiritual ou subjetivo.[64] A filosofia da natureza é então como o "spinozismo da Física".[65]

Ela se basta tão bem a si mesma como ciência que ela poderia ser tomada pela ciência completa, se o espírito não fosse obrigado, pelo interesse prático, de se afirmar como inteligência.[66] Contudo, essa obrigação não outorga ao sistema, que ela determina, uma superioridade qualquer: a filosofia da inteligência e a filosofia da natureza têm, do ponto de vista teórico, um igual valor; e é indiferente, quando se trata do conhecimento, de partir dessa suposição: *a natureza é*, ou dessa outra: *eu penso*. Existe, de fato, entre a natureza e a inteligência um paralelismo tão rigoroso que em muitos aspectos a filosofia da inteligência só pode ser uma contraprova da filosofia da natureza.[67] A filosofia da inteligência é idealista, assim como a filosofia da natureza é dinamista; ela explica as determinações sucessivas do saber pelas condições transcendentais da ação do eu, assim como a filosofia da natureza explica os diversos fenô-

---

[63] *Erster Entwurf eines Systems der Naturphilosophie* (1799), III, p. 12-20. — *Einleitung zu dem Entwurf eines Systems der Naturphilosophie* (1799), III, p. 285-292.
[64] *Einleitung zu dem Entwurf eines Systems der Naturphilosophie* (1799), III, p. 279.
[65] Ibid., p. 273.
[66] SCHELLING. *System des transcendentalen Idealismus* (1800), *Vorrede*, III, p. 332.
[67] Ibid., p. 331.

menos pelas condições originárias do desenvolvimento da matéria.⁶⁸ E assim como a filosofia da natureza extrai o idealismo do realismo espiritualizando as leis das coisas que aparecem, então, como as leis do espírito; também a filosofia da inteligência extrai o realismo do idealismo materializando as leis do espírito que aparecem como as leis das coisas.⁶⁹

O princípio do saber deve então ser tão absoluto quanto o princípio do Ser. Ora, um princípio só pode ser absoluto se ele exprimir uma identidade pura, se ele levar à fórmula analítica A = A; mas, por outro lado, um princípio só pode ser aplicado ao real se ele é sintético, mas então deixa de ser absoluto. Como superar essa contradição? Como colocar um princípio que seja absoluto e que se aplica ao real?

Observemos que a fórmula A = A supõe um pensamento que se afirma, que se torna seu próprio objeto. Ora, o ato pelo qual o pensamento se torna seu próprio objeto só pode ser na consciência; ele é essencialmente o Eu. O que dizer, então, senão que o Absoluto é o Eu, dado que sem o Eu nada é pensado e que o Eu é realmente desde que ele próprio se coloque. A afirmação do Eu pelo Eu é uma afirmação absoluta como uma fórmula analítica, e real como uma síntese. E como essa afirmação é primeira, ou seja, livre, ela se apreende ao mesmo tempo que se produz: ela é uma intuição intelectual. A intuição intelectual é para a filosofia transcendental aquilo que a intuição do espaço é para a geometria: ela é a condição constante, subentendida ou admitida, de todas as suas deduções.⁷⁰

Assim se estabelece que o Eu é ao mesmo tempo sujeito e objeto, mas não é demonstrado como, no Eu, o sujeito pode e deve necessariamente determinar o objeto. Ora, se o Eu é colocado primeiro em si, independentemente de todo objeto, de toda coisa exterior finita, então ele é atividade infinita. Mas se ele só fosse pura atividade infinita, ele seria eternamente em si sem jamais ser por si; a fim de ser por si, ele deve colocar limites à sua potência de produzir, ou seja,

---

⁶⁸ *System des transcendentalen Idealismus* (1800), Vorrede, III, p. 450-454 — *Allgemeine Deduktion des dynamischen Processes* (1800), IV, p. 75-76.
⁶⁹ *System des transcendentalen Idealismus*, III, p. 352.
⁷⁰ Ibid., p. 361 e seg.

ele deve suscitar atos determinados que circunscrevem tudo, exprimindo sua infinita virtualidade. O spinozismo afirma muito acertadamente que a limitação do Eu tem sua razão na objetividade, que é indispensável a ele de afirmar; mas considerando essa objetividade como absoluta, ele é incapaz de explicar a intuição que o Eu tem de si mesmo nessa limitação. É precisamente nessa intuição de si mesmo que o Eu, do infinito que é idealmente, se torna finito realmente. Não seria um infinito verdadeiro se fosse simplesmente em si: ora, ele só pode ser em si, e se perceber ele mesmo, se determinando nos estados finitos. Mas essa contradição entre o Eu infinito e o eu finito só se resolve se no ato que o rende finito o Eu se percebe como um dever infinito; se, portanto, cada um de seus produtos particulares, sendo ele mesmo produtivo, é o princípio de uma evolução sem fim; se, em outras palavras, o limite de sua ação é provisório e pode ser, por sua própria ação, indefinidamente recuado.[71]

Seguir a inteligência em cada uma de suas "épocas", ou seja, em cada um dos atos que ela realiza; primeiro para se determinar, e depois para se abstrair dessa determinação, se elevar assim da sensação primitiva à intuição produtiva, da intuição produtiva à reflexão, da reflexão à vontade absoluta: tal é o ofício da filosofia teórica.[72] A filosofia teórica é apenas, sob outro nome, outra forma da filosofia da natureza. Aquilo que a filosofia da natureza justifica como manifestação necessária da natureza, a filosofia teórica o justifica como intuição necessária da inteligência.[73] A Natureza não é, então, como quer o idealismo exclusivo de Fichte, um puro objeto de consciência, um simples fenômeno; a Natureza tem em si uma realidade que não só é independente da consciência, mas que ainda a condiciona e a determina no seu desenvolvimento. Existe um idealismo da Natureza e um idealismo do Eu; é o idealismo da natureza que é o primitivo, o idealismo do Eu que é o derivado. É preciso dissipar a ilusão segundo a qual a natureza é subordinada ao Eu como o real é subordinado ao ideal: na Natureza assim como no Eu existe um *ideal real*. Eis por que a

---

[71] *System des transcendentalen Idealismus* (1800), Vorrede, III, p. 377-387.
[72] Ibid., p. 388-527.
[73] *Über den wahren Begriff der Naturphilosophie* (1801), IV, p. 92.

existência da natureza não começa com a entrada dos fenômenos em uma consciência.[74] Então, a filosofia teórica de Schelling se baseia no fundo sobre o princípio enunciado por Spinoza, a saber, que a ordem e a conexão das ideias são iguais à ordem e à conexão das coisas. As ideias e as coisas constituem, na verdade, um só universo; o que chamamos nesse universo de natureza é a própria inteligência na sua atividade consciente e cega; aquilo que chamamos inteligência é a própria natureza em sua atividade consciente e livre. Donde se segue que o nosso conhecimento é simultaneamente *a priori* e *a posteriori*: *a priori*, enquanto ela não pode haver sua razão em uma forma alheia à inteligência e que ela deriva totalmente da inteligência; *a posteriori*, enquanto ela está fundada sobre objetos que se produzem sem nosso consentimento e que se impõem a nós em virtude de uma experiência física.[75] A filosofia teórica consiste em mostrar como, em virtude das leis essenciais da inteligência, as coisas determinam as ideias; a filosofia prática consiste em mostrar como, em virtude dessas mesmas leis, as ideias determinam as coisas.

A filosofia prática começa então onde termina a filosofia teórica, ou seja, no momento quando, por uma abstração suprema, o Eu se afasta do objeto inconscientemente produzido para se afirmar na sua pura atividade; doravante, ao invés de sofrer os seus estados, ele os engendra; ele é então essencialmente vontade, e vontade livre, já que a ação pela qual ele se constitui não depende de uma matéria anterior e alheia. Porém, o Eu não pode querer sem querer um objeto determinado; uma vontade simplesmente formal permaneceria improdutiva, e é exatamente próprio do Eu produzir. É preciso então admitir que a vontade se dirige a um objeto que a realiza e a exprime externamente. Mas, então, existe uma contradição profunda entre a consciência da espontaneidade infinita que está envelopada no querer e a matéria finita à qual o querer se aplica, ou ainda, entre a liberdade que o querer supõe e a necessidade inerente ao objeto a que ele se aplica. Essa contradição só pode ser resolvida na condição

---

[74] *Allgemeine Deduktion des dynamischen Processes*, IV, p. 76-77 — *Über den wahren Begrif der Naturphilosophie*, IV, p. 89 e seg.
[75] *System des transcendentalen Idealismus*, III, p. 527-531.

de compreender que o Eu é uma atividade que se determina conscientemente segundo certos fins e que é capaz de transformar os objetos segundo os fins que concebe. Assim, o Eu tende a idealizar as coisas, e essa tendência, que é sua própria essência, se manifesta como uma inclinação natural com uma causalidade própria. Assim, aquilo que é originariamente do sujeito passa, de certa maneira, para o objeto. Mas como essa passagem é possível? Se supomos o mundo e o Eu absolutamente independentes um do outro, ou simplesmente unidos entre si por uma harmonia preestabelecida: a relação entre o sujeito e o objeto permanecerá eternamente ininteligível. Se admitimos, ao contrário, a identidade entre o mundo e o Eu, é possível conceber que todo estado do mundo é um ato do Eu e que todo ato do Eu é um estado do mundo. O problema agora é pesquisar como a inteligência que age determina a inteligência que percebe. Mas, como preconiza o idealismo transcendental, a percepção que temos dos objetos é positivamente uma ação, enquanto, por um lado, a ação só é tal sob a condição de se converter em um objeto de percepção. Do objeto percebido ao sujeito que age, existe um desenvolvimento inteligível sem solução de continuidade. Então, no fundo, é o próprio Eu que aparece para si mesmo no universo, e que se determina no fundo da consciência. A proposição Eu = Eu significa que o eu que conhece é o mesmo que o eu que sou; e quando eu digo que tenho a intuição de mim-mesmo como agindo livremente, eu exprimo em outras palavras que eu ajo objetivamente. Levada ao seu princípio, plenamente compreendida, a necessidade, longe de contradizer a liberdade, a confirma e a traduz.[76]

Contudo, essa liberdade que se manifesta primeiro como inclinação natural seria alienada, e mesmo desapareceria, se a inclinação a esgotasse por inteiro. Ela seria simplesmente uma causalidade física que produziria cegamente seu efeito, e a consciência seria então inexplicável. Mas a essência da vontade não é apenas se determinar por um objeto exterior; ela é antes de tudo se determinar por si. Daí a ideia de um *dever*, que impõe ao eu a obrigação de se dar como

---

[76] *System des transcendentalen Idealismus*, III, p. 532-563.

único objeto a si mesmo; daí o significado profundo do imperativo categórico. Eu devo querer aquilo que querem todas as inteligências; ora, todas as inteligências só podem querer sua própria determinação por elas mesmas. Minha vontade é então essencialmente constituída, por um lado, por uma atividade objetiva que se dirige para fora, que é o instinto natural, que tende à felicidade; por outro lado, por uma atividade ideal que deve se afirmar como pura vontade. O conflito entre as duas atividades na consciência só pode ser resolvido por um ato de livre-arbítrio, ou seja, pelo ato de uma potência que seja capaz de me fazer aquilo que eu devo ser. Assim, a liberdade toma na consciência a forma de um livre-arbítrio. Mas vemos daí que o livre-arbítrio, como tal, não poderia ser investido de uma realidade absoluta; ele é simplesmente, assim como a lei moral e pelo fato dessa lei, a condição que suscita a ela mesma a liberdade para se realizar. O livre-arbítrio e a lei moral só têm valor na ordem das relações inferiores sobre as quais o eu se funde para se tornar objeto de si mesmo, mas do qual ele é em si radicalmente independente. É nos limites do finito que existe lugar para o livre-arbítrio e a lei moral; o Infinito, sendo a plena posição de si mesmo, não admite nem autoridade exterior à lei moral, nem a contingência irracional do livre-arbítrio.[77]

Contudo, para que a liberdade se realize, é necessário que nesta ordem do finito o acordo se estabeleça cada vez mais, entre a lei moral e as leis da natureza. Ora, parece que haveria um obstáculo invencível à eficácia material da lei moral. De fato, a lei moral, exprimindo como dever aquilo que é essencial à pura vontade e suscitando a aparição do livre-arbítrio, está em contradição com as tendências determinadas pelas inclinações individuais. Como então a lei moral poderá se impor a elas para transformá-las? A dificuldade será resolvida se existir uma potência que domine e mantenha em sintonia as inclinações individuais, e que, além disso, só se exerça conforme leis. Essa potência existe: é o direito. O estado jurídico é como uma segunda natureza onde toda causa é necessariamente seguida de seu efeito; mas é uma natureza organizada pela li-

---

[77] *System des transcendentalen Idealismus*, III, p. 563-581.

berdade, para beneficiar a liberdade. E como o direito não deve emanar da vontade arbitrária do indivíduo, ele não poderia pretender um caráter moral sem engendrar o mais odiado despotismo. Tal como ele foi, tal como ele é, ele é a obra, não do capricho, mas do conjunto das forças que constituem a história.[78]

A história, na verdade, é o progresso necessário da humanidade em direção a um estado jurídico universal onde todas as vontades poderão se desenvolver sem jamais se contrariar. Ela é para a filosofia prática aquilo que a natureza é para a filosofia teórica; a história é o sistema dos meios e dos atos pelos quais a liberdade se realiza. Ora, por isso mesmo, por um lado, parece que ela deriva do livre-arbítrio humano, parece que ela deve reconhecer o livre-arbítrio como seu Deus; mas, por outro lado, para ser inteligível, ela deve escapar do acaso, ser submissa a leis e manifestar certa ordem. Ela supõe assim constantemente unidas nela a liberdade e a necessidade. Como essa união é possível?

A relação entre liberdade e necessidade leva à relação entre consciente e inconsciente. Quando afirmamos a união entre a liberdade e a necessidade, afirmamos que a toda ação voluntária e refletida se junta, seja para contrariar, seja para favorecer os efeitos, uma ação natural e involuntária. Eis por que nós vemos frequentemente se produzir, na sequência de nossa própria ação, aquilo que não tínhamos exatamente desejado; eis por que vemos frustrar aquilo que tínhamos resolvido e preparado. Parece que uma necessidade misteriosa vem se instalar no coração de nossas decisões mais claras para conformar os resultados à ordem objetiva da história. Ora, essa necessidade que os homens sempre chamaram de nomes diversos, longe de ser a negação da liberdade, é a sua expressão real e a sua garantia, dado que ela assegura que as fantasias individuais não possam impedir de ser aquilo que verdadeiramente deve ser. A história é uma síntese objetiva na qual são resolvidas e suprimidas todas as contradições dos seres particulares; ela é uma manifestação progressiva e indefinida do Absoluto. Se o Absoluto não se revelasse na história, a liberdade não poderia se constituir objetivamente, ela só seria uma forma vazia; e, por outro lado, se o Absoluto se revelasse por inteiro

---

[78] *System des transcendentalen Idealismus*, III, p. 581-587.

num dado momento, a liberdade só seria uma ilusão, pois a onipotência atual do objeto suprimiria toda atividade subjetiva. É necessário então admitir que existe uma oposição incessantemente superada e incessantemente reproduzida entre o sujeito e o objeto, e como essa oposição deve conduzir cada vez mais a uma harmonia, é preciso reconhecer a existência de um Princípio supremo que não é em si nem o sujeito nem o objeto, mas que é a razão comum entre um e outro. Esse Princípio é a identidade absoluta, que exclui toda dualidade, que, portanto, não chega jamais à consciência, dado que é a dualidade que torna a consciência possível. É pela pureza de seu brilho que ele se preserva de nós, e é dele que emana toda luz. Ele é o ato onde todas as inteligências são apenas as potências. Ele é o mediador eterno entre o consciente e o inconsciente, entre o espírito e a natureza, entre o sujeito livre e o objeto determinado. A ele não convém nenhuma das denominações emprestadas, seja da inteligência, seja da vontade humana. É para a reflexão que ele se cinde em um ser subjetivo agindo por si, e em um ser objetivo agindo pelas leis. Não podemos dizer que ele é, se entendemos por ser a existência propriamente dita; nesse caso, ele se torna, ele se demonstra pela sua própria revelação, ele é a Potência soberana que governa todo o desenvolvimento da história, que apareceu sucessivamente como destino e como natureza, que aparecerá cada vez mais como Providência na medida em que ela se desvelará melhor à atividade subjetiva e se fará melhor aceita por ela; nesse sentido, então, Deus se torna. Mas, por outro lado, Deus é, ou seja, ele domina todo devir e toda demonstração; ele é a afirmação envolta em toda atividade, o eterno ato de fé e o eterno ato de razão.[79]

Existe então uma primitiva harmonia entre o subjetivo e o objetivo; mas falta explicar como essa harmonia se manifesta na inteligência humana. Sabemos que todo ato supõe a união entre a liberdade e a necessidade, ou seja, que subjetivamente livre, ele é objetivamente necessário, que ele é determinado ao mesmo tempo pelos fins conscientes e por um mecanismo inconsciente. Ora, essa união entre o inconsciente e o consciente já se revela na natureza viva, porque é pró-

---

[79] *System des transcendentalen Idealismus*, III, p. 587-604.

prio da natureza viva agir em virtude de forças cegas e de exprimir contudo uma finalidade que a torna inteligível. Essa unidade que a vida realiza nas coisas, a obra de arte a realiza na inteligência humana. A obra de arte supõe de fato a íntima colaboração entre a atividade intencional e a espontaneidade criativa; somente, ao invés de ir, como a natureza, do inconsciente à consciência, ela vai da consciência ao inconsciente. A obra que o artista concebe recebe de uma Potência superior a ele um impulso do qual ele não é mais senhor, e um significado que lhe escapa. É no fundo a mesma Potência que na vida estética e na vida moral leva a atividade do sujeito a um certo objeto. A arte é então a verdadeira e completa revelação; ela é o milagre irrecusável que testemunha a presença e a ação do Absoluto em nós. Suscitada pelo sentimento de uma infinita contradição entre a natureza e o espírito, ela se realiza e se conclui no sentimento de um acordo infinito. É que o gênio que a engendra é a unidade viva entre a atividade natural e a atividade espiritual: nela se combinam a reflexão a mais atenta e a espontaneidade a mais involuntária. O gênio é para a estética aquilo que o eu é para a filosofia, ou seja, o princípio supremo que jamais se torna objetivo, mas do qual deriva tudo aquilo que se manifesta objetivamente. A arte traduz a verdade que as noções do entendimento abstrato deformam e alteram; ela responde à necessidade que o espírito tem de colocar a verdade suprema acima de toda coisa dada e de se representá-la, porém, como uma coisa: a intuição estética é a intuição intelectual tornada objetiva. A concepção que Schiller se fez da vida livre no estado estético, os pontos de vista que os românticos tinham desenvolvido sobre a unidade entre a natureza e o espírito no gênio, se reencontram assim em Schelling, ao termo de seu Idealismo transcendental, expressamente levados ao sistema da identidade. A arte é, segundo Schelling, o verdadeiro e eterno órgão da filosofia: eis por que a filosofia, para se regenerar, deve se energizar nas fontes da arte e se vivificar com o contato de uma nova mitologia.[80]

Em todos os casos, a filosofia afirma e a arte exprime a unidade absoluta entre o ideal e o real, e é essa unidade que dá à vida humana seu pleno sig-

---

[80] *System des transcendentalen Idealismus*, III, p. 607-629 — Ver supra, Segunda Parte, capítulo IV (Schiller e Goethe) e o capítulo V (Novalis e a Escola Romântica).

nificado. A moralidade é a transposição, na ordem do querer, daquilo que, de um outro ponto de vista, é fundado no ser: a livre atividade se produz no universo tanto quanto a espontaneidade natural. Entre a livre atividade e a espontaneidade natural existe essencialmente apenas uma diferença de direção: uma vai da ideia à coisa, enquanto a outra vai da coisa à ideia. Além disso, se a liberdade, para se desenvolver, afeta em certos momentos as formas subjetivas da consciência, ela só pode engendrar obras duráveis se se colocar em sintonia com o progresso objetivo da história: a história não perdoa as fantasias do livre-arbítrio. No fundo, a filosofia da natureza modifica singularmente, no pensamento de Schelling, o idealismo de Fichte: ela não concorda que o dever seja considerado como expressão adequada do absoluto; ela o reduz a ser apenas a lei da atividade subjetiva. A Natureza, afirmada na sua realidade autônoma, é a inimiga das abstrações morais que tentam impor a ela; está longe de ser um produto sem valor próprio, que deve, para ter algum preço, se subordinar aos fins da pessoa humana; ela é uma infinita potência que não pode ser limitada de fora, que só se limita no interior dela mesma para se manifestar. Ela não se deixa julgar segundo visões exteriores e individuais; ela rejeita todas as denominações extrínsecas pelas quais querem qualificá-la. O vício radical do idealismo de Fichte é de tratar a filosofia da natureza: teoricamente como uma simples ilusão da consciência; praticamente como um simples órgão da liberdade; é de glorificar assim um ascetismo que ela condena, é admitir no fundo que o homem tem como dever fundamental reduzi-la e exterminá-la, ela que é o princípio de toda inspiração e de todo rejuvenescimento.[81] A filosofia deve fazer cessar esse escandaloso divórcio entre a natureza e o eu: ela deve proclamar a unidade indissolúvel entre o nosso ser e o Ser; ela é, como queria Platão, uma reminiscência, a reminiscência do estado no qual nós éramos um com a natureza.[82]

---

[81] Daí o sentido das objeções que Schelling desenvolverá mais tarde, em nome da filosofia da natureza, contra o idealismo de Fichte, no seu artigo intitulado: *Darlegung des wahren Verhältnisses der Naturphilosophie zu der verbesserten Fichteschen Lehre* (1806), VII. Ver particularmente p. 9-11, 17-20, 96-105.

[82] *Allgemeine Deduktion des dynamischen Processes*, IV, p. 77.

Portanto, é errado sustentar que essa unidade superior seja oposta ou alheia à moralidade humana, é errado dizer que a filosofia da natureza seja uma justificativa do naturalismo: assim como dizer do idealismo que ele seja uma justificativa do egoísmo. Interpretam, então, segundo um procedimento que frequentemente aplicam à doutrina spinozista, conceitos racionais em um sentido empírico. E, ao mesmo tempo, se baseiam nas oposições abstratas da consciência comum para separar definitivamente aquilo que só é separável provisoriamente, aquilo que deve necessariamente participar da unidade absoluta. Sob pretexto de exaltar a vida moral, moralizam a cada instante, e porque na ordem do relativo o saber se distingue da ação prática, se deleitam em consagrar a supremacia da ação prática sobre o saber. Mas, na realidade, só pode haver uma concepção verdadeira da natureza, ao mesmo tempo especulativa e moral. Aquilo que, afetando ser a moral, não pudesse ser traduzido em linguagem de razão, não seria verdadeiramente moral. Pode acontecer que o conhecimento e a virtude pareçam ser diferentes um do outro, e que a virtude apareça como a condição do conhecimento; mas essas relações que estabelecem entre o conhecimento e a virtude só têm um significado empírico. A razão suprime toda relação e toda distinção desse gênero; a ciência e a moralidade são apenas um mesmo objeto para ela, quando ela se apropria do mundo das Ideias.[83]

E assim a Filosofia da Natureza e o Idealismo transcendental só podem melhor justificar a vida moral e religiosa terminando no Idealismo absoluto; e Schelling os conduz para esse fechamento. Todo saber, de fato, supõe a afirmação do Absoluto, e o Absoluto é um ato de saber eterno; como tal, ele é a identidade entre o sujeito e o objeto, entre o ideal e o real.[84] Mais precisamente porque ele é saber ou razão absoluta, ele deve se manifestar, se converter em objeto, e do objeto que ele afirma se levar a ele próprio. Por isso, três momentos no ato pelo qual o Absoluto se afirma. No primeiro momento, de essência que é, ele se torna forma, ou seja, ele introduz a diferença

---

[83] *Über das Verhaltniss der Naturphilosophie zur Philosophie uberhaupt* (1802), V, p. 122-123.
[84] *Ideen zu einer Philosophie der Natur*, Zusatz zur Einleitung (1803), II, p. 58-62.

na unidade primitiva; num segundo momento, ele determina a forma (que ele se deu em sua essência), ou seja, ele reconstitui o finito no Infinito; num terceiro momento, ele é a unidade indivisível entre a forma e a essência.[85] Mas esses três momentos só são distintos para o conhecimento; eles são um único e mesmo ato; e eis por que o Absoluto está por inteiro em cada um deles. Existem então no Absoluto três unidades essenciais que correspondem àquilo que outros chamaram de Ideias ou de Mônadas.[86] Cada ideia, como produção do Absoluto, é ela própria absoluta; cada ideia é uma coisa em si; e como as ideias no Absoluto são uma mesma ideia, todos os seres, existindo pelas ideias, exprimem no fundo uma mesma essência. Mas, caindo na consciência, as ideias se distinguem, e é essa distinção que faz com que o Universo eterno se torne um mundo em movimento, onde a natureza e o espírito se opõem, onde a natureza tende progressivamente ao espírito. Portanto, não podem existir entre os indivíduos diferenças de qualidade, só existem diferenças de quantidade, que são diferenças de expressão do Infinito no finito.[87] No mundo agem e se revelam as três ideias essenciais, de tal maneira que o tipo segundo o qual o Absoluto se manifesta se reproduz em cada momento e em cada grau de existência: aquilo que é ideia no Absoluto é potência na natureza; as potências são as ideias da natureza.[88] O mundo visível é a expressão e a consequência do Universo eterno; ele é seu corpo e seu símbolo. A Filosofia da Natureza termina assim em uma Filosofia das Ideias.[89]

Eis a doutrina que Spinoza pressentiu e que ele em parte fundou quando afirmou o Absoluto como identidade entre o sujeito e o objeto. A imprecisão de certas expressões e a insuficiência da dedução que liga à Substância (e ao seu princípio de unidade) a extensão e o pensamento puderam fazer desconhecer por mais de um século a verdade e a profundidade dessa afirmação; mas é somente com

---

[85] *Ideen zu einer Philosophie der Natur*, Zusatz zur Einleitung (1803), II, p. 62-64.
[86] Ibid., p. 64-65.
[87] Ibid., p. 65.
[88] Ibid., p. 66.
[89] Ibid., p. 67-69.

a condição de ressuscitá-la que poderemos restaurar a filosofia. O grande mérito de Fichte é precisamente ter de novo concebido essa identidade entre sujeito e objeto; infelizmente, Fichte a compreendeu de modo imperfeito: ele só a considerou, do ponto de vista teórico, como uma forma da consciência; do ponto de vista prático, como uma tarefa infinita a realizar; e como ele tinha eliminado da especulação toda ideia de substância, ele só pôde afirmar o Absoluto pela crença e em nome da prática: ele a reduziu, como Kant, a ser apenas pelo sujeito. E isto certamente não satisfaz as necessidades da humanidade. São necessárias intuição e ciência à humanidade, que até o presente só viveu uma vida incompleta, tanto na fé quanto na incredulidade. O idealismo é o traço dominante dos tempos atuais; o mundo ideal tende a nascer, mas as potências desconhecidas que ele esconde só podem se revelar se a natureza cessa de ser um mistério para se tornar objeto de saber. Agora que todas as formas finitas do conhecimento e da ação estão rompidas, agora que não há nada no mundo que inspire uma fé comum aos homens, resta apenas a intuição da identidade absoluta que possa uni-los para sempre e ser para eles, na sua expressão especulativa, como uma nova Religião.[90]

III

É por meio de uma marcha-ré que a filosofia da natureza e o idealismo transcendental foram dar no sistema da identidade absoluta. Mas esse sistema só pode ser compreendido na sua plena verdade se ele desenvolve por si mesmo, numa marcha progressiva, seu próprio princípio. Daí os esforços, tentados várias vezes por Schelling, para expor sua doutrina com um rigor de forma e dedução que imita o encadeamento dos teoremas da *Ética*.

O conhecimento, segundo Schelling, só é verdadeiramente filosófico se ele incide sobre as coisas tal como elas são em si. Ora, só existe a Razão que possa apreender as coisas em si, abstração feita das circunstâncias par-

---

[90] *Ideen zu einer Philosophie der Natur*, Zusatz zur Einleitung (1803), II, p. 71-73.

ticulares e das diferenças exteriores. Então, aquilo que é essencialmente, é a Razão, a saber, a indiferença total entre o subjetivo e o objetivo. Nada existe fora da Razão, e tudo aquilo que é, é nela. Ela é o Absoluto, ela é Deus. Ela exclui toda distinção primitiva entre o eu e o não eu, ou seja, ela não se deixa determinar nem por um nem por outro. Se ela fosse puro objeto, ela seria o ser sem forma que não pode se conhecer; se ela fosse puro sujeito, ela seria a forma vazia que não pode apreender nada do ser. Como ela é o saber anterior a tudo, ela está liberta da coisa, tal como o realismo dogmático a concebe; como ela é o saber infinito e atual, ela está liberta do eu tal como coloca o idealismo exclusivo. Ela é a unidade pura porque ela é a razão de tudo e porque uma outra razão só poderia ser por ela. O ato pelo qual ela se afirma é uma intuição intelectual; a lei segundo a qual ela se afirma é a lei da identidade cuja expressão é A = A. Então, só pode haver conhecimento absoluto da identidade absoluta, e, por outro lado, a identidade absoluta só é conhecida por um conhecimento absoluto. Deus é a imediata posição de si e, como aquilo que só é mediatamente colocado é relativo àquilo que se coloca imediatamente, Deus é a infinita realidade. Ele se apreende simultaneamente como aquele que se afirma infinitamente e como aquele que é afirmado infinitamente, e acima de tudo como a indiferença entre aquilo que afirma e aquilo que é afirmado. Ele é identidade, no sentido de ser a unidade entre sujeito e objeto; ele é também identidade, no sentido de escapar a toda relação e dominar toda mudança; ele é identidade simultaneamente na sua forma e na sua essência: ele é identidade da identidade."[91]

Deus então é num ato eterno tudo aquilo que é; e tudo aquilo que é, é o Todo, porque a afirmação de Deus por ele mesmo realiza imediatamente a infinidade do possível. Deus é indissoluvelmente o Um e o Todo. Portanto, o universo não é um efeito, onde Deus seria a causa transcendente; o universo

---

[91] *Darstellung meines Systems der Philosophie* (1801), IV, p. 115-122. — *Fernere Darstellung aus dem System der Philosophie* (1802), IV, p. 361 e seg. — *Philosophie der Kunst* (1802-1803), V, p. 373-376. — *System der gesammten Philosophie und der Naturphilosophie insbensondere* (1804), VI, p. 137 e seg.

é eternamente em Deus e com Deus; ele é o próprio Deus. — Mas isso é o panteísmo, objetam. — E se fosse, que importa se o panteísmo for a expressão da Razão? Seria necessário, por medo de uma palavra, renunciar a tê-la como verdade? Além disso, a palavra é singularmente equívoca. Se entendem por panteísmo a doutrina que identifica Deus com o conjunto das coisas sensíveis, nada é mais afastado de tal doutrina do que a filosofia da identidade, porque, segundo essa filosofia, as coisas sensíveis só existem por privação de Deus; e, por outro lado, o Ser verdadeiro é liberto de todas as características da existência empírica; ele não tem partes, ele é indivisível.[92]

Segue-se daí que no Todo nenhuma diferença é concebível. A identidade absoluta, como tal, não pode jamais ser suprimida. Ela não poderia admitir em si uma distinção essencial entre sujeito e objeto; o sujeito e o objeto só são, em si, uma única e mesma coisa: nada pode ser no Infinito como simplesmente subjetivo, nada como simplesmente objetivo. Portanto, em si como por nós, uma diferença qualitativa, ou seja, uma diferença que colocaria o sujeito e o objeto um fora do outro, é absolutamente impossível. Como também é impossível, mas apenas em si, não por nós, uma diferença quantitativa; ou seja, uma diferença que estabeleceria uma preponderância, seja do sujeito sobre o objeto, seja do objeto sobre o sujeito. A impossibilidade da diferença quantitativa não poderia ser igualada à impossibilidade da diferença qualitativa, pois a diferença qualitativa, uma vez admitida, destruiria o Absoluto em seu fundamento, enquanto a diferença quantitativa se aplica sobre a maneira como o Absoluto é conhecido. Ora, como da unidade qualitativa pode derivar para nós a diferença quantitativa?

O Absoluto se autoafirma infinitamente e ao infinito; ele é necessariamente na sua forma aquilo que ele é na sua essência. Mas aquilo que está incluído na sua forma não está necessariamente incluído na sua essência: enquanto na sua essência ele não é nem o sujeito nem o objeto, ele não pode se conhecer sem se colocar infinitamente como sujeito e como objeto. Portanto, o Universo, sendo em si a identidade absoluta, é indivisivelmente sujeito e objeto, sem diferença

---

[92] *Darstellung meines Systems der Philosophie* (1801), IV, p. 125, p. 129-130. — *Philosophie der Kunst*, V, p. 375. — *System der gesammten Philosophie*, VI, p. 174-179.

possível; mas, no universo, todo ser particular exprime uma diferença quantitativa entre sujeito e objeto. Assim, podemos dizer que o finito, como tal, não existe em si, que ele só existe em relação à reflexão que o abstrai do Infinito. O ser finito não tem em si sua razão; ele é relativo a um outro ser finito que o determina. Mas como ele exprime, à sua maneira, a forma da identidade absoluta, imediatamente presente em cada uma de suas posições, ele é como uma potência infinita de ser. Assim, é a mesma Força que age eternamente no mundo, que se manifesta, idêntica a ela mesma, na matéria e no espírito. A diferença consiste apenas nisso: que essa Força se revela, por um lado, com uma preponderância do objeto sobre o sujeito, por outro lado, com uma preponderância do sujeito sobre o objeto. E essa diferença é apenas uma diferença de graus, incidindo não sobre o próprio Ser, mas sobre a maneira dele se manifestar. Cada uma dessas manifestações é como uma potência que o afeta na sua forma e que constitui, como tal, o ser finito; ora, como o ser finito é determinado por um ser finito, que é determinado por outro ser finito, e assim por diante, vemos que a série das potências pelas quais o Ser aparece exprime, num progresso necessário e sem fim, a infinidade do Absoluto. Em outras palavras, o sujeito e o objeto são uno no Ser, segundo Schelling, como também o atributo do pensamento e o atributo da extensão são uno na Substância, segundo Spinoza; Schelling apenas afirma que essa unidade está colocada no seu sistema como verdadeiramente real, enquanto no sistema spinozista ela continua abstrata e formal: o sujeito e o objeto, ao invés de serem simplesmente paralelos, são imanentes um ao outro; e eis por que o universo dado é o próprio ser que aparece numa evolução contínua, e que vai, segundo uma lei ordinária, do máximo da objetividade ao máximo da subjetividade. Assim, Schelling trabalha, como a maior parte dos filósofos alemães, para tornar mais explícita na doutrina da imanência essa ideia do desenvolvimento no ser, a qual o spinozismo aspirava.[93] Aquilo que é concebido como diferença quantitati-

---

[93] Parece que Spinoza, no fim da vida, tinha pensado em reformar a doutrina neste sentido. Ele escreveu a Tschirnhaus, em 15 de julho de 1676: "Quanto ao que me pedes, se unicamente do conceito de extensão se pode demonstrar *a priori* a diversidade das coisas, creio ter demonstrado com suficiente clareza que isso é impossível, e que, por isso mesmo, a matéria é mal definida por Descartes por meio da extensão, e que, ao contrário, deve ser explicada necessariamente

va é, sem dúvida, em relação ao Todo apenas um não-ser; mas não é um não-ser absoluto, é um não-ser relativo. A preponderância aparente do objeto sobre o sujeito, ou do sujeito sobre o objeto, seria certamente impossível se o sujeito e o objeto não fossem idênticos; mais precisamente, enquanto eles devem se resolver nessa identidade, os seres finitos têm uma realidade positiva. O Todo contém todas as formas; ele não é nenhuma delas em particular porque ele contém todas. O finito é verdadeiro, não na expressão relativa que se revela a nós, mas na sua razão que é o Infinito, na sua Ideia.[94]

As coisas em si são então Ideias; as Ideias são como as almas das coisas, as coisas são como os corpos das Ideias. Existem tantas Ideias quanto coisas singulares, e, contudo, por causa da identidade de suas essências, todas as Ideias são apenas uma Ideia no Ser infinito. A Ideia é simultaneamente superior à realidade finita, objeto de uma intuição determinada, e ao conceito infinito, expressão vazia de uma possibilidade indeterminada. É muito acertado que de um lado se oponham as coisas concretas a essas noções universais que são simples formas sem conteúdo; mas é ainda mais correto que se admita que essas coisas concretas só são como são por privação e falta: donde se segue que a unidade entre o Ser e o Pensamento deve ser procurada mais acima, em um ato da Razão absoluta, onde a intuição seja conceito, onde o conceito seja intuição, na Ideia. Mas como compreender que o Infinito possa ser a unidade entre o finito e o Infinito? Se consideram as coisas particulares como dadas, concebem que cada uma delas é uma realidade onde a possibilidade está, fora dela, em outras coisas particulares, e que ela é a possibilidade das outras coisas que têm fora dela suas realidades; de modo que existe uma cadeia sem fim de causas e de efeitos, no qual a possibilidade e a realidade só se determinam mediatamen-

---

por meio de um atributo que expresse a essência eterna e infinita. Porém, talvez um dia, se vivo o suficiente, converse com você mais claramente essas coisas, já que até o momento não tive oportunidade para colocar em ordem nada sobre esse assunto." Ep. LXXXIII, t. II, p. 257-258. Essa passagem foi muito comentada por Pollock: *Spinoza, his life and philosophy*, p. 114-115.

[94] *Darstellung meines Systems der Philosophie* (1801), IV, p. 120-129, 130-139. — *Fernere Darstellungen aus dem System der Philosophie*, IV, p. 378-390. — *System der gesammten Philosophie*, VI, p. 161-214.

te sob a forma de um desenvolvimento. Mas como cada ser se refere imediatamente ao Absoluto, ele tem em si a possibilidade de seu ser e a realidade de todos os outros seres. Na sua unidade essencial ele inclui simultaneamente a razão de seu ser que, segundo a aparência, estava em outros seres, e a existência efetiva dos outros seres que, segundo a aparência, era só a razão. Assim, no Absoluto, o conceito de um ser particular é inseparável do conceito dos outros seres; é apenas no relativo que existe lugar para a diferença e a distinção.[95]

Podemos então dizer que as coisas têm uma vida dupla: elas têm uma vida no Absoluto, uma vida em si, e é precisamente porque elas têm uma vida em si que elas podem ter uma vida por si e assim se separar do Absoluto ao qual elas estão originariamente unidas. Portanto, embora essa separação seja puramente ilusória, ela se explica, como tal, pela autonomia que o Absoluto confere a cada uma de suas expressões, e, no final das contas, pela necessidade do Absoluto de se exprimir para que sua forma seja idêntica ao seu ser. Então, é pelo mesmo ato que são colocadas a Ideia e sua aparência; a aparência só é enganosa se ela pretende se passar pelo Ser; ela é ao contrário bem fundada se ela se contenta em anunciá-lo e revelá-lo. É o mesmo universo, que por um lado se desenvolve indefinidamente de potências em potências, e que por outro lado se exprime eternamente em Ideias; o universo nos apresenta, sob a forma de um progresso contínuo da natureza ao espírito, aquilo que é a verdade em si, a Ideia das ideias, a Unidade eterna e absoluta.[96] Assim a doutrina da identidade combina o idealismo de Platão e o monismo de Spinoza.[97] Enquanto o platonismo da Renascença resultou no naturalismo, o naturalismo envolto na doutrina spinozista toma em Schelling um sentido platônico. O spinozismo é verdadeiro, sob a condição de não ser apenas um sistema da natureza, sob a condição de ser também um sistema das Ideias. E, por outro lado, o platonismo é verdadeiro, sob a condição

---

[95] *Bruno oder über das göttliche und natürliche Princip der Dinge* (1802), IV, p. 236-260. — *Vorlesungen über die Methode des akademischen Studiums* (1803), V, p. 317 e seg.
[96] *System der gesammten Philosophie*, VI, p. 185 e seg.
[97] Veja especialmente *Bruno*, que expõe o sistema da identidade sob a forma do diálogo platônico. — Ver Kuno Fischer, *Geschichte der neuern Philosophie*, Heidelberg, 1877, VI, 2, p. 847.

de excluir todo dualismo, de tudo resolver em Ideias, sob a condição de mostrar que não existe matéria que preexista à ação do Absoluto.[98] O mundo é, como quer Platão, o produto de uma arte divina; mas é preciso acrescentar que o produto não se distingue da própria arte, que não é simplesmente a formatação de uma matéria dada, que ele é a forma absoluta que dela mesma se realiza. Os seres, em sua verdade, exprimem a unidade entre o Infinito e o finito; ora, enquanto a doutrina platônica do finito e do Infinito supõe entre os dois termos uma distinção primitiva, que só é levada à unidade por uma operação transcendente e sob influência de um modelo soberano, enquanto assim ela reduz o Infinito ao finito, a doutrina spinozista coloca a unidade imediata entre o finito e o Infinito pela inteira subordinação do finito ao Infinito, e ela afirma que a distinção entre os dois termos só pode ser um erro, um erro soberano que engendra todos os outros. É necessário admitir com Platão que o saber está na Ideia que explica tudo, e com Spinoza que o saber está na Unidade que inclui tudo.

Ora, para o saber absoluto, a lógica do entendimento abstrato é radicalmente insuficiente. Como, aliás, uma lógica simplesmente formal poderia servir quando se trata de mostrar a unidade entre a forma e a essência? Como uma lógica das categorias finitas seria aplicável quando se trata de apreender a unidade entre o finito e o Infinito? Como uma lógica que só afirma a identidade relativamente, ou seja, por exclusão de um dos contraditórios, seria válida quando se trata de colocar a identidade absoluta? Mesmo a lógica transcendental que Kant instituiu fica aqui sem escopo, porque ela é ainda empírica nas suas determinações e no seu objeto; ela só concebe a unidade em relação às diferenças das coisas finitas: ela não atinge a unidade verdadeira, que não é apenas a unidade dos contrários, que é eminentemente unidade entre os contrários e suas unidades.[99]

---

[98] "O spinozismo é o monismo platônico levado às suas extremas consequências. Toda diferença desapareceu entre as ideias das coisas e o fundo das próprias coisas; o mundo inteligível e o mundo sensível são um mesmo mundo visto aqui na sua confusão e lá em seu princípio." Alfred [Jules Émile] Fouillée [1838-1912], *La philosophie de Platon*, 2. ed., t. III, p. 357.

[99] *Bruno*, IV, p. 299 e seg. — *Vorlesungen über die Methode des akademischen Studiums*, V, p. 269-270. — *System der gesammten Philosophie*, VI, p. 185. — *Aphorismen zur Einleitung in die Naturphilosophie*, VII, p. 146-147.

É então a afirmação da unidade absoluta que deve preencher o pensamento especulativo e lhe fornecer de alguma maneira seu órgão dialético. E também toda filosofia moderna resulta necessariamente, para se explicar e se resumir, na afirmação da unidade absoluta. Nas suas origens, a filosofia moderna recebeu o materialismo como uma herança do passado; ora, o materialismo é a doutrina segundo a qual a simples matéria é a expressão adequada da identidade; ele subordina, como uma ilusão ou um acidente, o ideal ao real, e precisamente por negar todo princípio espiritual de organização, ele resulta em atomismo. Ao materialismo se opôs o dualismo cartesiano, cuja principal finalidade foi de afirmar o ideal ou o espírito, em oposição com o real ou a matéria. Mas, como os dois termos contraditórios se mantiveram presentes sem que sua relação fosse explicada, foi necessário um novo sistema que veio afirmar a unidade, e esse sistema foi o spinozismo. O spinozismo se liga ao materialismo por ser, como o materialismo, uma doutrina da identidade; ele se liga ao dualismo cartesiano por colocar na natureza, como o cartesianismo, a diferença entre o ideal e o real; e é sua originalidade e sua força conceber acima do ideal e do real a unidade que os compreende. Ele também se apoia sobre o realismo dos sistemas precedentes, quando ele coloca a unidade como uma substância, e quando ele não consegue explicar como a Substância alcança a sua forma, ou seja, a sua inteligibilidade. Também, se Spinoza teve razão de admitir que os seres finitos, na sua realidade empírica, não são nada, que o finito não é se ele não é eterno, ele não conseguiu demonstrar como a Substância podia determinar essas aparências do ser, que são os seus modos. O spinozismo é, portanto, uma filosofia realista; e se pudéssemos dar o nome de potência aos diversos graus de compreensão no desenvolvimento de uma mesma tendência, então podemos dizer que o materialismo foi a primeira potência do realismo, que o dualismo cartesiano foi a segunda, que o spinozismo foi a terceira e última.[100] É para resolver as dificuldades insolúveis do spinozismo que o idealismo surgiu

---

[100] *Propädentik der Philosophie* (por volta de 1804), VI, p. 92-104.

com Leibniz. Leibniz teve o grande mérito de mostrar que a realidade finita é tal porque ela é *representada* como tal, não porque ela é tal em si, e, portanto, de ligar o universo às percepções do espírito. Contudo, como ele fez as mônadas seres em si, ele acaba numa espécie de atomismo espiritualista; além disso, como ele não consegue ligar as mônadas entre elas pelo elo mais exterior da harmonia preestabelecida, ele não consegue ligá-las ao Infinito. É que, de fato, a questão de saber como o finito se liga ao Infinito não está resolvida se, ao invés de conceber o finito sob forma real, o concebem sob forma ideal; pois assim somos levados simplesmente a uma outra questão similar: como o entendimento finito pode se ligar à Razão infinita? Daí, sobre esse ponto, o caráter antropomórfico das soluções de Leibniz. Além disso, o dogmatismo que, depois dele, se apropriou de sua doutrina se esforçou em ligar o finito ao Infinito por meio de conceitos que só valiam pela inteligência do finito. Isso foi o papel do criticismo, mostrar que os conceitos do entendimento só são aplicáveis ao finito, que todo uso desses conceitos, quando se trata do Infinito, engendra necessariamente a contradição. Mas, com Kant, a distinção entre o que só vale para o relativo e o que leva ao Absoluto se tornou um dualismo radical, o dualismo entre a coisa em si e o conhecimento, o dualismo entre a razão prática e a razão teórica; e esse dualismo achou sua expressão bem clara na ideia que Kant forma da fé moral, destinada, segundo ele, a determinar o suprassensível, acima e contra a ciência que continua confinada no sensível. Depois de Kant, Fichte tentou unir o finito e o Infinito no Eu, cuja inesgotável liberdade se limita para se desenvolver e se desenvolve para se apreender; mas ele não libertou a consciência da subjetividade que Kant ligou a ela. O Infinito e o finito, em sua doutrina, são dois mundos de aparências, um é o mundo da aparência ideal, o outro é o mundo da aparência empírica; eles têm no Eu um sutil ponto de contato; eles ficam realmente fora um do outro. Por isso, na filosofia de Fichte, a oposição persistente entre a natureza e a moralidade: o dualismo não foi abolido. A doutrina da identidade fica incumbida de superar esse dualismo, de completar no sentido do idealismo aquilo que Spinoza completou no sentido do realismo. O atomismo espiritualista de Leibniz é a primeira potência do idealismo; o dualismo criticista de Kant e Fichte é a segunda; a filosofia da identidade é a terceira e última. A filosofia da identidade é o idealismo absoluto no qual todo pensamento moderno se reconhece e se completa.[101]

Elevando assim a verdade acima das oposições das coisas finitas e dos sistemas imperfeitos, a filosofia da identidade nos leva ao próprio princípio da vida moral e religiosa. Ela suprime antes de tudo esta antinomia entre a ciência e a ação que, desenvolvida pelo empirismo, foi mantida por um racionalismo incompleto. Ela se recusa a admitir que uma pretensa moralidade seja o equivalente das Ideias. Ela estabelece firmemente que nem a moral, nem a filosofia em geral são possíveis sem uma construção metafísica. Ela rejeita então todas as consequências da teoria kantiana de postulados. De fato, pouco a pouco, sob influência de Kant, separamos da filosofia todas as questões realmente filosóficas para transportá-las para o domínio da fé. Acabamos por negar à filosofia o direito de se ocupar desses grandes objetos, únicos dignos do pensamento especulativo. A antiga sabedoria, que vivificava a fé pela razão, se calou, e é a Spinoza que devemos ascender para ouvir seus últimos ecos. É tempo de libertar o pensamento metafísico e religioso das categorias limitadas nas quais tentaram prendê-lo e lhe atribuir por si mesmo, sem títulos e sem ajuda externa, uma potência absoluta de afirmação. Ao invés de dizer, partindo de conceitos puramente humanos e relativos: se existe um mundo moral, Deus é; precisamos dizer antes de tudo: se Deus é, existe um mundo moral. Deus é, não o postulado, mas o princípio de toda moralidade. Aquele que conhece plenamente Deus, apenas por isso, tem toda a virtude. A moral deve então se subordinar à filosofia, ao saber absoluto.[102] O homem está tanto em relação com o Bem quanto com o Ser; ele está de posse do supremo bem quando está imediatamente unido ao Ser. Como essa união é possível, e como ela acontece?

---

[101] *Propädentik der Philosophie*, VI, p. 104-131. — Ver *Vorlesungen über die Methode des akademischen Studiums*, V, p. 273-274.

[102] *Vorlesungen über die Methode der akademischen Studiums*, V, p. 276 e seg. — *Philosophie und Religion* (1804), p. 16-17, 53-54.

Nós sabemos que a identidade absoluta se revela, segundo a aparência, e de formas distintas, mas também que todas as formas do real são igualmente formas do ideal. Os graus de conhecimento na alma correspondem aos graus de organização da natureza; ou melhor, existe aí mais do que uma correspondência, mais do que uma harmonia preestabelecida ou do que uma relação de causa e efeito; existe uma radical unidade. Nada então pode se colocar como real a uma potência determinada sem ser ao mesmo tempo colocado como ideal à mesma potência. A alma, enquanto alma, é um modo do infinito sujeito que afirma; o corpo, enquanto corpo, é um modo do objeto infinito que é afirmado; ou seja, a alma e o corpo são um mesmo indivíduo. Contudo, a unidade entre a alma e o corpo, na ordem do finito, só pode ser uma unidade relativa e incompleta, uma unidade que deixa sempre transparecer a dualidade possível dos dois termos; a unidade entre a alma e o corpo só é perfeita e insolúvel no Absoluto. No Absoluto, de fato, a noção do corpo humano, em vez de se ligar a qualquer coisa de transitório, é essencialmente uma verdade eterna e uma realidade eterna; e como o corpo é o objeto imediato da alma, essa noção do corpo é também na Ideia a própria noção da alma, que assim é eterna. É então nos concebendo sob a forma da eternidade que afirmamos a unidade indestrutível da nossa vida moral.[103]

Também a moralidade consiste na libertação de toda existência empírica e finita. Mas essa libertação não é imediata. Nós começamos por sofrer a servidão das ideias inadequadas. Primitivamente a alma só conhece o corpo através das modificações que lhe impõem os outros corpos, e como ela só se conhece como ideia de seu corpo, ela só percebe o relativo e o condicionado. No entanto, os corpos tomados em conjunto pertencem ao mesmo universo, o objeto de uma afirmação infinita; assim também as almas, tomadas em conjunto, pertencem ao mesmo universo, o sujeito de uma afirmação infinita; ou seja, que cada corpo, estando em relação com todos os corpos, como cada alma com todas as almas, exprime o Todo à sua maneira. Cada indivíduo, como vimos, é uma realidade cuja possibilidade está nos outros corpos,

---

[103] *System der gesammten Philosophie*, VI, p. 495-530.

e ele é uma possibilidade onde os outros seres constituem a realidade. Mas essa distinção entre o possível e o real só faz sentido no mundo da aparência; a noção de alma que é unida à alma, como a alma propriamente dita é unida ao corpo, não é apenas a noção de tal alma singular, ela é também a noção daquilo que existe em comum a todas as almas. Ela implica então a possibilidade infinita de todos os outros seres. Mas ela só implica primeiramente a possibilidade; é quando ela é levada à Ideia que ela implica também a infinita realidade. O princípio da vida moral não está nem na afirmação do corpo como realidade particular, nem na afirmação da alma como noção universal, mas na afirmação do Absoluto, como unidade entre o corpo e a alma, entre o particular e o universal.[104]

Ora, essa afirmação, sendo o saber eterno, só pode engendrar ideias adequadas, e toda ideia adequada é uma ação pura, assim como toda ideia inadequada é uma paixão. A ideia adequada é uma ação pura porque ela é a determinação de todos os estados do ser pela sua própria essência; a ideia inadequada é uma paixão porque ela é a determinação, ao menos parcial e frequentemente quase exclusiva, de estados do ser pelas causas exteriores. Donde se segue que a ação pura é a ação livre. Falar mesmo de ação livre é um pleonasmo; a ação é livre porque é ação, ou seja, a unidade perfeita entre o sujeito que se determina e o objeto que é determinado. Será que é necessário distinguir entre a essência do círculo e a propriedade segundo a qual todos os pontos da circunferência estão a uma mesma distância do centro? A liberdade não se adiciona à ação por acréscimo, nem a suscita por um poder especial e transcendente. A causa livre é aquela que age pela necessidade de sua natureza e segundo a lei da identidade; ela está liberta desse princípio de diferença entre os estados que é inerente à causalidade exterior; ela é toda em si necessariamente. Portanto é errado confundi-la com este poder de fazer ou não fazer, que os homens se atribuem de bom grado; a prova de que o livre-arbítrio não é a liberdade é que os homens que se imaginam agir por livre-arbítrio agem por amor ou por

---

[104] *System der gesammten Philosophie*, VI, p. 530-537.

ódio, pela esperança ou pelo medo: eles fazem da virtude um estado arbitrário e acidental. O livre-arbítrio, longe de ser a verdadeira liberdade, não passa de uma liberdade desnaturada, separada da necessidade que a constitui no Absoluto, transportada por uma falta, que é a falta radical, do Ser infinito à existência finita e mesmo a certos momentos particulares dessa existência. A vontade livre alegada pela crença vulgar só pode ser uma ilusão, porque a própria ideia de uma vontade independente é apenas uma ideia abstrata que exprime, por empobrecimento e por negação, aquilo que existe de comum aos atos determinados, os únicos efetivos. Assim, a união entre a liberdade e a necessidade é destruída no mundo sensível; a uma liberdade negativa se opõe uma necessidade negativa; o ser finito que afirma a independência sente sua ação interrompida pela potência cega do destino. É somente no Absoluto que podem se unir a liberdade e a necessidade, como o ser e a razão de ser, o real e o possível; é pelo absoluto saber que nós somos definitivamente, ou seja, necessariamente livres.[105]

Devemos rejeitar, então, tanto a crença no livre-arbítrio quanto as ideias fictícias que naturalmente a acompanham, por exemplo as ideias de imperfeição, de mal, de pecado. Todas essas ideias engendram julgamentos falsos, porque elas são formadas unicamente por comparação ou por relação, e elas são investidas, apesar de suas procedências, de um valor definitivo e absoluto: foi o que Spinoza muito claramente mostrou. Quando concebemos, ao contrário, a ordem necessária do universo, compreendemos que não poderia haver faltas, e que os defeitos que atribuímos às coisas são apenas defeitos de nossa inteligência. Nossa inteligência constrói e combina ao bel-prazer noções universais que servem para medir o valor das coisas singulares, e ela cai assim em erro. Porque não é por intermédio dos universais que Deus produz os seres: ele os produz neles mesmos, tal como são, por uma posição imediata de sua própria essência. Portanto, não existe nem imperfeição natural, nem imperfeição moral, e se torna inútil justificar Deus naquilo que só tem uma existência empírica e imaginária.

---

[105] *System der gesammten Philosophie*, VI, p. 537-542, 548-556.

Diremos então que toda distinção entre bons e maus desaparece? Sim, sem dúvida, toda distinção desse gênero desaparece, se a entendemos como uma oposição radical e absoluta, mas não se simplesmente a entendemos como uma diferença de grau na expressão de Deus. É verdade, por um lado, que não existe o mal, que a atividade perversa de um homem só é julgada como tal porque é comparada aos nossos hábitos, nossas paixões, nossos preconceitos, que em si toda atividade real é boa dado que ela traduz de alguma maneira a potência divina; mas é verdade, por outro lado, que um ser tem tanto mais de perfeição quando ele se aproxima de Deus e quando se determina mais completamente por ideias adequadas. Nós somos todos, segundo a fórmula de Spinoza, como o utensílio na mão do artesão: o homem mau é o utensílio que funciona sem o saber e que perece pelo uso; o homem bom é o utensílio que funciona com plena consciência e que cresce assim em perfeição. Por isso é que a virtude está na alegria que experimentamos ao sermos unidos a Deus, e ela só admite como recompensa essa alegria; portanto, o vício está na tristeza que experimentamos ao sermos separados de Deus, e recebe como castigo essa tristeza.[106]

Assim também, a moralidade não depende da obediência a uma lei formal que envolveria na sua uniformidade todas as consciências. Ao contrário, é a pior imoralidade admitir a necessidade da coerção para produzir o bem, e de conceber dessa maneira, ao lado do bem simplesmente possível, o mal sempre igualmente possível.

> Sim, nós acreditamos que exista algo mais elevado do que vossa virtude, do que essa moralidade da qual você fala em termos tão frágeis e tão patéticos; nós acreditamos que exista um estado da alma no qual exista para ela tão pouco comando quanto recompensa pela virtude, um estado na qual ela age unicamente pela necessidade de sua natureza. O comando se exprime pela forma de um dever e supõe o conceito do mal e do bem. Contudo, para você conservar o mal (porque o mal é, como vimos acima, o fundamento de vossa existência

---

[106] *System der gesammten Philosophie*, VI, p. 542-548.

sensível), você prefere conceber a virtude como submissão à lei do que como liberdade absoluta. Ora, você constataria que a moralidade, neste sentido, não é o que se tem de mais elevado, pela consequência à qual a faz chegar, que é a negação da felicidade. O destino do ser razoável não pode ser de obedecer à lei moral como um corpo obedece à gravidade, porque existe uma diferença que consiste nisso: que a alma só é moral quando ela está com uma absoluta liberdade, ou seja, quando a moralidade é ao mesmo tempo, para ela, a absoluta felicidade. Assim como ser ou se sentir infeliz é a verdadeira imoralidade, assim como a beatitude é, não um acidente da virtude, mas a própria virtude. Viver uma vida sem coerção, uma vida livre, ao mesmo tempo conforme à lei, eis a moralidade absoluta.[107]

A moralidade não tem a sua razão na lei. É preciso excluir essa última expressão do Mosaísmo; é preciso dizer, em alto e bom tom, que não existe moralidade, se entendemos por isso uma obra de decisão arbitrária, ratificada de fora, e graças a um critério empírico, certificada conforme as regras legais. A virtude é a identidade imediata e certa da alma com Deus.[108]

Assim, se definem as verdadeiras relações entre a moral e a Religião. Deus é a substância de toda ação e de todo pensamento, ou seja, ele não é nem um objeto exterior ao pensamento, nem um fim transcendental à ação. Quando a alma é realmente aquela que ela é na sua Ideia, a saber, a plena afirmação de Deus, nada pode se produzir nela que não derive dessa afirmação, e todos os atos que ela realiza exprimem Deus. Esse estado supremo da alma é o amor intelectual de Deus, que não se distingue do amor com o qual Deus se ama a si próprio. É, então, absolutamente que a alma vive em Deus e por Deus. Conectar a alma a Deus em nome de interesses humanos, mesmo em nome de interesses morais, é supor que Deus não existe enquanto a alma não tomar consciência desses interesses; é determinar Deus, no momento que o afirmamos, segundo categorias relativas do entendimento; é crer enfim que a obra do ho-

---
[107] Schelling, *Philosophie und Religion*, 1804, VI, p. 55.
[108] *System der gesammten Philosophie*, VI, p. 556-557.

mem pode ter um sentido, provisório ou mesmo definitivo, fora de Deus que a suscita e explica. Não existe moral independente da Religião, e a Religião é diferente de uma vaga aspiração ou um vago sentimento; a Religião é a unidade absoluta entre o nosso ser e o Ser, graças à qual nos é impossível, não uma impossibilidade psicológica e humana, mas uma impossibilidade metafísica e divina, separar em nós a fé, a ciência e a ação. A Religião é aquilo que faz cessar toda oposição no nosso ser e toda contradição entre os seres, aquilo que suprime os vãos artifícios e as decisões arbitrárias da vontade, aquilo que nos faz sentir a impotência da lei formal e do ato puramente humano, aquilo que escapa a toda medida, sobretudo na medida boa para as pequenas coragens e as pequenas virtudes; ela é toda a graça e toda a salvação. Ela é na vida da alma aquilo que o heroísmo é na ação, um princípio de sublimidade infinita, que excede e domina do alto toda natureza limitada. Então, não são as obras que santificam, é a fé: entendemos, aliás, por fé o saber absoluto que todo ser é capaz. Porque a alma humana não é nada enquanto se considera no finito; ela é enquanto ela se afirma no Infinito, e ela só é positivamente essa própria afirmação. Ora, no Infinito, não pode haver distinção entre os reprovados e os eleitos, só pode haver predestinação ao bem. Deus salva todo o ser que é, dado que esse ser é o seu próprio ser. Diríamos então, falando uma linguagem humana, que a mais alta finalidade para todos os seres razoáveis é a união com Deus, e que essa finalidade deve ser alcançada, dado que a razão que constitui esses seres é precisamente a identidade absoluta. É errado representar a felicidade humana sob a forma de um progresso indefinido e substituir o amor de Deus por simples sentimentos filantrópicos; a noção de um progresso sem fim da humanidade é a farsa, pela inteligência abstrata, do infinito eterno de Deus. Esse é um símbolo bem melhor da verdade do que esse mito, dos velhos tempos da Era de Ouro, que antecede nosso estado atual; porque ele exprime assim que o supremo Bem é um retorno às nossas origens, ou seja, o retorno a Deus.[109]

---

[109] *System der gesammten Philosophie*, VI, p. 557-565.

Mas a própria verdade é que no Absoluto a vida eterna não é distinta da vida presente, e eis por que é ilusório imaginá-la como uma existência futura. Aliás, uma existência futura é uma existência temporal, e uma existência temporal só pode ser uma ruptura entre o finito e o Infinito. Ora, a vida eterna é a afirmação do Infinito pelo finito, que como tal se nega radicalmente. É dizer que a Redenção do nosso ser se realiza fora do tempo. A história pode sem dúvida nos representar essa Redenção em algum momento: o erro seria tomar como realidade absoluta aquilo que é apenas representação. É o mesmo erro que cometem, mas levando-o ao extremo, aqueles que consideram a eternidade um prolongamento de sua existência empírica, e que aspiram ardentemente à imortalidade daquilo que é mortal. Como eles só enchem suas almas com coisas terrestres e passageiras, eles são mais sujeitos a perecer; daí este medo da morte que os obceca e os oprime, o que já é por si uma morte. Querendo preservar aquilo que não os constitui, eles se perdem e perdem Deus; saciados de matéria, eles só podem ter a duração da matéria. Como era mais nobre o pensamento dos antigos, que faziam os bem-aventurados beber o esquecimento nas águas do Lete![110] De fato, só o esquecimento das coisas sensíveis pode conceder a vida eterna. É necessário poder dizer, segundo as palavras de um escritor inglês: "Morte, não vos temo; porque onde estou, vós não estais, onde estais, eu não estou!", é nossa participação em Deus que nos faz eternos; nós somos eternos na medida dessa participação. Ora, essa participação não pode ser o ato da alma, na medida em que essa alma está unida ao corpo, essa união submete a alma ao mesmo destino do corpo, ou seja, a deixa no mesmo nada. Ela também não é o ato da alma considerada como entendimento, porque o entendimento é só a inteligência do finito e não pode se libertar do finito. Ela é o ato da alma enquanto é *Razão*, da alma que está imediatamente unida ao Absoluto pela intuição intelectual. Que a alma, como Razão, seja eterna, não é preciso nem demonstrar nem verificar. É uma proposição idêntica cuja verdade imediata não tem nada a receber nem a esperar da existência empíri-

---

[110] Na mitologia grega é o nome de um dos rios do Hades. Quem beber de sua água, esquece tudo. É também conhecido como Lethe. (N. do T.)

ca.¹¹¹ Nesse sentido, podemos dizer que toda a doutrina moral e religiosa de Schelling está contida no pensamento gerador de seu sistema: o Infinito é, e o finito só existe dentro do Infinito; o finito deve então se negar praticamente como finito. Mas parece, num outro sentido, e veremos a filosofia de Schelling se orientar nesse novo sentido, que a regeneração das almas se soma à sua geração primitiva e essencial. As Ideias devem sua primeira existência da ação imediata de Deus; é em se constituindo no estado de independência e de separação que elas tomaram as formas distintas do finito; quando elas voltam a Deus, elas conservam sua individualidade, e elas são nele, sem prejuízo para ele, como substâncias; ou melhor, elas concorrem dessa maneira à sua realização, à sua plena revelação. Assim Deus concilia em seu Ser todos os seres. É isso que é preciso entender por esta indiferença ou esta ausência de inveja do Absoluto em relação à sua imagem, que Spinoza tão intensamente exprimiu quando disse que Deus se ama infinitamente com um amor intelectual. É esse amor de Deus por si que melhor simboliza o ato pelo qual o próprio sujeito se objetiva, o ato que é, segundo a pura Religião e a pura moral, a origem e a finalidade do universo.¹¹²

IV

A filosofia da identidade determina então em Schelling a mesma concepção da vida que em Spinoza; a doutrina da unidade absoluta reaparece, segundo a própria intenção que a tinha inspirado, não apenas como uma doutrina especulativa, mas como uma doutrina prática e religiosa. A posição do finito no Infinito é, ao mesmo tempo, a mais elevada verdade e o ato que santifica e salva. O pensamento spinozista é ressuscitado por inteiro sob a forma que devia necessariamente tomar depois do desenvolvimento do idealismo alemão; ele não se limita

---

¹¹¹ *Philosophie und Religion*, VI, p. 60-62. — *System der gesammten Philosophie*, VI, p. 565-568.
¹¹² *Philosophie und Religion*, VI, p. 63-64.

mais a promover e a penetrar a filosofia de Schelling, ele a domina e a dirige, ele impõe até a unidade de seu método e até suas expressões seguidas à letra.

Contudo, a sutileza do esforço pelo qual Schelling tentava deduzir o finito do Infinito e de completar sobre esse ponto, com os recursos do idealismo, a doutrina spinozista marcava bem que ele tinha aí o problema mais difícil a resolver. É, dizia basicamente Schelling, porque no Absoluto as Ideias são em si, que elas podem ser por si e aparecerem para si mesmas como separadas do Absoluto. Na medida em que Schelling desenvolve a sua doutrina, ele tende a colocar na origem dessa separação, não apenas uma possibilidade indeterminada e ambígua, mas um ato efetivo e radical; ele explica o aparecimento do mundo sensível por uma ruptura violenta, por um declínio completo, por uma cisão essencial. Mas por introduzir na filosofia da identidade uma tal concepção, ele é obrigado a complicar de alguma forma a ideia do Absoluto e de constituir aquilo que ele chama uma "teogonia transcendental". Ele distingue no Absoluto o ideal enquanto é eternamente em si, o real enquanto é determinado pelo ideal, e enfim a forma sob a qual o ideal determina o real. O Absoluto só pode se apreender numa imagem adequada de si mesmo, numa espécie de antítipo, que, ainda que fundado em si mesmo, é como um outro Absoluto. Este antítipo tem, portanto, uma realidade em si; ele é absolutamente livre; eis por que ele pode prescindir do Absoluto primordial e passar, ao estado de coisas sensíveis, as Ideias que estão compreendidas nele. Essa queda não é um fato dado no tempo, dado que ela está na origem dos tempos. Ela é possível pela realidade autônoma do Deus objetivo, sem a qual o Deus ideal não existiria. Então, não podemos dizer que Deus seja a causa do mal, já que o mal não resulta imediatamente de sua ação, e, portanto, o mal não tem realidade independente de Deus, dado que ele tem a sua razão suprema no ato pelo qual Deus se revela e se objetiva.[113] Eis como Schelling resolve primeiro este problema do aparecimento do finito que não passa, a seus olhos, do antigo problema da existência da matéria. Todavia, ele não se

---
[113] *Philosophie und Religion*, VI, p. 21-50.

prende a essa solução; ele retoma a questão sob uma forma sobretudo moral: ele quer determinar mais profundamente a causa última do mal e o sentido verdadeiro do destino humano.[114]

É inconteste que, nesse novo período de seu pensamento, Schelling não está mais tão próximo de Spinoza. Ele insiste muito sobre a impotência do spinozismo em explicar a passagem do Infinito ao finito; mas continua a afirmar, como no spinozismo, a imanência do Infinito no finito. Como na sua filosofia da identidade ele tinha levado o spinozismo na direção do platonismo, ele o leva agora na direção do neoplatonismo da Escola de Alexandria. Ele acolhe, junto com as ideias místicas do seu contemporâneo Baader, as concepções teosóficas de Jacob Boehme,[115] e ele tenta explicar o mal e a liberdade não apenas por uma afirmação especulativa, mas também não por uma história metafísica do Ser.

De resto, ele renuncia tão pouco à doutrina da imanência que ele a defende energicamente contra interpretações e objeções vulgares que a desnaturam. Acusam essa doutrina de confundir o Infinito e o finito, o Absoluto e o relativo; mas por qual erro persistente recusamos a admitir que o finito só está no Infinito, como o relativo no Absoluto, pela supressão de seus limites? Eis aí o sentido exato da lei da identidade. O panteísmo não afirma que Deus se absorve nas coisas sensíveis, dado que ele se esforça em conceber Deus na pureza absoluta do Ser. É verdade que por uma contradição singular culpam o panteísmo de sacrificar a existência dos outros seres, a individualidade e a liberdade a Deus; mas se as coisas não são, como Deus poderia estar perdido neles? O que é justo é que o Ser infinito de Deus, longe de suprimir a individualidade e a liberdade dos seres, os funde ao contrário. Quando dizemos que os seres dependem de Deus, não exprimimos com isso que eles não são nada; porque não é por uma simples relação de dependência que se pode determinar

---

[114] Ver Alfred Weber [1835-1914]: *Examen critique de la philosophie religieuse de Schelling* [*Exame crítico da filosofia religiosa de Schelling*], Strasbourg, 1860, p. 13-28.
[115] Ver o belo estudo de Émile Boutroux sobre a *Philosophie allemand Jacob Boehme* (*Compte rendu de l'Académie des sciences morales et politiques, séances des* 11, 18 et 25 février 1888).

a natureza de um ser; a questão volta a saber de que o ser depende. Depender do Eterno é participar dele como a verdade consequente participa da verdade antecedente: a verdade consequente não é então uma verdade real? Assim, um órgão particular como o olho só é possível em um organismo; o que não o impede de ter uma vida própria e mesmo uma espécie de liberdade que se manifesta em sua doença. Se os seres perdessem sua existência apenas por serem concebidos em Deus, eles nem poderiam ser concebidos; porque como conceber aquilo que não é? Na realidade, os seres concebidos em Deus exprimem a própria revelação de Deus. Deus só pode se revelar naquilo que lhe é análogo, ou seja, nos seres livres e agindo por si próprios. A imaginação divina que produz a especificidade dos seres não é como a imaginação humana que só pode comunicar às suas criações uma existência fictícia: as representações de Deus são seres autônomos. Deus vê as coisas em si e as coisas são tais como ele vê. A ideia de uma divindade derivada é tão coerente que ela é, para a filosofia, a ideia indispensável, a ideia mediatriz por excelência: uma tal divindade pertence à natureza. Longe de ter contradição entre a doutrina da imanência e a livre realidade dos seres, é necessário afirmar que os seres não são e só são livres na medida em que eles são em Deus, que eles alienam sua existência e sua liberdade na medida em que eles existem fora de Deus. O verdadeiro Deus não é um Deus dos mortos, ele é o Deus dos vivos.[116]

O spinozismo permanece, portanto, verdadeiro como doutrina da imanência. Mas só houve da existência dos seres em Deus uma concepção negativa; portanto, ele é impotente, como todo dogmatismo, em explicar completamente o mal e a liberdade humana.

Eis então de uma vez por todas nossa opinião firme sobre o spinozismo. Esse sistema não é fatalismo porque ele coloca as coisas em Deus; porque, como demonstramos, o panteísmo não torna impossível a liberdade formal. Se Spinoza é fatalista é por uma outra razão, e independente disso. O vício de seu sistema não é colocar

---

[116] *Philosophische Untersuchungen über das Wesen der menslichen Freiheit und die damit zusammenhängenden Gegenstände* (1809), VII, p. 338-348.

as coisas em Deus, mas de colocá-las como coisas; ele está em um conceito abstrato dos seres do universo e mesmo da Substância infinita, que, ela também, é para ele uma coisa. Também seus argumentos contra a liberdade são inteiramente deterministas, de modo algum panteístas. Ele trata a vontade como uma coisa e mostra assim naturalmente que em cada circunstância onde ela age ela é necessariamente determinada por uma coisa, a qual está determinada por uma outra, e assim ao infinito. Daí esta ausência de vida em seu sistema, esta falta de alma na forma, esta pobreza de ideias e de expressão, esta inexorável duração das determinações, que concorda plenamente com esta maneira abstrata de pensar, que é a sua; daí também, como consequência natural, sua concepção mecanicista da natureza. Podemos duvidar que as ideias fundamentais do spinozismo não já foram modificadas em sua essência pela representação dinamista da natureza? Se a doutrina segundo a qual todas as coisas são concebidas em Deus é a base de todo sistema, é necessário ao menos que ela seja primeiro vivificada e arrancada da abstração para que ela possa se tornar o princípio de um sistema racional. Como é vago dizer que os termos exprimem que os seres finitos são modificações ou consequências de Deus! Que abismo a transpor aqui, e quantas questões a resolver! Poderíamos comparar a rigidez do spinozismo à estátua de Pigmaleão, que teria necessidade de ser animada pelo sopro inflamado do amor. Contudo, essa comparação é inexata, porque este sistema parece mais uma obra apenas esboçada em seus contornos exteriores, e na qual poderíamos notar, mesmo se já estivesse animada, a ausência ou imperfeição de numerosos traços. Parece, melhor dizendo, com as mais antigas imagens de divindades, que aparecem mais misteriosas quanto menos apresentam traços individuais e vivos. Em uma palavra, esse sistema é um realismo exclusivo. Esse termo soa menos ruim do que panteísmo; tem ao menos a vantagem de expressar muito mais acertadamente o próprio caráter da doutrina e de não ter sido empregado pela primeira vez. Seria fora de propósito reproduzir as numerosas explicações sobre esse ponto achadas nos primeiros escritos do autor. O acordo entre o realismo e o idealismo, por sua compenetração, foi sempre o objetivo confesso de seus esforços. A ideia fundamental do spinozismo, vivificada pelo princípio do idealismo (modificada também em um ponto essencial), achou em uma concepção superior da natureza, e na unidade reconhecida entre o princípio dinâmico e o princípio da alma e do espírito, uma base vibrante sobre a qual veio se fundar a filosofia da Natureza. Esta podia, é verdade, subsistir como simples Física; mas, em relação ao conjunto da filosofia, a Física só foi considerada uma parte, a parte real, que só podia ser erigida em um sistema plenamente racional com a condição de se completar se unindo com a parte ideal, onde reina a liberdade. É na liberdade, dizíamos, que se acha o ato em sua mais alta potência, pela qual a natureza universal se transfigura em sentimento, em inteligência, finalmente em vontade. Em última análise, não existe outro Ser, só o querer. O querer é o Ser primitivo, e só a ele convêm todos os atributos do ser: libertação de toda causa exterior, eternidade, independência em relação ao tempo, afirmação de si. Toda filosofia tende unicamente a achar essa expressão suprema.[117]

Ter concebido que a liberdade está no começo e no fim de tudo, que ela é a realidade verdadeira, eis a conquista definitiva do idealismo moderno. Mas o idealismo se enclausurou numa fórmula exclusiva quando se recusou a admitir que toda a realidade tinha a liberdade como princípio. Não é suficiente dizer que a liberdade é tudo, é preciso acrescentar que tudo é liberdade. Mais ainda, o idealismo se prendeu a uma ideia da liberdade ao mesmo tempo geral e formal; ele mostrou o que é a liberdade em si; ele não explicou aquilo que é ou aquilo que se torna a liberdade no homem. Enfim, o idealismo se engana completamente quando imagina ter excluído a doutrina da imanência; porque, que os seres sejam concebidos como coisas na Coisa infinita ou como vontades no Querer absoluto, pouco importa à doutrina da imanência, tomada nela mesma. Mas o que essa doutrina ainda não resolveu, nem em sua expressão idealista, nem em sua expressão realista, e que ela deve resolver, é o problema da liberdade humana considerada como potência viva e concreta, como potência do bem e do mal.[118]

---

[117] *Über das Wesen der menschlichen Freiheit*, VII, p. 349-350.
[118] Ibid., p. 351-352.

Contudo, esse problema não seria insolúvel? Se a liberdade só pode ser em Deus, como ela pode ser a potência do mal? Eis a dificuldade que todos os sistemas tentaram em vão superar e que pode se expressar no seguinte dilema: ou o mal que nos aparece como real é verdadeiramente real, e então, como toda realidade derivada de Deus, o conceito de Ser infinito se encontra em contradição e arruinado; ou o mal que nos aparece como real é apenas uma simples aparência, e então a liberdade humana, que o engendrou, é como ele apenas um poder ilusório, sem eficácia.

É nessa última parte que Spinoza parou: ele decididamente negou a realidade do mal. Ele considera que o mal é simplesmente uma menor perfeição, portanto, que a força que age no mal só difere em grau da força que age no bem; e como ele estabelece aliás que toda comparação entre as coisas é uma operação relativa ou mesmo defeituosa da inteligência humana, ele crê ter o direito de concluir que na natureza, bem compreendida, tudo é perfeito. Contudo, essa conclusão só é possível porque Spinoza define a liberdade pelo conceito formal da indiferença em relação a toda qualificação moral, boa ou má. Mas quando tomamos a liberdade em um sentido concreto e vibrante, quando concebemos que essa indiferença implica a potência efetiva do bem e do mal, a dificuldade permanece; porque, a menos que aceitemos por desespero o dualismo, é necessário sempre explicar como o ser finito que está em Deus pode decair, qualquer que seja a maneira. Spinoza suprime o problema, não o resolve. Por outro lado, as generalidades do idealismo não são de ajuda aqui; porque elas desviam o pensamento daquilo que é real, daquilo que rejeita uma razão abstrata e desdenhosa. O medo de se sujar no contato das coisas torna o espírito naturalmente cego sobre a presença e a origem do mal. Eis como acabamos por levar tudo a um Absoluto sem vida. Deus é algo mais real do que uma simples ordem moral do mundo, e ele tem em si uma outra potência de ação que aquela que lhe atribui uma filosofia abstrata. É urgente reintegrar a natureza ao sistema da razão. O realismo é o corpo da filosofia, o idealismo é a alma; é necessário torná-los um para constituir um todo vibrante.[119]

---

[119] *Über das Wesen der menschlichen Freiheit*, VII, p. 352-357.

A filosofia da natureza introduziu na ciência a distinção entre o Ser, enquanto ele existe, e o Ser, enquanto ele é o princípio de existência. É necessário transportar para o próprio Deus essa distinção, se quisermos nos elevar acima dos conceitos exclusivos de Spinoza e Fichte. Aliás, só faremos dar sentido preciso a esta expressão comumente repetida, jamais aprofundada, de que Deus é causa de si. Em Deus, a causa deve ter uma realidade distinta, embora inseparável, de seu efeito. O princípio da existência divina não é Deus, considerado absolutamente; a Natureza é em Deus. Deus não pode existir sem essa Natureza de onde procede toda vida; essa Natureza não pode existir sem Deus, no qual está toda vida. O Ser como existente e o Ser como princípio de existência se supõem reciprocamente; eles são coeternos. Todavia, é por causa dessa distinção que se pode explicar o nascimento dos seres finitos; porque, se, por um lado, como seres finitos, eles não estão em Deus, e se, por outro lado, como seres, eles derivam necessariamente de Deus, podemos sustentar doravante que eles dependem daquilo que em Deus não é o próprio Deus, daquilo que no Absoluto é o fundamento da existência divina, em uma palavra, da Natureza.

O que é então a Natureza em Deus? É a potência e a vontade de ser, potência cega e vontade inconsciente; é o desejo de se engendrar a si mesmo, desejo sem inteligência, mas que aspira à inteligência e a pressente. Esse desejo suscita em Deus uma representação interior que só pode ter por objeto o próprio Deus. Expressão do querer-viver infinito, o Verbo que estava no começo se faz inteligência e vontade. E o primeiro efeito da inteligência e da vontade em ato é de levar a luz às profundezas misteriosas da Natureza, é de estabelecer distinções entre forças que a Natureza envolve, e assim da unidade primitiva saem os seres individuais. Engendrando-se a si mesmo, Deus engendrou as criaturas: tal é a fórmula pela qual a linguagem humana pode exprimir esta passagem da Potência cega, que confunde tudo, à Vontade soberanamente consciente, que distingue tudo. Nós vemos na realidade, o perfeito nasce do imperfeito, a luz surge da escuridão. Schelling não hesita aplicar em Deus, por uma transposição ousada, a mesma lei de toda existência real: existe em Deus um modo de geração ou de transmutação análoga que faz surgir do fundo obscuro da Natureza infinita a forma luminosa da Inteligência perfeita.[120]

Ora, esse "processo" da existência divina se acha expresso em todo ser. Existe em todo ser, assim como já explicou Schelling em seu *Bruno*, um princípio natural e um princípio divino. O princípio natural, pelo qual o ser se liga à causa inconsciente de Deus, é o desejo cego de ser por si; o princípio divino, pelo qual o ser se liga à perfeição de Deus, é a vontade do universal. Todo ser é então orientado, ao mesmo tempo, mas inegavelmente, em direção à natureza e em direção a Deus, e apesar dessa dualidade de inclinações, existe uma unidade essencial, fundada sobre a unidade indivisível dos dois princípios no Absoluto. Todas as criaturas, menos o homem, exprimem esses dois princípios numa proporção determinada. O homem, exprimindo esses princípios no mais alto grau, pode assegurar a um e a outro uma influência preponderante. No homem se encontram toda a potência da escuridão e toda a potência da luz, o mais profundo dos abismos e o mais elevado dos céus. A identidade vibrante dos dois princípios é o espírito. Deus então é o espírito; a alma, ela também, é espírito, enquanto ela for essa identidade. Mas por que essa identidade não é tão certa na alma quanto em Deus? É que sem essa diferença não existiria distinção entre Deus e o homem, e sem essa distinção Deus não seria manifestado. É preciso admitir então que a identidade entre os dois princípios, indissolúvel em Deus, pode ser dissolvida no homem, e é o que explica, ao mesmo tempo, tanto a liberdade quanto a possibilidade do bem e do mal.[121]

O homem recebe da natureza uma tendência à existência individual. Mas, por outro lado, pela consciência de si, ele se eleva à espiritualidade; ele é pessoa quando nele vêm se unir a existência individual e a existência espiritual, e, como pessoa, ele se distingue de Deus. Portanto, ele não é, como as outras criaturas, o instrumento cego e passivo da vontade universal; ele pode se libertar dessa dominação, inverter a ordem dos princípios que constituem seu

---

[120] *Über das Wesen der menschlichen Freiheit*, VII, p. 357-362.
[121] Ibid., p. 362-364.

ser, substituir a vontade universal pela vontade de uma existência egoísta. Assim se acha deslocado o verdadeiro centro da vida; o elo das faculdades humanas é quebrado, e, como a vontade egoísta é impotente em reformá-lo, ela trabalha se fortificando e agrupando em volta dela os apetites violentos e as luxúrias desordenadas. O mal é, como a doença, o desenvolvimento excessivo de um órgão particular que quer viver por si em detrimento do organismo; ele aparece quando o homem, por uma ação positiva, procura fazer tudo irradiar em torno de seu eu natural, falsamente exaltado à altura da vontade divina. A consequência de tal orgulho é a ruptura da harmonia que engendrava a união da alma com Deus, é o desencadeamento das forças interiores, que, tendo derrubado toda autoridade, entram em luta umas contra as outras, é uma vida de mentiras, de angústia, de perdição. O mal existe então, porque, em vez de adorar Deus em Deus, o homem se adorou como Deus, na sua própria natureza. Também não foi suficientemente explicado como deduzimos do Infinito a existência do finito; porque não é no finito como finito que está a origem do pecado, ela está no finito que pretende se elevar, como finito, à espiritualidade. Assim como o princípio divino não seria suficiente, no homem, para fazer o bem, se ele não fosse sustentado e vivificado pelo princípio natural, também o princípio natural não seria suficiente para fazer o mal, se ele não tentasse usurpar o caráter e a potência do princípio divino. O mal então é mais do que uma fraqueza do que um limite ou privação, ele é tudo menos um abandono de si à sensibilidade e ao instinto; ele é uma obra positiva e pessoal. O animal não é nem bom nem mau, porque nele os dois princípios não podem se substituir um pelo outro; é o privilégio do homem de só poder ser superior ou inferior à besta. Aquilo que a liberdade humana escolhe é real como ela e até participa de seu infinito. Segundo o pensamento cristão, o diabo não é uma criatura limitada, mas a mais ilimitada. Não é a terra que se opõe ao céu, é o inferno. Existe no mundo um entusiasmo tanto pelo mal quanto pelo bem.[122]

---

[122] *Über das Wesen der menschlichen Freiheit*, VII, p. 364-373.

Mas por que o homem escolheu o mal? E como essa escolha pode ser justificada em Deus? Suponhamos que o mal tenha permanecido simplesmente virtual, que o homem não tenha se colocado contra Deus; então se tornaria impossível Deus se manifestar completamente; porque toda coisa só se manifesta pelo seu contrário, a luz pela escuridão, o amor pelo ódio, a harmonia pela luta. Eis por que o mal é não apenas um fato individual, mas antes de tudo uma realidade universal. O mal existe para que Deus o supere e, em superando-o, chegue à plena revelação de si. Não quer dizer que Deus queira o mal; porque nem como princípio ideal, nem como unidade entre dois princípios, ele pode produzir o mal. A condição do mal, então, só pode se encontrar nesta vontade de ser que, em Deus, é diferente da vontade de amor. E essas duas vontades só podem se unir completamente no Absoluto sob a condição de ser primeiro cada um em si. Sem a vontade de ser, a vontade de amor não seria, e é aquilo que faz com que a segunda não possa anular a primeira; ela deve, ao contrário, deixá-la agir com tanta independência quanto possível, a fim de que nada falte à unidade que ela deverá em seguida restaurar. Assim, a vontade de ser, se desenvolvendo por si em cada criatura, produziu o mal; e o mal exprime, não um ato expresso de Deus, mas uma necessidade sem a qual o amor divino não teria podido agir em toda a sua plenitude.[123]

Um olhar sobre o conjunto das coisas confirma a justeza dessa explicação. Constatamos no mundo perpétuas exceções à lei; em todos os graus da natureza, e particularmente nos seres vivos, aparecem, ao lado do necessário e do racional, o contingente e o irracional. Não é apenas uma vontade universal que governa o universo; existe no universo um jogo perpetuamente flexível de vontades individuais aspirando à existência por si. Portanto, a luta entre o bem e o mal que explode na natureza e preenche a história. Mas é próprio do mal não poder chegar à existência completa, e ser, a despeito de si mesmo, a condição e o ponto de partida da realização do bem. É justo no momento onde o mal aparece com mais intensidade que se revela, brilhante, a luz do Espírito,

---

[123] *Über das Wesen der menschlichen Freiheit*, VII, p. 373-376.

que estava no mundo desde o começo, mas obscura e velada; e para fazer face vitoriosamente ao mal humano e pessoal, ela se manifestou sob uma figura humana na pessoa do Mediador; e ela veio restaurar, até o ponto extremo de sua queda, as relações da humanidade com Deus. Foi necessário Deus se fazer homem para que o homem retornasse a Deus.[124]

Mas devemos admitir que o ato pelo qual o homem retorna a Deus é um ato de liberdade? O que é, então, definitivamente, a liberdade humana? Tal como a entendemos geralmente, ela seria um poder indiferente entre os contrários, se determinando ao acaso, ou mesmo incapaz de se determinar, como o asno de Buridan. Tal concepção, que conclui que a indeterminação do ato é devida à ignorância das causas, é incompatível com uma doutrina racional, que nega todo capricho e todo acaso. O determinismo tem certamente uma abrangência superior; mas tem o defeito de se apoiar sobre um encadeamento exterior e superficial das representações. A liberdade não é o acaso; a necessidade não é a coerção. Trata-se de rejeitar o acaso e a coerção para aceitar, na sua íntima união, a liberdade e a necessidade. O idealismo, com Kant, abriu o caminho; é necessário se engajar de novo e ir avante.[125]

Segundo o idealismo, a essência inteligível de todos os seres e particularmente do homem está fora e acima do tempo; portanto, ela escapa à lei da causalidade empírica. Será necessário então crer que ela é em si indeterminação pura? É isso que Kant parece admitir, e é daí que ele retorna ao sistema de liberdade da indiferença. A ação livre deve ser boa ou má, ou seja, determinada. Ora, da indeterminação à determinação não há nenhuma passagem possível. É necessário então admitir que o homem tem em sua essência uma razão para se determinar, e que essa determinação constitui seu caráter moral. Seus atos são ao mesmo tempo livres e necessários; necessários, porque eles são conformes à sua essência, livres, porque sua essência se coloca ela mesma tal como ela é. Existe um querer primitivo e radical que determina todo o nosso destino. A teoria da

---

[124] *Über das Wesen der menschlichen Freiheit*, VII, p. 376-382.
[125] Ibid., p. 382-383.

predestinação só é falsa em seu sentido vulgar porque ela faz depender nossa conduta de uma potência alheia a nós. Nós nos predestinamos nós mesmos, ou melhor, somos nós mesmos que, por uma operação eterna, engendramos nossas disposições individuais, a natureza e a potência de nossas faculdades e até a conformação particular de nosso corpo. Não podemos ter uma consciência imediata dessa operação já que ela é o próprio princípio da consciência. E, no entanto, parece haver um conhecimento dessa operação no sentimento que temos de ser decididamente aquilo que somos e de ser ao mesmo tempo plenamente responsáveis. Então, dado que nosso ser é livre em sua essência eterna e que escolhemos o mal, é necessário reconhecer que existe um pecado radical ou original. É o caráter inteligível do mal que explica a potência e a necessidade.[126]

Mas então, será que precisamos acreditar que o mal é irreparável? E, se o ato que nos faz ser aquilo que somos é um ato eterno, como uma conversão ao bem seria possível? Devemos perfeitamente admitir, segundo Schelling, que na eterna operação da liberdade estão incluídos tanto o desvio para o mal quanto o retorno ao bem. Este sentimento interior, que nos adverte da realidade do mal, nos revela também no âmago de nosso ser, ainda persistente, a potência do bem. O mal é um ato de liberdade; mas a liberdade, enquanto liberdade, é indestrutível; e como ela determina a direção essencial do querer, ela também pode modificá-la. Na verdade, a passagem do mal ao bem não poderia ser a negação absoluta daquilo que está no mal, nem a realização do mal é a negação absoluta daquilo que está no bem. Existe a identidade entre o mal e o bem no sentido em que é a mesma liberdade que no mal é dominada pelo egoísmo dos desejos sensíveis e que no bem se subordina à vontade universal. Ora, como é necessário que a liberdade se determine no mal para que, na própria violência das paixões, ela experimente e recobre toda sua força, é impossível que ela aí persista, por causa do prejuízo que ela inevitavelmente sofre. Então é a liberdade inteligível que coloca a si mesma tanto sua servidão quanto sua libertação. Explicar essa dupla condição do homem pelo livre-arbítrio é verdadeiramente

---

[126] *Über das Wesen der menschlichen Freiheit*, VII, p. 383-389.

arruinar toda moral fazendo do pecado e da redenção simples acidentes. É o espírito do mal que amaldiçoa o homem, é o espírito de Deus que o salva: nada aqui pode ser arbitrário. Também é preciso afirmar a identidade indissolúvel entre a moralidade e a Religião. Não é a obediência a um dever formal, é a união imediata com Deus que é ao mesmo tempo nossa virtude e nossa salvação; e não é uma inspiração do sentimento, é por um ato de razão que essa união se estabelece e se completa.[127]

Ora, o que faz com que essa união tenha um caráter soberanamente moral e religioso é que Deus não é uma simples abstração, de onde tudo deriva logicamente, ele é uma pessoa, ou melhor, a Pessoa suprema. Deus é pessoa, porque ele é a unidade das forças, a união viva entre o princípio ideal e o princípio real. Os sistemas exclusivos como o de Spinoza e o de Fichte só podem conceber um Deus impessoal, porque eles consideram um como a Realidade sem ideal, o outro como o Ideal sem realidade. Deus é a síntese entre a Realidade e o Ideal; ele é a Natureza que se faz Espírito. Embora seja justo dizer, junto com Spinoza, que tudo aquilo que é possível é real, que tudo aquilo que é resulta de Deus com uma necessidade absoluta, que o Ser infinito é a lei universal; mas não devemos nos prender nem a uma necessidade impessoal nem a uma lei abstrata. O Universo proclama, aliás bem alto, que ele não é uma geometria em ato. No entendimento divino existe um sistema; mas Deus não é um sistema, ele é uma vida. Podemos então qualificar de moral a necessidade segundo a qual o mundo deriva de Deus, mas nesse sentido, de que essa necessidade é concebida e afirmada por Deus, no sentido em que ela é Deus voluntariamente manifestado. Em Deus se unem a potência e a vontade do Bem.[128]

Como, portanto, conciliar definitivamente com Deus a existência do mal? O ato pelo qual Deus se revela não pode implicar em si nada de mal; ele deve consagrar além disso a supremacia do espírito sobre a natureza; mas ele não pode negar a natureza que é a sua própria condição, ele deve deixá-la se produzir.

---

[127] *Über das Wesen der menschlichen Freiheit*, VII, p. 389-394.
[128] Ibid., p. 394-399.

Ora, se a natureza em Deus se torna imediatamente a potência do espírito, no ser finito ela não se une espontaneamente ao espírito e ela até entra em rebelião contra ele. Então é apenas para o homem e pelo homem que o mal existe: aquilo que por vontade humana é o pecado, no Absoluto é a condição da revelação divina. É com o bem que o homem faz o mal; é com o mal que Deus faz o bem. Porque o mal dá ao amor divino ocasião de se exercer; ele é levado por Deus ao seu princípio, e consequentemente negado como mal. No fundo, aliás, como já vimos, o mal e o bem são dialeticamente idênticos, eles são uma só e mesma realidade, considerada aqui na discordância, e lá no acordo entre seus elementos. De onde se segue que o pecado não pode jamais se realizar como tal; é apenas por empréstimo que ele toma a aparência do ser; assim a serpente recebe da luz suas cores enganosas. Então a principal obra do amor divino é dar ao homem uma clara consciência da vaidade do mal; ora, essa obra se conclui na morte da criatura sensível, que marca o advento da vida eterna. A vida eterna é por excelência a vida do amor, onde todos os seres são livremente unidos em Deus e a Deus.[129]

Assim se completa a revelação divina: ela tem na afirmação do espírito, como unidade entre dois princípios, apenas um termo provisório, não definitivo; o espírito é apenas a vontade do amor; o amor aperfeiçoa o espírito; pelo amor Deus é tudo em todos; ele está completamente realizado. É dizer que Deus não é imediatamente por inteiro, dado que ele deve triunfar sobre o mal para ser plenamente. Ora, por que o Perfeito tem necessidade de se tornar para ser? Essa dificuldade é resolvida, se consideramos que Deus não é simplesmente um ser, que Deus é uma vida. Toda vida tem um destino, toda vida está submetida ao devir e à paixão. É essa lei de toda vida que Deus voluntariamente aceitou, para ser pessoa; sem a ideia da Paixão divina, a história ficaria para sempre ininteligível. Então é conveniente admitir no Absoluto um estado inicial, anterior a toda revelação, e um estado final onde a revelação é realizada, e afirmar entre esses estados extremos um estado de evolução onde se opõem os contrários da luz e das trevas, do bem e do mal. Existe uma unidade que precede os contrários, que está nesse

---

[129] *Über das Wesen der menschlichen Freiheit*, VII, p. 399-403.

fundo misterioso do Ser de onde tudo procede (*der Urgrund, der Ungrund*); é a unidade da indiferença. Existe a unidade que inclui em si os contrários na sua oposição concreta; é a unidade do espírito ou identidade. Existe, enfim, a unidade que domina os contrários pela transformação do mal em bem; é a unidade da pessoa absoluta ou do amor. É por essa eterna procissão de Deus que se explicam todas as determinações da vida moral.[130] Assim Schelling concebe no Absoluto a união indissolúvel entre o Ser e o devir; ele introduz no âmago do Absoluto esta necessidade de um desenvolvimento, que na sua filosofia anterior ele considerava derivada e subordinada. É nesse sentido que ele responde às objeções de Jacobi:

> Eu coloco Deus como o Primeiro e o Último, como o *Alfa* e o *Omega*; mas como princípio ele não é aquilo que ele é como fim; e como ele só é verdadeiramente Deus, no sentido eminente, quando considerado como fim, ele não é, quando princípio, ainda Deus, e não pode ser rigorosamente chamado por esse nome. Falando explicitamente, primeiro ele é Deus não desenvolvido, *Deus implicitus*, ele é, como fim, *Deus explicitus*.[131]

Ora, na medida em que essa concepção se torna preponderante em Schelling, ela parece afastá-lo muito de Spinoza; ela o leva a acusar o spinozismo de ter sacrificado a causalidade de Deus à sua substancialidade, de só ter podido assim edificar uma moral quietista.[132] Mas ela acaba também o separando do idealismo racional, ou melhor, levando-o a ver no idealismo racional apenas uma filosofia preparatória e negativa: no último período do pensamento de Schelling, a metafísica do Absoluto se subordina à história da revelação divina.

Não deixa de ser verdade que foi Schelling quem mais completamente restaurou na filosofia alemã a *Ética* de Spinoza com todas as suas consequências práticas e religiosas. O estudo dos diversos momentos de sua doutrina

---

[130] *Über das Wesen der menschlichen Freiheit*, VII, p. 403 e seg.
[131] *Denkmal der Schrift von den göttlichen Dingen des Herrn Jacobi* (1812), VIII, p. 81.
[132] *Zur Geschichte der neuern Philosophie*, X, p. 33 e seg.

foi como a constatação de esforços sucessivos pelos quais as ideias spinozistas conseguiram se reunir e se reconstituir. Schelling estabeleceu desde o começo que o Absoluto não deve ser definido por categorias morais, que a ideia do dever exprime o Absoluto, não em si, mas na sua relação com as condições da nossa existência empírica. Ele concebeu o Ser como a verdade una e total que não admite nela nenhuma impossibilidade e nenhuma impotência. Ele então afirmou que a Natureza é mais que uma simples aparência ou um simples instrumento do espírito, que ela é, assim como o espírito, a expressão do Ser, que ela tem em si o princípio de sua fecundidade indefinida; de tal modo que a ação moral seria absurda em querer contradizer a Natureza, que é, ou para se colocar fora da história, que se torna necessariamente: a unidade entre a inteligência e as coisas é o princípio determinante da nossa vontade. Portanto, dado que existe uma tal harmonia entre a natureza e o espírito, que a natureza pode ser dita sujeito assim como o espírito, o que é verdadeiro é o sistema das Ideias, onde o espírito e a natureza são apenas potências e aparências, e aquilo que é verdadeiro eminentemente é a Ideia absoluta onde o Um e o Todo são idênticos, onde não tem lugar para a diferença. Então, a atividade humana necessariamente tende a suprimir a diferença nas coisas quando ela aspira à Razão que está nela: ou seja, se a metafísica tem por principal função explicar como o Infinito toma as formas do finito, a tarefa moral e religiosa do homem consiste em realizar, pela negação do finito como finito, a unidade absoluta entre finito e Infinito. A unidade absoluta entre finito e o Infinito: eis aquilo que devem afirmar, para além das categorias da lógica abstrata e da atividade discursiva, todas as obras do homem reunidas em uma única obra. Esse é o pensamento que inspirou a *Ética* de Spinoza; é o pensamento que atravessa e que vivifica todas as concepções de Schelling até a sua última filosofia; é, como diz Hegel, o pensamento promotor de toda verdade, e que basta desenvolver dialeticamente o significado para que ela seja a própria verdade.

CAPÍTULO VIII

HEGEL

Na sua *Philosophie de la Religion* [*Filosofia da Religião*], Hegel aprecia nestes termos a moral de Spinoza:

> O spinozismo, segundo uma acusação universal, implicaria esta consequência, que se tudo é uno, o bem é uno com o mal, que não existe nenhuma diferença entre o bem e o mal, e que, portanto, toda religião é suprimida. Dizem: em si não existe diferença válida entre o bem e o mal; pouco importa, portanto, que sejamos bons ou maus. Podem concordar que em si, ou seja, em Deus, que é a única verdadeira realidade, a diferença entre o bem e o mal seja suprimida. Em Deus não existe o mal, e a diferença entre o bem e o mal só existe se Deus é o mal; mas não devem concordar que o mal seja uma afirmação e que essa afirmação esteja em Deus. Deus é bom e ele só é bom; a diferença entre o bem e o mal não existe nessa Unidade, nessa Substância; ela só se produz com a diferença em geral.
> Deus é a Unidade que permanece absolutamente nela mesma. É com a diferença entre Deus e o mundo, especialmente com a diferença entre Deus e o homem, que começa a diferença entre o bem e o mal. Relativamente a essa diferença entre Deus e o homem, o princípio fundamental do spinozismo é que o homem só deve ter Deus por finalidade. A lei do homem, nesse estado de separação, é então o amor

de Deus. É unicamente em direção a esse amor de Deus que ele deve se dirigir; ele não deve fazer valer a sua dissidência e perseverar nela com toda a sua vontade; é somente em direção a Deus que ele deve se dirigir.

E é a moral a mais sublime aquela que afirma que o mal não tem que ser, e que o homem não deve deixar perpetuar essa diferença, esse nada. O homem pode querer manter essa diferença, levá-la até a oposição com Deus que é o Universal em si e por si; só então ele é mau. Mas ele pode também considerar essa diferença como inútil e só colocar seu verdadeiro ser em Deus e na sua aspiração a Deus; então ele é bom.

No spinozismo sem dúvida se produz a distinção entre o bem e o mal, pela oposição entre Deus e o homem; mas ela se produz com este princípio, que o mal deve ser olhado como um não ser. Em Deus enquanto tal, em Deus enquanto Substância, a diferença não existe; é para o homem que existe a diferença, e em particular a diferença entre o bem e o mal.[1]

Em muitas outras passagens de suas obras, Hegel defende a pureza e a grandeza da moral spinozista contra interpretações estreitas e grosseiras, ao mesmo tempo, ele se empenha em determinar seu sentido. Spinoza não nega a distinção entre o bem e o mal tal como ela se produz na nossa consciência finita, e eis por que ele trata das paixões humanas antes de tratar da liberdade. Ele apenas nega que essa distinção tenha um valor absoluto; ele mostra que ela só pode aparecer no mundo da dualidade e da contradição, que não é o verdadeiro mundo. Em Deus, não existe oposição, ou seja, que o mal não pode ser, que apenas o bem existe. Pode então existir uma doutrina mais nobre do que essa que coloca como princípio supremo o amor de Deus e que afirma que toda nossa vida deve se referir ao Eterno? E que não digam que uma tal doutrina se junta ao sistema por acidente; ela é sua mais sincera e mais legítima consequência. Todas as objeções dos adversários de Spinoza testemunham que eles estão menos preocupados com os interesses da verdade do que com os

---

[1] *Vorlesungen über die Philosophie der Religion*, Hegel's Werke, XI, p. 56-57.

interesses da existência sensível; é o finito, é o relativo que eles querem salvaguardar a todo preço contra uma filosofia que só concebe o Ser no Absoluto e no Infinito, que faz consistir a liberdade apenas na afirmação de Deus.[2]

Quer dizer que a doutrina moral de Spinoza seja plenamente satisfatória? Não mesmo. O defeito dessa doutrina consiste no desconhecimento ou na exclusão do elemento subjetivo, da consciência de si. O spinozismo considera o livre-arbítrio e o mal como negações e, portanto, como ilusões; ele só concebe a individualidade finita como uma modificação da Substância; em outras palavras, ele faz desaparecer o livre-arbítrio, o mal, o ser finito, mas ele não os explica. Ele não admite que aquilo que é negação, em relação à verdade imediata que ele afirma, possa ter alguma realidade; também ele está longe de compreender na sua totalidade esta consciência da liberdade e de espírito que o homem só possui por oposição ao corpo e às coisas sensíveis. Esse vício parcial do sistema se atribui a uma concepção abstrata demais do Absoluto. Certamente Spinoza teve o grande mérito de colocar o princípio da unidade sustentando que o Universal é e que o particular não é, e é justo reconhecer que a sua filosofia é o acontecimento capital do pensamento moderno; mas a unidade que ele concebeu parece muito com a unidade abstrata dos Eleatas. Ele não se elevou até a noção do Abstrato tal como ela está imbuída na consciência cristã. Judeu por nascimento, ele continuou fiel às tendências intelectuais de sua raça. É de fato a concepção oriental, segundo a qual todo ser finito é apenas um ser mutável e passageiro, que achou na filosofia spinozista sua expressão racional. Essa concepção, aliás, é verdadeira; mas ela não é toda a verdade. Ela é um momento necessário como ponto de partida ou que temos que atravessar, mas no qual não devemos parar. A noção de Substância, que Spinoza aplica a Deus como noção adequada, é um grau essencial no desenvolvimento da Ideia; mas ela não é a Ideia em sua totalidade. Deus é a Coisa absoluta, a Substância infinita; mas é também e acima de tudo a Personalidade suprema. Não pense que refutamos o spino-

---

[2] *Encyclopädie der philosophichen Wissenschafren im Grundrisse, Vorrede zur zweiten Ausgabe*, VI, p. XVII-XIX — *Vorlesungen über die Geschichte der Philosophie*, XV, p. 402-403, 409-410.

zismo porque opomos a ele princípios que ele não pode admitir, ou que só pode admitir transformando-os segundo seu próprio caráter; só podemos refutar o spinozismo compreendendo-o, mostrando que ele é uma expressão legítima, mas subordinada, do Absoluto. Não é por ter afirmado o Absoluto como Substância, é por *não* a ter afirmado como Pessoa que Spinoza é impotente em justificar a individualidade e as coisas finitas. Pela sua teoria dos atributos e dos modos ele introduz a diferença na Unidade sem deduzi-la, aliás, ele faz da diferença uma representação subjetiva e ilusória. Também nenhuma objeção é menos fundada do que aquela que consiste em lhe reprovar ter identificado Deus com os seres finitos; porque, segundo a lógica de seu sistema, os seres finitos não existem. Seu sistema não é um ateísmo, mas um acosmismo; ele é pleno de Deus, a ponto de ignorar as coisas reais. Se persistirmos em taxá-lo de ateísmo, sob pretexto de ele não ter reconhecido o verdadeiro Deus, seria necessário aplicar a mesma denominação a todas as doutrinas que tiveram de Deus uma noção inadequada; seria necessário chamar de ateus, não só os judeus e os maometanos para quem Deus é apenas o *Senhor*, mas também numerosos cristãos que fazem de Deus um ser separado, fora do universo e inacessível ao conhecimento. O que é certo é que, suprimindo decididamente todo dualismo, Spinoza teve a ideia muito clara do que deve ser o pensamento filosófico. Por isso, é o verdadeiro educador de todos aqueles que começam a filosofar. Não se é um filósofo se não tiver sido spinozista. É necessário que a alma se banhe primeiro neste éter da Substância, onde se dissipa tudo aquilo que tínhamos como verdadeiro. É necessário que ela se eleve à negação de tudo que é particular e finito, porque é nessa negação, como mostrou Spinoza, que começa a se afirmar a liberdade do espírito. Mas não ficamos nisso; é necessário compreender, e não suprimir a diferença na Unidade. O vício do sistema spinozista vem de que a Unidade só é afirmada em detrimento de um dos termos envolvidos. Entre o Infinito e o finito devemos escolher, como entre Deus e o mundo, o Bem e o mal. O grande mérito de Spinoza, ao mesmo tempo especulativo e moral, é que, colocado nessa posição extrema, ele opta pelo Infinito, por Deus, pelo

Bem; é que, ao invés de admitir uma dualidade radical sem retorno possível à Unidade, ele prefere afirmar imediatamente a Substância una. Mas essa unidade imediata da Substância é incompatível com a realidade do universo e o movimento da história. Nessa identidade imóvel da Substância desaparecem todas as diferenças dos seres e todas as determinações da consciência. A Substância é o abismo que engole tudo. Portanto, se explicam as indignações e as revoltas suscitadas pelo sistema de Spinoza. É necessário então compreender a unidade entre o Infinito e o finito, entre Deus e o mundo, sem negar suas diferenças; é preciso abrir espaço na ordem universal para o indivíduo, para a pessoa humana; é necessário considerar que, se toda determinação é uma negação, a negação da negação se torna uma afirmação; é necessário colocar o Ser absoluto na origem de tudo, mas compreendê-lo como Sujeito e não como objeto, como Espírito e não como coisa, como Trindade viva e não como unidade abstrata; é necessário alargar a doutrina da imanência para que ela possa abraçar as oposições que o entendimento lhe apresenta, sem excluir absolutamente uma parte, como faz o entendimento.[3]

Isso equivale a dizer que, aplicada à realidade, a lógica ordinária é insuficiente. A partir de Aristóteles, de fato, se estabeleceu uma distinção entre a forma e o conteúdo do pensamento, e atribuíram como objeto da Lógica o estudo das leis formais do espírito, enquanto reservaram à Metafísica o direito de explicar e de justificar o conteúdo real delas. Com certeza, o conhecimento do pensamento como atividade puramente subjetiva pode ter um grande interesse para o homem; mas ele não pode ser considerado a ciência da verdade. Ele só pode se tornar isso sob a condição de compreender o conteúdo tão bem quanto a forma do espírito, de ser não uma simples análise dos procedimentos intelectuais, mas o sistema da razão pura.[4] O pensamento só é pensamento verdadeiro quando ele mergulha no real. A humanidade sempre acreditou

---

[3] HEGEL. *Wissenschaft der Logik*, IV, p. 194-197. — *Encyclopädie*, VI, p. 109-110 e 300-303. — *Geschichte der Philosophie*, XV, p. 372 e seg. — Ver no opúsculo de [Johannes Immanuel] Volkelt [1848-1930], *Pantheismus und Individualismus im System Spinoza's* (Leipzig, 1872), uma crítica do spinozismo que se inspira nas ideias hegelianas.

[4] *Encyclopädie*, VI, p. 32-33.

que o pensamento fosse destinado a conhecer o verdadeiro: então quer dizer que, por um lado, o mundo objetivo é o que é pelo pensamento, e, por outro lado, que o pensamento é a verdade do mundo objetivo? Portanto, dado que o pensamento se identifica com a realidade, a lógica que trata do pensamento é também a metafísica. As outras ciências filosóficas, como a filosofia da natureza e a filosofia do espírito, são apenas a lógica aplicada; a lógica é a alma que as anima. E assim o idealismo é justificado. O acordo entre o pensamento e seu objeto, que é a definição ordinária da verdade, é no fundo o acordo do objeto consigo mesmo, ou seja, com a sua noção. Nesse sentido, só Deus é verdadeiro, de uma verdade absoluta, dado que nele o ser e a noção são um, e eis por que a lógica pode ser chamada de exposição ou revelação de Deus.[5]

O que mostra bem, aliás, que a lógica e a metafísica estão indissoluvelmente unidas é que a metafísica se baseia sempre, para atingir seu objeto, sobre uma certa lógica. Num primeiro momento, o pensamento se sente espontaneamente capaz de apreender o verdadeiro, e nisso ele tem completa razão; mas são as categorias do entendimento finito que ele aplica ao Infinito para compreendê-lo. Ele se determina e ele determina o real segundo o princípio de contradição, e ele constitui um sistema de predicados definidos que conformam as coisas às suas naturezas exclusivas. Ele só concebe o *um* e o *outro* impondo a necessidade de aceitar o *um* e rejeitar o *outro*. É assim que o pensamento começa assumindo que o mundo é finito ou infinito, afirmando desse modo que o mundo só comporta uma dessas duas denominações contraditórias. Ele se apoia então sobre esse princípio, que de duas determinações opostas uma deve ser verdadeira e a outra falsa. Ele cinde assim em duas porções o conteúdo da consciência real, e ele conclui que por um lado tudo é verdade, e por outro lado tudo é ilusão. O pensamento encerra o universo em um sistema rígido de noções imóveis e impenetráveis, e ele parodia a unidade concreta em uma simples unidade formal de objetos finitos. Ele só pode conceber Deus como o Ser abstrato, separado de toda realidade; ou então, quando ele tenta determi-

---

[5] HEGEL. *Encyclopädie*, VI, p. 42-54.

ná-lo, é para lhe aplicar, sem preocupação com a contradição que encerra um tal procedimento, atributos relativos, emprestados aos modos particulares de existência dada. O pensamento é então condenado, ou a isolar completamente o Infinito do finito, ou a subordinar o Infinito ao finito.[6]

Não é de surpreender que uma simples consideração empírica da realidade tenha sido suficiente para assinalar a insuficiência de um tal pensamento, e que o dogmatismo tenha inevitavelmente suscitado contra ele o ceticismo. A metafísica do entendimento se fixa na forma do universal abstrato, e ela não consegue explicar como o universal se particulariza. Daí a tendência que ela tem de negar o particular que ela não pode compreender: suas conclusões são exclusões. Mas sob a própria influência da realidade, ela não pode ficar só nisso; a realidade lhe apresenta sob todas as formas aquilo que ela recusou admitir, e faz explodir por todo lado a vaidade de suas abstrações. É então que as determinações finitas que constituíam o entendimento se suprimem e passam aos seus opostos; é pela dialética negativa que essa passagem acontece. O papel essencial da dialética negativa é então dar ao entendimento lógico a consciência de seus limites, é lhe revelar sua impotência em apreender o Infinito, é lhe mostrar a necessidade de se ligar a outra coisa além de si mesmo. A dialética negativa é o princípio do movimento intelectual e a alma do progresso científico. Então, mesmo que ela apareça como uma arte puramente exterior e enganosa, ela exprime a transição imanente de um conceito dado ao seu contrário lógico; ela separa o pensamento do finito e lhe manifesta que a verdade está no Infinito; apenas ela ainda está no primeiro estado do pensamento, onde ela concebe as ideias se referindo ao Infinito como puras formas, sem realidade determinável.[7]

Apesar de tudo, a dialética não é só negativa em seus resultados; por oposição ao entendimento abstrato, ela dá ao pensamento um objeto concreto, e ela o leva a compreendê-lo; impondo ao entendimento o conhecimento de seus

---

[6] *Encyclopädie*, VI, p. 61-77.
[7] Ibid., p. 78-125.

limites, a dialética vai além desses limites, e ela afirma o Infinito no pensamento. Existe então um terceiro momento do pensamento, que é o momento do pensamento especulativo ou positivo. O pensamento especulativo não é apenas pensamento determinado; ele é essencialmente pensamento determinante, ou seja, é ele mesmo que coloca e que suprime as determinações do entendimento; ele as contém como estados do qual ele se apropria e do qual ele é unidade viva. Longe de excluir as contradições pela sua identidade essencial, ele as supõe para conciliá-las. Ele se faz tese e antítese antes de ser síntese. O pensamento especulativo se manifesta nos conceitos finitos e contraditórios do entendimento, mas sem poder se fixar neles: ele os atravessa com o seu infinito.[8] Na origem está o ser, o ser puro que só implica a si mesmo, que é imediatamente por si, que não se relaciona com nada anterior a ele; mas esse ser puro, que é a potência de tudo, não é a realidade de nada; ele é então idêntico ao seu contrário, o nada. Porém, o ser e o não-ser mantêm sua diferença no sentido que para o entendimento este é sempre oposto ao outro: é no devir que eles acham sua identidade real. O devir é a expressão sintética e concreta da Ideia: ele manifesta o progresso necessário da Ideia em direção a determinações cada vez mais complexas.[9]

A filosofia de Hegel é o spinozismo enriquecido de todas as conquistas do idealismo alemão. Kant tinha combatido o dogmatismo sustentando que a marcha do espírito não é puramente analítica, estabelecendo que o pensamento é concreto em si, que ele tem um conteúdo próprio, que ele se exprime por julgamentos sintéticos *a priori*; Kant tinha superposto à lógica formal, que só é válida para o possível, uma lógica transcendental destinada a compreender o real; talvez ele tenha pressentido o escopo especulativo desta lógica, quando, pela sua doutrina das antinomias, ele colocou em evidência o movimento dialético do espírito, quando ainda, no final de sua *Critique du jugement* [Crítica da faculdade do juízo], ele mostrou que a unidade sintética requer uma condição, um

---

[8] *Encyclopädie*, VI, p. 126-160.
[9] Ibid., p. 163-177.

condicionado e um conceito conciliador; e mais, distinguindo entre a razão e o entendimento, ele descobriu o caráter inevitavelmente finito de todas as determinações do entendimento e ele libertou a Ideia dessas determinações: portanto, o entendimento intuitivo, o intelecto arquétipo, tal como o concebeu, não teria conferido um valor absoluto às necessidades do pensamento? Depois de Kant, Fichte veio alegar que as categorias devem ser deduzidas de um mesmo princípio; que a ciência, para ser plenamente justificada, deve tomar uma forma sistemática; ele mostrou como a afirmação do Eu é o verdadeiro julgamento sintético *a priori*, como o Eu compreende em si a ideia e a realidade, como ele coloca, em virtude de sua própria essência, uma série de contradições que ele deve resolver de maneira a se constituir um objeto e a assegurar assim cada vez mais a sua própria realização. Enfim, Schelling tinha claramente concebido sob a forma do saber racional aquilo que Jacobi concebia sob a forma do saber imediato, ou seja, a unidade entre o pensamento e o ser; ele tinha afirmado, com Spinoza, que o ideal e o real são apenas expressões diferentes de um Princípio idêntico em si; com o idealismo, que as leis da natureza são no fundo as próprias leis do espírito; ele introduziu no spinozismo aquilo que lhe faltava, a saber, o sentimento da vida, da subjetividade, do movimento, enquanto, por outro lado, ele separava o idealismo de suas expressões exclusivas para fazer a filosofia absoluta; ele tinha descoberto dessa maneira o verdadeiro conteúdo do pensamento especulativo. Assim, a filosofia alemã tinha retirado pouco a pouco do próprio âmago do espírito as determinações, que a unidade concebida por Spinoza, para se tornar concreta, para ser adequada à realidade, devia compreender.

Mas ainda é preciso que essas determinações sejam verdadeiramente deduzidas e levadas aos seus princípios para que elas possam constituir um sistema. Ora, aos olhos de Hegel, Kant erroneamente se contentou com uma classificação empírica das categorias; ele as transportou tais quais, segundo as tabelas da lógica vulgar, da experiência ao entendimento, sem as ligar umas às outras por elos verdadeiramente internos; ele viu a necessidade do movimento dialético do espírito, mas não mostrou a sua legitimidade; ele não compreendeu que a tese e a antítese eram, não apenas as condições formais, mas também os elementos reais da síntese. Após ter felizmente estabelecido que as categorias engendram inevitavelmente a contradição, ele humilhou a razão diante das coisas, tornando-a responsável por uma absurdidade que as coisas, segundo ele, não contêm, e ele veio a conceber a razão normal como um entendimento vazio; também, depois de ter fortemente proclamado que a liberdade é a própria essência do espírito, contra a qual nada pode prevalecer e da qual deve se deduzir a moralidade humana, ele não consegue concluir o sistema da razão prática: a moralidade permanece em sua doutrina no estado de forma indeterminada, como ela permanece no homem no estado de intenção. Depois dele, Fichte, apesar da ambição que tinha em descobrir a forma absoluta da ciência, não chegou nem a superar o dualismo kantiano, nem mesmo a conceber a verdadeira unidade; o Eu, do qual ele faz o primeiro princípio, pode até lutar para tirar de si a realidade exterior, ele a acha sempre oposta ao seu esforço, e ele só persegue a unidade como uma finalidade ideal, para sempre inacessível; eis por que Fichte substitui a afirmação inteira da verdade por uma certeza puramente subjetiva, eis por que ele considera o Absoluto, não como a identidade entre o sujeito e o objeto, mas simplesmente como a ordem moral do universo. Se enfim Schelling concebeu, com a identidade entre o sujeito e o objeto, o princípio definitivo da verdadeira ciência, ele não soube nem deduzir este princípio, nem o desenvolver metodicamente; para afirmá-lo ele apelou para a intuição intelectual; ora, a intuição intelectual, tal como ele a entende, é o privilégio de alguns, porém esse deveria ser o caráter do pensamento filosófico, e, portanto, demonstrar o que ele afirma. Schelling então cometeu o erro de começar pela ideia do saber absoluto e de não se preocupar com os estados que o homem deve atravessar para se elevar a essa ideia; ele, além disso, usou um procedimento de construção que é apenas um vão formalismo e que consiste em aplicar por analogia um esquema geral àquilo que se pretende compreender. À noite, diz o prevérbio, todos os gatos são pardos; no Absoluto, como afirma Schelling, tudo se parece e se confunde; não existe diferença qualitativa, só existe uma unidade sem distinção.[10] O Absoluto, ao contrário, segundo Hegel, não pode ser, ou melhor, não pode permanecer a identidade indeterminada; ele deve ser a identidade de determinações cada vez mais ricas e abrangentes que se suscitam e se encadeiam. Enquanto a filosofia de Schelling tinha interpretado e desenvolvido a doutrina spinozista da imanência num sentido platônico, a filosofia de Hegel a interpreta e a desenvolve num sentido aristotélico.[11] Platão e Aristóteles tinham construído seus sistemas sobre esta ideia comum expressa por Sócrates, a saber, que o conceito é a essência ou a realidade das coisas. Também Schelling e Hegel construíram seus sistemas sobre esta ideia comum afirmada por Spinoza, a saber, que a verdade está na identidade absoluta. Mas na explicação da identidade absoluta Hegel se opõe a Schelling, como na explicação do conceito Aristóteles se opunha a Platão, se apoiando no fundo sobre este princípio, que o complexo é mais real do que o simples.

O método dialético chega então no momento oportuno para alcançar, na sua essência interna, e para demonstrar, na sua forma adequada, a verdade especulativa. É porque, aliás, ele não se impõe de fora dos sistemas, que ele limita e compreende imediatamente; são os sistemas que vêm nele se reconhecer e se julgar. A filosofia, de fato, é idêntica à sua história: a progressão histórica das diversas doutrinas não é senão a própria progressão da Ideia que se reveste sucessivamente de formas contraditórias para se livrar e produzir formas novas. Só existe uma filosofia, assim como só existe uma verdade; mas é apenas aos poucos, através das oposições das doutrinas, que a filosofia chega à consciência dela mesma; e eis por que a última filosofia na ordem temporal, se todavia for mesmo uma filosofia, é a mais rica e a mais perfeita: ela contém nela eminentemente os princípios das filosofias anteriores, ela é idêntica ao que essas filosofias produziram de durável e de real; ela leva às necessidades internas do pensamento as necessidades em aparência exteriores que determinaram e regeram o desenvolvimento dos sistemas. A filosofia na sua história é

---

[10] HEGEL. *Geschichte der Philosophie*, XV, p. 551-639, 646-683 — *Phänomenologie*, II, Vorrede, p. 11-14 — *Encyclopädie*, VI, p. 85-125.

[11] Ver supra, Primeira Parte, capítulo X (O problema moral na filosofia de Spinoza).

Deus aspirando a se conhecer; a filosofia na sua noção é Deus se desvendando por inteiro. A filosofia de Hegel é a filosofia absoluta, dado que ela se produz quando a história e a noção se compreendem, quando a razão no seu desenvolvimento e a razão na sua atividade eterna são uma única e mesma razão.[12] Ela trabalha, sem dúvida, para justificar o seu princípio, mas é o seu princípio que, antes de tudo, a justifica; e esse princípio consiste na afirmação do Absoluto como sujeito, como espírito. O Absoluto é o espírito, não o espírito em geral, mas o espírito que se revela a si mesmo, o espírito que chega a se produzir na consciência, o espírito infinitamente criador. Se a proposição, segundo a qual Deus é a substância única, revoltou a sua época, é porque se pressentia que no Absoluto, assim entendido, iria desaparecer, ao invés de se fundir, a consciência de si. Por outro lado, o pensamento não poderia ser esgotado pela afirmação de uma verdade imediata e de uma substancialidade imóvel. A verdade é o Todo, mas o Todo é o ser que se desenvolve para se produzir e que se aperfeiçoa pelo seu próprio desenvolvimento.[13] O espírito só é aquilo que é porque ele se torna; se ele é primeiro a verdade em si, ele deve ser a verdade por si; ora, ele só pode passar da verdade em si para a verdade por si sendo a verdade fora de si. É a tarefa da ciência filosófica seguir na sua evolução necessária, ser primeiro a lógica, que compreende a Ideia nas suas determinações imediatas, depois a filosofia da natureza que compreende a Ideia na sua existência exterior, enfim a filosofia do espírito que compreende a Ideia no seu retorno a si mesma.[14] Esses diversos momentos da evolução da Ideia são momentos metafísicos que marcam, pelas suas relações, a subordinação do simples ao complexo e do abstrato ao concreto na unidade sempre imanente entre o Infinito e o finito.

O espírito então só começa a ter uma existência concreta quando volta da Natureza para si mesmo; então, ele se torna realmente aquilo que é essencialmente. Em virtude de sua liberdade interna, ele tende a se libertar daquilo que

---

[12] *Encyclopädie*, VI, *Vorrede zur zweiten Ausgabe*, p. XX-XXI, p. 21-22. — *Geschichte der Philosophie*, XIII, p. 11-64; XV, p. 684-692.

[13] *Phanomenologie, Vorrede*, II, p. 14-22 — *Encyclopädie*, VII, p. 29-30, p. 32.

[14] *Encyclopädie*, VI, p. 26; VII, 2, p. 30-31.

lhe é alheio para produzir aquilo que é conforme a sua noção. É por um progresso dialético regular que ele se eleva da vida natural à vida da consciência, da vida da consciência à vida do pensamento. Ele não pode jamais parar definitivamente naquilo que ele é forçado a supor. Ele só é na condição de se manifestar, e ele só pode se manifestar se determinando. Em si ele é infinito, e ele se revela como finito; existe então na sua natureza uma contradição que pede para ser resolvida; e eis por que o conhecimento se move entre os contrários que ele só supera provisoriamente, até o momento em que ele é por si aquilo que ele implica em cada grau de seu desenvolvimento, ou seja, a harmonia entre o saber e o seu objeto, entre a forma e o seu conteúdo. Que a razão essencialmente seja infinita é incontestável; nesse sentido, falar de limites da razão é ter uma opinião tão absurda quanto dizer que o ferro é lenhoso; mas, por outro lado, é necessário reconhecer que a razão se coloca limites que ela tende a suprimir. É necessariamente que o espírito infinito se aprisione no finito; mas é também necessariamente que, sendo infinito, ele anseie por sua libertação.[15]

Essa atividade perpetuamente móvel do espírito é uma atividade teórica enquanto ela trabalha para eliminar do objeto a forma da contingência, enquanto ela o abstrai de sua natureza imediata e enquanto ela aspira a reproduzi-lo nela mesma como um estado ao mesmo tempo necessário e subjetivo, racional e interior. Ela reage assim contra a objetividade exclusiva das coisas; ela faz entrar nela, de modo a se apropriar, aquilo que primeiro lhe era oposto. Mas não é suficiente que o espírito tome posse daquilo que lhe é fornecido de fora, porque, pela redução do objeto ao sujeito, ele apenas opera uma unidade parcial; ele tende também a realizar aquilo que ele produz no interior dele mesmo e a operar, portanto, pela redução do objeto ao sujeito, uma nova e mais elevada unidade. A atividade do espírito se torna assim prática, quer dizer que ela parte de seus próprios interesses e de suas próprias finalidades, e que ela anseia transformar seus estados em coisas; ela reage contra a subjetividade exclusiva da consciência, e ela exprime fora dela, de modo a lhe conferir

---
[15] *Encyclopädie*, VI, 2, p. 290-296.

uma realidade independente e, como substancial, aquilo que primeiramente só tinha uma existência interior. Esta distinção entre o espírito teórico e o espírito prático não poderia aliás ter um valor absoluto, porque o espírito teórico se exerce também sobre suas próprias determinações e o espírito prático se aplica também às finalidades que lhe são dadas naturalmente. Aquilo que é realizado igualmente pelo espírito teórico e pelo espírito prático, mesmo que de maneiras diferentes, é sempre a razão, é sempre a unidade entre o mundo subjetivo e o mundo objetivo.[16]

Assim, a inteligência se torna vontade quando ela se considera como um princípio de determinação; enquanto vontade, ela se determina então e se limita. Podemos daí medir o erro dos filósofos que, opondo a vontade à inteligência, colocam o finito do lado da inteligência e o infinito do lado da vontade. A vontade é a realização do espírito; ora, o espírito em si é infinito, e do espírito infinito a vontade só é uma realização progressiva, portanto parcial, portanto finita.[17] Também, no seu primeiro momento, a vontade está bem longe de esgotar sua noção; ela é vontade individual, sentimento prático, ou seja, ela tende espontaneamente a colocar no ser seus estados tais como eles são. Ela envolve em si aquilo que a razão afirma, mas sob uma forma subjetiva e contingente; de modo que, se, num sentido, ela pode manifestar a razão, num outro sentido, ela pode limitá-la e alterá-la. Assim se explicam, ao mesmo tempo, aquilo que existe de justo e aquilo que existe de falso nos apelos que fazem ao sentimento moral, ao sentimento do direito, ao sentimento religioso. Dirigir-se assim ao coração do homem é fazer valer nele as disposições que lhe são próprias, que exprimem verdadeiramente sua natureza, é provocá-lo a ser por inteiro e sem cisões naquilo que faz, enquanto as determinações abstratas do entendimento separam todas as suas faculdades, quebram sua atividade e esterilizam os germes da vida que estão em sua alma. O entendimento não pode explicar por que é uma única e mesma razão que se revela ao homem como sentimento, como

---

[16] *Encyclopädie*, VI, 2, p. 296-301.
[17] Ibid., p. 300. — *Grudlinien der Philosophie des Rechts*, VIII, 2. — *Auflage*, p. 47.

vontade, como pensamento, e, portanto, ele só pode suscitar uma ação moral exclusiva. Segundo Hegel e também Spinoza, é melhor se deixar determinar pela tendência imediata a perseverar no seu ser do que pelos conceitos parciais do entendimento. E podemos dizer, por um lado, que não há diferença entre a atividade racional que se compreende ela mesma e o sentimento prático do homem íntegro. Mas, por outro lado, a diferença é grande. O sentimento prático pode facilmente se deixar corromper pelas influências contingentes que agem sobre ele; ele exige uma educação, ou seja, um modo de desenvolvimento que o liberte de tudo aquilo que ele tem de puramente subjetivo e arbitrário, que o leve ao universal; ele deve achar no pensamento a verdade que ele traduz; assim como ele não pode ficar absolutamente na sua natureza, ele não deve ser abandonado a si próprio. É um grave erro afirmar que o direito e o dever perdem seu valor ao serem transpostos do sentimento para o pensamento, que a cultura intelectual é aqui ineficaz ou prejudicial. Como aquilo que é razoável no sentimento poderia rejeitar ser compreendido como racional? Todos aqueles que querem filosofar sobre o direito, a vida moral, a vida social e que, no entanto, querem excluir o pensamento, todos aqueles que só invocam as boas disposições da alma, as inspirações do coração, marcam assim o profundo estado de rebaixamento em que a ciência caiu.[18]

O sentimento prático é então um estado momentâneo da vontade, não um estado definitivo; ele não se basta e nunca está seguro de poder se contentar; dependendo se as coisas respondem ou não às suas tendências, ele se torna afecção agradável ou dolorosa. A vontade compara as determinações que lhe vêm de fora com as determinações colocadas pela sua própria natureza. E é porque não existe identidade absoluta entre esses dois tipos de determinações que o mal sensível existe. O mal sensível vem de que o estado experimentado não é, para a vontade, aquilo que deveria ser; ele supõe, não apenas a diferença em geral, mas a diferença em um mesmo sujeito, e ele leva a vontade à afirmação prática daquilo que deve ser. É assim que nasce o desejo. Enquanto a sim-

---

[18] *Encyclopädie*, VII, 2, p. 361-367. — *Philosophie des Rechts*, VIII, p. 55.

ples inclinação é apenas uma atividade individual que se aplica ao indivíduo, o desejo aspira a um conjunto de satisfações e envolve o universal. Contudo, como o desejo surge da individualidade do sentimento prático, ele ainda permanece contaminado de contingência, e ele só sustenta, seja com as coisas, seja consigo mesmo, relações irracionais; eis por que ele se torna paixão. A paixão é o desejo limitado a tal estado particular, é toda a energia do espírito, do caráter, do talento, da sensibilidade concentrada sobre um objeto, à exclusão de qualquer outro. Considerada absolutamente, a paixão é má quando ela é impotente em se desenvolver e em se fazer valer na ordem do direito, da vida moral e da vida social; mas considerada relativamente, ela é para a atividade do sujeito uma causa de excitação salutar; ela agita e acorda as potências adormecidas da alma. Nada de grande foi realizado, nada de grande será realizado sem paixão. É uma moral abstrata e morta que a condena. A paixão é a forma exclusiva do interesse que o indivíduo deve trazer para a sua ação para que ela tenha algum vigor e alguma eficácia. Enfraquecer no homem esse interesse, seja pela promessa de uma felicidade imediata, seja pela consideração do puro dever, é amortecer nele toda vida.[19]

Mas também é verdade que o desejo se particulariza em desejos, que agora, ao invés de se fazerem um, se combatem uns aos outros. É então que a vontade, que é em si o universal, se coloca diante desses desejos particulares com o poder geral de se apropriar de um deles; ela é, então, o livre-arbítrio. O livre-arbítrio, como faculdade de se determinar por esta ou aquela ação, é um momento essencial da liberdade; mas não é a liberdade completa e verdadeira. Que seria, de fato, uma vontade que pretendesse se fechar completamente em sua generalidade abstrata, que pretendesse ser apenas a potência indeterminada dos contrários? Ela se destruiria naturalmente, porque não podemos querer sem querer alguma coisa, ou seja, sem se determinar. Ou então, se ela quisesse se realizar segundo sua generalidade abstrata, ela viria suprimir todas as determinações particulares do real; ela engendraria por exem-

---

[19] *Encyclopädie*, VII, 2, p. 367-371.

plo este fanatismo revolucionário que não leva em conta nem as pessoas nem as instituições, que desconhece as diferenças e as desigualdades naturais de talento e de autoridade, que sacrifica sem piedade os indivíduos, que quer de qualquer maneira que tudo seja introduzido, homens e coisas, na mais vazia das formas. Então, ter o livre-arbítrio como expressão adequada da liberdade é prova de uma falta total de educação intelectual, é nem ter a desconfiança do que é o direito, do que é a vida moral e social. A crença comum identifica a ação livre e a ação arbitrária; ora, a ação arbitrária participa da contingência da finalidade que ela escolhe; ela é determinada, assim como o seu objeto, pelas circunstâncias exteriores, porque ela só está unida ao seu objeto por uma ligação acidental. No ato do livre-arbítrio, a forma e a matéria da vontade ficam na presença uma da outra sem que uma e outra se penetrem. Além disso, a vontade que se concebe por completo como livre-arbítrio não consegue nunca se desprender deste vão pensamento, de que ela teria podido se conduzir de outra maneira se fosse de sua vontade. Ela é a vontade de fantasias sucessivas e de decisões incoerentes. Ao contrário, a verdadeira liberdade consiste em ultrapassar, para dominá-la, a atividade subjetiva do indivíduo. Eu sou livre quando eu quero aquilo que é racional, porque então não é pela minha individualidade que eu ajo, mas segundo a própria noção de moralidade. Na ação moral não sou eu que eu afirmo; aquilo que eu afirmo é a coisa à qual me vinculo, a coisa à qual me prendo, a coisa que quero realizar; na ação imoral é, ao contrário, minha natureza particular que procuro fazer prevalecer. O racional é a grande via onde cada um vai, onde ninguém se distingue. Diante da obra de um grande artista, dizemos: "isto deve ser assim", o que significa que o artista apagou todo traço particular, que o artista não tem maneirismos. Fídias não tem maneirismos, é a forma absoluta que vive e que se revela em suas obras. Mais ainda, ao contrário, um artista é imperfeito quanto mais o reconhecemos com seus traços particulares e seu livre-arbítrio.[20] Assim, a vontade só tem no livre-arbítrio uma realidade subjetiva e contingente;

---

[20] *Philosophie des Rechts*, VIII, p. 36-51. — *Encyclopädie*, VI, p. 288-290; VII, 2, p. 371-372.

e como ela vai de um desejo a outro sem jamais poder ser satisfeita, ela tende a suprimir dos desejos aquilo que eles têm de particular e de exclusivo para se constituir com aquilo que eles têm de comum, uma finalidade universal, que é a felicidade. Ela age sob uma ideia de felicidade; e embora, pela matéria dessa ideia, ela se conecte ainda às inclinações e às propensões sensíveis, pela forma dessa ideia, que é geral, ela se libera dessas inclinações e dessas propensões; ela aspira a colocar seu objeto segundo a própria universalidade de sua noção; ela é o espírito livre que agora se realiza por si e somente por si.[21]

Essa ideia do espírito livre não apenas não exclui, mas ainda supõe a ideia de desenvolvimento necessário. A liberdade e a necessidade só se contradizem na ordem do finito, e em relação ao entendimento. Então, elas pretendem exprimir cada uma o Ser por inteiro, ou então elas dividem entre si o universo, uma agarrando o espírito e a outra a natureza. O pensamento especulativo não poderia admitir amigavelmente nem essas pretensões exclusivas nem esses arranjos. Uma liberdade sem necessidade, ou uma necessidade sem liberdade, só pode ser uma concepção abstrata, portanto, falsa. A liberdade é essencialmente uma realidade concreta. Ela se determina nela mesma eternamente, e assim ela é necessária. Por outro lado, a necessidade, quando ela é concebida na sua verdade, é livre. Aquilo que faz com que a necessidade dissimule ou reduza a liberdade é que, nas suas formas imediatas, ela só apreende um fato relacionando-o a outro fato; ela só estabelece uma identidade exterior entre os termos que ela une; ela os aproxima mais do que os entende. Ela própria se liberta desta rigidez tirânica e superficial quando mostra que a diferença, longe de ser acidental, é essencial à unidade, quando ela explica que o primeiro termo só entra em relação com o segundo porque ele entra em relação consigo mesmo, quando, portanto, ela se apreende como a identidade interna de termos diferentes. Ela é, no seu mais alto grau, a noção que se afirma, a liberdade por excelência. Só existe então contradição insolúvel entre a necessidade abstrata que nega o ser ao qual ela se impõe e a liberdade abstrata que nega a razão da

---

[21] *Encyclopädie*, VII, 2, p. 372-373. — *Philosophie des Rechts*, p. 53-58.

qual o ser depende; existe unidade absoluta entre a liberdade e a necessidade na afirmação concreta e autônoma do espírito.[22]

Ora, essa afirmação do espírito, para ser plenamente objetiva, deve ser uma realização; é preciso que a consciência espiritual desenvolva o seu conteúdo. A livre vontade se constitui primeiro, anteriormente a toda moralidade, na ordem do direito abstrato; ela se manifesta primitivamente como pessoa, e, a fim de ser pessoa concreta, ela se determina em uma coisa exterior. A livre vontade entra de posse dessa coisa, que, não sendo provida de vontade, não tem nenhum direito sobre ela, e ela marca, com um sinal visível, que a faz sua propriedade. A propriedade assim criada não é apenas a expressão real da pessoa; ela coloca ainda a pessoa em contato com outras pessoas, e assim se funda todo um sistema de relações. Essas relações, sendo relações de vontades, são contratos, e elas estabelecem, acima das vontades particulares, uma espécie de vontade comum. Mais precisamente porque essa vontade comum não existe em si, ela permanece sob a dependência das vontades particulares. Ela pode então ser negada por uma dessas vontades, e como só uma parte pode ter razão, é necessário que haja um direito em si que seja oposto à aparência do direito. O direito em si se exprime por um julgamento que reestabelece a verdade contra a aparência, e que é forte o suficiente para ser executado na prática. Quando a aparência do direito é sustentada de boa fé, só existe um litígio ao qual o julgamento põe fim, mas, quando é conscientemente que o direito é ignorado e violado, tem fraude e crime. A ação fraudulenta e criminal é uma ação negativa porque ela só tem valor para o indivíduo que a comete; ela provoca pelo seu próprio caráter uma série indefinida de negações análogas; ela incita à vingança aquele que se sente lesado, e ela implica assim novas violações do direito, porque a vingança é apenas a satisfação de um interesse individual. Estas consequências negativas da injustiça e do crime são impedidas por um julgamento com aplicação da penalidade; a punição desinteressada coloca um fim a tudo e, num certo sentido, repara tudo. Sem dúvida, o culpado

---

[22] *Encyclopädie*, VI, p. 72-73, 292-298, 310-311.

punido pode ver na pena uma limitação de sua liberdade; contudo, a pena não é uma violência externa que se impõe arbitrariamente a ele, ela é um ato que vem de sua própria autoria; e é considerando-a como tal que ele é verdadeiramente livre. Negando o direito, a vontade quis a pena; ela nega essa negação aceitando plenamente o castigo que ela provocou.[23]

Ora, esta recuperação do direito só é possível pela ação de uma vontade que se determina, não por fins particulares e interessados, mas pela ideia de justiça. Assim, a vontade se separa da influência das circunstâncias exteriores; ela vale agora pela resolução que ela toma, ou seja, pelos motivos interiores nos quais ela se inspira; ela se reveste de uma forma moral; ela é, por oposição ao direito abstrato, o direito subjetivo interno.[24] Enquanto, de fato, na ordem do direito abstrato só há espaço para o material do ato, na ordem da vontade moral é a intenção que é o elemento essencial e que confere ao ato seu verdadeiro significado. Colocar-se como agente moral é recusar se deixar julgar pelas coisas, é querer fixar por si mesmo o valor de sua obra. É sobretudo nos tempos modernos que foi atribuído ao motivo da ação uma importância considerável, enquanto antes se limitavam a decidir se tal homem, em tal circunstância, tinha materialmente agido bem. O ato humano foi assim cindido em dois elementos distintos e às vezes opostos: por um lado, a disposição interior que o decide, e, por outro lado, a execução exterior que o realiza. Ou melhor dizendo, entre o ato cuja possibilidade é concebida e o ato cuja realidade está efetuada, fizeram intervir como fator essencial a intenção, ou seja, a razão subjetiva e pessoal que determina a agir, e a agir de tal modo. Então, afirmaram, em virtude dessa distinção, que a intenção pode ser moralmente boa sem que o ato o seja.[25] Mas o que então faz a moralidade da intenção? O que é o bem moral?

O bem moral é a unidade entre a vontade universal e as vontades particulares; ele se produz quando a vontade particular se liberta das formas do direito abstrato e do prestígio dos bens exteriores para realizar a noção

---

[23] *Encyclopädie*, VII, 2, p. 376-385. — *Philosophie des Rechts*, p. 70-141.
[24] *Encyclopädie*, VII, 2, p. 384-385. — *Philosophie des Rechts*, p. 141-143.
[25] *Encyclopädie*, VII, 2, p. 385-387. — *Philosophie des Rechts*, VIII, p. 144-167.

universal que a constitui na sua própria essência. A vontade faz então da liberdade sua própria finalidade, ao mesmo tempo que ela a afirma como a finalidade do universo. O bem é a verdade da vontade; é como se a vontade o reconhecesse como tal. Mas a união entre a vontade particular e seus fins subjetivos e a vontade universal e seus fins absolutos não pode ser imediata: eis por que ela aparece como um dever. Agir conforme o dever em respeito ao dever, eis o caráter essencial da moralidade, dado que uma tal ação abstrai minha vontade de seus interesses particulares e a identifica com a vontade universal. É o grande mérito de Kant de ter compreendido e colocado em evidência o incomparável valor da ideia de obrigação. Mas Kant acreditou erroneamente que ele podia se ater a essa ideia para dar conta de toda vida moral. A afirmação pura e simples do dever não resolve o problema que esta afirmação suscita: o que é o dever? Também a doutrina de Kant é impotente em constituir uma teoria imanente dos deveres concretos. Para dar um conteúdo à ideia de lei moral, ela é forçada a supor a adição totalmente externa de uma matéria sob a forma de lei. O critério da moralidade que ela fornece se acha assim destituído de valor. Ela faz da contradição formal o sinal da má ação, e do acordo formal o sinal da boa ação; mas nem essa contradição, nem esse acordo estão no âmago da questão. Eu quero universalmente que a propriedade ou que a pessoa humana seja respeitada, e devo, portanto, respeitar a pessoa humana ou a propriedade, sob pena de me contradizer. Mas qual contradição existiria naquilo que não teve nem propriedade nem pessoa humana? Da pura formalidade do dever nada podemos deduzir de concreto.[26] É o vício da filosofia de Kant e de Fichte se prender a essa ideia de dever, que é num certo sentido uma ideia negativa, a ideia pela qual o entendimento limita seu conhecimento do ser; essa ideia deveria ter sido apenas a transição para uma ideia mais elevada, para ideia da Razão determinando todo o ser. Aquilo que deve ser segundo o entendimento é apenas um ideal e exprime portanto uma impo-

---

[26] HEGEL. *Phänomenologie des Geistes* II, p. 451 e seg. — *Encyclopädie*, VII, 2, p. 388-389. — *Philosophie des Rechts*, VIII, p. 167-174.

tência atual; aquilo que deve ser segundo a Razão, ou melhor, pela Razão é verdadeiramente, e tem toda a potência que a sua noção implica.[27]

Eis por que aliás a concepção abstrata do dever imprime no agente moral uma forma concreta, e se torna sua convicção do bem, sua consciência. A verdadeira consciência é a disposição em querer aquilo que é bom em si e para si; ela se apoia sobre um conjunto de princípios fixos que têm para ela o valor de regras objetivas, e ela envolve uma certeza infinita de seu valor. Ela afirma seu direito a conhecer por ela mesma aquilo que é obrigatório e justo e realizá-lo como bem entende. Ela é a unidade entre a vontade universal e a convicção pessoal. E, portanto, ela é infinitamente respeitável; ela é um santuário que é criminoso violar. Contudo, não podemos afirmar que a convicção pessoal seja adequada à vontade universal; assim como a verdade científica, a verdade moral não é a propriedade de um indivíduo. Se então em seu âmago a consciência permanece absolutamente livre, ela só pode se impor ao exterior se for ratificada por um julgamento objetivo e racional: é preciso que o valor de suas determinações seja reconhecido e aceito.[28]

Mas, de qualquer maneira, o direito e o dever só podem se produzir externamente depois de serem concentrados na subjetividade da pessoa: a essência da moralidade está na formação e no desenvolvimento da vida interior. Todavia, a vontade pessoal pode igualmente produzir o bem e o mal; se ela é capaz de erigir o universal em princípio de ação, ela pode também levar tudo arbitrariamente aos seus fins particulares, e assim ela se torna má. Essa é a causa próxima do mal. Mas qual é a causa última? A interpretação filosófica da história mosaica da queda pode nos esclarecer nesse ponto.[29] O estado primitivo do homem é um estado de inocência, ou seja, um estado de união imediata com a natureza. Mas é da essência do espírito que esse estado imediato seja negado; o espírito só pode ser na condição de se distinguir da natureza e, portanto, de romper a unidade primitiva. Ora, instituindo assim a vida da reflexão, o

---

[27] *Encyclopädie*, VI, p. 10-11, 97-98, 186.
[28] *Philosophie des Rechts*, VIII, p. 175-179.
[29] Ver supra Primeira Parte, capítulo V (A vida moral do homem), 1 (A servidão).

espírito é forçado a se determinar entre os contrários; ele só pode se realizar parcialmente subtraindo de si mesmo uma parte de seu objeto. O homem prova assim a árvore da ciência do bem e do mal; ele leva o Infinito ao finito se limitando a um conhecimento exclusivo das coisas, ele tem vergonha de sua nudez, ou seja, que não sendo mais inocente, ele repudia doravante aquilo que era o sinal de sua inocência. E se, nesse estado, ele é culpado e maldito, não é porque chegou nele, mas porque persistiu nele. Ele se recupera de sua culpa e da maldição que pesa sobre ele aceitando a luz divina: o homem deve trabalhar com o suor de seu rosto e a mulher deve parir na dor. É pelo esforço, pela dor, que pode se restabelecer a relação entre a nossa alma e a natureza. Tal é então o significado profundo da história mosaica: a inocência, ou seja, a unidade imediata entre o finito e o Infinito, é superior à ciência do bem e do mal, ou seja, a esse conhecimento do entendimento que resolve o Infinito na oposição de conceitos finitos. Mas se a inocência da criança tem algo de tocante e de belo, não é porque ela é um estado definitivo, é unicamente porque ela nos lembra aquilo que o espírito deve produzir. O espírito só deve se libertar da unidade natural para afirmar pela liberdade uma unidade superior; o momento do entendimento abstrato ou da queda é o momento negativo que permite a passagem da vida natural à vida livre, da tese imediata à síntese especulativa. É legitimamente que o homem deseja ser como Deus; mas ele particulariza esse desejo querendo parecer com Deus por aquilo o que seu ser tem de finito; é, ao contrário, na união indivisível de seu ser finito com o Ser infinito, como a Razão revela, que é para ele a salvação, a vida eterna.[30]

A origem última do mal está então na propriedade que a Ideia tem de se diferenciar, de se colocar negativamente antes de se reconstituir afirmativamente. A vontade humana é indivisivelmente capaz de bem e de mal quando está nesse estado de diferença. Ela é má, aliás, não porque ela atravessa um momento de negação, mas porque ela pretende se fixar aí, e achar aí o Absoluto por inteiro. Pela reflexão, ela particulariza a natureza em de-

---

[30] *Encyclopädie*, VI, p. 54-59; VII, 2, p. 388-390. — *Philosophie des Rechts*, VIII, p. 179-183. — *Philosophie der Religion*, XII, p. 63-66.

sejos e propensões individuais; ela só toma por finalidades seus interesses subjetivos; ela é a potência do bem e do mal, não apenas porque ela pode praticar um ou outro, mas sobretudo porque ela tende a considerar como bem aquilo que é o seu bem. É assim que se produzem estas alterações da consciência moral que se marcam pela hipocrisia, pelo recurso às soluções do probabilismo, pela arte de fazer valer, contra o mau ato, a excelência da intenção. O último grau do esforço pelo qual a vontade subjetiva quer se impor como a medida de tudo é a ironia; pela ironia o sujeito proclama a vaidade de todas as coisas para se afirmar como a única coisa verdadeiramente interessante; ele faz do objeto uma simples forma de sua fantasia, da lei um simples jogo de seu capricho; ele só se compraz no gozo de si. Mas, ao mesmo tempo que ele anula o objeto e a lei, ele se anula; porque ele deve eventualmente aplicar a si mesmo a sua ironia, e ele se descobre então como uma abstração vazia, como um fantasma sem consistência. Não é sem razão que a doutrina da ironia apareceu como a consequência da doutrina da subjetividade moral: ela é a sua consequência perfeitamente lógica. É aí que deve resultar todo sistema que faz da consciência pessoal o árbitro soberano de toda moralidade.[31] Certamente, a intenção é o elemento essencial da vida moral, que frequentemente um homem vê seus melhores desígnios contrariados ou impedidos pela hostilidade das circunstâncias, isto é bem possível; mas também é verdade que a obra moral só pode ser na unidade indissolúvel entre a disposição interior e o ato exterior. A esta sabedoria mentirosa, que pretende se recuperar de sua impotência material pela excelência de sua vontade formal, é necessário contrapor a palavra do Evangelho: "Vocês os reconhecerão por seus frutos". Que um pintor ruim ou um poeta ruim se console com o pensamento de que seu espírito é pleno de altas concepções, é um direito que lhes assiste, ainda que esse gênero de consolação seja singularmente medíocre. Mas se ele pretendia se fazer julgar, não pelas suas obras, mas por suas intenções ou suas aptidões secre-

---

[31] *Encyclopädie*, VII, 2, p. 390. — *Philosophie des Rechts*, VIII, p. 183-202.

tas, acharíamos sua pretensão absurda e impertinente.[32] Na verdade, a boa vontade que acredita ser suficiente para tudo não é suficiente para nada, e a moralidade da consciência individual (*die Moralitet*) apenas prepara, sem se realizar, a moralidade completa e concreta (*die Sittlichkeit*); a verdade do homem está não apenas em suas intenções, mas também na ordem objetiva de seus atos. É então para além da vontade subjetiva e do dever ideal que a vida moral se realiza.[33]

Esta nova ordem do espírito é uma síntese entre o direito abstrato e a moralidade pessoal. A contradição que a consciência descobre entre aquilo que é e aquilo que deve ser se resolve por este fato, que aquilo que deve ser é. As finalidades da razão não mais são projetadas em uma espécie de ideal mais ou menos inacessível: elas se realizam na sociedade pela sociedade. É no sistema dos costumes e das instituições sociais que a liberdade toma corpo, que ela se torna substância, e como ela é a vontade universal que passa ao ato, ela cada vez mais se faz una com a necessidade. O indivíduo não existe mais para si: ele vive em uma comunidade espiritual onde desenvolve seu ser, onde conquista sua verdade. A primeira forma desse gênero de sociedade é a família; o princípio da família é o amor, consagrado pelo matrimônio. Ora, o matrimônio é fundado sobre uma relação bem superior a um contrato de vontades individuais; ele supõe ao mesmo tempo a distinção e a união de pessoas, ou seja, ele cria uma nova unidade, que inclui a diferença; ele tem como finalidade criar os filhos, torná-los capazes de se possuir e de se governar. E precisamente porque as crianças saem da família para fundar famílias novas, se estabelece uma pluralidade de famílias independentes; assim se constitui a sociedade civil. Aquilo que é o caráter essencial da sociedade civil é que nela os indivíduos perseguem a satisfação de interesses particulares, e, contudo, sem saber e sem querer, eles concorrem ao bem da comunidade. A diversidade das necessidades naturais engendra a divisão do trabalho, gra-

---

[32] *Encyclopädie*, VI, p. 278-279.
[33] Ibid., VII, 2, p. 390-391. — *Philosophie des Rechts*, VIII, p. 202-204.

ças ao qual cada um, sempre trabalhando para si, trabalha para a fortuna geral e se coloca sob a dependência da sociedade. Daí, provêm as diferenças entre ofícios e a constituição de grupos de ofícios em corporações. A sociedade civil contém então o que Hegel chama de sistema de necessidades; ela administra a atividade industrial, ela rege a produção e a repartição dos bens exteriores, e pelas instituições da polícia e de justiça que ela implica, ela serve de intermediária entre a família e o Estado.[34]

É o Estado que lidera todo o desenvolvimento da vida moral e social. O Estado, segundo Hegel, é a realidade da Ideia; ele é o espírito tornado visível, ele é a vontade substancial que se conhece como tal e que se realiza tal como se conhece, ele é racional em si e por si. O supremo dever de um indivíduo é de ser membro do Estado. É necessário não confundir o Estado com a sociedade civil, e crer que a única finalidade do Estado seja a proteção dos direitos e dos interesses individuais, porque senão seria permitido ao indivíduo estar ou não no Estado. O que justifica absolutamente o Estado é que o indivíduo deve viver uma vida geral e querer uma vontade universal. O Estado, sendo a suprema razão de ser, é também a potência absoluta sobre a terra. O Estado é o espírito que se realiza no mundo com consciência, enquanto a natureza é o espírito que se realiza sem consciência e como que fora de si. É a marcha de Deus no universo que faz com que o Estado seja; o Estado é toda a força efetiva da razão. Dizem com frequência que a sabedoria de Deus brilha na natureza; e, contudo, não é admissível dizer que a natureza valha o espírito. Assim como o espírito supera a natureza, o Estado supera toda existência física. É preciso venerar o Estado como a um Deus sobre a terra (*wie ein Irdisch-Goettliches*), ou seja, é necessário considerar no Estado, não estas ou aquelas instituições mais ou menos defeituosas, mas a Ideia, esse Deus real. Todo Estado, sejam quais forem as suas imperfeições, participa da essência divina, assim como todo homem, mesmo disforme ou criminoso, guarda ainda o caráter de humanidade. Não é necessário ver no Estado apenas o que tem de afirmativo e de racional. O Esta-

---

[34] *Encyclopädie*, VII, 2, p. 391-403. — *Philosophie des Rechts*, p. 203-305.

do é um organismo vivo e, portanto, ele não pode se deixar montar, desmontar ou ser retocado como uma obra de arte humana.[35]

Como a essência do Estado também é difícil de penetrar! E como é pueril e vã a pretensão dos filósofos que querem estabelecer, com muitas abstrações, o que o Estado deve ser! Diríamos, ao ouvi-los, que não existiu até o presente nenhuma organização social no mundo, e que serão suas teorias que vão tudo fundar, tudo inaugurar na sociedade. Mas quando falam daquilo que deve ser para opor àquilo que é, só fazem exprimir sentimentos e desejos muito pessoais. Em vão invocam a razão para justificar os mais belos sistemas. Aquilo que é racional é real, assim como aquilo que é real é racional (*Was vernünftig ist, das ist wirklich; und was wirklich ist, das ist vernünftig*). Só existe o puro acidente e o puro fenômeno que estejam a mercê de nossas ficções. Nós temos então, não que imaginar o Estado como devia ser, mas explicar o Estado como ele é, ou seja, descobrir a razão imanente de sua existência e de sua potência. Consegue conceber um sábio que gostaria de estabelecer primeiro o que deve ser a natureza? É, portanto, uma pretensão tão insensata como aquela que consiste em querer tratar o Estado ideal fora do Estado real. O Estado é, como a natureza, uma expressão da Ideia, uma outra expressão, mas uma expressão também necessária. Além disso, para ensinar ao mundo aquilo que ele deve ser, a filosofia chega sempre muito tarde; ela só compreende as coisas no momento em que elas estão organizadas o suficiente para serem objeto de consciência, e, portanto, no momento onde frequentemente elas estão em declínio. É apenas no pôr do sol que o pássaro de Minerva alça voo.[36]

No fundo, é a concepção antiga do Estado que Hegel tenta restaurar mostrando que o Estado é a concentração atual e onipotente de todos os interesses e de todas as forças, que, como tal, ele se constitui por uma virtude interna, independente das ações individuais. Contudo, Hegel se esforça também de conciliar com essa concepção de Estado onipotente e divino a ideia moderna

---

[35] *Encyclopädie*, VII, 2, p. 404. — *Philosophie des Rechts*, VIII, p. 305-313, 346-347.
[36] *Philosophie des Rechts, Vorrede*, p. 16-20. — *Encyclopädie, Einleitung*, VI, p. 10-11.

da livre função do indivíduo no Estado. É, de fato, segundo ele, o caráter do Estado moderno compreender e consagrar, longe de excluir e proibir, os interesses particulares e as vontades particulares. O Estado reconhece o princípio da subjetividade sempre o levando à sua unidade substancial; ele tem por objeto, não suprimir as formas independentes de atividade, mas de transpô-las para ele, na sua ordem. Ele as impede, consagrando-as, de se desenvolver exclusivamente por elas mesmas e de se tornar causas de anarquia. Ele fixa, por meio de leis, as relações recíprocas que têm entre si e com o Estado. As leis são determinações da potência infinita do Estado. É verdade que elas são limites para a vontade arbitrária dos indivíduos, já que em sua natureza essencial elas são limites, dado que são determinações. Mas seria falso só considerar as leis como negações, já que elas exprimem, de certo modo, o conteúdo da liberdade. Acreditar que a lei só exprime a limitação das liberdades umas pelas outras é representar ao mesmo tempo a liberdade e a lei por atributos exteriores e acidentais. A liberdade e a lei são idênticas, dado que a lei é a expressão racional do espírito objetivo. Assim, a igualdade dos cidadãos diante da lei, que é aliás a única forma inteligível da igualdade social, exprime no fundo uma identidade: ela significa que a lei domina universalmente. Daí resulta que o Estado verdadeiro é o Estado que tem uma constituição, ou seja, o Estado que coloca os princípios segundo os quais a liberdade é organizada e determinada. Quanto a saber o que essa constituição deve ser, é um problema absurdo, se a considerarmos um objeto de escolha. As diversas constituições são formas necessárias no desenvolvimento do Estado: elas não dependem nem de nossas preferências, nem de nossas teorias. O que as faz serem transitórias e caducas é que na sua evolução elas jamais são puras e elas são ligadas a circunstâncias exteriores que são frequentemente causas de degeneração; é então que elas se opõem reciprocamente umas contra as outras pelos princípios que as engendram. Nós não temos então que procurar hoje se uma constituição deve ser monárquica, aristocrática ou democrática; a monarquia, a aristocracia e a democracia só se excluem em relação ao entendimento abstrato; elas se tornam, pela história, como elas são pela razão, os elementos necessários de toda constituição. É a monarquia constitucional que é, para Hegel, a forma capaz de operar a síntese desses elementos: o rei representa o princípio monárquico, os conselhos do governo representam o princípio aristocrático; quanto ao príncipe democrático, ele é representado pela participação no poder de todos os membros da sociedade civil, é representado por tudo aquilo que concerne os interesses gerais, mas não é representado por nada que afete a segurança e a soberania do Estado. Aliás, não é a multidão inorgânica (*vulgus*), mas somente o povo organizado (*populus*) que pode tomar parte no poder. Uma multidão que pretendesse agir unicamente por sua potência numérica seria um mar de fúria desenfreada e cega, e com a diferença que o mar não se destrói a si mesmo, enquanto um povo, que é um ser espiritual, pode assim se destruir. Ainda mais, não devemos imaginar que é o povo que organiza o governo; porque para organizar o governo o povo deve já estar organizado, ou seja, governado: o governo já está pressuposto por todas as condições das quais queremos fazê-lo depender. O governo é essencialmente a vontade que decide; portanto, seus elementos devem estar subordinados a essa potência de decidir que é sua razão de ser. A soberania em si é indivisível, e se ela se manifesta por atos de poderes independentes, ela deve sempre dominá-los. É um grave erro interpretar o princípio da separação dos poderes no sentido de hostilidade ou mesmo de independências recíprocas entre esses poderes: tanto é justo reconhecer que essa separação é uma profunda garantia de liberdade, quanto é falso acreditar que os poderes separados têm como objetivo se ignorarem ou se combaterem. A finalidade do Estado não é o simples equilíbrio, é a unidade vibrante. O entendimento abstrato, que desorganiza a unidade do pensamento especulativo, desorganiza também a unidade do real. O "eu quero" do soberano não suprime todas as razões, mas ele as supera trazendo-as para ele: está no Estado o fato culminante além do qual é impossível superar.[37]

Assim o Estado funde objetivamente sua potência sobre a liberdade e a razão que ele realiza; ele a funde subjetivamente sobre a confiança dos cidadãos,

---

[37] *Encyclopädie*, VII, 2, p. 404-420. — *Philosophie des Rechts*, VIII, p. 314-416.

sobre a disposição que eles têm para ver no Estado o guardião vigilante de seus interesses, e a considerar sua finalidade como a mais elevada das coisas. Ora, essas relações entre cidadãos e Estado têm um caráter essencialmente político: é unicamente pela noção de Estado que elas se justificam. Seria então um erro funesto querer fundar o Estado sobre a Religião ou querer subordinar a Religião ao Estado. Isto significa que deva ou possa existir entre a Religião e o Estado uma separação absoluta? Não mesmo. Existe uma solidariedade real entre o Estado e a Religião, que é bem superior às limitações do entendimento. E podemos dizer que filosoficamente a ideia de Estado acha que a Religião implica sua consagração e mesmo a sua aprovação: daí o interesse material e espiritual que existe em ver se unir, pela consciência positiva de seu princípio comum, a consciência social e a consciência religiosa; mas não podemos esquecer que a Religião deve necessariamente se desenvolver, que ela pode se corromper vivendo uma vida simplesmente natural e negligenciando produzir a vida espiritual que ela contém. Como uma Religião de servidão poderia ser compatível com um Estado livre? Além disso, a Religião só exprime, sob forma de sentimento, aquilo que no Estado é conhecimento claro, direito preciso, lei definitiva. Também o Estado está no seu domínio racionalmente e realmente soberano, e tudo aquilo que sai da consciência para se manifestar em atos exteriores deve se submeter incondicionalmente à sua autoridade.[38]

Portanto, o Estado consegue simular a forma de um indivíduo separado que é em si e que pretende viver por si; mas como ele está necessariamente em relação com outros Estados que têm as mesmas características e as mesmas pretensões, ele é forçado a ir à guerra. A guerra resulta de que as relações entre os Estados não são penetradas pela natureza universal do direito, e como tal ela é necessária. O ideal de paz perpétua é uma ilusão. Porque, como nenhuma potência sobre a terra domina a potência do Estado, o Estado é como um Absoluto; não tem que obedecer a regras de moral: não existem relações morais entre Estados, já que os Estados não são pessoas privadas. O Estado tende a

---

[38] *Encyclopädie*, VII, 2, p. 428-439. — *Philosophie des Rechts*, VIII, p. 325-343.

defender sua existência, seus interesses, sua honra, todas as vezes que ele achar necessário. A guerra é então um momento essencial no desenvolvimento da Ideia; portanto, ela não pode ser em si um mal. Ela impede os povos de se perverter na inércia, como a agitação dos ventos preserva o mar da corrupção que engendraria a imobilidade. Ela faz sentir claramente, pela ameaça da conquista, a vaidade dos bens deste mundo; sobretudo, ela é em muitos casos a causa que força uma nação a reagrupar e a restabelecer sua unidade interna. Por outro lado, se ela coloca em jogo a independência dos Estados, ela também leva os povos, pela conclusão de tratados, a reconhecer reciprocamente seus títulos individuais. Enfim, as consequências da guerra estão longe de ser arbitrárias: a vitória de um povo exprime a conformidade de suas condições de existência à sua noção; ela é a prova irrecusável de seu direito. Cada Estado constituído é de fato a realização de um espírito nacional que manifesta sob uma forma determinada o espírito universal; é pelo desenvolvimento de seu espírito que um Estado alcança sua realidade objetiva, sua consciência de si. Portanto, os diversos Estados estão para o Espírito universal assim como o finito está para o Infinito: eles são as formas particulares nas quais se revela, sem jamais se esgotar, o Espírito universal. Pelas suas lutas, suas derrotas, seus triunfos, eles traduzem a dialética imanente da Razão, e como a Razão é o direito soberano e a potência soberana, podemos dizer que a história universal é o Juízo Final.[39]

Nessa doutrina geral do Estado, Hegel certamente se afasta em muitos pontos de Spinoza, mas é para levar ao mais extremo rigor a concepção spinozista da imanência. Precisamente porque ele foi levado a identificar as formas naturais e as formas espirituais da atividade, Spinoza tinha feito da tendência natural do indivíduo a perseverar no seu ser o princípio de toda ação e de toda instituição humanas. Ele tinha, portanto, subordinado, na sua origem primitiva e na sua suprema realização, o Estado ao indivíduo: o indivíduo sozinho é primeiramente como uma pessoa natural; o Estado é uma criação derivada e mesmo, de certo modo, artificial. É graças à noção de história que Hegel pode

---

[39] *Encyclopädie*, VII, 2, p. 420-427. — *Philosophie des Rechts*, p. 416-428.

conceber um desenvolvimento dialético do espírito, que, longe de se confundir com o desenvolvimento da natureza, o domina plenamente. A natureza, de fato, não tem em si própria sua razão, e se pode dizer que ela desaparece como natureza quando, na inteligência humana, ela se torna una com a sua razão. Ao contrário, o espírito tem em si próprio a sua finalidade, e como ele deve se tornar explicitamente aquilo que ele é em si, podemos dizer que ele trabalha para se realizar por meio de cada um de seus atos. E mais, enquanto a natureza chega espontaneamente a uma certa harmonia e se fixa facilmente na sua própria obra, o espírito só consegue chegar à consciência de si após longos desvios, lutando contra si mesmo, contra as formas finitas que ele engendra e é tentado a tomar como definitivas, trabalhando para produzir de si mesmo novas formas onde possa melhor se apreender e se reconhecer. Portanto, a história é a expressão necessária da marcha do espírito em direção a si mesmo; a história universal é a própria história da liberdade. Se por um lado, os homens só parecem agir de acordo com as suas motivações individuais, sob a influência de suas necessidades e de seus interesses, por outro lado, a obra que eles concorrem em realizar tem, no seu conjunto, um significado objetivo, infinitamente superior às suas perspectivas particulares. Não quer dizer que suas motivações interiores inconstantes sejam ineficazes para a execução do plano divino: a potência dos sentimentos subjetivos, apesar de esses sentimentos estarem mais voltados para fins pessoais, vai se unir, nas profundezas da ordem universal, à potência da Ideia. E eis por que, no mundo, nada de grande jamais se realiza sem paixão; eis por que também, em certas horas, certos homens aparecem levados aparentemente unicamente por sua ambição, e que são num grau extraordinário os intérpretes e os instrumentos de Deus: esses são os grandes homens. Sua vontade particular contém nela a vontade providencial; e é precisamente seu papel levar à realidade e à consciência de si aquilo que o mundo pressente confusamente e aquilo que deve acontecer. Eles são os plenipotenciários do Espírito. Eles têm de sua missão um sentimento tão forte que eles sacrificam tudo, às vezes mesmo aquilo que a consciência comum admite como sagrado. Mas eles são justificados primeiro pela ação irresistível que eles exercem sobre os povos: eles são verdadeiros condutores de almas. Eles são justificados, em seguida, pela obra que eles realizam e que realiza no universo aquilo que segundo a razão deve ser. É então uma crítica lamentável aquela que só considera, na conduta dos grandes homens, as motivações pessoais, sem levar em conta a Ideia que domina essas motivações e os faz seus instrumentos. Existe no destino dos grandes homens como um ardil da Razão, porque a Razão os deixa, às vezes, agir com toda a violência de suas paixões individuais, e é ela que, ao término de seus esforços, aparece triunfante. O indivíduo nada pode contra o universal: ele deve servi-lo ou perecer. O universal é a finalidade, o indivíduo é o meio. Todavia, a relação entre meio e finalidade não é idêntica em todos os casos. Quando o meio serve a uma finalidade que lhe é exterior, à qual ele não está ligado por uma ligação interna e por uma comunhão de natureza, ele é aniquilado pelo uso que fazem dele: ser meio, nesse caso, é ser escravo. Mas quando o meio participa diretamente do valor intrínseco da finalidade e se liga interiormente a ela, ele é como que evidenciado pela contribuição que ele aporta: ser meio, nesse caso, é ser livre. Também não devemos considerar o Espírito universal uma potência tirânica e arbitrária que esmaga com seu peso os povos e os indivíduos: os povos e os indivíduos são grandes e gloriosos pela própria parte que assumem na ação do Espírito. Assim, não devemos acusar a filosofia da história de ser apenas um fatalismo cego, porque ela se propõe colocar em evidência a necessidade daquilo que acontece, ou seja, o direito dos acontecimentos a ser o que são. O único pensamento que a filosofia traz sempre consigo, e do qual ela não se separa ao abordar a história, é que a Razão governa o mundo, é que a Razão é a Substância infinita da qual tudo depende e na qual tudo persiste, é que ela é a Potência infinita, que não é limitada ao ideal e ao possível como sonham os cérebros humanos, mas que se manifesta eternamente tanto no mundo espiritual quanto no mundo físico; é que ela é a Matéria infinita de todo ser, que não requer, como o ato finito, condições alheias e meios externos; é que ela é a Forma infinita na qual está compreendida e assegurada toda a vida. Nada então é, nada acontece, que não seja a expressão determinada da Razão, que não seja a Razão em um de seus momentos. Tudo é justo à sua hora, e isso significa, sem dúvida, no sistema de Hegel, que todo acontecimento traduz a Ideia, mas também que a Ideia não se realiza em nenhum acontecimento. O sistema de Hegel então não é a consagração indiferente de tudo aquilo que é; ele é a consagração daquilo que é, diferente segundo as diferentes relações entre aquilo que é e a Ideia. De fato, é próprio da Ideia envolver relações que vão de suas determinações mais exteriores às suas determinações mais interiores, é também próprio da Ideia se desprender das formas nas quais se revelou para produzir novas formas. No desenvolvimento do Espírito do mundo, cada momento é o princípio de uma determinada época, e existe um povo que nessa época é a expressão desse princípio. Nesse momento e para esse momento, esse povo é o mais forte, ele governa tudo sem que nada possa enfrentá-lo; mas assim ele assume um papel que só pode assumir uma vez em sua existência; nenhum povo pode pretender ter uma supremacia definitiva. Só a história universal é, na sua totalidade indefinida, igual à Justiça universal. Também a filosofia da história, que engloba a história ao mesmo tempo na sua noção e na sequência necessária de seus acontecimentos, adquire o valor de uma teodiceia (Justiça de Deus). Mostrando a necessidade racional que é imanente a tudo, que exclui tanto a crença no capricho divino quanto a crença no capricho humano, ela é a prova concreta da Providência, e ela reafirma a glória de Deus a toda humanidade.[40]

Assim o Deus que se torna manifesta incessantemente o Deus que é; ora, essa potência universal que alternadamente se tranca no particular e se liberta é, na inteligência livre, o Espírito absoluto. O Espírito absoluto, que é e que se conhece eternamente, é o Espírito liberto de todas as determinações finitas, mas que contém iminentemente em si o princípio. Ora, essa plena afirmação do Espírito por si pode ser chamada, de modo geral, de Religião.[41]

Todavia, nessa afirmação existem três momentos principais: o Espírito absoluto é num primeiro momento a Arte, num segundo momento a Religião

---

[40] *Philosophie der Geschichte, Einleitung*, IX, p. 11-42. — *Encyclopädie*, VI, p. 294-295; VII, 2, p. 420-427.
[41] *Encyclopädie*, VII, 2, p. 440-441.

revelada, num terceiro momento a Filosofia. A Arte é a expressão sensível da Ideia: ela é a unidade, tornada imediatamente presente, entre o âmago e a forma exterior; ela é a união entre o Infinito e o finito que se tornam, graças à inspiração do artista, objeto de intuição. As diversas formas de arte traduzem essa união de uma maneira mais ou menos perfeita, mas jamais por inteiro; porque o elemento natural que elas supõem impede o espírito de estar absolutamente em relação a si mesmo. De modo que a arte não é, como queria Schelling, o ato supremo que conclui tudo; ela é apenas o primeiro degrau desse ato.[42]

A Arte, em seu princípio, está intimamente ligada à vida religiosa, e se pode dizer, por outro lado, que a Religião começa quando aquilo que a arte exprime sob uma forma exterior é transposto para a consciência. A Religião é então sentimento interior, o que não significa que ela seja, como pretende Schleiermacher, simples sentimento: ela é um sentimento que envolve o pensamento do Absoluto.[43] Também a Religião não é apenas uma intuição do coração, ela é um verdadeiro saber; ela tem por ofício não apenas nos dirigir, mas também nos instruir. É errado separar a Religião do conhecimento; porque a Religião é essencialmente o conhecimento de Deus e das relações do homem com Deus. Mas esse conhecimento está enclausurado no sentimento e aparece à consciência como uma representação. Ele se exprime em imagens que permanecem necessariamente externas umas às outras, e cuja multiplicidade heterogênea só traduz imperfeitamente o acordo interno dos elementos da Razão. Se então a Religião é em si toda a verdade, ela deve por esse motivo se revelar, portanto, afirmar nela a diferença, tomar a forma da consciência. Ela é o espírito divino que se conhece pelo espírito finito. Mas, como tal, ela deve ainda se desenvolver. Ela é primeiro a Religião da natureza, depois a Religião da individualidade espiritual, enfim, a Religião verdadeiramente revelada, ou seja, a Religião Cristã. Na Religião Cristã, Deus aparece como ele é, ou seja, como Espírito absoluto, como Trindade. Ele é primeiro o Pai, ou seja, o Ser em geral que é a

---

[42] *Encyclopädie*, VII, 2, p. 441-446.
[43] *Philosophie der Religion*, XI, p. 66 e seg.

substância de todas as coisas; mas como ele não é uma simples generalidade abstrata, ele se coloca e engendra eternamente o Filho; enfim, dessa diferença que ele afirmou, ele retorna a si mesmo, e assim ele é o Espírito.⁴⁴ A Trindade Cristã é a verdade que se reproduz até os últimos limites da natureza e da consciência, e a Religião que nos ensina isso não se limita a proclamar que Deus é, ela nos ensina aquilo que Deus é.⁴⁵

Portanto, a Filosofia só pode ter por objeto a Religião: sua função essencial é compreender esse objeto. Se a Religião é o pensamento do Absoluto sob forma de sentimento e de representação, a Filosofia é o pensamento desse pensamento, νοήσεως νόησις. Ela explica o milagre na sua verdade e a fé na sua razão, quer dizer que ela se separa daquilo que é puro símbolo, expressão literal, sinal sensível: aqui só existe o espírito que dá testemunho ao espírito. Mas o espírito só pode se justificar justificando os meios pelos quais ele teve de passar para se conhecer. Se então a Religião repudia apropriadamente todas as filosofias do entendimento que fragmentam sua substância e destroem sua unidade, ela deve reconhecer a Filosofia especulativa que exprime sua própria noção. Assim a verdade, que é em si, é idêntica à verdade que é por si: a Ideia absoluta é no seu conteúdo o sistema onde nós consideramos o desenvolvimento; ela é, na sua forma, o sistema que se demonstra e se engendra eternamente e que eternamente goza de si mesmo como espírito.⁴⁶

Dizem com razão que o idealismo alemão termina com Hegel, assim como na Antiguidade clássica o pensamento socrático termina com Aristóteles.⁴⁷ Mas é preciso acrescentar que o idealismo alemão termina no hegelianismo sob a forma especulativa que Spinoza concebeu; de tal maneira que é o spinozismo que produz suas conclusões supremas. Todo o trabalho intelectual que, às vezes confusamente, às vezes claramente, foi operado sobre o spinozismo e o idealismo para aproximar as tendências e aperfeiçoar a união, alcança em Hegel um siste-

---

⁴⁴ *Philosophie der Religion*, XI, p. 184-185.
⁴⁵ *Encyclopädie*, VII, 2, p. 447-452.
⁴⁶ Ibid., 2, p. 452-470.
⁴⁷ Eduard Zeller, *Geschichte der deutschen Philosophie*, 2. *Auflage*, p. 624.

ma que o explica e um método que o resume. Primeiro, parece que o problema moral não pode conservar, por estar plenamente resolvido, o caráter especial que lhe confere a consciência comum: não é uma solução *moral* que ele contém; ele é apenas uma forma particular do problema universal do Ser ou do Absoluto, e só uma Metafísica pode descobrir o sentido profundo da vida. Aquilo que somos determina o que devemos ser, e as razões do nosso destino, longe de estarem contidas nos motivos imediatos e nas máximas formais da nossa atividade, são as próprias razões da nossa existência, relacionadas com o Absoluto, deduzidas do Absoluto. Nossa vida, tomada à parte, não se basta; ela está inserida num sistema de relações cuja verdade só funda a nossa realidade dominando-a. Isto é porque toda ideia que fazemos das coisas é uma solução mais ou menos expressa do problema moral. A explicação da natureza e a interpretação da história nos fornecem, mais diretamente do que parece, o conhecimento daquilo que somos. A verdade é essencialmente uma: foi desse princípio que Spinoza partiu para afirmar que a virtude mais elevada consiste em nos compreender, e para sustentar que nos compreender, na verdade, é nos compreender na unidade. Portanto, Spinoza considera que toda atividade exterior a nós é exterior ao verdadeiro, portanto vã e impotente; ele sustenta que, quanto a nós, toda indeterminação é uma negação, que a crença no livre-arbítrio é uma quimera, que o devir é uma ilusão. Ele professa que o soberano bem consiste em *ser* no *Ser*, quer dizer, se reconhecer eterno na eternidade da Substância. É contra essa conclusão que se levantou, em nome dos interesses morais, o idealismo de Kant e de Fichte. Spinoza, segundo o idealismo, não teve a noção verdadeira do que era o espírito, a noção aliás que teria feito brilhar o seu sistema; Spinoza concebeu o espírito na Substância, na *Coisa*, e compreendeu o desenvolvimento como um desenvolvimento natural; onde, para melhor dizer, ele assimilou o espírito à natureza, que é, que só precisa ser para ser. Ora, no idealismo o espírito não é aquilo que é, o espírito é aquilo que se produz, aquilo que escapa a todas as determinações da natureza; é aquilo que não está definitivamente ligado a condições exteriores de existência, é aquilo que afirma sua razão de ser; o espírito não é aquilo que é, é aquilo que deve ser. O Infinito não está no ser que subsiste, ele está na ação livre que se desenvolve indefinidamente; está no dever que é o Absoluto: eis o princípio do idealismo. Ora, é esse mesmo princípio que, explicado e aprofundado, vai retornar, sob uma nova forma, à doutrina de Spinoza. A ação infinita não pode, pela sua própria essência, estar enclausurada nas categorias da consciência finita: o *dever-ser* domina nosso *dever-fazer*; e como ele deve ter, apesar de tudo, uma ligação entre a pessoa humana e as coisas, o Eu infinito é a razão que os une, e assim, ele não é mais apenas sujeito, ele é identidade entre o sujeito e o objeto; ele não exprime apenas uma lei ideal da atividade, ele é uma potência metafísica. E à medida que a ideia de Natureza, subordinada primeiro pelo idealismo à ideia da consciência moral, se reforma e torna-se de novo um princípio explicativo próprio, ela se impõe por si mesma, e não apenas como um objeto necessário da inteligência, mas como uma espontaneidade, de certa maneira subjetiva, imediatamente derivada do Absoluto. Por outro lado, o sentimento religioso não pode achar que a ordem moral do mundo seja a verdade suprema, e que a mais alta função do homem consista em tudo produzir pela sua consciência. Apesar de o sentimento religioso se acomodar com expressões exteriores e instáveis, ele é em si superior às formas limitadas ou ao ideal fugidio da ação prática: ele é a união indivisível do nosso ser com o Ser diretamente experimentado no nosso âmago; ele postula então o Infinito real e vivo. Assim, cada vez mais reforçada pela ideia da Natureza e pelo sentimento religioso que vêm justificar seus direitos, a atividade moral só pode se defender suspendendo-se à afirmação do Absoluto real. Mas a doutrina da identidade, assim reconstituída, pode receber em si a concepção do espírito elaborada pelo idealismo. É verdade que o espírito não é, é verdade que o espírito se faz. É necessário então admitir que o entendimento que coloca de um lado o nada, a contingência, o livre-arbítrio, o mal, de outro lado o ser, a necessidade, a razão, o bem, e que exclui, em virtude do princípio da contradição, uma das duas séries de conceitos, não é adequado à verdade. A verdade é a unidade entre o Infinito e o finito, que deve se achar em tudo. É necessário então acabar a obra começada por Spinoza, quando ele substitui à inteligência abstrata, que só pode combinar ideias gerais, a inteligência concreta das coisas singulares e de sua ordem necessária de aparecimento; é preciso, portanto, mostrar aquilo que Spinoza não percebeu claramente, a saber, que a verdade não está na determinação imediata, natural ou intelectual, mas na passagem da indeterminação à determinação; é necessário estabelecer que a própria identidade coloca as contradições para resolvê-las, que ela então não é apenas ato pleno e suficiente, mas movimento incessante e indefinido; é necessário enfim demonstrar para todo o sistema que o contingente é necessário, que o livre-arbítrio está na ordem, que a atividade subjetiva está fundada no objeto, e que a dualidade entre o mal e o bem deriva da unidade concreta.

Mas, de qualquer modo, para Hegel e para Spinoza, o conhecimento da verdade absoluta, sendo a unidade entre a ciência e a vida, é eminentemente a ciência da vida. Tanto para um como para o outro, a afirmação suprema consiste nisso, que nós exprimimos em graus diversos e que realizamos em momentos diferentes a verdade, una em si, que nos produz e nos compreende. Essa afirmação especulativa comum, racionalmente desenvolvida, engendra, por uma lógica rigorosa, as mesmas consequências morais.[48] "A mais alta liberdade do homem",

---

[48] É esta lógica que quebra a filosofia de Schopenhauer. Embora Schopenhauer edifique uma metafísica monista, mais próxima da metafísica dos filósofos pós-kantianos do que ele próprio admite, ele deduz consequências morais muito diferentes. "Se tenho em comum com os panteístas o [Um e o Todo], não concordo com seu [Tudo é Deus]. Após a crítica kantiana de toda teologia especulativa, quase todas as pessoas que filosofavam na Alemanha rejeitaram Spinoza: toda a série de artigos deficientes conhecidos sob o nome de filosofia pós-kantiana são apenas um spinozismo desajustado, envoltos em discursos incompreensíveis e desfigurados de várias maneiras. Assim, depois de ter mostrado a relação de minha doutrina com o panteísmo em geral, eu tenho a intenção de indicar sua relação com o spinozismo em particular. Ela está para o spinozismo assim como o Novo Testamento está para o Antigo Testamento. Aquilo que o Antigo Testamento tem de comum com o Novo Testamento é o mesmo Deus criador. De uma maneira análoga, comigo assim como com Spinoza, o mundo existe por si mesmo, e graças à sua energia intrínseca. Mas em Spinoza, sua *Substantia aeterna*, a essência íntima do mundo, que ele mesmo intitula de Deus, é ainda, pelo caráter moral e pelo valor que ele lhe atribui, Jeovah o Deus criador, que se congratula de sua criação e acha que tudo aconteceu para o melhor [E tudo havia ficado muito bom]. Spinoza só retirou a sua personalidade. Para Spinoza, o mundo com todo o seu conteúdo é perfeito e tal como deve ser: assim o homem não tem nada mais a fazer, apenas *vivere, agere, suum Esse conservare, ex fundamento proprium utili quarendi* [Viver, agir, conservar a própria existência, procurando fundamentalmente o que é útil para si mesmo, EIV, prop. 67]; ele deve simplesmente gozar de sua vida enquanto ela durar, como manda o *Eclesiastes*, IX, 7-10. Em suma, é o otimismo: também a parte moral é fraca, como no Antigo Testamento, até mesmo falsa e em parte revoltante. — Comigo, ao contrário, a essência íntima do mundo não é Jeovah, mas sobretudo o Salvador crucificado, ou ainda o ladrão crucificado, dependendo do lado pelo qual nos determinamos: também minha moral concorda sempre com a moral cristã, e esta até as tendências mais altas daquela, assim como com aquelas do bramanismo e do budismo

diz Hegel, "consiste em se saber absolutamente determinado pela Ideia absoluta; é essa consciência e essa maneira de se comportar que Spinoza chama de *amor intellectualis Dei*".[49] O homem que se conhece em Deus, segundo Spinoza, não precisa ser consolado. É em Deus, segundo Hegel, que tal homem encontra seu consolo. Em todo caso, nada é mais absurdo do que jogar sobre as circunstâncias alheias ou sobre nossos semelhantes a responsabilidade daquilo que nos importuna ou nos magoa. Ficar descontente com o que nos acontece é ser escravo. Ao contrário, quando o homem concebe aquilo que lhe acontece como uma manifestação de sua natureza, que toda falta é no fundo sua falta, ele não acusa nem os homens nem as coisas; ele se abstém de toda vingança e de toda cólera, ele se conduz como um homem livre. O contingente e o acidental só existem para o homem em relação à sua natureza; quando o homem, pela concepção da necessidade racional, se eleva ao princípio de sua liberdade, ele se põe de acordo com as finalidades do universo, ele conquista a paz da alma, ele faz o seu destino.[50] Assim as principais concepções morais de Spinoza entram na filosofia de Hegel da mesma maneira que a metafísica spinozista da imanência; e graças à prodigiosa sorte do hegelianismo, elas perpetuam na Alemanha a sua influência. Mas é inútil, para o nosso estudo, seguir o destino para além do sistema que dialeticamente desenvolveu e esgotou a significação.

---

etc..." *Le Monde comme volonté et comme représentation*, trad. Burdeau, t. III, p. 454-457.
Cotejamos a citação do texto de Schopenhauer pela tradução de Jair Barboza, *O mundo como vontade e como representação*, segundo tomo, p. 766 e 768, publicado pela Unesp em 2015. (N. do T.)
[49] *Encyclopädie*, VI, p. 311.
[50] Ibid., p. 297-298.

CAPÍTULO IX

O SPINOZISMO NA INGLATERRA
A ÉTICA DE SPINOZA E A MORAL INGLESA

Só se pode falar do spinozismo na Inglaterra para constatar que ele não exerceu nenhuma influência durável ou profunda. O spinozismo foi vislumbrado quando o pensamento inglês, com Coleridge[1] e Carlyle,[2] trabalhava para se apropriar dos frutos da cultura germânica. É assim que Coleridge apreciava Spinoza, se comprazia em comentá-lo com seus amigos, notadamente com Wordsworth;[3] ele escreveu a lápis este comentário em uma cópia das obras filosóficas de Schelling:

> Eu creio do fundo de minha alma que as três maiores obras produzidas desde a introdução do Cristianismo na Europa são *Novum Organum* de Bacon e suas outras obras enquanto comentários desta, a *Ética* de Spinoza, com suas cartas e suas outras obras enquanto comentários da *Ética*, a *Critique de la Raison pure* de Kant e suas outras obras enquanto comentários e aplicações desta.[4]

---
[1] Samuel Taylor Coleridge (1772-1834). (N. do T.)
[2] Thomas Carlyle (1795-1881). (N. do T.)
[3] William Wordsworth (1770-1850). (N. do T.)
[4] Pollock: *Spinoza, his life and philosophy*, p. 401.

Vemos, por este ecletismo, o quanto Coleridge estava distante das ideias-mestras do spinozismo. "Por muito tempo", dizia ele, "não poderia conciliar a personalidade com o infinito; minha cabeça estava com Spinoza, meu coração com São Paulo e São João."[5] Coleridge se colocava, na verdade, com respeito ao spinozismo, numa posição análoga à Jacobi: "O sistema de Spinoza, afirmava ele, foi demonstrado ser falso, mas apenas pela filosofia que demonstrou a falsidade de todas as outras filosofias. Se a filosofia começa por *isto é* e não por *eu sou*, Spinoza está certo".[6] Quanto a Carlyle, ele está impregnado mais das ideias hegelianas do que spinozistas, e ele as traduziu, sem ordem sistemática, em intuições poderosas, mas confusas.[7] Apesar de tudo, um tão forte interesse se ligava ao spinozismo, mesmo mal conhecido e imperfeitamente compreendido, que Shelley[8] tinha começado uma tradução do *Tratado teológico-político*, na qual Byron[9] deveria escrever, à guisa de prefácio, uma biografia de Spinoza. A morte de Shelley impediu a execução dessa obra.[10]

Mas esse gosto tão pessoal pelo spinozismo, que podemos constatar em alguns escritores ingleses, parece ter permanecido infecundo.[11] É impossível descobrir na Inglaterra um movimento regular de ideias que tenham tido sua origem no spinozismo ou que tenha se ligado a ele mais tarde. Nem historicamente, nem mesmo filosoficamente o pensamento de Spinoza tem relação com a moral inglesa. As aproximações que podemos fazer entre alguns teoremas da *Ética* e alguns princípios da Escola utilitarista e naturalista, ainda que apenas aproximações, são bastante superficiais e exteriores. Pode-se, sem dúvida, notar que o spinozismo define o bem pelo útil, que ele protesta energicamente

---

[5] Pollock: *Spinoza, his life and philosophy*, p. 401.
[6] Ibid.
[7] [Hippolyte Adolphe] Taine [1828-93]: *Histoire de la littérature anglaise, nouvelle édition*, V, p. 268 e seg.
[8] Percy Bysshe Shelley (1792-1822). (N. do T.)
[9] George Gordon Byron, 6º barão Byron (1788-1824). (N. do T.)
[10] Pollock: *Spinoza, his life and philosophy*, p. 403.
[11] É necessário notar, porém, a influência que o *Tratado teológico-político* exerceu sobre escritores religiosos como Matthew Arnold [1822-88].

contra todo ascetismo, que ele afirma a vida humana como a busca da maior felicidade, que, além disso, o spinozismo incita a experiência a retificar as ideias falsas de utilidade.[12] Podemos acrescentar, por outro lado, que "Herbert Spencer é uma espécie de Spinoza positivista, com a diferença que, aprofundando sobremaneira o princípio da persistência no ser, ele o tira do progresso no ser";[13] que o Incognoscível de Spencer, como a Substância de Spinoza, é infinitamente superior às distinções relativas e puramente humanas entre o bem e o mal; que a sabedoria consiste para Spencer, assim como para Spinoza, na aceitação da ordem que manifesta a Força infinita; que, portanto, tanto para um como para o outro a finalidade natural do homem é ao mesmo tempo colocada e assegurada pela necessidade natural. Todas essas comparações só são possíveis porque elas negligenciam do spinozismo aquilo que é o seu elemento principal e dominante. Se Spinoza leva o bem ao útil é para reduzir o útil à tendência de perseverar no ser, e é para reduzir essa própria tendência à essência eterna da qual ela é apenas a expressão; de tal modo que, aquilo que no utilitarismo é concebido como princípio, é na realidade para Spinoza uma consequência: a procura do útil na vida é apenas a forma, totalmente relativa ao nosso estado atual, da afirmação essencial do nosso ser no Absoluto; ela traduz a necessidade que temos de nos colocar em tudo aquilo que fazemos. O termo utilidade designa, então, no final das contas, para Spinoza, os bens de pura razão, nos quais não deve entrar, à medida que os possuímos melhor, nenhum elemento sensível, e cuja ação sobre nós é radicalmente diferente da atração que exercem os objetos da paixão.[14] Mais ainda, se são paixões alegres que, segundo Spinoza, devem nos determinar a agir, é que para ele a marcha da vida presente na vida eterna é, de certa forma, direta; mas ele não admite que a vida presente, sobretudo enclausurada nos limites da existência empírica, possa se bastar. Por outro lado, o evolucionismo mecanicista de Spencer,

---

[12] [Jean-Marie] Guyau [1854-88], *La morale d'Épicure*; 3. ed., p. 226-237.

[13] Guyau, *La morale anglaise contemporaine*, 2. ed., p. 268.

[14] Ver Renouvier, *Esquisse d'une classification systématique des doutrines philosophiques*, na *Critique Religieuse*, VII, p. 83.

apesar de ser atravessado por uma fé mais ou menos profunda na potência e no valor da Natureza infinita, está bem longe de alcançar o ideal de liberdade intelectual que o spinozismo glorifica. A ordem que Spencer reconhece se impõe a nós como um fato, como o fato universal; é de fora que ela nos determina e nos impele; é por uma potência alheia à nossa vontade que ela governa nossos projetos e nossa conduta: a necessidade natural, mais ou menos inconscientemente elevada ao Absoluto, é apenas fatalidade. Ao contrário, a necessidade, segundo Spinoza, só é liberdade se ela é racional, ou seja, se ela é imediatamente unida e imanente à mais elevada faculdade do nosso ser; assim nós agimos por nós mesmos quando agimos na ordem: nossa razão é a identidade absoluta entre o nosso ser e o Ser. O naturalismo de Spencer continua, por causa de seu empirismo, realmente distinto da doutrina de Spinoza. Se Spencer aprofundou o princípio da persistência no ser é para compreendê-lo de outra maneira. Na interpretação que ele dá da expressão spinozista, segundo a qual todo ser tende a perseverar no seu ser, Frederic Pollock se pergunta se, antes de mostrar que as coisas tendem a se conservar, não seria necessário pesquisar o que é uma coisa. Estabeleceremos com Spencer, acrescenta ele, que a existência de uma coisa é um grupamento durável de fenômenos, e que no fundo a persistência no ser se reduz à existência, assim compreendida.[15] Essa observação de Pollock nos permite melhor marcar a oposição entre Spinoza e Spencer: para Spinoza, existe na existência mais do que uma relação mais ou menos permanente de fatos; existe uma afirmação absoluta de si que excede toda experiência, existe uma Essência particular afirmativa, existe uma Ideia.

---

[15] F. Pollock: *Spinoza, his life and philosophy*, 1880, p. 219.

CAPÍTULO X

O SPINOZISMO NA FRANÇA

1. As concepções spinozistas do mundo e da vida no século XIX

O pensamento de Spinoza, que continuou completamente alijado do desenvolvimento da filosofia inglesa, só entrou na corrente das ideias francesas com grande dificuldade; e apenas em nossos dias que se pode realmente dizer que penetrou. No século XIX, Spinoza é considerado antes de tudo inimigo da Religião cristã; como tal, ele era o deleite dos "libertinos", enquanto era para os crentes objeto de execração e anátema. Mas se sua doutrina é mal compreendida, aquilo que nós sabemos está longe de deixar os espíritos indiferentes. É digno de nota que o *Tratado teológico político* consta do catálogo da biblioteca de Bossuet,[1] e que a *Ética* está igualmente presente em manuscrito: eis a prova de que Bossuet estava singularmente atento à nova doutrina; também destacamos no *Discours sur l'histoire universelle* [*Discurso sobre a história universal*] uma refutação do *Tratado teológico político*.[2] Em todo caso, os teólogos e os

---

[1] Jacques Bossuet (1627-1704). (N. do T.)
[2] [Ferdinand] Brunetière [1849-1906], *La Philosophie de Bossuet, Revue des Deux-Mondes*, p. 674-675, 1º ago. 1891.

filósofos cristãos, Huet,[3] Malebranche,[4] François Lamy,[5] Massillon,[6] Fénelon,[7] combatem com o maior desprezo o "miserável Spinoza"; eles o tratam como um epicurista ou um ateu; eles denunciam a imoralidade de sua doutrina; eles só compreendem aliás a unidade da substância, afirmada pelo spinozismo, como a unidade coletiva das coisas sensíveis.[8]

Se os incrédulos do século XVIII tiveram por Spinoza alguma complacência não foi por ter de sua doutrina uma ideia mais exata ou mais completa. O dicionário de Bayle é sua principal ou até única fonte de informação. Sem dúvida Bayle reconhece em Spinoza um amor sincero e apaixonado pela verdade; ele rende homenagem à doçura e à regularidade de seus costumes;[9] mas continua considerando Spinoza um "ateu de sistema" e trata o spinozismo como um "prodigioso absurdo", uma "hipótese monstruosa". Ele acredita que uma tal doutrina torna Deus responsável por todas as torpezas da natureza e por todas as iniquidades do homem, e ele a refuta mostrando sobretudo que o Ser infinito, imanente às coisas, se desmente e se contradiz por oposição a seus modos. Foi inspirado nesse tipo de argumento que Voltaire[10] declarou ser absurdo "fazer Deus estrela e abóbora, pensamento e estrume, surrado e espancado".[11] Conceber Deus dessa maneira é apenas um modo hábil de negá-lo.

---

[3] Pierre-Daniel *Huet* (1630-1721). (N. do T.)

[4] Nicolas Malebranche (1638-1715). (N. do T.)

[5] François Lamy (1636-1711). (N. do T.)

[6] Jean-Baptiste Massillon (1663-1742). (N. do T.)

[7] François Fénelon era o pseudônimo. Seu nome de batismo era François de Salignac de La Mothe-Fénelon (1651-1715). Também era conhecido como o "Cisne de Cambrai". (N. do T.)

[8] Ver, para mais detalhes, o artigo de Paul Janet: *Le spinozisme em France, Revue Philosophique*, t. XIII, p. 109 e seg., fev. 1882.

[9] "Aqueles que gozaram da intimidade de Spinoza concordam em afirmar que era um homem de bom trato, afável, honesto, prestativo e muito regrado em seus costumes. Isto é estranho; mas no fundo é de surpreender ver pessoas vivendo muito mal apesar de ter uma plena posse do Evangelho." *Dictionnaire historique et critique*, Amsterdã, 1734. V, p. 207-208.

[10] Voltaire era o peseudônimo. Seu nome de batismo era François Marie Arouet (1694-1778). (N. do T.)

[11] *Le philosophe ignorant*, XXIV.

Então um pequeno judeu, de nariz comprido, e tez pálida,
Pobre, mas satisfeito, pensativo e recluso,
Espírito sutil e vazio, mais célebre do que lido,
Escondido sob o manto de Descartes, seu mestre,
Marchando a passos contados, se aproximou do grande ser:
"Desculpe-me, diz ele, falando bem baixo,
Mas eu penso, cá entre nós, que você não existe".[12]

Nem Diderot,[13] nem d'Holbach,[14] mesmo se alguns pontos de vista lembram a doutrina de Spinoza, parecem tê-la conhecido diretamente. O artigo que Diderot escreveu na *Encyclopédie* sobre Spinoza é uma reprodução frequentemente literal do artigo de Bayle. "Poucas pessoas", diz ele,

são suspeitas de aderir à sua doutrina, e entre eles ainda menos a estudaram, e entre esses, poucos a compreenderam e são capazes de traçar seu real plano e desenvolver o fio de seus princípios. Os mais sinceros confessam que Spinoza é incompreensível, que sua filosofia sobretudo é para eles um enigma perpétuo, e que enfim, se eles tomam o seu partido é porque Spinoza nega com intrepidez aquilo que eles próprios tinham uma tendência secreta a não acreditar.[15]

Diderot retoma aliás as objeções de Bayle contra Spinoza: "É típico dele, que não passa de uma modificação da Substância, prescrever ao Ser infinito o que deve ser feito".[16] Desconhecido ou rejeitado pelo panteísmo materialista do século XVIII, o spinozismo não acha, por motivos fáceis de compreender, uma acolhida melhor na Escola ideológica: ele está, para Condillac,[17] entre es-

---

[12] *Poésies philosophiques: Les systèmes.*
[13] Denis Diderot (1713-84). (N. do T.)
[14] Paul-Henri Thiry, ou como era conhecido, barão d'Holbach (1723-89). (N. do T.)
[15] *Encyclopédie ou Dictionnaire raisonné des sciences, arts et métiers*, Neufchâtel, 1765, XV, p. 463.
[16] Ibid., p. 466.
[17] Étienne Bonnot de Condillac (1715-80). (N. do T.)

ses sistemas abstratos, aos quais faltam "a clareza das ideias e a precisão dos sinais".[18] Por outro lado, apologias disfarçadas, como aquela de Boulainvilliers,[19] ou entusiastas ao contrário, como aquela do abade Sabatier,[20] não poderiam certamente ter como efeito fazer compreender e ser implantada na França a filosofia de Spinoza.

Certamente foi sob a influência das ideias alemãs que o spinozismo foi mais diretamente estudado e mais favoravelmente apreciado. Quando Victor Cousin relatava da Alemanha suas teorias sobre a unidade entre o Infinito e o finito, sobre o papel providencial dos grandes homens e o caráter sagrado da história, ele não podia deixar de sentir simpatia pelo filósofo e pela doutrina que tinham preparado essas concepções. Ele contribuiu sobretudo a elevar o spinozismo acima da acusação banal de ateísmo; ele retomou por sua conta a interpretação de Hegel, e para melhor destruir a opinião corrente, ele levou ao extremo a opinião contrária.

> Longe de ser um ateu, como o acusam, Spinoza tem tanto o sentimento de Deus, que ele perde o sentimento do homem. Esta existência temporária e limitada, nada daquilo que é finito lhe parece digno do nome de existência, e para ele o único ser verdadeiro é o Ser eterno. Este livro, todo espinhos, ao modo de sua época, com fórmulas geométricas, tão árido e tão repulsivo em seu estilo, é no fundo um hino místico, um ímpeto e um suspiro da alma em direção Àquele que, sozinho, pode dizer legitimamente: *Eu sou aquele que é...* Sua vida é o símbolo de seu sistema. Adorando o Eterno, constantemente diante do Infinito, ele desdenhou este mundo que passa; ele não conheceu nem o prazer, nem a ação, nem a glória, porque não suspeitou da sua própria. Jovem, ele quis conhecer o amor; mas não o conheceu por não o ter inspirado. Pobre e sofrida, sua vida foi a espera e a meditação da morte.[21] Spinoza é um faquir indiano, um sufi persa, um monge entusiasta; e o autor

---

[18] *Traité des systèmes*, cap. x.
[19] Henri de Boulainvilliers (1658-1722). (N. do T.)
[20] Antoine Sabatier conhecido como Abade Sabatier de Castres (1742-1817). (N. do T.)
[21] Em nota: *Spin. Vita est meditatio mortis* (sic).

que mais se parece com este pretenso ateu é o autor desconhecido de *Imitation de Jésus-Christ*.[22]

Sabemos que Victor Cousin foi o primeiro a reagir contra as fórmulas hegelianas e panteísticas que o tinham por um momento seduzido: ele preferia invocar os nomes de Platão e de Descartes. De qualquer maneira, a dupla influência, também sentida por ele, da filosofia escocesa e da filosofia de Maine de Biran,[23] manteve a Escola espiritualista francesa fora do spinozismo. Jouffroy[24] expõe claramente em seu *Cours de droit naturel* [*Curso de direito natural*] a metafísica spinozista, mas não compreende nem sua intenção nem seu significado prático, e confessa não compreender como a moral se liga aos princípios do sistema. Saisset[25] traduz e comenta as obras de Spinoza, mas rejeita suas conclusões. É com um membro dissidente da Escola, Vacherot,[26] que achamos a maior tendência em aceitar a concepção spinozista da unidade da substância.

> Aqui começa o papel da faculdade superior que chamamos de Razão. É ela e apenas ela que eleva nosso pensamento até a unidade *substancial* da vida universal... Voltamos ao grande princípio da unidade da substância. Que a substância única seja infinita, necessária, absoluta, universal, isso resulta da própria definição da substância e não precisa de demonstração. Ela é necessária, porque como conceber que aquilo que é *em si* possa não ser? Ela é absoluta, porque ela é *em si* e *por si*. Ela é infinita, pois todo limite implica uma relação e, portanto, uma dependência qualquer. Ela é universal; porque, se ela não contém tudo dentro de sua unidade, se algo lhe escapa, uma palha, um átomo, ela não é mais infinita, nem por conseguinte absoluta, nem portanto substância... Contingente pela experiência, a Natureza é necessária para a Razão. E não é apenas a Natureza que apresenta essa característica à ciência, é a histó-

---

[22] *Fragments philosophiques*, 3. ed., t. II, p. 164-166.
[23] Marie-François-Pierre Gonthier de Biran ou Maine de Biron (1766-1824). (N. do T.)
[24] Théodore Simon Jouffroy (1796-1842). (N. do T.)
[25] Émile-Edmond Saisset (1814-63). (N. do T.)
[26] Étienne Vacherot (1809-97). (N. do T.)

ria, a psicologia, a política, o mundo do Espírito inteiro. O tempo não mais explica os maiores efeitos pelas menores causas, onde a história só parecia conflito de vontades ou de paixões humanas, contrariadas ou favorecidas pela ação fortuita das causas naturais, espécie de confusão perpétua, fecundo em crises fortuitas e em desenlaces imprevistos, o todo sem planejamento, sem finalidade, sem unidade, sem nenhuma aparência de lógica. Hoje a ciência fez da história uma coisa inteligível, um sistema onde tudo se segue e se encadeia, onde os fatos são ideias, onde as épocas são os momentos ou os graus, onde os povos e as raças são os órgãos do Espírito, se desenvolvendo em perfeita harmonia com a Natureza, no seio do Ser universal. Nesse ponto de vista, que é o verdadeiro, a história é uma lógica viva, como a Natureza é uma geometria real e concreta. Todos os seres têm sua razão final, sua lei, a qual obedecem irresistivelmente, quaisquer sejam sua atividade e sua espontaneidade. Spinoza falou a palavra: a verdadeira, a única liberdade para um ser, para o primeiro assim como para o último, para o próprio Deus, é de obedecer à sua natureza. Então, não é o capricho, o acaso, a incerteza, o *livre-arbítrio*, o equilíbrio entre motivos e partidos, a contingência sob todas as formas, que mede a liberdade, é a necessidade inflexível, mas toda interior, que não encontra jamais obstáculo nem ajuda na concordância ou na oposição dos agentes exteriores.[27]

Contudo, Vacherot, por questões sobretudo morais, recusa admitir as consequências deduzidas, por Spinoza, do princípio da unidade da substância.

A razão e a lógica podem em vão falar alto, elas não podem calar a natureza e a experiência... Assim, não se faz impunemente violência ao senso comum ou ao sentimento moral; decididamente uma doutrina é julgada quando ela traz em seu seio tais consequências. Spinoza teve coragem em perseverar. Mas paralelamente às profundas verdades que podemos extrair de seu sistema, quem jamais pensou em promover seu fatalismo monstruoso?[28]

---

[27] *La métaphisique et la science*, 2. ed., t. I, p. 245-265.
[28] Ibid., p. 267-268.

Acrescenta mais adiante Vacherot:

Estou convencido que a identidade substancial entre o Ser universal e os indivíduos não tem nada a ver com a doutrina da necessidade; que o homem pode ser concebido em Deus, como a Natureza, sem que, por um lado, Deus perca um só de seus atributos e que, por outro, o homem e a Natureza percam uma só de suas faculdades e propriedades. Eu creio que, se a concepção teológica de Spinoza implica todas essas consequências é por ter sido distorcida pelo seu método geométrico.[29]

Vacherot pretende escapar às últimas conclusões do spinozismo pela distinção que ele estabelece entre o Deus perfeito, que é o ideal do pensamento, e o Deus infinito, que é a realidade do mundo; ele quer justificar antes de tudo as convicções espontâneas da consciência comum, e assim ele volta à Escola que ele tinha abandonado em um ponto importante da tradição doutrinal.

A Escola de Cousin, disse Janet, se acreditava autorizada a defender a personalidade humana contra a invasão do panteísmo spinozista, e do ponto de vista científico, já que a primeira e mais segura de todas as existências é aquela do eu, e do ponto de vista moral e social, o panteísmo estando ligado invencivelmente, acreditava ela, à absorção do indivíduo pelo todo.[30]

Ao contrário de Vacherot, Renouvier e os criticistas franceses sustentaram que a afirmação da unidade absoluta do Ser engendrava inevitavelmente consequências opostas à justa noção da moralidade. Não concordamos, segundo eles, com o espírito panteísta, independente da forma, teológica, ontológica ou naturalista. Admitir, por um lado, a unidade da substância ou da lei, e, por outro lado, a personalidade humana é se contradizer radicalmente. A distinção entre o fatalismo e o determinismo é apenas uma distinção ilusória, já que

---

[29] *La métaphisique et la science*, 2. ed., t. II, p. 417.
[30] *Le spinozisme em France*, Revue Philosophique, v. XIII, p. 129, fev. 1882.

de qualquer modo nossos atos resultam de uma necessidade absoluta. O que perverte a inteligência humana são estas ideias de continuidade, de infinito, de unidade; é a concepção dogmática segundo a qual a verdade é e envelopa necessariamente suas consequências, enquanto de fato só existem verdades cuja posição se mantém não por questões objetivamente imperiosas, mas por motivos razoáveis de se crer. O livre-arbítrio pode ser uma verdade, a partir do momento que exorcizamos o fantasma da verdade única. Portanto, a moralidade não deve ser concebida como efeito da graça e a obra do amor; ela está essencialmente na livre obediência à lei: a concepção da moral deve ser jurídica, não mística.

É certo que assim se acham defendidas certas tendências profundas do espírito francês. As razões que nos permitiram compreender por que a Ética spinozista pôde facilmente se aclimatar na Alemanha explicam por que ela teve tanta dificuldade em se introduzir na França. Como o pensamento alemão se inclina a fazer da pessoa simples utensílio da obra universal e um simples órgão da ação infinita, ele recusa ao indivíduo o direito de existir absolutamente em si e de se desenvolver por si; da mesma forma, o pensamento francês está disposto a afirmar que a individualidade constitui uma forma de existência claramente suficiente, a fazer da pessoa uma finalidade em si, a afirmar que o homem pode se elevar acima da necessidade e da tradição, a tratar a natureza como seu império e a história como sua obra.[31]

---

[31] "O gênio francês, quando, com Descartes, tomou consciência de si mesmo, abraçou primeiro a causa do livre-arbítrio, perfeição, diz nosso filósofo, tão ampla e tão extensa, que não posso conceber como mesmo em Deus ela seria maior, e que é principalmente ela que faz do eu a imagem e a semelhança do Criador. Para nós, o livre-arbítrio individual é um *fim em si*, um atributo que merece se manifestar e subsistir por si mesmo, e ao mesmo tempo uma potência cuja ação é capaz de romper, mais ou menos definitivamente, o fio da continuidade histórica. O espírito francês é então naturalmente levado a fazer tão grande quanto possível a parte do livre-arbítrio nas coisas humanas; a armadilha é, para ele, fazer essa parte tão grande e por medo do fatalismo histórico de não mais ver na série dos fatos intelectuais que as livres concepções de espíritos individuais, quase independentes uns dos outros." Émile Boutroux, *Introduction* à sua tradução do livro de Édouard Zeller, *Philosophie des grecs*, p. XXVI-XXVII. — Ver Renouvier, *L'esprit germanique et l'esprit latin*, *Critique Philosophique*, 18 abr. 1872.

Contudo, um movimento de ideias, primeiro confusas, depois cada vez mais precisas e complexas, chegou a uma doutrina do mundo e da vida que pode se ligar e que se liga efetivamente ao spinozismo. A concepção da unidade do Ser, que Lamennais e a Escola saint-simonista expressavam em fórmulas místicas, achou, pouco a pouco, graças ao desenvolvimento das ciências da natureza e das ciências históricas, um conteúdo positivo e uma expressão exata. Ela se opôs ao mesmo tempo ao espiritualismo tradicional e ao positivismo de Comte,[32] que "concordam em situar as causas fora do mundo observado e ordinário para fazer um mundo extraordinário e à parte, com a diferença que os espiritualistas acreditam poder conhecer esse mundo e que os positivistas não".[33]

> É porque, como diz Taine, se provássemos que a ordem das causas se confunde com a ordem dos fatos, refutaríamos ao mesmo tempo uns e outros; e as consequências caindo com o princípio, os positivistas não teriam mais necessidade de mutilar a ciência, e os espiritualistas não teriam mais o direito de duplicar o universo.[34]

Assim está afirmada a imanência da ideia no fato, da razão nas coisas, de tal maneira que o sistema do universo compreende nele, sem recorrer a nenhum objeto transcendente, o princípio indivisível da ciência e da moralidade. Uma tal filosofia não foi imediatamente suscitada pela influência de Spinoza; ela se constituiu pela aquisição gradual e a combinação sistemática de diversos elementos que compõem o spinozismo: ela se fez pouco a pouco por um desenvolvimento laborioso dos espíritos antes de se ligar conscientemente à doutrina da *Ética*. É sobretudo no pensamento e nos escritos de Taine que ela tomou corpo; é com Taine que nós podemos melhor apreender as ideias geradoras e as consequências práticas.

---

[32] Isidore Auguste Marie François Xavier Comte (1798-1857). (N. do T.)
[33] Taine: *Les philosophes classiques du dix-neuvième siècle*, sixième ed., *Préface*, p. VII.
[34] Ibid., p. VII-VIII.

2. Taine[35]

Justamente mostramos que as obras tão diversas de Taine, ensaios críticos, livros de ficção, trabalhos históricos ou de psicologia, todos contribuíram para o desenvolvimento de uma faculdade dominante nele, a faculdade filosófica.[36] Muito precocemente, Taine fez o seu sistema, robustamente construído, com uma lógica estanque e uma bela ordenação, e todos os seus estudos ulteriores parecem não ter outra finalidade do que estabelecer a imperiosa verdade. E que não se fale de variações no seu pensamento; jamais uma doutrina foi menos influenciada por fatores externos do meio ou do seu tempo, melhor resistiu às causas interiores de mobilidade que agitam surdamente as consciências; essa doutrina simplesmente se enriqueceu, sem se transformar, com explicações novas e provas inesperadas; e é necessário, sem dúvida, voltar até Spinoza para achar um exemplo tão notável de certeza e serenidade intelectuais.

Aliás, não é uma temeridade afirmar o parentesco filosófico entre Spinoza e Taine; pressupondo que esse parentesco não tenha sido reconhecido em muitos lugares pelo próprio Taine,[37] ele acabaria por transparecer muito evidentemente a quem pesquisasse os dois filósofos e as duas doutrinas.[38] Entretanto, podemos ter a pretensão de afirmar que Taine se preocupa, no mesmo grau e da mesma maneira que Spinoza, com o problema da vida e do destino humanos? Certamente essa preocupação não se manifesta no primeiro plano, ou seja, na superfície de suas obras; mas a constatamos, às vezes bem visível, em muitas passagens, onde o autor, após se sacrificar por muito tempo às exi-

---

[35] Hippolyte Adolphe Taine (1828-93). (N. do T.)

[36] Paul Bourget [1852-1935]: *Essais de psychologie contemporaine*, p. 185. — "Eu li Hegel todos os dias, durante um ano inteiro, no campo; provavelmente jamais sentirei as sensações que ele me proporcionou. De todos os filósofos, nenhum atingiu tamanhas alturas, ou cujo gênio se aproxime desta prodigiosa imensidão. É Spinoza engrandecido por Aristóteles." Taine: *Les philosophes classiques*, 6. ed., p. 132-133.

[37] Na obra de Taine, *Les philosophes classiques*, Paul expõe sua ideia sistemática da natureza que deve fundar as concepções analíticas de Pierre; ora, os dois livros mais usados por Paul são a *Ética* de Spinoza e a *Lógica* de Hegel, p. 348.

[38] Ver F. Pollock, *Spinoza, his life and philosophy*, p. 405.

gências de um método impessoal, procura se recuperar e consente em se expressar. Thomas Graindorge tenta em vão se apresentar como o principal sócio de uma casa comercial, acumular sobre os hábitos da vida parisiense todos os comentários que convém a um caráter frio, a um espírito positivo e cético, ele também é doutor em filosofia, e faz questão de não se esquecer disso; as observações que fez sugerem, para a edificação de seu sobrinho, uma "ideia da vida", e essa ideia da vida que ele expõe a fim de "descarregar à vontade" se vincula às considerações filosóficas as mais gerais e mais altas.[39] Taine nos fala, ele também, "sem exibição de admiração" do estoicismo de Marco Aurélio;[40] mas com quanta simpatia profunda pelo homem, com quanta fé no "pensamento possante que formou toda esta virtude e sustentou toda esta conduta!"[41]. Se alhures ele estuda a filosofia de Balzac[42] não é apenas para nos dizer que uma concepção sobre o homem e sobre a sociedade se extrai da *Comédia humana*, é para ampliar e retificar essa concepção que ele julga estreita e defeituosa.[43] Tendo analisado em lorde Byron as múltiplas causas que engendraram o "mal do século", ele indica em poucas páginas com uma precisão rápida e eloquente qual é, segundo ele, o remédio para esse mal, e ele afirma a ação, lenta sem dúvida, mas eficaz a longo prazo.[44] Enfim, no seu livro *Origines de la France contemporaine*, ele começa explicando como no século XVIII os refinamentos combinados de espírito clássico, de ideologia e dos costumes engendram nas inteligências a tendência às construções artificiais, como então acabam por lançar a ideia de um homem ideal vivendo em uma sociedade ideal; mas logo ele protesta contra esse erro dos filósofos e do público, e estabelece, em nome de sua doutrina pessoal, em qual sentido é necessário entender o desenvolvimento do homem e a organização da sociedade.[45]

---

[39] *Notes sur Paris*, p. 263 e seg.
[40] César Marco Aurélio Antonino Augusto (121-180 d.C.). (N. do T.)
[41] *Nouveaux essais de critique et d'histoire*, 3. ed., p. 249 e seg.
[42] Honoré de Balzac (1799-1850). (N. do T.)
[43] *Nouveaux essais de critique et d'histoire*, p. 129.
[44] *Histoire de la littérature anglaise*, 5. ed., t. IV, p. 420 e seg.
[45] *L'Ancien Régime*, livre III: *L'esprit et la doctrine*.

Saber o que a humanidade deve ser: como poderíamos evitar a atração de tal problema, quando nos esforçamos em saber, graças às pesquisas mais variadas em psicologia e em história, aquilo que é a humanidade na sua natureza, aquilo que ela foi nos momentos mais significativos de sua evolução? E é assim que se coloca para Taine o problema do nosso *destino*. Ele é suscitado, em Taine, mais pela curiosidade obstinada de sua inteligência do que por impulsos do sentimento. Essa questão se colocava de outra maneira para o nobre e infeliz Jouffroy, que Taine tão veementemente criticou! Nascida de uma crise interior, ela se ligava, na alma de Jouffroy, ao mais inquietante enigma, o enigma da nossa origem e de nossa finalidade suprassensíveis; e era com uma emoção passional com todo o seu ser, traduzindo o melhor possível na linguagem da razão as necessidades de seu coração, que Jouffroy se esforçava em penetrar o mistério. Em Taine não é assim, embora a pergunta pareça a mesma, resumida na mesma palavra.[46] Aquilo que opomos às emoções e aos ímpetos da sensibilidade é exatamente a lógica impassível e perseverante do entendimento.

> Até aqui, nos nossos julgamentos sobre o homem, tomamos por mestres os reveladores e os poetas, e tal como eles, recebemos como verdades absolutas os nobres devaneios da nossa imaginação e as sugestões imperiosas do nosso coração. Nós nos ligamos à parcialidade das divinações religiosas e à imprecisão das divinações literárias, e acomodamos nossas doutrinas aos nossos instintos e às nossas tristezas. A ciência se aproxima enfim, e se aproxima do homem.[47]

Estudar o destino humano é para Taine, depois de ter seguido um movimento desde suas origens, continuar a segui-lo nessa direção. A ciência, que explica a estrutura de um indivíduo pela combinação de certos elementos, não deve parar nos resultados atuais dessa combinação; ela deve determinar os

---

[46] A palavra *destino*. Sobre os sentidos dessa palavra e sobre a diferença entre as concepções de Jouffroy e de Taine, ver *Les philosophes classiques*, p. 268 e seg.
[47] *Histoire de la littérature anglaise*, 5. ed., t. IV, p. 421.

resultados futuros; ela deve desde já estender o pensamento ao futuro, como se estenderá de fato o próprio indivíduo. A ciência não admite neste problema da condução humana nada de misterioso, nem de transcendente; ela não admite, por um singular desafio a si mesma, a considerar o desconhecido como incognoscível; ela persegue corajosamente esse desconhecido, graças aos conhecimentos definitivamente conquistados até hoje. Para justificar suas audácias não pode ela invocar seus triunfos? Ela poderá também invocar seus benefícios; pois ela fortalece o espírito, e dissipando nossas ignorâncias, nos liberta de nossas inquietudes. É a reforma do entendimento, que, segundo Taine assim como Spinoza, deve nos curar de todas as perturbações da sensibilidade. "A reforma das ideias termina por reformar o resto, e a luz do espírito produz a serenidade do coração."[48]

Então é a ciência que coloca, e é a ciência que deve resolver o problema moral. A ciência absorve, para o nosso bem maior, toda a nossa vitalidade intelectual e prática: a verdadeira felicidade está no mais amplo desabrochar do pensamento. Essa ideia que sobressai na doutrina de Taine assim como no sistema de Spinoza, essa ideia, de que a ciência comunica ao homem uma alegria profunda e permanente, supõe naturalmente uma confiança absoluta na eficácia da ciência. Talvez ninguém na nossa época tenha professado essa confiança com tanta decisão e energia do que Taine: a ciência se tornou a sua fé, a sua religião. — Porém, em certos aspectos, a ciência pareceu mais restrita à medida que ela se torna mais focada; ela só conseguiu garantir seus resultados fixando limites; ela impôs à inteligência o sacrifício de suas mais nobres e ardentes curiosidades; ela mentiu, se não em relação às promessas que fez, pelo menos em relação às esperanças que provocou; ela nos permite avaliar mais corretamente o balanço entre os nossos conhecimentos e as nossas ignorâncias; e por alguns conhecimentos que estão ao nosso alcance, quantas ignorâncias permanecem invencíveis! — Taine não admitiria que a ciência fosse culpada de mentiras ou de impotência; ele certamente atribuiria essas acusa-

---

[48] *Histoire de la littérature anglaise*, 5. ed., t. IV, p. 421.

ções ou dúvidas a um resquício de crença no transcendente, no sobrenatural. São os espíritos individuais que são finitos e que limitam suas faculdades. Mas a ciência é capaz de uma extensão infinita: nada a impedirá de ir aonde leva a curiosidade humana.

O que será que existe na ciência para autorizar essas vastas pretensões? São os resultados que ela alcança? Mas esses resultados, tão magníficos que sejam, não poderiam constituir um sistema completo: a obra feita é uma ínfima porção da obra a ser feita! A ciência nos oferece uma outra garantia, bem mais incontestável, de seu poder ilimitado: essa garantia é o *método*. A ciência se prepara para suas conquistas futuras, "munida de instrumentos exatos e penetrantes onde trezentos anos de experiência provaram a justeza e mediram o escopo".[49] — Portanto, estamos falando do método experimental: não será uma quimera considerá-lo uma potência infinita? E não estaríamos longe da dedução geométrica de Spinoza? — Certamente, se estivéssemos falando do método experimental concebido pelo empirismo; mas para Taine a experiência só é um método porque se apoia sobre um princípio; e esse princípio é que não há nada no universo que escape a uma determinação rigorosa; é que "os elementos do ser assim como os elementos da quantidade recebem de sua própria natureza leis indestrutíveis que os constrangem a um certo gênero e a uma certa ordem de formações";[50] em outras palavras, é que o mundo, tal como deve ser conhecido pela ciência, e tal como a ciência o conhece, é uma "geometria viva".[51] Eis por que Taine acredita poder aplicar seu método universalmente, só chegando ao paradoxo para evitar as inconsistências, completamente alheio ao efeito exterior de suas ideias, sem se preocupar com os preconceitos que ele transtorna, impassível diante da opinião pública, lembrando enfim, pela calma soberania de sua atitude, a orgulhosa declaração de Spinoza:

---

[49] *Histoire de la littérature anglaise*, 5. ed., t. IV, p. 421.
[50] Ibid., p. 423.
[51] Ibid.

Quero, agora, voltar àqueles que, em vez de compreender, preferem abominar ou ridicularizar os afetos e as ações dos homens. A esses parecerá, sem dúvida, surpreendente que eu me disponha a tratar dos defeitos e das tolices dos homens segundo o método geométrico, e que queira demonstrar, por um procedimento exato, aquilo que eles não param de proclamar como algo que, além de vão, absurdo e horrendo, opõe-se à razão. Mas eis aqui o meu raciocínio. Nada se produz na natureza que se possa atribuir a um defeito próprio dela, pois a natureza é sempre a mesma; e uma só e a mesma, em toda parte, sua virtude e potência de agir. Isto é, as leis e as regras da natureza, de acordo com as quais todas as coisas se produzem e mudam de forma, são sempre as mesmas em toda parte; e, portanto, devemos explicar todas as coisas, quaisquer que sejam, por um único método, quero dizer, pelas regras universais da natureza.[52]

A ideia mestra que justifica o método e constitui a doutrina do Taine é então a ideia da necessidade universal, e essa ideia lhe vem em linha direta de Hegel e de Spinoza. Taine reconheceu em várias ocasiões que foi de Hegel que ele pegou emprestado sua concepção do desenvolvimento das coisas.[53] Em que consiste então essa concepção? Ela consiste em "representar todas as partes de um grupo como solidárias e complementares, de modo que cada uma delas necessite do resto, e que todas reunidas manifestem, por sua sucessão e seus contrastes, a qualidade interior que as une e as produz".[54] Existe em todo objeto uma qualidade principal, essencial, de onde derivam todas as qualidades particulares e secundárias, de modo que a definição exata da qualidade principal leva ao conhecimento preciso das qualidades particulares. Mas de que gênero é a relação que existe entre a qualidade geradora e as qualidades engendradas? É uma relação analítica, porque a relação analítica é a única realmente necessária.[55] Assim, Tai-

---

[52] Spinoza: EIII, pref., t. I, p. 125.
[53] *Les philosophes classiques*, prefácio, p. X — *Histoire de la littérature anglaise*, t. V, p. 273. — Ver [Victor] Hommay [1859-86], *L'idée de la nécessité dans la philosophie de M. Taine*, Revue Philosophique, XXIV, p. 394.
[54] *Histoire de la littérature anglaise*, t. V, p. 273.
[55] *De l'intelligence*, 5. ed., II, p. 460.

ne não aceita uma das consequências da crítica de Hume, a saber, a instituição pelo idealismo alemão de uma nova lógica capaz de compreender as diferenças da realidade sem as resolver completamente;[56] mas Taine igualmente rejeita a outra consequência dessa crítica, a saber, a redução, pelo empirismo inglês, da noção de causa à ideia de sucessão constante. Uma coisa é constatar o encontro de dois fatos, outra coisa é estabelecer a necessidade dessa junção; uma coisa é sentir as leis da natureza, outra coisa é prová-las. O empirismo inglês se contenta com a experiência quando seria necessário ir até a prova.[57] Mas essa prova, como produzi-la? Ela se fará se restituirmos à ciência sua verdadeira abrangência, e à mente sua faculdade essencial. Que a ciência comece pela análise experimental, ótimo; porém, a análise experimental só é completa com uma condição: não apenas registrar os fatos, como também descobrir a hierarquia, portanto, subordinar os fatos secundários aos fatos dominantes. E quando esses fatos dominantes, qualidades principais ou faculdades mestres, forem rigorosamente determinados e exatamente definidos, eles explicam os fatos secundários que se ligam a eles e ao seu princípio. Eis os resultados da análise experimental.[58] Ora, esses resultados se justificam se a dependência estabelecida entre os fatos secundários e os fatos dominantes é de tal natureza que possamos ir por dedução dos fatos dominantes aos fatos secundários, e considerar as propriedades primitivas como geradoras das propriedades derivadas. Assim, a análise experimental implica a abstração que isola e distingue os fatos, e ela se confirma na explicação sistemática, que, tratando os fatos dominantes como essências, extrai deles os fatos secundários, os modos particulares.[59] O analista e o sistemático, Pierre e Paul, se justificam ao mesmo tempo que se completam.

---

[56] *Les philosophes classiques*, p. 168.

[57] *Histoire de la littérature anglaise*, t. V, p. 409. — É a mesma refutação que Hegel apresentou contra o empirismo: "O empirismo mostra bem a existência de um número quase ilimitado de percepções parecidas; mas a universalidade é diferente de um grande número. Ele também garante as percepções de mudanças sucessivas ou de objetos justapostos, mas não um elo de necessidade". *Encyclopädie, Hegel's Werke*, VI, p. 84.

[58] *Les philosophes classiques*, p. 323 e seg.

[59] Ibid., p. 329 e seg.

A força ativa pela qual representamos a natureza é apenas a necessidade lógica que transforma um no outro, o composto no simples, o fato na lei. Desse modo designamos de antemão o limite de toda ciência, e nós possuímos a poderosa fórmula que, estabelecendo o vínculo invencível e a produção espontânea dos seres, coloca na natureza a mola da natureza, ao mesmo tempo que ela crava e fixa no coração de toda coisa viva as garras de aço da necessidade.[60]

Eis a ideia da necessidade compreendida por Spinoza, concepção pura de inteligência lógica, que, ao invés de se dobrar diante da mobilidade ondulante das coisas, afirma abraçar, sem mutilá-la ou empobrecê-la, toda a realidade. É que o desenvolvimento do ser é, para Spinoza como para Taine, o próprio desenvolvimento da necessidade. E Taine, nesse sentido, vai ainda mais longe do que Spinoza, porque ele exclui dessa noção de necessidade todo elemento ontológico. À Substância infinita ele substitui o "axioma eterno", a "fórmula criadora".[61] A necessidade é suficiente a si mesma, assim como ela é suficiente para tudo; e quando, para mostrar sua força invencível, Spinoza a efetiva na Substância, ele a faz assim depender de um princípio ainda transcendental. A necessidade só é absoluta se ela própria se sustenta sustentando o resto, ou seja, que só ela exista. Se imaginamos fora dela seres que chamamos de substâncias é porque ainda estamos sob a influência de teorias escolásticas.[62] Todas as existências substanciais com as quais povoamos o mundo são apenas, ao serem examinadas pela ciência, sombras que aparecem, circulam e desaparecem segundo uma ordem regular; tudo se reduz definitivamente a um jogo lógico e mecânico de ilusões; não existe na percepção exterior,[63] nem na consciência,[64] nada de sólido, apenas um agrupamento necessário de imagens. A necessidade universal parece então ter como consequência a alucinação universal.

---

[60] *Histoire de la littérature anglaise*, t. V, p. 411. — *De l'intelligence*, II, p. 444 e seg.
[61] *Les philosophes classiques*, p. 370.
[62] *Histoire de la littérature anglaise*, t. V, p. 397.
[63] *Les philosophes classiques*, p. 44. — *De l'intelligence*, I, liv. II; II, liv. II.
[64] *Les philosophes classiques*, p. 66 e seg., 247 e seg. — *De l'intelligence*, I, liv. IV, cap. III.

Mas é precisamente por não reconhecer a necessidade que nós somos enganados por essa alucinação: os objetos exteriores assim como os indivíduos, se forem considerados seres distintos e independentes, são apenas fantasmas realizados; quando são ligados uns aos outros, eles têm em si uma certa verdade que consiste no elo que os une. Nossas alucinações se tornam verdadeiras à medida que tomamos consciência da necessidade que as engendram. Representamos a natureza como uma imensa tapeçaria: nós vemos bordadas com uma maravilhosa abundância as formas mais diversas, e cremos, vendo à distância, por uma ilusão de perspectiva muito natural, que essas formas existem por si, sem serem ligadas entre si, sem seres ligadas a nada: nós as separamos por considerá-las separadas do tecido que as compõe. Assim fazemos todas as vezes que nós conferimos a grupos de imagens uma existência autônoma. O erro, uma vez reconhecido, se recupera por si só: os desenhos entram na trama da tapeçaria, as figuras particulares do mundo entram na trama da necessidade.

Seria compreender mal toda essa doutrina se simplesmente observarmos o interesse especulativo: ela tem também um interesse prático. Na doutrina de Taine, assim como no sistema de Spinoza, a verdade moral só pode ser perseguida através da verdade científica: ela é a consequência ou a finalidade. Todos os princípios da moralidade humana estão postos; nada mais resta do que tirar as conclusões.

Dessas conclusões, a primeira e a mais destacada é que o homem não tem o direito de colocar no centro do mundo a sua insignificante individualidade e de exigir da natureza, ele não passa de um fragmento dessa natureza e só vive por causa dela, uma espécie de docilidade complacente a todas as suas inclinações e os seus caprichos.[65] O indivíduo humano não existe em si, nem os outros indivíduos do universo; ele é apenas, enquanto indivíduo, uma das formas momentâneas que expressa pela necessidade universal. Contudo, nós temos arraigadamente a alucinação do eu, do eu considerado pessoa, e, enquanto tal, investido de uma potência inviolável e sagrada! A ciência, dissipan-

---

[65] *Nouveaux essais de critique e d'histoire*, p. 258.

do esse fantasma, nos colocando no nosso lugar, nos ensina a mais sólida das virtudes; ela nos mostra, ao mesmo tempo, a estupidez de nossas pretensões e a inutilidade de nossas revoltas. Querer que as coisas se acomodem aos nossos desejos, acusar a natureza de nossos sofrimentos, inflar desmedidamente nossa individualidade e nos queixar de que ela foi constrangida ou ferida nessa expansão artificial, existe algo mais absurdo?[66] A experiência da vida se alia com a ciência para nos prescrever outra atitude: ela nos impõe um consentimento tranquilo e altivo diante do inevitável.

> Ele sentia sua juventude gasta, sua saúde abalada, suas forças diminuídas, suas pesquisas limitadas, suas esperanças reduzidas... No entanto, ele vivia resignado e calmo, invadido pelo sentimento das necessidades que nos dobram ou que nos arrastam, persuadido que toda a sabedoria consiste em compreendê-las e aceitá-las... Muitas vezes eu o comparei ao nosso querido e venerado Spinoza.[67]

É nestes termos que Taine nos fala do "amigo que mais respeitou".[68] E alhures, quando ele desenvolve os conselhos de Thomas Graindorge a seu sobrinho, aquilo que ainda domina esses conselhos é a ideia de uma submissão razoável à ordem das coisas:

> Lembra-se da caminhada que você fez outro dia comigo na floresta? Nós esmagávamos as formigas com nossas botas. Os belos pássaros volteavam para comer as moscas; os grandes insetos devoravam os pequenos. Nós tínhamos visto numa clareira, entre dois tufos de mato, uma pequena lebre de barriga para cima; um gavião a tinha pego na saída de sua toca, e a comido pela metade, o ventre estava vazio; formigas, escaravelhos, uma quantidade de esfomeados trabalhavam na pele. De dez lebres recém-nascidas uma chega à idade adulta, e essa tem vinte chances em uma de não envelhecer; o inverno, a chuva, os animais de caça, os acidentes

---

[66] *Nouveaux essais de critique e d'histoire*, p. 258.
[67] Ibid., p. 322-324.
[68] Franz Woepke, a quem é dedicado o livro *De l'intelligence*.

abreviam sua vida. Uma pata ou uma asa quebrada de manhã o fazem presa fácil à noite. Se, por um milagre, ele escapa, uma doença ou a velhice vão fazê-la enfurnar em sua toca, onde a fome a pega. Ela não se revolta, ela aguenta tranquilamente a força das coisas. Olhe um cavalo, um gato, um pássaro doentes. Eles se deitam pacientemente; eles não gemem; eles cumprem o seu destino. As coisas se passam no mundo como nesta floresta tão magnífica e perfumada. Sofremos, e isso é razoável; você queria que as grandes forças se modificassem para poupar a delicadeza de teus nervos e do seu coração?[69]

Contudo, não existiria nessa resignação um amargo desencanto, e não poderíamos adivinhar por trás dessa atitude sistematicamente impassível um surdo protesto de instintos mal reprimidos? Talvez seja verdade, de fato, que as circunstâncias de nossa vida e os hábitos de nossa educação nos inclinem a ver nessa obediência à natureza um sacrifício de nós mesmos; talvez seja verdade que essa virtude de paciência e serenidade só se alcance ao preço de um triunfo doloroso sobre o nosso egoísmo ou o nosso orgulho; "por muito tempo os homens sofrerão, como entraves, as necessidades que eles deveriam abraçar como leis".[70] Mas a calma virá na esteira da verdade, e na esteira da calma, o contentamento. Nossas revoltas contra a ordem só agravam nossa impotência; nossa resignação, ao contrário, longe de paralisar nossas forças, nos dará, com a paz da alma, o poder e a coragem de agir.

Como e em que sentido nossa atividade poderá se expandir? Sendo dados os princípios gerais da doutrina, nem Taine, nem Spinoza podem admitir uma vontade livre destinada a modificar o curso das coisas, nem um ideal de certa maneira sobrenatural, encarregado de regular esta vontade. "O homem não é na natureza como um império dentro de um império." Bem cedo, Taine pega emprestada de Spinoza sua célebre fórmula para testá-la no estudo das obras humanas, em aparência, mais espontâneas.[71] Nada é que não seja necessário.

---

[69] *Notes sur Paris*, p. 264.
[70] *Histoire de la littérature anglaise*, IV, p. 421.
[71] *Essai sur Tite-Live, préface*.

O homem é um teorema em processo. O que devemos então entender por vontade? É fazer metafísica com metáforas considerar a vontade um ser persistente e distinto, ou uma força que age sobre as ideias ou os movimentos; a vontade é simplesmente um termo abstrato e geral pelo qual designamos o conjunto de nossos atos considerados, seja neles mesmos, seja nas suas consequências: a vontade é geral, porque diz respeito a um grupo de ações; a vontade é abstrata, porque ela exprime o caráter comum e essencial.[72] Dizer que um homem quer tal objeto é dizer, em outras palavras, que um homem é ou faz, num dado momento, aquilo que a necessidade de sua natureza o obriga a ser ou a fazer, ou, como dizia Spinoza, que ele tende a perseverar no seu ser. Donde segue que é ilusório lhe propor uma finalidade superior à sua natureza particular, como também é ilusório propor aos homens em geral uma finalidade superior à natureza universal. Percebemos a vaidade de todas as especulações sobre o Possível quando entendemos realmente o sentido da necessidade. Não há nada de Possível para o homem fora daquilo que é real, ou seja, fora daquilo que acontece necessariamente. O vício e a virtude não são o fato de uma vontade arbitrariamente rebelde ou submetida à autoridade de um Bem transcendente, exemplar eterno de toda perfeição: "O vício e a virtude são produtos como o vitríolo e o açúcar".[73]

A moral não tem como objeto engendrar o vício ou a virtude; — não existe artifício moral que possa substituir a potência da natureza; — a mo-

---

[72] *Les philosophes classiques*, p. 68-78.
[73] *Histoire de la littérature anglaise*, Introdução, p. XV, da 2. ed. — Interpelado sobre esta frase, em um debate na tribuna da Assembleia Nacional (16 dez. 1872), Taine foi levado a explicar seu pensamento numa carta tornada pública: "[...] Dizer que o vício e a virtude são produtos como o vitríolo e o açúcar não quer dizer que sejam produtos químicos como o vitríolo e o açúcar; eles são produtos morais que os elementos morais criam pela sua combinação, e assim como é necessário para compor ou decompor o vitríolo conhecer as matérias químicas que o compõem, também, para criar no homem o ódio à mentira é útil procurar os elementos psicológicos que por sua união produzam a verdade. [...] A análise, uma vez feita, não leva à indiferença; não desculpamos um celerado porque ele explicou sua vilania; é inútil conhecer a composição química do vitríolo, não vamos colocá-lo no nosso chá. Podemos ser deterministas como Leibniz, e admitir, como Leibniz, que o homem é responsável, ou seja, que o desonesto é digno de culpa, de desprezo e de punição, que o honesto é digno de louvor, respeito e recompensa [...]". *Journal des Débats*, 19 dez. 1872.

ral tem por objeto constatar em quais circunstâncias eles aparecem. Toda explicação do homem é essencialmente um estudo de caracteres humanos. Mas, enquanto a explicação estritamente científica considera o grau de importância dos caracteres, a explicação propriamente moral considera seus graus de bem-estar.[74] É necessário então classificar os caracteres segundo eles sejam mais ou menos prejudiciais ou benéficos, segundo eles concorram a destruir ou a conservar a vida individual e a vida social. A vida individual tem duas direções principais: ou o homem conhece ou ele age. Portanto, todos os caracteres da vontade e da inteligência que ajudam o homem na ação e no conhecimento são benéficos, enquanto os contrários são prejudiciais. Como existe em todo homem uma disposição principal, uma faculdade mestra, então, suas tendências particulares são boas quando promovem o desenvolvimento dessa disposição e o exercício dessa faculdade. Assim, se classificam e se ordenam, segundo uma lógica que corresponde exatamente à lógica do conhecimento, as inclinações e as forças que tornam o homem útil a si mesmo.[75] Mas onde está a mola interior que o levará ao bem do outro? Existe uma que é única, é a tendência a amar; porque amar é se propor como finalidade a felicidade do outro, é se subordinar por inteiro ao seu semelhante. Eis o caráter benéfico por excelência, e qualquer forma que ele tome, generosidade, humanidade, doçura, ternura, admiração, bondade inata, ele move nossa simpatia e excita nossa admiração. Quanto mais se expande e se multiplica, mais o achamos belo.[76] E o que pode melhor sustentar esta inclinação à abnegação e à devoção senão a ideia, sempre a mesma, de que nossa individualidade, longe de ser um todo, é apenas uma porção ínfima do universo, de que o egoísmo deriva de uma visão muito inexata das coisas? Nossa inteligência, na medida em que ela se expande, dá à nossa atividade um objeto mais vasto e mais elevado.

---

[74] *Philosophie de l'art*, 3. ed., II, p. 327.
[75] Ibid., p. 320.
[76] Ibid., p. 332.

Olhe um bem em geral e, por exemplo, pronuncie este julgamento universal de que a morte é um mal. Se essa máxima te joga na água para salvar um homem, você é virtuoso. Os sentimentos sendo produzidos por julgamentos têm as propriedades dos julgamentos produtores. Ora, o julgamento universal supera em grandeza o julgamento particular; logo, o sentimento e o motivo produzidos pelo julgamento universal superarão em grandeza o sentimento e o motivo produzidos pelo julgamento particular. Então, o sentimento e o motivo virtuosos superarão em grandeza o sentimento e o motivo interessados ou afetados.[77]

Assim, as duas grandes virtudes da conduta humana, resignação e bondade, são os frutos naturais da inteligência, que nos emancipa de nós mesmos nos fazendo compreender nossa dependência em relação à humanidade e à natureza. O erro metafísico que faz do eu uma substância corresponde ao erro moral que faz do eu um objeto importante e soberano. Daí decorre igualmente o mais grave dos erros políticos. O que acontece, de fato, quando o indivíduo afirma se abstrair do conjunto do qual faz parte? Ele forja, segundo seus gostos e seus sentimentos individuais, uma espécie de ideal; ele deduz geometricamente desse ideal uma série de condições que devem tornar o homem feliz e os meios que devem torná-lo capaz de alcançar essa felicidade; doravante todos os seus esforços tendem a perturbar a realidade para reconstruí-la segundo esse patrão: eis o princípio do fanatismo revolucionário.[78] Quando o homem não compreende que ele deve se adaptar à sociedade, ele tenta refazê-la, como se a sociedade fosse um produto da reflexão e do engenho! Chegamos pouco a pouco, pelo progresso da exaltação sentimental e da teimosia lógica, a concepções que são realmente monstruosas em relação à natureza.[79] Imaginamos indivíduos humanos, existentes em si, e instituindo um dia, por um contrato livre, a vida social e governo; acreditamos, portanto, que a melhor política consiste em fazer perpetuamente discutir e renovar esse contrato. E enquan-

---

[77] *Les philosophes classiques*, p. 281-282.
[78] Ver a *Pychologie du jacobin*, *La Révolution*, II, p. 10 e seg.
[79] *L'Ancien Regime*, 1., III, p. 221-237. — *La Révolution*, t. I, p. 183 e seg.

to perseguimos com fúria o sonho de uma igualdade impossível, esquecemos que a sociedade humana é naturalmente derivada de desigualdades naturais. O direito primitivo de todo homem é a força de sua natureza;[80] diante dele, os outros homens são forças, superiores ou inferiores, a quem ele se submete ou oprime. A sociedade tem como função restringir o mais possível esse estado de guerra dominando com sua própria potência as potências brutas que governam a vida humana. Existe, então, entre os membros de uma mesma sociedade elos de coordenação e de subordinação, que, longe de serem estabelecidos pela razão pura, resultam da necessidade das coisas, do meio, da raça, das circunstâncias históricas. Aquilo que importa antes de mais nada é a conservação da comunidade. Antes de sonhar em garantir os pretensos direitos do homem, a sociedade deve sonhar em garantir sua própria existência.

> A mais sábia constituição é ilegítima se ela dissolve o Estado; a mais grosseira é legítima se mantém o Estado. Não existe direito anterior, universal e absoluto. De acordo com os povos, a época e o grau de civilização, de acordo com a situação interior e exterior, todas as igualdades ou desigualdades civis ou políticas podem alternadamente ser ou deixar de ser prejudiciais, por conseguinte, merecerem que o legislador as destrua ou as honre, e é a partir dessa regra superior e saudável, e não a partir de um contrato imaginário e impossível, que ele deve instituir, limitar, distribuir, no centro e nas extremidades, por herança ou por eleição, por nivelamento ou por privilégio, os direitos do cidadão e os poderes públicos.[81]

A sociedade que interessa ao legislador é um organismo vivo, que nasceu e cresceu segundo as leis naturais; e essa sociedade tem, sobre todas as outras sociedades que podemos sonhar, uma vantagem incontestável, é que ela existe, boa ou má, é que ela funciona, facilmente ou penosamente. Ao contrário, as sociedades constituídas segundo planos racionais, "obras primas da razão

---

[80] Ver Spinoza: TP, t. I, p. 285. — TTP, t. I, p. 552.
[81] *La Révolution*, I, p. 188.

especulativa e da irracionalidade prática",[82] têm como resultado inevitável a anarquia espontânea, logo consagrada pela anarquia legal. Qual é então a nossa tarefa política? Deixar fazer, quer dizer, não fazer nada? Com certeza, não. Mas é necessário antes de tudo lembrar que não existe para a sociedade, nem para o indivíduo, o ideal transcendente, que o ideal da sociedade é imanente à própria natureza da sociedade. Esse pensamento dissipará a utopia social como já dissipou a utopia moral. É a máxima que Spinoza inscrevia no começo do seu *Tratado político*, e que inspira igualmente as concepções políticas de Taine. Doravante, em que consiste para Taine o progresso da sociedade? Existe em uma sociedade um grupo de tendências dominadoras, de faculdades mestras, que são sua razão de ser, porque elas são seus elementos constitutivos: são a essas tendências e a essas faculdades, variáveis segundo diferentes nações, que devem se subordinar as energias particulares. Portanto, nós não temos de criar, segundo nossos gostos, a forma social e política na qual nos apraz entrar e permanecer; nós temos que descobri-la. "Neste sentido, nossas preferências seriam vãs; de antemão, a natureza e a história escolheram por nós; cabe a nós nos acomodarmos a elas, porque certamente elas não se acomodarão a nós".[83] Nós devemos então trabalhar, cada um fazendo sua parte, no sentido da natureza e da história; nós devemos primeiro admitir e estudar o organismo do qual somos membros; depois, ao invés de nos esforçar a refazê-lo de fora, contribuir a desenvolvê-lo por dentro, pela especialização, cada vez maior, e também pela unidade, cada vez mais profunda, de suas funções. Nada pode substituir essa evolução interna do organismo social, nem mesmo a administração mais sábia; porque é inútil uma administração complicar suas engrenagens para tentar igualar a complexidade da vida; engrenagens não são órgãos; a engrenagem será sempre uma obra construída artificialmente, e ela frequentemente só consegue parar o movimento que ela pretende regular. Existe então uma marcha natural da sociedade que podemos até certo ponto

---

[82] *La Révolution*, I, p. 279.
[83] *L'Ancien Regime, préface*, p. III.

dirigir, mas que não podemos suspender ou desviar violentamente, sem grandes danos, sem grandes perigos para a própria sociedade. A obra da razão só é boa se a razão, ao invés de se opor à realidade e falsamente afetar uma espécie de virtude sobrenatural, se reintegrar na natureza para se adaptar e aderir, especialmente porque a natureza é apenas a forma cega da razão, e que a razão só se torna eficaz se tornando um preconceito, ou seja, um impulso da natureza.[84]

Uma máxima domina todas essas regras da nossa atividade privada e de nossa atividade política, e foi Goethe que nos deu a fórmula: "Faça o esforço de te compreender, e de compreender as coisas".[85] Esse esforço da inteligência marca realmente o advento da humanidade no mundo. Antes de ocorrer esse esforço, o homem era apenas um animal que trabalhava para se defender contra a hostilidade da natureza e de seus semelhantes, e que, mais engenhoso do que os outros animais, institui a família, o Estado, os exércitos a fim de melhor assegurar sua defesa. Mas a partir do momento que ele domina as invenções puramente práticas e os trabalhos puramente materiais, ele se abre a uma nova vida, que é a vida da contemplação.[86] Mesmo a contemplação estética tem como efeito iniciá-lo nessa vida superior.

> Olhe em volta de ti, eis uma ocupação menos animal: a contemplação. Esta vasta planície que esfumaça e resplandece sob o sol generoso que a aquece; os recortes das árvores repousam com um bem-estar delicioso sobre o azul luminoso que as bordeja; estes pinheiros odoríficos se elevam como incenso sobre um tapete de urzes vermelhas. Você passou uma hora, e durante essa hora, coisa estranha, você não foi um bruto; eu te felicito, podes quase te vangloriar de ter vencido.[87]

Mas se a contemplação estética tem a vantagem de ser mais acessível a todos os homens e de interessar ao coração assim como à inteligência, apenas o pen-

---

[84] *L'Ancien Regime*, p. 270 e seg.
[85] *Histoire de la littérature anglaise*, IV, p. 420.
[86] *Philosophie de l'art*, I, p. 53.
[87] *Notes sur Paris*, p. 269.

samento do universo, considerado em sua totalidade, pode nos fazer sair do estreito recinto da nossa pessoa, expandir ao infinito nossa compaixão assim como nossa razão.[88] Então, "cessamos de ouvir ou de ver uma coisa isolada, um ser limitado, um fragmento da vida: é o coro universal dos vivos que ouvimos gozar ou se lamentar, é a grande alma da qual somos os pensamentos".[89] Essa é uma transposição da doutrina de Spinoza sobre o *"Amor intellectualis Dei"*.[90] Nada é superior à contemplação intelectual; porque é ela que nos permite descobrir

> que esse feixe de leis conduz a uma ordem de formas, que a matéria tem como termo o pensamento, que a natureza se alcança pela razão e que esse ideal onde penduram, através de tantos erros, todas as aspirações do homem, é também a finalidade à qual concorrem, através de tantos obstáculos, todas as forças do universo. Nesse emprego da ciência e nessa concepção das coisas existe uma arte, uma moral, uma política, uma nova religião.[91]

E, de fato, nessa contemplação intelectual, o próprio sentimento religioso se absorve e se satisfaz: ao mesmo tempo que sentimos nossa fragilidade, percebemos a ordem eterna que nos faz ser, e daí, como dizia Spinoza, nós experimentamos que somos eternos.

> A indiferente, a imóvel, a eterna, a onipotente, a criativa, [conclui Paul falando da natureza], nenhum nome a esgota, e quando sua face serena e sublime é revelada, não existe espírito humano que não se curve, consternado de admiração e horror. Na mesma hora, esse espírito se levanta; ele esquece sua mortalidade e sua pequenez; ele goza, por afinidade, dessa infinidade que ele pensa, e participa de sua grandeza.[92]

---

[88] *Nouveaux essais de critique e d'histoire*, p. 256.
[89] *Notes sur Paris*, p. 332.
[90] Ver P. Bourget, *Essais de psychologie*, p. 203.
[91] *Histoire de la littérature anglaise*, IV, p. 423.
[92] *Les philosophes classiques*, p. 371.

Assim se fecha o círculo das ideias que compõem a doutrina moral de Taine. Herdado da ciência, o problema do destino humano resulta nesta solução, que a ciência deve governar a vida; e o que torna essa solução legítima é que a ciência já adquirida, em nos permitindo entrever a ciência ideal e completa, nos obriga a afirmar a unidade essencial do mundo e a necessidade universal. A noção de uma solidariedade cada vez mais estreita entre os objetos da natureza e os indivíduos humanos é apenas a expressão dessa unidade e dessa necessidade. Logo, ao invés de procurar nosso bem fora do mundo, é no mundo que ele deve estar, num mundo cada vez mais compreendido pela inteligência. O mundo é bom no seu conjunto, porque ele é o Todo; nós não temos autoridade para julgá-lo em detalhe. Aplicadas aos objetos particulares, essas designações de belo ou de bom, de mau ou de feio, significam que certas coisas, comparadas a outras, nos parecem, a nós indivíduos, mais belas ou mais feias, melhores ou piores.[93] Mas o indivíduo não é a medida das coisas, e uma coisa particular não é a totalidade do universo; uma visão parcial só pode fornecer um julgamento parcial; é necessário ir do indivíduo à ciência impessoal que o domina, do objeto particular ao mundo inteiro que o contém. Doravante, "aquilo que tomamos por uma deformidade é uma forma, aquilo que nos parecia ser uma inversão de uma lei é o cumprimento de uma lei".[94] Nós só teríamos razão de nos desesperar se a necessidade nos faltasse; ora, este perigo não devemos temer. Que significam então as nossas queixas? Teríamos a estupidez de culpar as quatro faces de um cristal? Iríamos nos indignar contra a geometria, portanto contra esta geometria móvel e vibrante que é a Natureza? Todos os desacertos, todas as lutas, todas as monstruosidades perdem seu falso significado quando esses fenômenos são, para nossos olhos mais esclarecidos, manifestações especiais de uma ordem sempre idêntica a ela mesma; e o espetáculo racional de elementos tão múltiplos e tão ricos que compõem essa ordem e a exprimem preenchem completamente nossas ideias, tão amplas que

---

[93] *Nouveaux essais de critique e d'histoire*, p. 129-130.
[94] *Histoire de la littérature anglaise*, IV, p. 422-423.

são de perfeição e de bondade. Eis por que a mais insigne sabedoria é aquela que expressaram os Estoicos e Spinoza, e que consiste unicamente na plena e franca aceitação das leis do universo.

Tal é a ideia geral do mundo e da vida que Taine filosoficamente concebeu e ele, cada vez mais, tentou achar nos fatos a expressão objetiva. Este gosto tenaz e passional da observação e da documentação pacientes pode às vezes iludir, e com uma aparência de empirismo e de naturalismo dissimular o sistema que o justificava. Mas é verdade que aquilo que domina o pensamento de Taine é a noção de necessidade, racionalmente concebida, que se impõe à experiência antes mesmo de ser confirmada por ela. E precisamente porque ela vem do âmago da mente, essa noção é, para o filósofo cuja alma está preenchida por isso, uma fonte de paz e de alegria. É unicamente quando ela parece se impor de fora, sob a pressão de uma ciência exterior e indiferente a tudo, que ela se torna uma causa de abatimento e tristeza, que ela provoca, ao invés da resignação altiva, a melancolia e o protesto do coração.[95] A ideia da necessidade, segundo Taine e Spinoza, só é preocupante e má quando a suportamos como uma fatalidade; ela é fortificante e boa quando ela é naturalmente ou quando ela se torna pelo nosso esforço a afirmação espontânea do nosso ser. O pessimismo não é, por mais que tenham dito, a última palavra de Taine.[96]

3. A crítica imanente

O que precisamos constatar é que, com Taine, o sistema se reduziu cada vez mais a um método, mas também ele ultrapassou os limites de seu pensamento e de sua própria ação: ele se ligou a todo este movimento de ideias que teve por resultado o estabelecimento da crítica "imanente", ou seja, dessa crítica que, ao invés de banir ou aprovar, observa e explica, que considera tudo aquilo

---

[95] Ver Paul Bourget, *Essais de psychologie contemporaine. — Le disciple*.
[96] P. Bourget, *Essais de psychologie contemporaine*, p. 233-234.

que o homem faz um produto ao qual é necessário se limitar para descobrir os caracteres e determinar as causas. Ora, não há dúvida que a inteligência e o emprego desse gênero de crítica imprimiram à vontade e ao pensamento uma nova direção. Certamente, as causas que engendraram essa crítica são extremamente complexas e de procedências bem diversas; mas é certo que o spinozismo e o hegelianismo entraram em sua composição. Sabemos com que vigor Spinoza se insurgia contra modelos sobrenaturais que permitiam ao homem apreciar o valor de tal ou tal ação, de tal ou tal acontecimento. Todas as vezes que o homem pretende comparar os fenômenos físicos da natureza ou as obras humanas a um paradigma superior, é no fundo à sua individualidade empírica que ele os compara, e é de acordo com suas fantasias particulares que ele decide. Nada é mais irracional do que esta crítica que pretende se inspirar na razão: ela se contenta em impor uma forma racional e dogmática ao sentido literal que temos das coisas. O que faz com que ela seja radicalmente falsa é que ela permanece exterior a tudo aquilo que ela estuda; não existe faculdade de julgar que possa legitimamente se sobrepor à faculdade de conhecer. Todo ato ou todo produto humano tem seu valor, assim como sua realidade, determinada pelo conjunto do qual ele faz parte: ele exprime, à sua maneira e ao seu tempo, a inflexível necessidade. Só há um jeito de lhe render justiça, é compreendê-lo.

Contudo, a filosofia de Spinoza, instituindo a crítica imanente, se coloca ela própria como o Absoluto, fora do qual nada pode ter realidade positiva. Ela recusava reconhecer o papel daquilo que é negativo e contingente no desenvolvimento do espírito humano; a necessidade que ela concebia sob a forma de identidade pura distinguia absolutamente dela tudo aquilo que não era ela; também o sistema de Spinoza, se considerando a expressão da verdade, excluía os sistemas dissidentes e adversos: ele era um mundo rigorosamente fechado, impenetrável aos mundos frágeis e ilusórios edificados pela imaginação humana. Mas, com Hegel, a ideia de necessidade se transformou; ao invés de ser identidade pura, ela é identidade dos contraditórios; ela compreende até aquilo que a nega, ela absorve aquilo que a limita; ela faz entrar o contingente e o acidental na constituição de sua ordem e de sua potência. O sistema de Hegel se considera também expressão suprema do verdadeiro, mas precisamente porque ele é a expressão suprema de todos os sistemas: não é apenas a lógica que o consagra, é também a história.

Assim, a Razão foi capaz de explicar todas as formas do pensamento e da vida: ela concebeu que tudo aquilo que é tem o direito de ser, ela se propôs nada negligenciar ou nada rejeitar. Ela se tornou a inteligência que admite tudo e compreende tudo. Num artigo sobre *Hegel et l'hégélianisme*,[97] Edmond Schérer[98] mostrou o papel de Spinoza e de Hegel na formação do espírito crítico. Segundo Schérer, Spinoza foi, nos tempos modernos, o promotor desse espírito; foi ele quem primeiro lutou com mais força contra "o sentimento obstinado que faz com que acreditemos na nossa forma pessoal da vida como sendo a realidade por excelência".[99] Ele viu melhor e mais longe que a maioria dos metafísicos que estabelecem a unidade de suas doutrinas em detrimento de uma porção da realidade, que opõem perpetuamente os sentidos e a razão, a matéria e o pensamento; ele concebeu a unidade do Todo pela necessidade.

> Spinoza não acredita apenas nas leis da natureza, ele acredita que a natureza é completamente submissa à leis. Essas leis, que correspondem àquelas da nossa inteligência, já que do contrário nós não as veríamos como leis e apenas veríamos como acidentes, esse encadeamento de causas e efeitos, essa necessidade que rege a natureza constitui aquilo que poderíamos chamar de inteligência dela mesma. A natureza se torna assim, de certa maneira, um espírito que não tem consciência de si, como o espírito é, por sua vez, uma natureza que é dotada de consciência. Não existe mais, como se costuma representar vulgarmente, uma oposição radical entre a natureza e o homem, mas sobretudo uma relação real e propriedades comuns. Bem, precisamos ir mais longe. Se a natureza é inteligência, se o homem se reconhece nela, é porque a natureza e o homem são um. São duas formas de uma mesma substância, duas

---

[97] *Revue des Deux Mondes*, 15 fev. 1861.
[98] Edmond Henri Adolphe Schérer (1815-1889). Foi teólogo (protestante), crítico literário e político. (N. do T.)
[99] *Mélanges d'histoire religieuse*, 2. ed., p. 312.

manifestações de um mesmo princípio. A natureza tem duas maneiras de ser: a matéria e a mente. Melhor dizendo, a mente se revela sob dois modos: um consciente, o outro inconsciente. Vamos ver essa ideia invadir a ciência e desempenhar um papel considerável.[100]

Hegel procede de Spinoza; ele desenvolve sob uma forma mais abrangente ainda os princípios colocados pelo spinozismo. Segundo um dado fundamental de seu sistema, é necessário que o homem cesse de viver como ser individual para sentir o mundo viver nele. Apenas, ao invés de conceber o Absoluto como um princípio substancial e fixo, ele o concebe como movimento sem repouso, uma transformação sem fim, como o progresso constante e indefinido de uma realidade que está, por inteira, na transição e no progresso. Portanto, toda palavra, assim como todo pensamento, que fixa o ser é incompleta; ela se torna falsa se, ao pretender se bastar, ela o fixa. Toda afirmação supõe uma negação, assim como toda existência supõe um limite; mas a negação não suprime a afirmação, ela deve se conciliar com ela numa afirmação nova e superior.

Como doutrina, o spinozismo e o hegelianismo estão ultrapassados; mas eles subsistem como método. Hegel nos deixou, como prova de seu espírito, uma ideia que foi doravante incorporada à inteligência humana. Ao nos ensinar que aquilo que é real é racional, ele nos ensinou a respeitar e compreender os fatos.

> Imensa novidade! Aquilo que é tem, para nós, o direito de ser. A palavra de acaso não faz mais sentido para nós. Nós acreditamos na razão universal e soberana, tanto para a história quanto para a natureza. Nós acreditamos que com instrumentos mais delicados, uma observação mais penetrante, um espírito mais flexível, vamos descobrir as forças que regem a humanidade. Daí um método de estudo e procedimentos de crítica totalmente novos. Ao invés de submeter os fatos aos caprichos de uma reflexão pessoal, de remetê-los a categorias arbitrariamente fixas, nós nos

---

[100] *Mélanges d'histoire religieuse*, 2. ed., p. 312-313.

lançamos no cerne das realidades que queremos conhecer. Nós saímos de nós mesmos para melhor experimentar a potência do objeto; nós nos identificamos com as coisas, escutando suas vozes, procurando sobre o fato o mistério de sua existência. Nós não mais transformamos o mundo à nossa imagem trazendo-o à nossa medida; ao contrário, nós nos deixamos modificar e moldar por ele. Nós nos entregamos à evolução das leis imanentes do universo, a fim de segui-las e apreendê-las. Nós as apreendemos, então, porque somos tomados, levados, guiados pela sua corrente. Aos olhos do cientista moderno, tudo é verdadeiro, tudo está bem em seu lugar. O lugar de cada coisa constitui sua verdade. Assim, nós compreendemos tudo porque admitimos tudo... A lei de contradição é, no sistema que acabamos de estudar, a base desta dialética que é a própria essência das coisas. O que isso quer dizer? Que o fato não está isolado, limitado, mas indefinido; que a coisa não se termina nela mesma, mas pertence a um conjunto, que tudo no universo se toca e se encadeia, se limita e se prolonga; isso quer dizer ao mesmo tempo que tudo é relativo, tendo seu começo e seu fim, seu sentido e sua finalidade tanto alhures quanto em si; isso quer dizer que os julgamentos absolutos são falsos porque eles isolam aquilo que não está isolado, porque eles fixam o que é móvel, porque eles fazem abstração do tempo, do lugar, da finalidade, da relação geral e da ordem universal... Nada é para nós nem verdade nem erro; é necessário inventar outras palavras. Só vemos, em toda parte, graus e nuances. Nós admitimos até a identidade dos contrários. Nós não reconhecemos a religião, mas as religiões; a moral, mas costumes; não reconhecemos os princípios, mas fatos. Nós explicamos tudo, e, como foi dito, o espírito acaba aprovando tudo aquilo que explica... O verdadeiro, o belo, o próprio justo se fazem perpetuamente; eles estão sempre se constituindo, porque são apenas o espírito humano que, ao se expandir, se reencontra e se reconhece.[101]

Nem é preciso salientar o quanto essa maneira de pensar se tornou familiar a certos espíritos, e relembrar as formas ondulantes e múltiplas que ela tomou. À medida que o sistema doutrinal que originalmente a engendrou foi sendo

---
[101] *Mélanges d'histoire religieuse*, 2. ed., p. 369-375.

esquecido, ela parece ter perdido todo princípio de organização, para ser apenas um vívido e variável sentido do valor ou da beleza das obras humanas: ela suscitou simpatias por todos, sem os ligar a nada; ela reconheceu tantas certezas quanto estados de alma e transformou a severa arte de compreender em uma refinada arte de gozar; ela lembrou suas origens pela afirmação, aliás intermitente, da potência e da eficácia do saber. "A ressurreição final", nos diz Ernest Renan, "se fará pela ciência".[102] "A crítica", diz ainda, "a crítica que sabe ver o divino em todas as coisas, é a condição da religião e da filosofia refinadas, e de toda moral forte e esclarecida. Aquilo que eleva o homem só pode melhorá-lo".[103] Aquilo que é eterno é obra da Razão que se realiza e se perpetua indefinidamente. "A Razão triunfa sobre a morte, e trabalhar por ela é trabalhar pela Eternidade."[104]

4. O idealismo contemporâneo

A dificuldade com a qual o pensamento francês assimilou o spinozismo explica talvez por que ele tenha reproduzido frequentemente conclusões mais exteriores e mais negativas, e que ele não tenha plenamente encontrado o alto significado metafísico e prático. Contudo, o spinozismo poderia justamente justificar sua parte na formação deste idealismo, que tanto atuou sobre nós, segundo o qual não existe no mundo nem coisas nem indivíduos em si, mas simples dispersões e concentrações de uma mesma luz intelectual. Nos termos desse idealismo, é a eterna afirmação do Ser ou da Verdade que constitui o valor de nossos julgamentos e de nossas resoluções; é dessa afirmação que participam, no que têm de justo e de bom, todas as operações da nossa inteligência e de nossa vontade; é essa afirmação que é imanente a cada uma delas. Só existe o Ser, ou a Verdade, que é absolutamente, e é o papel essen-

---

[102] *Dialogues philosophiques*, p. 190.
[103] Ibid., p. 310.
[104] *Discours à l'Académie française*.

cial do pensamento filosófico fazer desaparecer tudo aquilo que fora do Ser ou da Verdade reivindica a existência. Nós devemos então nos desprender do nosso próprio eu, conforme nosso eu se considere como a Substância cujo Pensamento seria apenas o modo ou o acidente. Nós somos livres e virtuosos na medida em que nossos atos colocam uma realidade necessária que não se distingue daquilo que implica o Absoluto. Apenas o inteligível é real em nós como apenas ele é real em si. Nossa vontade é boa desde que ela queira aquilo que realmente é. Sem dúvida, esse idealismo metafísico e moral parece remeter tanto a Platão quanto a Spinoza; mas talvez seja desnecessário repetir que na doutrina de Spinoza entra muito do platonismo, e certamente mais platonismo do que positivismo.

CONCLUSÃO

O PROBLEMA MORAL E A SOLUÇÃO SPINOZISTA DESSE PROBLEMA

Ao final deste estudo sobre o problema moral na filosofia de Spinoza e na história do spinozismo, talvez seja permitido salientar, para discuti-las independentemente de suas aplicações particulares, as ideias principais que são a própria base da *Ética*. Sem dúvida, a maneira com que essas ideias agiram ou como elas tiveram que se transformar já é um índice que permite medir sua importância e fixar seu valor; mas, sem fazer abstração dessas razões históricas, temos o direito de considerá-las nelas mesmas para ver se, por seu próprio significado ou seu encadeamento, elas são adequadas ao que elas pretendem explicar. O sistema que elas constituem compreende ao mesmo tempo uma concepção do problema moral, uma doutrina da vida humana e uma metafísica que, pela sua potência intrínseca, resolve o problema dentro da doutrina. Examinemos então se o problema é legitimamente colocado tal como ele é concebido, se a doutrina pode se bastar ou se devemos ir além, e se, enfim, a metafísica estabelece a relação verdadeira e completa daquilo que o problema implica e daquilo que a doutrina deve ser.

1

Segundo Spinoza, assim como segundo todos os filósofos que se inspiram no seu pensamento, o problema moral não pode ser nem exclusivamente colocado em si, nem tratado apenas com os dados da consciência. A pretensão da vontade humana de tudo trazer para si não poderia ser considerada um direito; a tarefa que ela empreende e a obra que ela realiza estão ligadas por todo lado ao universo onde elas se produzem; de maneira que só um esforço quimérico de abstração pode isolá-las de suas condições anteriores e de suas consequências posteriores. As formas morais da atividade não poderiam ser objeto de uma definição absoluta, porque elas são essencialmente relativas, e uma definição absoluta não pode se aplicar a nada de relativo. Contudo, nós somos tão encantados com nós mesmos que imaginamos poder subordinar o Ser às exigências ou aos atributos da nossa ação. Existe aí uma ilusão natural que Spinoza denuncia com razão. O primeiro entendimento do problema moral consiste em compreender que os dados que o suscitam na consciência humana não poderiam ser, sem alguma alteração, transformados em solução, eles não poderiam, com mais razão ainda, conter os elementos últimos de toda verdade. Aquilo que é o Bem deve ser concebido primeiro, não em relação a nós, mas em si; e como aquilo que chamamos de bom carrega a marca de nossas inclinações e de nossos interesses, é preciso dizer que aquilo que é absolutamente o Bem é aquilo que é absolutamente. O problema moral corresponde ao problema do Ser.

Não se trata de afirmar que as concepções da consciência comum sejam ilusórias, mas simplesmente mostrar que elas não possuem por si mesmas a parte de verdade que elas poderiam ter. Como, com a matéria empírica que elas supõem e à qual elas aderem, poderiam ser elevadas ao Absoluto? Elas só se justificam em se excedendo; como poderiam justificar o resto? As razões do nosso destino são infinitamente mais profundas que os motivos particulares de nossos atos, e querer compreender o sentido nesses motivos é atribuir ao que consideramos obra humana, por excelência, todo o fingimento de uma fraude. A forma sob a qual nós aparecemos a nós mesmos na resolução voluntária não é a causa determinante de nossa conduta; porque existe sempre, nos motivos de nossa consciência que parecem os mais adequados à nossa ação, uma potência que os ultrapassa, que, imanente a cada um deles, não se deixa esgotar por nenhum; e essa potência é a vontade radical do ser, ou, para falar como Spinoza, a tendência de perseverar no seu ser. O esforço moral, que consiste em transpor essa tendência para uma ordem cada vez mais elevada, a presume por essa razão; e isso quer dizer que somos sempre presentes em nós, que existe em nós um querer anterior que devemos desenvolver por meio de todas as nossas vontades posteriores. A pura forma moral não pode produzir nada por ela mesma ou, pelo menos, sozinha: parece impossível, então, sustentar que ela determine todo ser e toda realidade.

Diriam sem dúvida que o que confere à moral seu caráter absoluto é que ela define *a priori* o que a vontade deve ser e que ela coloca assim o valor ideal do ato antes do próprio ato. Apenas a moral, diriam, pode consagrar o possível e lhe atribuir fora da existência dada um significado e uma autoridade intrínsecos. O dever é a expressão suprema da Razão porque ele não depende de maneira nenhuma daquilo que é, porque ele é a verdade categórica, que tem apenas nela sua finalidade e que é a finalidade de tudo. Como poderia existir um Princípio superior àquilo que deve ser e àquilo que devemos fazer? Por outro lado, a vontade que está em relação com a Razão assim concebida pode ser realmente autônoma; porque ela tem que se considerar, não na matéria, mas apenas na máxima de suas determinações. Não é pela sua potência efetiva que ela vale, mas pela pureza interior de suas intenções. A vontade é certamente a unidade de nossos atos, mas a unidade prática, não ontológica, a unidade ideal que deve ser conquistada, não a unidade real que se desenvolve espontaneamente. É precisamente assim que Kant se esforçou em estabelecer a supremacia da Razão prática. A afirmação da lei moral é o mais elevado dos julgamentos sintéticos *a priori*, dado que a síntese prática da Razão e dos nossos desejos não se apoia sobre nenhum objeto de intuição, já que antes de ser ela deve ser, e que ela só pode ser pela liberdade. E essa afirmação, segundo Kant, é o último termo além do qual é impossível ir, sob pena de desconhecer o caráter incondicional dessa síntese e de negar a originalidade do sujeito moral que a realiza. O que é verdade, então, é a universalidade ideal da Razão, à qual se adequaria, se jamais pudesse ser alcançada, a moralidade humana. Mas é positivamente o sinal da moralidade não ser jamais atingida, que a Razão que a comanda, estando no Absoluto, não é como a *Res aeterna* que determina realmente tudo, que ao contrário ela deixa sempre tudo à vontade, tudo por fazer.

Mas podemos sempre nos perguntar se é mesmo a essência absoluta da Razão colocar um dever que por si não é, que só pode existir na prática e pela nossa ação. Não seria, no fundo, se contentar com uma concepção negativa da Razão ao reduzi-la apenas a conceber, acima da existência dada, uma forma pura que por si mesma não produz nada? Se a Razão só vale em relação a nós e na sua aplicação à nossa consciência, a necessidade que a revela a nós não é realmente incondicional; ela só faz exprimir nossa impossibilidade de nos libertar de uma restrição. Além dessa Razão que é puramente limitativa e imperativa, concebemos uma Razão que é absolutamente em si, cujo significado é absolutamente interno e não tem necessidade da consciência humana para ser definida. A Razão, tal como Kant admite, está apenas destinada a compreender os fenômenos do mundo ou a governar a vida; fora desses usos, ela se perde. Mas, como dizem os partidários do argumento ontológico, se o Ser concebido como perfeito não existisse, poderíamos conceber outro Ser que teria, além dos atributos do primeiro, a existência, que é uma perfeição; quer dizer que, para não cair na concepção contraditória de um Ser mais perfeito do que o Ser perfeito, devemos afirmar imediatamente que o Ser perfeito é. Assim, se a Razão não é a verdade que é absolutamente, podemos conceber uma Razão mais elevada que teria toda a verdade implicada na primeira, mas que, além disso, a relacionaria ao Ser absoluto. Em outras palavras, se a Razão não é a verdade em si, a verdade em si, ultrapassando a razão, impõe à verdade que nós podemos possuir um caráter subjetivo e provisório. Os julgamentos sintéticos *a priori*, que Kant invoca, e em particular o julgamento sintético *a priori* que constitui a obrigação moral, são apenas expressões humanas e relativas da verdade: eles não são a verdade absoluta, e então, se eles não podem estabelecer que eles participam de alguma maneira à verdade absoluta, eles ficam sempre tomados de uma dúvida que não podem eliminar. O dever só vale porque contém o Ser. A Razão que leva o dever ao absoluto é uma razão relativa aos fatos, que, não tendo a potência de opor à realidade aparente a realidade verdadeira, se reserva simplesmente o direito de conceber o ideal e o possível. Aquilo que é em definitivo, segundo o sistema de Kant, é o fato dado, que por si só é ininteligível, enquanto aquilo que é inteligível, não é. É graças a essa dissociação entre o inteligível e o real que Kant descobre um intervalo onde pode se mover à vontade a vontade humana. Mas esse intervalo não é o vazio? E não poderíamos jogar contra Kant a comparação que ele desenvolveu contra o idealismo metafísico? "A pomba, quando voa rápido e livre no ar que lhe oferece resistência, poderia crer que voaria melhor no vazio." É assim a ilusão da vontade humana: ela acredita agir tão livremente quanto menos experimenta a ação da Verdade e do Ser. Supondo, contudo, que a relação entre o real e o ideal, no fundo, fosse absolutamente ininteligível, haveria como sustentar e reafirmar a vontade, já que é precisamente o papel da vontade de fazer penetrar a ideia no fato? E não é sobretudo porque nós sabemos ou cremos que a relação entre o ideal e o real é, senão realmente por nós, ao menos absolutamente em si inteligível, que a nossa atividade pode se imprimir uma certa força e uma certa direção? Existe então conscientemente ou inconscientemente envolta na vontade ativa a ideia de que o inteligível é absolutamente em si antes de ser por nós, e que nós nos valoramos na medida da nossa participação na ordem que o traduz. A Verdade é, e nós só somos por ela.

Contudo, segundo aquilo que sustentamos, a Verdade, sem importar como seja concebida, só pode ser afirmada por um sujeito, e, portanto, ela depende, de alguma maneira, do sujeito que a afirma. "A Verdade é" é um julgamento, que, levado às suas condições, deve ser assim desenvolvido: "Eu penso que a Verdade é". Doravante, se alguém se recusa a admitir que a Verdade seja relativa ao Eu, precisa reconhecer que ela é o próprio Eu em sua ação mais elevada, que é efetivamente a ação moral. Mas aqui existe um equívoco a dissipar. Porque enfim se trata de saber se o Absoluto é porque eu penso, ou se eu o penso porque ele é. A minha afirmação do Absoluto se produz em circunstâncias empíricas que parecem determiná-la, mas isso não significa que o princípio inteligível de minha afirmação seja subordinado a essas circunstâncias. A proposição: "Eu quero que a Verdade seja" seria apenas uma expressão impertinente, se ela não exprimisse apenas as razões puramente pessoais que podem fazer com que a verdade me seja pessoalmente conhecida, se ela significasse que a verdade está sob o império da minha vontade. Que entendemos aqui por vontade? É uma vontade empírica, hesitante e fraca? Mas então toda noção do verdadeiro se acha radicalmente destruída. Apelamos a uma vontade superior, essencialmente boa e justa, que possa se considerar acertadamente como a medida de tudo? Mas então confessamos que isso não é mais o simples querer, nem a simples posição do sujeito que por si mesmo cria o verdadeiro. Reconhecemos que a vontade depende de outra coisa que não ela, e que suas afirmações valem, não por ela que afirma, mas pelo que ela afirma. A Verdade é o princípio mediador entre o eu que se determina e a coisa que ela determina: ela não é nem o sujeito que se coloca, nem o objeto que é colocado; ela é essencialmente o Verbo, quer dizer, a afirmação substancial da qual participam, por um lado, aquilo que conhece e que opera, e, por outro lado, aquilo que é conhecido e operado. É essa afirmação, que pertence à substância que, não estando restrita a nenhum limite, se reproduz indefinidamente no âmago de todos os seres, que constitui neles esta potência de querer, anterior ao desenvolvimento e às oposições da consciência refletida, imanente à espontaneidade natural assim como à liberdade racional. Assim como não são os nossos motivos de julgar que fazem a autoridade de nossos julgamentos, então, não são os nossos motivos de agir que fazem a eficácia de nossos atos.

Contudo, não poderíamos reduzir o elemento objetivo da vontade a uma forma pura, de maneira que a vontade não tenha que suportar o contato tirânico do Ser? Não podemos afirmar que o que certifica a boa vontade é a legislação universal que ela coloca? A vontade do dever pelo dever permaneceria assim a expressão suprema da Razão. Mas ainda que agora se reapresentem objeções que já foram apresentadas, é indispensável se perguntar qual a relação que existe entre a lei e a matéria da vontade. Ora, parece que num tal sistema essa relação permanece contingente e ininteligível. Porque se, por um lado, a lei forma e penetra a matéria, é porque a matéria é no fundo da mesma natureza que a lei, ou seja, que a Razão deve se achar não apenas naquilo que deve ser, mas naquilo que é: os objetos aos quais a vontade se aplica envolvem uma espécie de razão em potência que determina e que atualiza a vontade

CONCLUSÃO

razoável; existe uma unidade virtual ou real entre o nosso eu e as coisas; o universo que nos compreende entende o Pensamento que está em nós. Mas se uma tal unidade não pode ser afirmada, a intenção humana permanece radicalmente enclausurada nela mesma; ela não pode sair de si sem entrar em um mundo estranho; tudo aquilo que lhe é dado para traduzi-la se impõe a ela em virtude de uma necessidade física que ela não pode absolutamente explicar: os fenômenos da consciência são para a vontade como tantas coisas em si, impenetráveis e indetermináveis. Portanto, devemos voltar à concepção metafísica, segundo a qual o inteligível pode se impor ao sensível, já que ele é aquilo que existe de real no sensível. E o próprio Kant volta a essa concepção por um desvio quando ele tenta estabelecer a quais caracteres o dever se reconhece na prática corrente da vida. Pois ele não se contenta em mostrar que a máxima da ação moral deve poder ser erigida em uma lei universal; ele mostra, sobretudo, pelos exemplos que dá, que o princípio da má ação é um princípio negativo, que no mundo real e concreto não pode sustentar até o fim suas consequências sem se destruir; ele reconhece no fundo que existe como uma sanção da Razão pelo universo, que o universo é bastante racional em sua essência para não poder, de alguma maneira, suportar a ação irracional. Não era exatamente o que pretendia Spinoza quando ele afirmou que o erro e o mal não podem fundar nada de real e de durável, e que eles acabam por se dissipar, rejeitados do universo pela Razão que o domina? Não é necessário então reconhecer que a lei, segundo a qual a intenção e o ato se unem, não é simplesmente uma lei formal, mas a lei mais real de todas, a lei imanente do mundo?

Pode-se dizer que assim justificamos e consagramos tudo aquilo que é, e que, contudo, aquilo que é é, em relação às mais nobres exigências da consciência, um perpétuo escândalo, que o problema moral resulta necessariamente em uma solução imoral se ele apenas se propõe a explicação e a aceitação do real? Mas o equívoco aqui é fácil de se dissipar. Mostrar que a vontade deve querer necessariamente um objeto, e que o objeto que ela quer se liga mais ou menos intimamente, mas sempre racionalmente a ela, não quer dizer que tudo aquilo que a vontade quer seja bom; ao contrário, é sustentar que deve haver uma adequação tão completa quanto possível entre a universalidade do puro querer e a universalidade de seu objeto. Não devemos tomar aquilo que é, aquilo que é real num sentido empírico; porque aquilo que é, aquilo que é real num sentido exclusivamente empírico, é aquilo que não tem nem ser nem realidade. Não é para se inclinar diante do empirismo das coisas que a Razão se recusa a se inclinar diante do empirismo da consciência moral; e quando afirmamos que aquilo que é racional é real, não é para conceber a Realidade sob a forma do que é dado, é para estabelecer que, para além da oposição entre os fatos descontínuos e as ideias inadequadas, o Verdadeiro e o Ser são uno, que eles são, como já dissemos, a afirmação substancial que se repete, sob formas relativas, a todos os graus da natureza e do espírito, o elo vivo entre o sujeito que deseja e o objeto que é desejado. Nisso, o intelectualismo spinozista está plenamente justificado: não se pode se querer completamente sem querer, pela mediação do Ser infinito, a ordem universal.

2

Mas essa solução é, no fundo, a colocação de um novo problema: que relação existe entre a vontade de si mesmo e a vontade da ordem? É evidente que Spinoza tentou conceber essa relação sob a forma mais simples e mais imediata possível. Nos termos de seu sistema, o desejo de viver que nos constitui só precisa se promover e se desenvolver normalmente para alcançar a afirmação da essência eterna que o funda. Nós só temos que marchar nosso caminho para encontrar Deus. Existe uma identidade entre a vida eterna e a vida presente, que faz com que na vida presente descubramos as razões e os meios de nos elevar à vida eterna. Nem nos é possível colocar nosso ser fora do Ser, como também não podemos colocar nossa ação fora do nosso ser. Donde se conclui que nós devemos unicamente nos determinar na conquista da beatitude pelo gênero de sentimentos que faria nascer em nós a beatitude conquistada: todo esforço direto em direção à felicidade é bom; só a alegria salva, e já que a verdade suprema é

CONCLUSÃO

a verdade da vida, todo pensamento de morte é falso e funesto; em outras palavras, a vida deve ser uma constante e imperturbável afirmação da vida: a espontaneidade da tendência a ser se consagra e se completa na liberdade do espírito.

Contudo, existe na doutrina spinozista esta singular anomalia, que o teste das paixões, para o homem livre, parece não acrescentar nada ao valor de sua liberdade. A diferença permanece nula entre o homem que, por hipótese, chegaria naturalmente à plena satisfação de seus desejos e o homem que só pode chegar lá pela luta contra si mesmo e pelo triunfo sobre suas inclinações. O estado de servidão, tal como Spinoza descreveu, permanece no fundo exterior ao que somos, e a necessidade que o explica só se liga artificialmente à necessidade que nos explica. Nós somos pela nossa essência, e nós somos também pela ação das causas exteriores: não é suficiente mostrar como esses dois modos de existência podem alternadamente se subordinar um ao outro para tornar inteligíveis seu encontro e sua relação. Como, sendo natural e racionalmente aquilo que ele é, o homem pode ser, num dado momento, aquilo que ele não é? Entre a organização espontânea e a organização aparente ou real da vida, por que esta obra de desorganização aparente ou real que operam as paixões? As paixões, uma vez dissipadas, não deixam nada delas mesmas; elas são ilusões que a luz da Razão pura dissipou, elas são o nada que o homem livre não mais reconhece. Portanto, a passagem do desejo natural de viver ao desejo depravado é inexplicável, assim como a passagem do desejo depravado à Razão, já que, por um lado, o desejo natural sendo bom não pode produzir o mal, e, por outro lado, o desejo depravado sendo mau não pode produzir o bem. Resta sustentar, é verdade, que existe uma identidade real entre o desejo e a Razão, que apenas essa identidade é absolutamente, enquanto aquilo que a dissimula e parece negá-la é apenas aparência enganosa. Mas por que essa identidade se manifesta sob a forma confusa da paixão, ao invés de se manifestar imediatamente sob a forma clara do entendimento puro?

No fundo, o sistema preenche essas lacunas graças a suposições que não são deduzidas. Aquilo que Spinoza é obrigado a admitir, mais ou menos implicitamente, é que sem a depravação do desejo nós não seríamos levados a introduzir no universo separações e distinções, que sem essas separações e essas distinções permaneceríamos incapazes de conhecer; é que por outro lado, sem esse conhecimento mesmo truncado e fictício que nos coloca em oposição com nós mesmos, nós não poderíamos chegar à intuição intelectual que nos estabelece definitivamente em nós. Mas, então, é que a tendência a perseverar no ser não é uma tendência simples onde é suficiente seguir o impulso; ela não é homogênea; ela não é idêntica a ela mesma; longe de ser a lei positiva do desenvolvimento da vida, ela permanece em si ambígua e incerta. Ela não pode se exprimir sem se negar: cada um dos atos que ela engendra supõe outra coisa que não ela, e na medida que ela se expande ela descobre cada vez mais relações das quais ela não determinou os termos. É impossível, dizia Spinoza, que nosso ser se liberte de toda relação com os seres alheios. Mas se essa impossibilidade é apenas um simples fato que constatamos sem explicar, não seria necessário que ela tivesse na nossa própria individualidade sua razão essencial? Não seria necessário que no nosso âmago a necessidade do *outro* fosse colocada tanto quanto a necessidade do *um*, ou, como queria Hegel, que a unidade fosse essencialmente a unidade da diferença? Nada em realidade é menos positivo do que a autonomia do desejo. Ainda que o desejo fosse, como pretendia Spinoza, a medida daquilo que nos é bom, existe uma lei do desejo que o constrange a se determinar nos objetos para se satisfazer, e essa lei é um princípio de heteronomia. Existe uma cisão que se produz inevitavelmente no nosso ser entre aquilo que ele deseja e aquilo que é desejado, e os progressos da experiência, longe de apagar naturalmente essa cisão, apenas a agravam e a tornam naturalmente mais profunda. À medida que o campo da realidade se descobre e se alarga diante de nós, as relações do nosso desejo à multiplicidade dos objetos desejáveis se complicam e se confundem. Dizem que basta nos querer a nós mesmos. Mas como é insuficiente nos querer a nós mesmos para saber aquilo que nós temos que querer! Nem a unidade do nosso ser se deixa imediatamente afirmar, nem a unidade das coisas se deixa imediatamente apreender; entre os princípios antecedentes e os fins consequentes da nossa vontade, meios-termos se inserem, cada vez mais numerosos à medida que vivemos, cada vez menos redutíveis a um sistema simples e definitivo. Não é com um movimento regular e seguro que podemos ir à verdade e à felicidade; é sobretudo através de contradições incessantes, que, constantemente suscitadas, não são jamais definitivamente resolvidas.

Ora, o desenvolvimento dessas contradições reside na contradição interna que implica a tendência a perseverar no ser. Existe, envolta nessa tendência, a dualidade entre o sujeito que deseja e o objeto que é desejado: é essa dualidade que o spinozismo tenta levar a uma ilusão, ora justificando a autonomia absoluta do sujeito que deseja, ora justificando a potência absoluta do objeto que é desejado, enfim, ora justificando a unidade absoluta entre o desejo e o desejável. Mas quando o objeto é onipotente, a atividade interna do sujeito se torna o quê? Quando o sujeito é autônomo, a realidade do objeto se torna o quê? É a Razão, nós sabemos, que concilia a liberdade do sujeito e a necessidade do objeto. Contudo, essa solução ainda é um problema. Qual é a relação do nosso ser e do mundo com a Razão?

É indiscutível que essa relação não pode ser definida absolutamente nem na linguagem do sujeito, nem na linguagem do objeto. É o defeito da metafísica spinozista tê-la sobretudo definido na linguagem do objeto. Podemos dizer que Spinoza assimila a ordem de nossos motivos de agir à ordem dialética de nossos atos. A verdade se manifesta em nós assim como ela se manifesta fora de nós. Aquilo que é o nosso fazer é também a nossa vontade, na mesma proporção e da mesma maneira: a unidade entre aquilo que pensamos ser e aquilo que somos é simples e natural. É justo que nossos atos nos julguem; porque eles traduzem exatamente o valor de nossas ideias. Contudo, olhando de perto, que diferença e que desproporção entre aquilo que em nós prepara nossos atos e os nossos próprios atos! Quando os nossos atos tomam lugar na ordem dos acontecimentos, eles apenas exprimem o resultado, frequentemente muito simples, de um trabalho frequentemente muito complicado no interior de nós mesmos. Nós somos obrigados a duvidar para pensar, a deliberar para agir. E enquanto as relações que existem entre os atos sucessivos de um homem parecem, em muitos casos, fáceis de determinar, não é fácil marcar as relações que existem entre seus atos e suas disposições interiores: existe, por exemplo, na sabedoria uma reserva que nos impede de penetrá-la a fundo. Quer dizer, então, que a matéria da nossa atividade moral não esgota a forma e que, num certo sentido, nós excedemos sempre a nossa obra? Não podemos então nos contentar em dizer com Spinoza que a dúvida e a deliberação são estados inferiores, estados de impotência, que dominam e suprimem em nós o pensamento claro e a ação decisiva; porque resta saber se o conflito das ideias inadequadas não nos dispõe melhor, do que o desejo naturalmente eficaz, a uma vida completa e moralmente boa, se o esforço interior pelo qual nos desligamos do curso regular da existência não é o princípio da mais alta virtude; e, enfim, resta sempre se perguntar por que as vias do espírito são tão complicadas de modo que seja necessário se mover entre os contrários da consciência refletida antes de colocar o ato na sua realidade definitiva.

Eis então o problema que suscita, perpetuamente sem o resolver, a doutrina de Spinoza. Tudo em si é determinado: como fazer para que haja indeterminação em relação a nós? Pois não resolve o problema afirmar que a indeterminação, que está em nós, seja apenas aparente, afirmar que essa indeterminação resulta de que a unidade não está estabelecida entre a necessidade de nosso ser e a necessidade das coisas, afirmar que o mundo e nossa individualidade são a mesma verdade identicamente determinada, *desde que* ao invés de se oporem na confusão dos sentidos eles se unam na clareza da razão. Mas também é certo que a verdade do universo objetivo é realmente, enquanto nós temos que trabalhar para conquistar e possuir nossa verdade; que o mundo é, enquanto nós, nós nos tornamos. Portanto, seria possível assimilar as leis do espírito, que se tornam, às leis da natureza, que é? Poderíamos admitir que a necessidade, que determina, no seu desenvolvimento, a tendência do nosso ser em perseverar no seu ser, seja absolutamente do mesmo gênero que a necessidade que determina o movimento dos planetas? No fundo, essa própria identidade já se acha em parte negada pelo spinozismo quando ele concebe que a necessidade afirmada pela Razão é nossa, e que ela exprime a posição do nosso ser no Absoluto. É necessário então reconhecer que na sua aplicação ao espírito a necessidade é diferente de sua aplicação à natureza. Certamente não se trata de contestar a verdade do determinismo: todo racionalismo ou idealismo consequente é determinista; é impossível que a Razão não esteja, em algum grau, presente em tudo aquilo que é. Mas o que falta explicar é que a linha da necessidade não é absolutamente reta e que ela se quebra na consciência refletida em uma multiplicidade de linhas que se entrecruzam. O determinismo é verdadeiro; mas por que, na inteligência humana, o determinismo, ao invés de encadear imediatamente as causas reais e os efeitos reais, se dispersa e parece se dissipar na infinita complexidade do possível? Por que ele multiplica os meios para chegar aos fins? E por que ele vai da concepção dos fins para a realização dos meios? Por que, enfim, sendo a verdade, ele engendra a crença no livre-arbítrio? Ainda mais uma vez, é legítimo sustentar com Spinoza que uma tal crença, levada ao Absoluto, é falsa, que a contingência não pode ser um princípio positivo de ação, que o livre-arbítrio, erigido em causa, é apenas uma potência formal e improdutiva, que a nossa vontade, sendo desse mundo, é essa vontade e não outra, e que ela age sempre em virtude de razões que são determinantes. Podemos acrescentar com Spinoza que não é uma vontade ambígua e frágil que teria o poder de nos libertar, e que existe na experiência da vida uma força e uma certeza infinitamente maiores. Podemos, enfim, pensar que a fé no livre-arbítrio absoluto é um pretexto ao orgulho, que ela pode dar ao homem a tentação de crer que ele se torna aquilo que ele é por uma combinação mais ou menos simples de processos, e que sua obra pode ter uma eficácia e uma virtude que ela não receberia de Deus. E, contudo, existe na crença do livre-arbítrio uma parte de verdade que o determinismo spinozista descobre quando tenta excluí-lo. Se nós estamos convencidos da realidade do livre-arbítrio é porque entra em nossas ações um infinito que não somos capazes de desvendar. Mas é precisamente esse infinito que é causa de guardarmos sempre, no próprio seio do ato mais concreto e mais definido, o sentimento de uma multiplicidade indefinida de possíveis. Os seres da natureza não têm nem originalidade nem mérito a ser aquilo que são; o homem, ao contrário, não é jamais, por assim dizer, aquilo que ele é, porque tudo permanece possível para ele na medida em que tudo se realiza. Se ele é determinado em seu ser e em suas maneiras de ser, como afirma Spinoza, a forma com que suas maneiras de ser são ligadas ao seu ser está longe de ser imediatamente fixa: é necessário exatamente uma vida inteira para operar essa ligação. A dúvida, dizia Descartes, prova que eu sou livre. A deliberação, que é a dúvida metódica da atividade, introduz entre os princípios primitivos e os fins últimos do nosso querer uma série de meios-termos que não podem se valorar em si, que aparecem seguindo uma lei de contraste e de oposição, que só podem, portanto, ser apreciados por sua relação com outros termos diferentes ou contrários. Certamente é moralmente interessante que, graças às hesitações e às lutas da consciência reflexiva, graças à crença no livre-arbítrio que se produz entre essas hesitações e essas lutas, que nos convencemos da relatividade de nossas ações particulares; o pensamento de que a realidade atual é inadequada ao possível é um princípio interior de movimento.

Sem dúvida, diríamos que o sistema das causas que determinam nossa atividade pode ser, senão para nós, pelo menos em si racionalmente definido. Que importam então os desvios da consciência e as complicações da vontade reflexiva? Aquilo que será para nós é, desde já, em si. Não é esse exatamente o caráter do determinismo, de aproximar aquilo que nos esforçamos em separar e de definir brevemente as causas que nós empenhamos em suspender ou adiar a influência? Que interesse existe para a nossa liberdade se passamos todo o nosso tempo a produzir aquilo que necessariamente deve ser? Não é que a verdade determinada suprime os intervalos do tempo como as hesitações da consciência? Parece, de fato, segundo o spinozismo, que a inteligência daquilo que somos necessariamente faça dissipar em nós toda indecisão e toda inquietude, e retorna toda a vida à simplicidade das razões que a explicam. Contudo, em outros aspectos, o spinozismo é obrigado a confessar que a verdade sobre a vida não é idêntica à verdade da vida, que não basta para nós, por exemplo, conhecer pela fórmula aquilo que é o nosso bem, pois é necessário ainda torná-lo eficaz em nós, fazê--lo passar ao estado de afecção e de sentimento. É então que o determinismo do verdadeiro não é, na sua expressão simples, toda a verdade, que ele permanece impotente se ele não nos é totalmente interior, e que ele só pode nos ser interior com a condição de tornar-se. Não existe, podíamos dizer, imediação natural absoluta entre a verdade e a vida. Portanto, enquanto na interpretação científica do mundo podemos substituir a lei pelo conjunto dos fatos que ela descreve, na interpretação do destino humano é impossível negligenciar os meios pelos quais a lei penetra na inteligência e consegue ser compreendida. Por um lado, na ordem da natureza, a lei é: sua existência e seu modo de ação são uno; por outro lado, na ordem do espírito, a lei se realiza pouco a pouco, e por uma série de atos onde alguns parecem contradizê-la. O determinismo não tem só que explicar o determinismo, mas também a fé na contingência e no livre-arbítrio; portanto, jamais a fórmula científica da necessidade do nosso ser pode ser igual à ação pela qual nós temos, alternadamente e segundo o caso, desconhecido, padecido e aceito essa necessidade. É que, no fundo, a ordem universal não pode ser definida em si, independentemente de nós, ou, melhor dizendo, ela só pode ser definida pela razão científica ou contemplativa que reúne conjuntamente os motivos interiores e os acontecimentos exteriores, como se eles fossem da mesma ordem. É com esse ponto de vista que nos alinhamos quando dizemos que não existe possível fora do real, e que todo possível verdadeiro e completo recebe de si, e apenas de si mesmo, toda a sua potência de ser: assim aquilo que realizei por mim não difere em nada daquilo que é realizado sem mim; só existe um sistema de objetos. Mas quando se trata de explicar a vida humana, não podemos esquecer que, se estamos em função da ordem universal, a ordem universal também está em função de nós, e que agir é reproduzir, sob uma forma mais ou menos imperfeita, a unidade substancial e viva que conecta o sujeito ao objeto. Em toda ação humana entra, ao mesmo tempo, a potência das coisas e a potência do eu: aqui a harmonia entre o possível e o real não está feita, ela deve se fazer; os atos só podem ser sendo possíveis em si e por nós.

E é exatamente esta impotência do universo objetivo em ser o Todo que é causa de as formas incontáveis do possível se desenrolarem diante da consciência. O sujeito que quer tem tanto direito a ser quanto o objeto que é. Existe todo um desenvolvimento original da vontade do qual o spinozismo desconheceu a importância. Já é um fato importante notar que a vontade que quer não pode permanecer única, dado que ela deve ser ao mesmo tempo a vontade que quer e a vontade desejada: ora, a vontade desejada não é derivada por via direta da vontade que quer; na vontade que quer existe um infinito em potência que não pode se contentar com nada de finito. Mas como, por outro lado, a vontade só pode querer se determinando, ela deve necessariamente escolher entre fins diferentes ou contrários: assim, os possíveis irrealizáveis se tornam para a vontade a prova de que ela nunca consegue completamente tudo o que quer. É o ideal imanente da vontade de se conhecer por inteiro naquilo que ela faz; ora, como poderia ela se reconhecer nela por inteiro, se o seu objeto atual é inevitavelmente limitado? Mas mesmo assim ela confere ao seu ato uma originalidade irrecusável, pelo fato de depois de ser compartilhada entre as razões contrárias de agir, ela condensa, pelo triunfo de uma delas, a potência que estava dispersada em todas. O ato que nós realizamos nunca é igual àquele que postulou nossa vontade anterior; mas no ato que realizamos, no momento em que o realizamos, toda a nossa potência está presente; e aquilo que faz com que esse ato seja essencialmente livre é que o infinito da vontade somente se é determinado em um objeto finito com a consciência das limitações e das retrações que ele foi obrigado a suportar. É isso que dá à vida reflexiva um preço que a vida natural não pode pretender ter, e é isso que mostra ao homem que ele não pode desenvolver seu ser sem se negar, se querer sem se sacrificar.

É verdade que a ação da vida reflexiva parece perder em certeza aquilo que ela ganha em valor e em dignidade. Ora, ser na sua conduta o mais seguro e o mais firme que ele pode é, aos olhos de Spinoza, a marca autêntica da sabedoria; de onde se segue que as oposições suscitadas pela consciência são essencialmente funestas à moralidade. Contudo, a integridade da ação humana não pode ser comparada à integridade do fato objetivo, que é apenas uma combinação fixa de certos elementos; ela supõe todo um trabalho de organização pelo detalhe que coloca em jogo os mais sutis recursos da reflexão. Os grandes homens de ação não são apenas aqueles que marcham direto em frente por inspiração firme e por resolução decisiva, também são aqueles que por um esforço intenso e complicado de meditação experimentam neles mesmos a potência e a segurança de seus procedimentos. É necessário que a unidade natural seja dissolvida em nós para que a unidade espiritual possa ser construída. É então sob a forma da dualidade e da contradição que se desenvolve a vida humana; querer achar a unidade o mais imediatamente possível é recair na natureza da qual pretendíamos nos libertar. O mundo no qual a vontade deve realizar sua obra é um mundo separado dele mesmo, um mundo onde os atos se produzem, não por uma simples e fácil harmonia, mas por uma laboriosa síntese entre a ideia e a realidade; porque aqui alternadamente a ideia desmente a realidade e a realidade desmente a ideia. A virtude e a felicidade, o direito e a força se negam reciprocamente, e não adianta nada dizer que essa espécie de negação é absurda e vã, já que é exatamente papel da vontade torná-la vã e absurda. Aquilo que é em si não é imediatamente por nós e só pode ser para nós, por nós. Daí os esforços que devemos nos impor para fazer se unir os elementos de ação primitivamente separados, para estabelecer os elos ao mesmo tempo cada vez mais necessários e cada vez mais fortes entre nós e as coisas. É apenas na vida anterior à consciência reflexiva que as ideias são naturalmente forças, porque elas apenas são, então, a lei de movimentos espontâneos que se executam por si mesmos. Mas quando se trata de realizar as ideias que concebemos, nós somos rigorosamente obrigados a conquistar para elas a potência que lhes falta naturalmente; nós somos obrigados a percorrer em todos os sentidos a cadeia de causas e efeitos para saber em que momento e sob qual forma nosso ato pode se introduzir no curso do universo e vir a ocupar seu lugar. Para transformar as coisas, devemos frequentemente reformar nossas ideias. Nós aprendemos, frequentemente às nossas custas, a ineficácia total ou parcial dos meios que tínhamos resolvido utilizar, e essa experiência, dolorosa para o nosso amor próprio e para o nosso coração, tem ao menos a vantagem de nos mostrar que o determinismo em virtude do qual as ideias resultam nos atos não é nem simples nem direto, que ele se decompõe em momentos diversos e numerosos, e que a cada um desses momentos ele exige a renovação de nossa energia interior e a retomada de nossa decisão. Esse trabalho da consciência reflexiva que suscita em nós os contrários durante a deliberação se prolonga, para além da decisão mental, no esforço pelo qual nós tentamos adaptar as coisas às nossas ideias: são as coisas que se encarregam de evocar diante de nossos olhos os possíveis que nós não havíamos previsto ou que havíamos acreditado ter muito facilmente anulado. É então na luta e na contradição que a existência humana deve se mover.

Contudo, não é na luta e na contradição que ela tem seu fim último; o entendimento reflexivo é o órgão, mas não o princípio supremo da ação. Entregue a si mesmo e à sua própria suficiência, ele só pode engendrar eventualmente esta incapacidade de querer, que se revela pela aceitação sucessiva de todos os contrários e o desejo incoerente de todos os possíveis: o entendimento reflexivo pode se tornar o diletantismo estéril que se apaixona por todas as formas da vida sem ter a virtude de realizar solidamente nenhuma; ele pode quebrar o elo que nos une ao universo e que une em nós nossas potências interiores. Esse é o mal essencial, o pecado contra o Espírito; é a negação de tudo aquilo que nos dá o direito de ser e a potência de agir; é o suicídio absoluto. A atividade espontânea que se propaga sinceramente, mesmo com uma total ignorância de seus fins, é infinitamente superior a essa arte superficial e ilógica, que só sabe brincar com tudo. Se é o defeito do spinozismo de não ter suficientemente deduzido a necessidade natural e de ter se recusado a glorificar a necessidade moral da contradição na existência, é certamente sua grandeza ter concebido que a unidade entre o Verdadeiro e o Ser domina e resolve todas as oposições, que ela é a razão imanente de nosso ser e de nossas maneiras de ser. Portanto, podemos dizer que se essa unidade não se manifesta imediatamente em nós e nas coisas, é nosso dever agir ao menos sob a ideia dessa unidade; pois então nós compreenderíamos aquilo que seria a nossa vontade se ela fosse a afirmação absoluta de todo o inteligível e de todo real. Ao invés de estarmos enclausurados no círculo estreito da existência atual, nós tenderíamos assim a nos exceder suscitando em nós, até o infinito, novos motivos de agir, considerando o *dado* como uma simples aparência que temos que trabalhar para dissipar ou transformar. Toda a nossa vida moral é a solução de uma contradição necessária que está implícita em nós; nós só podemos nos determinar positivamente participando dessa afirmação substancial do Absoluto que nos faz ser, colocando Deus de alguma maneira na nossa ação; e contudo as determinações de nossa vontade são tais que elas não podem, por causa de seus inevitáveis limites, conter e exprimir Deus: é igualmente um erro ignorar a contradição como se ela fosse sem valor, ou aceitá-la plenamente como se ela fosse definitiva.

Por isso é verdade que a nossa essência atual se explique pela nossa essência eterna. Mas a passagem de nossa essência atual à consciência de nossa essência eterna não é tão direta quanto Spinoza imagina. É que o sistema spinozista é obrigado a manifestar quando ele justifica por um lado, pela concepção de essência particular afirmativa, a autonomia do indivíduo, e quando, por outro lado, pela concepção da necessidade universal, ele estabelece um princípio de heteronomia. Falando rigorosamente, a lei da vontade é, ao mesmo tempo, uma lei de autonomia e uma lei de heteronomia. Que o princípio moral se baseie sobre a plena afirmação de vontade por ela mesma, que seja; mas é preciso reconhecer que essa afirmação supõe, para se desenvolver, perpétuas negações de si mesma. Assim como nos é impossível olhar subitamente e de frente uma luz sem que os nossos olhos sejam cegados pelo clarão, também a nossa vontade não poderia suportar o imediato e completo desabrochar de suas potências; ela só pode se revelar a si própria sob a condição de se limitar; e é justamente uma virtude, por excelência, de não se limitar a sofrer e a aceitar, de procurar e de provocar essas limitações necessárias. É na luta e no sofrimento que se forja a energia do caráter, e a verdadeira coragem moral consiste em saber sacrificar-se antes que o determinismo do universo imponha o sacrifício como inevitável. Independentemente do que pensa Spinoza, o desenvolvimento da vida moral comporta uma heterogeneidade essencial entre os meios e a finalidade: é a humildade que conduz à glória, é a morte que conduz à vida. Jamais nossa sabedoria pode ser tão equânime para prometer ficar imperturbável ou inflexível diante de tudo aquilo que acontece. É preciso saber se humilhar sem razão aparente para que a humildade não seja num dado momento uma necessidade deprimente; é preciso saber se mortificar sem necessidade para que a morte não seja a mais lamentável das surpresas. Certamente, Spinoza viu que a virtude é a negação daquilo que não é e a afirmação daquilo que é; mas por ter acreditado na força imediata da Razão, ele não mediu o intervalo que separa aquilo que não é daquilo que é; ele não entendeu que aquilo que não é está, no desenvolvimento de nossas tendências naturais, tão unido àquilo que é, que é preciso às vezes negar aquilo que é para conseguir negar aquilo que não é, que as paixões penetram tão intimamente no desejo de viver que nos é necessário, para dominar as paixões, reprimir esse desejo. E se, ainda, a tendência a perseverar no ser não é simplesmente uma tendência positiva, se ela implica dualidade e negação, podemos dizer que nada é imediatamente para o bem e que tudo deve ser. Assim se acha justificada a concepção do dever. O dever não é a expressão do Absoluto em si, ele supõe uma verdade mais elevada do que ele; mas ele é a expressão do Absoluto em relação aos nossos desejos. O pensamento do dever, da renúncia, da abnegação, se ele não é o pensamento que nos salva definitivamente, é ao menos o pensamento que solicita a graça e que torna possível a salvação.

De maneira que se acha transformada e ultrapassada a concepção spinozista do homem livre. A liberdade desejada por ela mesma é uma forma vazia que não pode nem abraçar nem reter todos os elementos da vida moral; ela só parece constituir um objeto positivo de ação porque ela coloca diante de nossos olhos uma espécie de Eu superior se bastando a si mesmo na plenitude e onipotência de seu ato; ela é, assim entendia Spinoza, a tendência a perseverar no ser, levada ao seu infalível e impecável princípio. Mas esta é, na verdade, a lei do desenvolvimento do nosso ser que nunca temos o suficiente em nós; nos enclausurando em nós mesmos sob pretexto de participar diretamente à Razão, corremos o risco de levar ao Absoluto aquilo que é apenas uma forma relativa e imperfeita do nosso ser. Sem dúvida, o spinozismo justifica a liberdade identificando-a com a consciência da verdade; mas resta saber se é a afirmação da nossa liberdade que nos dá a consciência mais segura da verdade. A liberdade, nos termos do spinozismo, é a verdade colocada por nós e para nós. Mas já que a Verdade é essencialmente a unidade dos seres, dado que é seu atributo essencial ser toda em nós, parece que a unidade sistemática e impenetrável de nossa individualidade não é a mais alta expressão possível da vida moral. Devemos, como o Infinito que se comunica, ao invés de permanecer eternamente em si, ser a afirmação dos outros antes de ser a afirmação de nós mesmos. Dizem, sem dúvida, que a Razão une num ato indivisível esta dupla afirmação, que nós somos os outros quando somos verdadeiramente nós; mas resta saber se essa identidade entre nós mesmos e nossos semelhantes pode jamais se realizar completamente e definitivamente no nosso ser, e se, portanto, não é a afirmação dos outros que deve ser concebida primeiro para impedir o egoísmo de invadir e corromper a afirmação de nós mesmos. Nós somos no Absoluto, como queria Spinoza, Essências particulares; mas de uma Essência particular a outra existe um infinito que nos é impossível de determinar: nós não conhecemos sua lei relacional, nós jamais possuímos os meios que nos permitiriam compreender completamente um ser em um outro ser; portanto, as relações entre nós e nossos semelhantes são afetadas por um caráter inevitável de transcendência. Então, o direito de exprimir este infinito, na prática, volta à caridade que nos doa ao outro, e não à liberdade que nos coloca em nós.

É reconhecer, no fundo, que o problema moral não está jamais resolvido nem em si nem por nós. Nós podemos ser tentados a sustar a solução em nosso benefício quando nos parece que tudo leva à posição que tínhamos tomado. Mas é que então decidimos que todo interesse da vida está em nós, e que fora de nós tudo é indiferente. Nós só queremos conhecer do alto da nossa sabedoria aquilo que se assemelha à nossa sabedoria. Pois bem, essa não é a verdadeira sabedoria. A verdadeira sabedoria consiste em testar, incessantemente, o ideal que imaginamos ter alcançado, e ao invés de fixá-lo sob a forma do eterno, consiste em experimentar outra vez na existência quotidiana seu valor e sua eficácia. Nossa tarefa consiste, não em negar a vida sensível em nome da Razão imediata e imediatamente soberana, mas assegurar o triunfo da Razão fazendo-a penetrar cada vez mais na vida sensível; não em nos afirmar além daquilo que parecemos ser ou em afirmar nossos semelhantes para além do que eles parecem ser, mas introduzir gradualmente o verdadeiro na infinidade da aparência. Considerada em si, a vida sensível não é nada; mas é desse nada que devemos, pela potência da Razão, fazer surgir o ser; a obra moral é uma criação *ex nihilo*. Àquilo que metafisicamente só é vaidade e sonho nós devemos comunicar a existência e a verdade. É preciso não negar o tempo pelo eterno, mas produzir de alguma maneira o eterno no tempo; não abstrair nosso pensamento das coisas, mas mergulhar nelas. E como aqui também a relação entre a nossa Razão e nossa sensibilidade é infinita, nenhum ato presente pode jamais exprimi-la de uma maneira absoluta e definitiva: a certeza da vida eterna se torna necessariamente para nós a esperança da imortalidade.

Assim, o que o spinozismo profunda e acertadamente concebeu é que a Verdade é absolutamente em si e por si; o que ele não mostrou suficientemente é que a Verdade, que é absolutamente em si e por si, deve, relativamente à consciência humana, se tornar e se fazer, que a nossa ação, estando baseada na unidade do Ser, não pode se finalizar na simples forma da unidade, que a nossa vida deve se perder para se achar, se alienar para se possuir. E, de fato, nossa vida se perde e se aliena primeiro na paixão que a expõe às coisas e lhe revela assim seu nada; mas ela pode sair desse teste, se ela o entendeu direito, fortalecida para o bem; nossa vida se perde e se aliena na caridade que é uma dádiva dela mesma ao outro; mas assim ela conquista muito mais a inteligência de seu destino do que pela afirmação de sua própria liberdade. Na comunhão viva das almas, o homem razoável concebe intuitivamente que o pensamento do *outro* não pode em si ser separado do pensamento do *um*, e que mesmo, para a direção prática da vontade, ele a excede infinitamente em valor.

3

É neste sentido, aliás, que o sistema de Spinoza precisou historicamente se transformar; ele teve que ser capaz de compreender um desenvolvimento da vida concreta o qual ele estava inicialmente disposto a negar ou a reduzir, o qual ele facilmente levava a um ato imediato e imóvel; ele teve que tentar mostrar como a essência eterna que nos constitui pode se revelar na tendência a perseverar no ser. E então verificou-se que a simples e absoluta afirmação do Ser só podia explicar ela mesma, que ela não explicava nada que, segundo o caso, ou a limita ou a traduz. Como, sendo identidade pura, a Substância pode se produzir fora de si, e como, se produzindo fora de si pode voltar a si? Verificou-se cada vez mais claramente que o Absoluto devia conter em si, não apenas um princípio de imediata realidade, mas ainda um princípio de implementação ou de manifestação. Dado que a dualidade entre a ideia e a coisa, entre o ato e a potência é um fato incontestável, é preciso achar uma razão para esse fato que esteja implicada na própria Razão. Não serve de nada, aliás, tratar esse fato como ilusão, porque é tão difícil dar conta da ilusão quanto do próprio fato tido como real. Mesmo só havendo nas profundezas da escuridão uma sombra falsa, restaria sempre saber por que a luz não inunda tudo e não penetra tudo, por que existem projeções de sombra. Como então justificar a passagem do inteligível ao sensível, sem admitir um dualismo qualquer, sem recorrer ao υλη de Aristóteles ou ao menos ao χωρα de Platão? Como deduzir em particular essa necessidade que se impõe ao homem e da qual nós tentamos mostrar a importância moral, a necessidade de só realizar seus fins através de séries cada vez mais complicadas de meios? Em si, o Ser é, eis aquilo que a Razão afirma; em nós e por nós, o ser se desenvolve e se faz, eis aquilo que a experiência nos mostra. Como a afirmação da Razão pode se encontrar naquilo que a experiência manifesta?

O idealismo alemão, longe de suprimir a contradição que esse problema suscita, ao contrário, a agravou quando estabeleceu, com tanta precisão quanto profundidade, que o *devir*, onde os antigos só viam uma expressão inferior e negativa da existência, é a forma necessária da vida moral. Moralmente, senão metafisicamente, o *devir-ser* é concebido antes do *ser*; a potência é a causa do ato, como o germe é a causa de vida: o pensamento especulativo que queria anular essa condição concreta da moralidade, no fundo, voltou-se contra a própria moralidade. E dado que assim existe o Absoluto até no devir, é preciso procurar explicar como o devir pode exprimir o Absoluto. É certamente a força do hegelianismo ter tentado esse empreendimento, ter procurado mostrar que "o Ser é" não é a expressão adequada da Razão. Hegel colocou, antes de tudo, que a unidade verdadeira não é a unidade analítica, que exclui toda heterogeneidade, que a unidade verdadeira é a unidade entre o Infinito e o finito, não por redução do finito ao infinito, mas por manifestação do Infinito no finito; ele concluiu, consequentemente, que essa unidade, objeto de uma eterna afirmação, deve, em virtude de uma necessidade eterna, para que nada daquilo que a constitui seja sacrificado, se revelar e se desenvolver. A instável realidade do mundo no qual nos movemos está baseada imediatamente no ser de Deus; mas então a antiga lógica, essa lógica da qual Spinoza ainda sentia o prestígio, deve definitivamente desaparecer; ela opunha o inteligível ao sensível, assim como o Infinito ao finito, e ela manda o entendimento escolher, quer dizer, excluir. A nova lógica, que afirma a identidade dos contraditórios, une ao invés de separar, concilia ao invés de opor, ou melhor dizendo, ela une aquilo que ela separa e ela concilia aquilo que ela opõe; e, seguindo a própria marcha do universo, ela leva a unidade entre o finito e o Infinito de suas determinações mais abstratas e mais exteriores às suas determinações mais concretas e mais interiores.

Mas precisamente porque elas se produzem ao termo de todo um desenvolvimento filosófico, o método e a doutrina hegeliana podem ser interpretados, seja no sentido dos pensamentos anteriores que eles alcançam e consagram, seja no sentido de pensamentos novos que eles suscitam e ajudam a produzir. Eles podem, também, se transformar em seu contrário. As doutrinas da contingência poderiam certamente tirar partido desta confissão: que a necessidade não é, em todas as manifestações, absolutamente igual a ela mesma, que o conceito que a exprime num certo momento deve, para continuar a exprimi-la, se desviar num outro momento para o conceito contraditório. O que dizer, então, senão que entre um momento e um outro momento existe um infinito que torna impossível toda determinação e, portanto, toda necessidade absoluta? Não é então necessário reconhecer que a lógica hegeliana é apenas uma fraude prolongada que afirma hipoteticamente a necessidade onde é impossível compreendê-la?

Ora essas objeções se tornariam falsas, se servissem para justificar uma doutrina da contingência radical, ora elas são justas, quando servem para mar-

CONCLUSÃO

car os limites do método e da filosofia hegelianos. O defeito do hegelianismo é de não ter concebido que a unidade entre o Infinito e o finito é a verdade, é de não ter baseado sua dialética na identidade dos contraditórios, é de ter admitido que a unidade entre o Infinito e o finito não supõe nada além da expressão que a traduz, e que toda verdade se deixa absolutamente compreender na dialética. A unidade entre o Infinito e o finito, apesar da pretensão de Hegel em descobrir aí a essência subjetiva, é acima de tudo no seu sistema uma noção objetiva, que basta deixá-la ir de alguma maneira e segui-la em seu desenvolvimento. Ela é o dado do qual temos simplesmente que extrair, por meio de inevitáveis contradições, o conteúdo secreto. Daí esta tendência, tão manifesta em toda essa doutrina, em elevar acima da vida subjetiva, que se realiza, aquilo que é sua expressão objetiva e realizada. Parece que o momento da subjetividade só se produz para impedir o mundo de se fixar e para colocá-lo em movimento; ele não tem, portanto, em si, sua razão interna e completa. Eis por que Hegel considera que a moralidade objetiva e social termina e resume aquilo que existe de verdade na moralidade subjetiva e pessoal, enquanto entre essas duas formas da moralidade, assim como entre o sujeito e o objeto, deve haver não relação de subordinação definida, mas relação de comunicação incessante. Portanto, é por ela ser exclusivamente concebida sob a forma objetiva de uma noção existente em si que a unidade entre o Infinito e o finito, tal como Hegel afirma, é inadequada ao Absoluto.

A unidade entre o Infinito e o finito supõe, de fato, mais do que ela mesma para se produzir; ela supõe uma ação ao mesmo tempo imanente e transcendente: imanente, pois ela une o finito e o Infinito no interior dela mesma; transcendente, pois ela jamais volta, no seu âmago, à unidade atual que ela determina. A ação criadora, para chamá-la corretamente, não cria uma unidade imediata e completa; entre o Infinito e o finito que ela une existe ainda um Infinito; de tal maneira que, por causa desse infinito intermediário que não pode jamais ser completamente resolvido por nós, a Verdade que é se manifesta a nós como um dever a ser realizado. Em outras palavras, a afirmação absoluta de Deus é radicalmente desigual àquilo que ela afirma quando ela tende a se objetivar absolutamente e a se reconhecer apenas nessa expressão. Deus, que é Ideia pura e Ser puro, está, por isso mesmo, além da Ideia e do Ser, ou seja, ele não é nem a Ideia considerada em uma determinação atual, nem o Ser considerado em um conteúdo atual. A dialética que desce ao mundo para achar as derivações mais longínquas do Absoluto só é verdadeira na medida em que ela também é ascendente, em que eleva muito acima do real, no qual ela descobre a razão, a Razão absoluta de toda realidade. Ao mesmo tempo que a lógica se torna mais imanente àquilo que ela explica, ela deve se reconhecer mais transcendente em seu princípio: ela deve admitir que nenhum sistema de conceitos esgota o Absoluto. E quanto mais ela estabelece a necessidade de tudo aquilo que acontece, mais ela supõe que as diversas formas sob as quais podemos e devemos conceber a Verdade não são imediatamente conversíveis, e que a necessidade que as une é o fato de uma suposição absoluta e, de alguma forma, gratuita.[105] Daí a legitimidade das expressões evidentemente antropomórficas pelas quais concebemos quanto a nós essa necessidade: é por bondade que Deus nos criou, é por bondade que Deus nos salvará; daí também a possibilidade de uma revelação religiosa que excede infinitamente em significado e em eficácia aquilo que o entendimento pode realmente conceber, e que a interpretação filosófica que demos, no que toca o governo das almas, não pode substituir.

Assim, a metafísica da unidade, legítima em seu princípio, deve desconfiar de todas as expressões filosóficas que afirmam, muito imediatamente ou muito brevemente, traduzir essa unidade. O sistema da Razão absoluta, que em si é absolutamente, só pode ser para nós objeto de uma incessante busca e de uma incessante conquista; em nenhum momento ele está por inteiro no pensamento de nenhum filósofo. É sob a ideia desse sistema que a filosofia se desenvolve, que ela inventa novos recursos de dialética, que ela trabalha para incluir cada

---

[105] O intelectualismo mais ferrenho pode reconhecer que a necessidade que há no Absoluto é uma necessidade supralógica. Ver no artigo de Jules Lachelier [1832-1918], *Psychologie et métaphysique* [*Psicologia e metafísica*], a dedução que coloca sucessivamente as três potências da ideia do Ser. Nada, segundo Lachelier, constrange absolutamente o pensamento de passar de uma a outra dessas potências. *Revue Philosophique*, p. 511-512, maio 1885.

vez mais as formas do ser e da vida. Mas seria ceder a uma ilusão acreditar que a Verdade se deixa reduzir às determinações que lhe aplicamos; quanto mais ela se deixa apreender, mais ela faz surgir aquilo que atualmente escapa a toda medida. Já é assim na ordem do conhecimento científico: as soluções de gênio que num dado momento parecem responder a todo um conjunto de questões têm, sobretudo, o efeito de suscitar uma multitude de questões novas, e ficamos surpresos, após ter esperado tudo delas, com o desconhecido que elas desvendam. Já é assim também na ordem da moralidade: o ato que parece nos fortificar e nos elevar mais completamente à consciência do nosso destino tem sobretudo o efeito de nos revelar claramente o que nos falta. E podemos dizer enfim que os sistemas filosóficos mais amplos e mais rigorosos apenas conseguem transformar os problemas que pretendem resolver.

Portanto, existe sempre na inteligência e na vontade humanas um princípio de transcendência que as obriga a se ultrapassar, que as impede de se constituir em mundos fechados e impenetráveis. A vida concreta só pode se justificar se, sob suas formas atuais, ela não se baste. Para que ela tenha a sua razão de ser, é preciso que ela deva ser; mas, para que ela tenha sua razão de ser, é preciso também que ela seja, que ela se realize e se produza no mundo: a unidade da substância que nos aparece como um dever é o meio-termo, ao mesmo tempo suposto e afirmado, entre a consciência e as coisas. Se então o desenvolvimento da vida moral é possível e se ele tem um significado intrínseco, é que nas suas profundezas a vontade humana não é exclusivamente nem liberdade subjetiva, nem necessidade objetiva, nem espontaneidade formal, nem lei material, é que a vontade humana engloba nela todos esses momentos. Eis por que continua igualmente falso definir a moralidade seja unicamente pelo sujeito, seja unicamente pelo objeto, ou mesmo simplesmente achar a expressão absoluta seja nas formas da consciência subjetiva, seja nos estados da realidade objetiva. É assim, por exemplo, que a moralidade pessoal e a moralidade social, longe de excluir uma e outra, ou mesmo de se subordinar absolutamente uma à outra, estão por assim dizer perpetuamente em função uma da outra; elas exprimem, uma, a obrigação de se separar daquilo que tem de positivo naquilo que é dado para se inspirar na ideia, a outra, a necessidade de se separar daquilo que tem de puramente ideal na ideia para converter a ideia em fato; elas se limitam então ao mesmo tempo que elas se sustentam; elas reagem, uma, contra a pretensão daquilo que nega o que deve ser, a outra, contra a pretensão daquilo que deve desconhecer o que é; à caridade compete criar novas formas de justiça, à justiça compete regular o arbitrário da caridade. A essência da vontade humana não está então nem na simples afirmação da Ideia, nem na simples afirmação do Ser: ela está na afirmação da unidade entre a Ideia e o Ser, que num sentido é verdadeiro absolutamente e no outro sentido deve ser verdadeiro para nós e por nós.

Assim se acha tratado o problema cuja história do spinozismo permitiu identificar o sentido. O conflito entre o pensamento spinozista e o pensamento criticista na Alemanha lançou os desafios. A Verdade absoluta, segundo Spinoza, exige que só ela seja absolutamente, que tudo aquilo que é seja por ela e só seja por ela: nós só podemos então ser modos ou expressões da Verdade. A Verdade absoluta, segundo o criticismo, é o inimigo da verdade humana, e como a verdade humana é a única que nos é positivamente acessível, devemos considerá-la como o ideal que deve nos reger; isso é exatamente a característica da verdade humana; que ela não é, no sentido rigoroso da palavra, que ela deve ser e se fazer, e que ela justifica assim eminentemente todos os direitos da vontade. No fundo, como tentamos estabelecer, as duas doutrinas adversas apenas determinam os dados, em aparência, contraditórios do problema a resolver. Que relação existe entre aquilo que é absolutamente e aquilo que deve ser para nós e por nós? Como a Verdade absoluta que, por definição, deve se bastar toma na consciência a forma de uma verdade a realizar ou a conquistar? Diante da dificuldade e das complicações de um tal problema, o intelectualismo não deve desistir; mas ele deve reconhecer que a solução viva do problema pode preceder e inspirar a solução especulativa, que os dois termos em tela, vontade humana e graça divina, podem se unir intimamente na consciência, antes que o pensamento filosófico descubra a expressão definitiva de sua unidade.

REFERÊNCIAS

CENTRO DE ESTUDIOS FILOSÓFICOS DE GALLARATE. *Diccionario de filósofos.* Madri: Rioduero, 1986.

CHAUI, Marilena. Apresentação. In: DELBOS, Victor. *O espinosismo.* Curso proferido na Sorbonne em 1912-1913. Tradução de Homero Santiago. São Paulo: Discurso, 2002. p. 7-14.

DELBOS, Victor. *Le problème moral dans la philosophie de Spinoza et dans l'histoire du spinozisme.* Paris: Felix Alcan, 1893.

DELBOS, Victor. *O espinosismo.* Curso proferido na Sorbonne em 1912-1913. Tradução de Homero Santiago. São Paulo: Discurso, 2002.

DURTELLE DE SAINT-SAUVEUR, E. Notes bibliographiques. *Revue d'Histoire de l'Église de France*, Paris, t. 19, n. 83, p. 248-269, 1933.

MATHERON, Alexandre. Les deux Spinoza de Victor Delbos. In: ____. *Études sur Spinoza et les philosophies de l'âge classique.* Lyon: ENS Éditions, 2011. p. 439-445.

SCHOPENHAUER, Arthur. *O mundo como vontade e como representação.* Tradução de Jair Barboza. São Paulo: Editora da Unesp, 2015. v. 2.

SPINOZA, Benedictus de. *Breve tratado.* Tradução e notas de Emanuel Angelo da Rocha Fragoso e Luís César Guimarães Oliva. Belo Horizonte: Autêntica, 2012.

_____. Carta XIX (05 de janeiro de 1665). Tradução e notas de Emanuel Angelo da Rocha Fragoso e Flora Bezerra da Rocha Fragoso. *Revista Conatus — Filosofia de Spinoza*, Fortaleza, v. 5, n. 9, p. 103-107, jul. 2011.

_____. Carta XXI (28 de janeiro de 1665). Tradução e notas de Emanuel Angelo da Rocha Fragoso e Marsana Kessy. *Revista Conatus — Filosofia de Spinoza*, Fortaleza, v. 7, n. 14, p. 71-76, dez. 2013.

_____. *Correspondencia*. Introducción, traducción, notas y índice de Atilano Domínguez. Madri: Alianza, 1988.

_____. *Ethica/ética*. Edição bilíngue latim-português. Tradução do Grupo de Estudos Espinosanos; coordenação de Marilena Chaui. São Paulo: Edusp, 2015.

_____. *Ethica/ética*. Edição bilíngue latim-português. Tradução e notas de Tomaz Tadeu. Belo Horizonte: Autêntica, 2007.

_____. *Princípios da filosofia cartesiana e Pensamentos metafísicos*. Tradução de Homero Santiago e Luis César Guimarães Oliva. Introdução, preparação do texto latino e notas de Homero Santiago. Belo Horizonte: Autêntica, 2015.

_____. *Obra completa I*: (Breve) Tratado e outros escritos. Organização de J. Guinsburg, Newton Cunha e Roberto Romano. Tradução e notas de J. Guinsburg e Newton Cunha. São Paulo: Perspectiva, 2014.

_____. *Obra completa II*: Correspondência completa e vida. Organização de J. Guinsburg, Newton Cunha e Roberto Romano. Tradução e notas de J. Guinsburg e Newton Cunha. São Paulo: Perspectiva, 2014.

_____. *Obra completa III*: Tratado teológico-político. Organização de J. Guinsburg, Newton Cunha e Roberto Romano. Tradução e notas de J. Guinsburg e Newton Cunha. São Paulo: Perspectiva, 2014.

_____. *Obra Completa IV*: Ética e Compêndio de gramática de língua hebraica. Organização de J. Guinsburg, Newton Cunha e Roberto Romano. Tradução e notas de J. Guinsburg e Newton Cunha. São Paulo: Perspectiva, 2014.

_____. *Tratado político*. Tradução, introdução e notas de Diogo Pires Aurélio; revisão de Homero Santiago. São Paulo: Martins Fontes, 2009.

_____. *Tratado teológico-político*. 3. ed. Tradução, introdução e notas de Diogo Pires Aurélio. Lisboa: Imprensa Nacional — Casa da Moeda, 2004.

VERHAEGHE, Berthe. Bibliographie de Victor Delbos (1862-1916). *Revue Néo-scolastique de Philosophie*, Louvain, 35. année, deuxième série, n. 40, p. 555-564, 1933.

VOLOBUEF, Karin. *Frestas e arestas*. A prosa de ficção do romantismo na Alemanha e no Brasil. São Paulo: Unesp, 1999.

Impressão e acabamento:

Grupo SmartPrinter
Soluções em impressão